Вход на духовную ступень

Избранные отрывки из источников науки каббала

«Каждый отрывок – он как молитва»

М. Лайтман

К читателю

Время эпидемии коронавируса потребовало глубоких и быстрых изменений со стороны всех людей в мире. И мы проявили гибкость и быстро обновили организацию наших ежедневных уроков каббалы в ассоциации «Бней Барух - Каббала ле-Ам».

Ученики из всех уголков мира вошли в виртуальное пространство, чтобы изучать каббалу совместно в одной «комнате». И потребность в новых внутренних определениях и точном понимании материала заставила нас выбирать уникальные темы для уроков, чтобы помочь сосредоточиться на духовной работе: каждому ученику и всем нам вместе, как одной всемирной группе.

Каждая выбранная нами тема — подобна целому миру с уникальным и всеобъемлющим характером, полна мудрости и духовного богатства. Каждый отрывок тщательно отбирается из широкого спектра сочинений каббалистов, с акцентом на труды двух великих светил: Бааль Сулама и Рабаша. Так формируются избранные отрывки из первоисточников и дополнительные материалы, цель которых привести нас, учеников, к сплочению и тесному объединению. Отрывки, которые мы читали, помогали нам легко воспринять мысли каббалистов и неповторимый дух, исходящий из их слов.

В этой книге вы найдёте уникальную подборку цитат из трудов каббалистов — то, что мы изучали с нашим учителем М. Лайтманом, (полные уроки вы сможете найти на сайте «Каббала Медиа»: https://kabbalahmedia.info/ru/).

Для нас этот сборник цитат — словно родник с «живой» водой, и его многократное прочтение вызывает неповторимое духовное вдохновение. Эти цитаты не подвластны ни времени, ни месту, и мы приглашаем и вас испить из этого «родника», насытить им свою душу и ещё немного проникнуть в глубины мудрости каббалы.

Группа редакторов

Оглавление

Поднимаем важность цели	8
Терпение и упорство	20
Человек да поможет ближнему	26
Укрепляемся в «нет никого кроме Него»	36
Объединяемся в одну десятку	49
Сфират Омер (отсчет Омера)	61
Вкушающие манну и подъем МАНа	67
Вкушающие манну	67
Подъем МАНа	70
Амалек	80
Смысл понятия Амалек	80
Клипа Амалека	81
Война с Амалеком	84
Амалек внизу и Амалек наверху	87
Сотри память об Амалеке	89
Гневить доброе начало на злое начало	97
Тем, что Творец бьет, Он лечит	103
Важность распространения	115
Моя духовность раскрывается вне меня	123
Работа - это вознаграждение	130
Подход к изучению науки каббала	139
Обязанность изучения науки каббала	139
Язык каббалистов	142
Особое средство учебы (сгула): свет, возвращающий к Источнику	145
Подготовка к учебе	150
Намерение во время учебы	153

Следовать за Шхиной   158
- Шхина   158
- Шхина во прахе   159
- Страдания Шхины   165
- В каждых десяти присутствует Шхина   166
- Устремляться за Шхиной   168
- Раскрытие Шхины   170
- Шхина присутствует там, где есть радость   174

Страдания Шхины   176
Намерение перед изучением ТЭС   184
Восприятие реальности   197
Исправление сердца   209
Работа в намерении   216
Оправдывать Творца   226
Творец завершит за меня   235
И Фараон приблизил к Творцу   243
Доставлять наслаждение Творцу   248
"Я – Любимому, а Любимый – мне»   261
Требуем без перерыва   269
Каждый день будут в глазах твоих как новые   277
Вы сделали Меня   286
Продвигаться в преодолении   294
Быть в радости   311
Поднять себя вверх   322
Работа в подъемах и падениях   339
Найти в товарище добро   355

Разрушение как возможность для исправления	364
Разбиение келим	364
Исправление разбиения	370
Страдания Шхины	379
Меж теснин	395
Лицом к избавлению	407
Отдаление ради приближения	410
Вход на духовную ступень	423
Ту бе-Ав или 15 ава – День любви	435
Четыре степени любви	442
Книга Зоар о любви	443
Зарождение и вскармливание	447
Отмена как подготовка к ибуру (зарождению)	472
Умертвить собственную власть	489
Отмениться перед высшим	497
Униженность и смирение	529
Творец раскрывается в связи между нами	547
Вера выше знания	558

Поднимаем важность цели

1. Рабаш. 24. «Главное, чего нам не хватает»

Главное, чего нам недостает, и по этой причине у нас нет энергии для работы – нам недостает важности цели. Это означает, что мы не умеем ценить наше служение, чтобы мы знали, кому мы отдаем. И также нам не хватает знания величия Творца, чтобы мы знали, насколько мы счастливы тем, что удостоились служить Царю, ибо у нас нет ничего, чтобы мы могли понять Его величие.

И на языке книги Зоар это называется «Шхина во прахе», т.е. отдавать Ему так же ценно для нас, как прах. И, само собой, у нас нет энергии для работы, ведь без наслаждения нет сил для работы.

2. Рабаш. Статья 15 (1989) «Что означает, что праведники видны благодаря грешникам, в духовной работе»

Всё их наслаждение, которое даёт им мотивацию работать ради отдачи, заключается в том, что они чувствуют, что доставляют наслаждение царю, и восхваляют и благодарят царя за то, что даёт им мысль и желание работать для Него, а не для того, чтобы получить иную награду за свою работу.

Потому что для того, чтобы получить награду, они говорят, что мы не должны ощущать величие царя, а мы должны смотреть на важность и величие награды, которую мы получим, если будем соблюдать Тору и заповеди, но Творец может оставаться у них на том же уровне величия и важности, как и в начале их работы. Если же их намерение - доставлять наслаждение Творцу, это приводит к тому, что если они хотят прибавить в работе, то они должны прибавить в величии Творца, потому что по мере величия Творца они могут отменить себя перед Ним и совершать все действия ради небес.

3. Рабаш. Статья 1 (1986) «Что означает, что благословение не пребывает над тем, что исчислено, в духовной работе»

Когда человек должен сменить цель, т.е. вместо того, что в начале его работы в Торе и заповедях целью, которой он хотел достичь в обмен на свои усилия, была собственная выгода, а сейчас он собирается сменить цель, т.е. вместо того чтобы думать: «Когда я достигну цели ради моего желания получать, чтобы я мог наслаждаться?», – сейчас он стремится к [другой] цели и говорит: «Когда я смогу насладить Творца и отказаться от собственной выгоды?»

А поскольку эта цель противоречит [его] природе, он нуждается в большей вере в Творца, т.е. он должен всё время стремиться достичь величия Творца. Другими словами, в той мере, в которой он верит в величие Творца, он может совершать действия с этим намерением. Поэтому человек обязан каждый день молиться, чтобы Творец озарил его очи и дал познать величие и важность Творца, чтобы у него была энергия прилагать усилия с намерением на отдачу.

4. Бааль Сулам. Шамати. 211. «Как стоящий пред Царем»

«Сидящий в своем доме не похож на стоящего перед Царем». То есть вера должна быть такой, чтобы человек ощущал себя постоянно находящимся перед Царем, что вызывает совершенную любовь и трепет. А до тех пор, пока не достиг такой веры, не может позволить себе перерыва и отдыха, потому что это — его жизнь, и никакие иные вознаграждения не захочет получить вместо веры. Отсутствие веры должно ощущаться во всем человеке настолько, чтобы стало привычкой, его второй природой, в мере сказанного: «Вспоминаю о Нем, и не могу уснуть».

Но впечатления этого мира гасят ощущение отсутствия веры, ведь каждое наслаждение аннулирует страдание и боль. А потому он не желает получать никакого утешения в своем состоянии. Необходимо остерегаться, чтобы любым материальным получением не аннулировать стремление к духовному. А это возможно только, если сам будет сожалеть, что наслаждения гасят искры чистых намерений и ощущение отсутствия и недостатка духовного. И это сожаление и боль убережет его, не дав растерять чистые духовные желания.

5. Рабаш. Статья 21 (1989) «Что означает в духовной работе: «Пьяным не молись"»

Чтобы была энергия для работы ради отдачи, без получения какой-либо компенсации, а чтобы сама работа была вознаграждением, нам нужно верить в Творца. Имеется в виду, верить в Его величие. И нужно вложить силу и большие усилия, чтобы достичь веры в величие Творца. А без веры в величие Творца нет силы для работы ради отдачи. Иными словами, именно когда ощущается величие Творца, человек готов работать без всякой компенсации. А чтобы сама работа была вознаграждением, поскольку то, что он служит великому Царю, так ценно для него, что всё богатство мира не имеет никакого значения по сравнению с его служением, ибо Творец дает ему позволение войти [вовнутрь] и служить Ему. Поэтому мы должны сконцентрировать все наши мысли на том, как прийти к ощущению величия Творца. И тогда всё устремится за этой точкой.

6. Рабаш. Статья 29 (1986) «Лишма и ло-лишма»

У нас есть лишь один способ – стараться осознать величие Творца. Иными словами, выполняя принципы Торы, мы хотим в оплату ощутить величие Творца. Все наши молитвы должны быть призваны к тому, чтобы поднять Шхину из праха, – поскольку Творец скрыт от нас вследствие сделанного Сокращения и мы неспособны ценить Его важность и величие. Поэтому мы молим Творца, чтобы Он снял с нас Свое сокрытие и возвысил Тору.

7. Рабаш. Статья 30 (1988) «Чего требовать от собрания товарищей»

Товарищи в основном должны говорить между собой о величии Творца, потому что согласно мере величия Творца, которое человек представляет себе, в этой же мере он естественно отменяет себя перед Творцом. Мы видим в природе, что маленький отменяет себя перед большим. Но это не относится к духовному, и касается также и светских людей. Это означает, что Творец сделал так в природе. Получается, что когда товарищи говорят о величии Творца, у них пробуждается желание отменить себя перед Творцом, поскольку они начинают ощущать стремление и сильное желание соединиться с Ним.

8. Рабаш. Статья 30 (1988) «Чего требовать от собрания товарищей»

Следует помнить, что насколько товарищи могут оценить важность и величие Творца, они всегда должны идти верой выше знания. То есть Творец выше, чем человек может себе представить в своём разуме, и надо сказать, что мы должны верить верой выше знания, что Он управляет миром с помощью доброго управления. Если человек верит, что Творец желает людям только добра, то начинает любить Творца, пока не достигает состояния «возлюби Творца своего всем сердцем и душой». И это человек должен получить от своих товарищей.

9. Рабаш. Статья 17 (1986) «Порядок собрания»

Вся основа, благодаря которой мы можем получать удовольствие и наслаждение и нам можно наслаждаться. Более того, наш высокий долг – наслаждаться отдачей. Для этого мы должны работать над одним моментом – над тем, чтобы ценить духовное. Это выражается в заботе о том, «к Кому я обращаюсь», «с Кем говорю», «Чьи предписания выполняю» и «Чье учение изучаю». Иными словами, надо искать средства, чтобы ценить Дающего Тору.

И прежде чем человек, со своей стороны, заслужит какой-то подсветки свыше, он должен искать людей, более или менее сходных с ним, которые тоже ищут способы повышать важность любого контакта с Творцом в какой угодно форме. Когда многие согласны в этом, тогда каждый может получать помощь от товарища.

10. Рабаш. Статья 17 (1986) «Порядок собрания»

Следует знать, что минимальное множество – два. Иными словами, если двое товарищей сидят вместе и думают, как повысить важность Творца, у них уже есть силы, чтобы укрепиться в величии Творца путем пробуждения снизу. А потом в ответ на это действие приходит побуждение свыше, и они начинают немного чувствовать величие Творца.

11. Рабаш. Статья 17 (1986) «Порядок собрания»

Согласно сказанному «в многочисленности народа величие Царя» получается, что чем больше количество, тем действеннее его сила, т.е. создается более насыщенная атмосфера величия и важности Творца. И тогда каждый своим телом чувствует, что все действия, которые он хочет выполнить ради духовного (что и называется отдачей Творцу), ценятся у него как несметные богатства оттого, что ему посчастливилось войти в круг людей, удостаивающихся служить Царю. Тогда от каждого малого действия он полон радости и удовольствия, что есть у него сейчас, чем услужить Царю. И в той мере, в какой группа во время собрания думала о величии Творца, в каждом в своей мере это вызвало осознание величия Творца, и тогда он может находиться весь день в мире радости и веселья.

12. Рабаш. Статья 17 (1991) «Что означает: «Ибо ожесточил Я сердце его» в духовной работе»

Человек должен представлять себе, даже находясь в самом низменном состоянии, когда он думает: вот если бы Творец послал ему великое пробуждение, как то, что он ощущал когда-то во время подъема, то, конечно же, он был бы готов к духовной работе. А сейчас, когда он ничего не чувствует, как он может себя обманывать, что находится в совершенстве? И тогда он должен верить верой мудрецов в сказанное ими, что человек должен представлять себе, словно он уже удостоился ощутить присутствие Творца всеми своими органами, и как бы он тогда благодарил и восхвалял Творца. Так же и сейчас он должен благодарить и восславлять Творца, как будто бы он уже удостоился истинного совершенства.

13. Рабаш 3. Статья 31 «Что за любовь у меня к Торе Твоей!»

Написано: «Сделал Творец, чтобы трепетали перед Ним». Каждое плохое состояние, ощущаемое нами, необходимо только для того, чтобы человек не оставался в том состоянии, в котором он находится. То есть, пока человек не поднялся по ступеням величия Творца, нет у него возможности преодоления. И только в то время, когда человек чувствует величие Творца, только тогда его сердце покоряется. Это означает, что он должен подняться по ступеням трепета Творца.

Получается, что эти вопросы приводят человека к тому, чтобы он вознуждался в Творце, чтобы Творец открыл его сердце и глаза, чтобы тем самым человек удостоился величия Творца. А иначе было бы достаточно ему того трепета перед Небесами, который привит воспитанием. Но каждый раз, когда к нему приходит вопрос грешника, ему уже не достаточно этого и приходится каждый раз подниматься по ступеням величия Творца.

14. Рабаш. 42. «Служите Творцу в радости»

Спрашивает Зоар: разве не сказано: «Близок Творец к отчаявшимся»? Служащий Создателю, то есть тот, чье намерение ради Творца, должен быть счастлив тем, что служит Царю. А если не чувствует радости во время этой работы, это признак того, что недостает ему ощущения величия Царя.

Поэтому, если видит человек, что не находится в радости, он должен это исправить, то есть должен начать думать о величии Царя. Но если и это не помогает, то должен молиться Создателю, чтобы Он открыл ему глаза и сердце, и смог бы он ощутить величие Творца.

15. Рабаш. Статья 7 (1991) «Что такое человек и что такое животное в духовной работе»

Когда человек хочет работать ради Творца, а не ради себя, тогда что бы он ни делал, он видит, что там нет никакой пользы для Творца, а все только для его собственной выгоды. В этом состоянии он чувствует, что у него нет ничего, и он полностью опустошен. И это пустое место он может наполнить только с помощью граната (ивр. римон, созвучно ромемут - величие), то есть, если он идет выше знания, что означает – с величием Творца. То есть, чтобы просил у Творца, чтобы дал ему силы верить выше знания в величие Творца. То есть то, что он хочет (постичь) величие Творца, не означает, что он говорит: «Если Ты дашь мне постичь величие и возвышенность Творца, то я готов работать». А он хочет, чтобы Творец дал ему силы верить в величие Творца, тем самым он заполняет пустоту того места, в котором он сейчас пребывает.

16. Рабаш. Статья 24 (1986) «Отличие подаяния от подарка»

Спустя долгое время, когда человек вложил силы и не видит удовлетворения своей потребности, тогда в нем проявляется боль и страдания. Ведь он приложил силы и не видит никакого продвижения в своей работе. И тогда одна за другой к человеку приходят мысли: порой в нем вспыхивает отчаяние, порой он укрепляется, а затем снова видит, что упал из своего состояния, – и так неоднократно, пока в нем не накопится настоящая потребность, достигнутая благодаря усилиям в подъемах и падениях. Эти подъемы и падения раз за разом оставляют в человеке чувство боли из-за того, что он еще не достиг слияния с Творцом. И когда чаша усилий наполняется целиком – что называется «сосудом», – тогда к человеку приходит наполнение от Творца, поскольку теперь у него есть «настоящий сосуд».

17. Бааль Сулам. «Статья на окончание книги Зоар»

Когда человек видит, как его окружение проявляет легкомыслие в работе Творца и не ценит величие Творца должным образом – одиночка не может преодолеть окружение, и он тоже не может достичь величия Творца и проявляет легкомыслие во время работы Творца, так же как и они. А поскольку у него нет фундамента для достижения величия Творца, само собой разумеется, что он не сможет работать для доставления наслаждения Творцу, а не для собственной выгоды. Ведь у него нет энергии для усилий. А «не приложил усилие и нашел, не верь». И у него нет другого варианта, кроме как или работать ради собственной выгоды, или не работать вообще. Ведь доставление наслаждения Творцу не будет служить ему получением в полном смысле.

18. Рабаш. Статья 30 (1988) «Чего требовать от собрания товарищей"

Каждый должен стараться дать группе дух жизни, полный надежды и энергии, чтобы каждый мог сказать себе, что сейчас он начинает работать с чистого листа. То есть, до того, как он пришел в группу, он был разочарован своим продвижением в духовной работе, однако сейчас товарищи дали ему дух жизни и надежды, что благодаря группе он пришел к уверенности и силе преодоления. Ведь сейчас он чувствует, что способен достичь совершенства. А то, что ему казалось, что перед ним стоит огромная гора и огромные помехи, сейчас он чувствует, что это просто ничто. И всё это он получил благодаря группе, благодаря тому, что каждый старался дать группе свою поддержку и свежую силу.

19. Рабаш. Статья 13 (1989) «Что такое «хлеб недоброжелателя» в духовной работе»

Мы хотим удостоиться того, чтобы во время исполнения Торы и заповедей мы ощущали, что служим великому и важному Царю, и чтобы при этом у нас была любовь к Творцу от того, что мы ощущаем Его величие. Однако всё наше наслаждение будет связано с тем, что мы служим Творцу – в этом будет наше вознаграждение, а не в том, что Он даст какую-то компенсацию за нашу работу, и чтобы мы почувствовали, что сама работа и есть вознаграждение, и не может быть большего вознаграждения в мире, чем, когда удостаиваются служить Творцу.

Терпение и упорство

1. Бааль Сулам. «Наука каббала и философия»

Наука каббала нуждается в больших мудрецах, исследующих сердце, которые занимались бы ею двадцать и тридцать лет, и лишь тогда могли бы свидетельствовать о ней… Ведь мудрость ее глубока, и нет у нее возможности быть раскрытой через свидетельство или через испытания – чтобы испытали ее, [а раскрывается она] только тем, кто верит и отдает ей все свои силы и самого себя.

2. Бааль Сулам. «Свойство тайной науки в целом»

Недостаточно развитый человек не сможет долго ждать вознаграждения и выбирает работы, приносящие ему моментальную оплату, даже если они будут иметь более низкие расценки. А более развитый человек может потерпеть и выбрать работы с высокой расценкой, даже если время [ожидания] их вознаграждения продолжительное и очень долгое. И знай, что это есть признак мудрецов, ибо [способность ожидания] зависит от материального развития каждого. И тот, кто может продлить время ожидания вознаграждения может добиться большей цены.

3. Бааль Сулам. «Одна заповедь»
Главный центр тяжести в работе Творца есть первая связь.

4. Бааль Сулам. «Одна заповедь»
Никогда не следует надеяться, что наступит время, когда он найдет решение, чтобы [люди] могли начинать работу Творца, исходя из «лишма», а, как тогда, так и сейчас, и так же в будущем, каждый работник Творца обязан начинать заниматься работой «исходя из ло лишма», от которой он придет к «лишма». И путь достижения этого уровня ограничен не временем, а теми, кто готовит его, и мерой его власти над своим сердцем, и потому многие погибли и [еще] погибнут на поле боя «ло лишма», и они умрут, не достигнув мудрости. И вместе с тем, вознаграждение их очень велико, ибо мысль человеческая не способна оценить значимость и важность доставления наслаждения своему Создателю. И даже работающий не на этом условии, в любом случае, из-за того что он не способен иначе, тоже доставляет наслаждение своему Создателю. И это называется неосознанным.

5. Рабаш. 118. «Кроме «Уходи»»
Человек – лишь гость, а Творец – хозяин. И известно высказывание наших мудрецов: «Всё, что говорит тебе хозяин, делай», – и так принято, – «кроме: Уходи». Потому что, когда человек выходит из

владений хозяина, он уже не является его хозяином, чтобы слушаться его.

6. Бааль Сулам. Шамати. 187. «Выбор – в усилии»

Нет у человека возможности решить и выбрать ни то, ни это. То есть не может осознать желание Творца и намерения учителя. И хотя он в состоянии проделать работу, жертвуя собой, но не способен решить, будет ли его работа, которой он отдает всю душу, именно такой, какая нужна, или она расходится с желанием Творца и мнением учителя.

А для того чтобы сделать правильный выбор, необходимо выбрать то, что обязывает человека увеличивать свои усилия. То есть должен слушать учителя в том, что только усилия возложены на человека и ничего более. Но если так, то нет у человека вообще такого состояния, когда бы он мог сомневаться, как поступать и какой выбор сделать — а просто всегда должен увеличивать усилия.

7. Антология рабби Нахмана из Бреслава. Последняя редакция, статья 48

Человек должен быть упрямым в работе Творца, даже если что-то с ним происходит. И очень хорошо запомни это, потому что это будет необходимо, когда начнешь работу Творца. Потому что требуется большая настойчивость, быть сильным и мужественным, владеть собой, стоять на своем, даже если отбрасывают его каждый раз, не позволяя себе упасть совершенно ни в коем случае. Потому что все эти спуски и падения, и путаницы и прочее –

необходимо их пройти, прежде чем входят во врата святости, так же как и истинные праведники прошли все это. И знай, что человек должен пересечь очень узкий мост, и, самое главное, не бояться вообще.

8. Бааль Сулам. «Предисловие к ТЭС», п. 133

Притча о царе, пожелавшего собрать по стране всех наиболее преданных своих приверженцев и ввести их в работу внутри своего дворца. Что же он сделал: разослал по стране открытый приказ, чтобы каждый желающий, от мала до велика, пришел к нему заниматься внутренними работами во дворце. Но поставил из своих рабов многочисленных стражников на входе во дворец и на всех путях, ведущих к нему, приказав им хитростью вводить в заблуждение всех, кто приближается к дворцу, и сбивать их с пути, ведущего туда.

И, разумеется, все обитатели страны побежали к дворцу царя, однако были сбиты хитростью усердных стражников. И многие из них превозмогли тех стражников вплоть до того, что смогли приблизиться ко входу во дворец. Однако стражники у входа были самыми усердными. И любого, кто приближался ко входу, отвлекали и сбивали с большим рвением, пока не возвращался он так же, как пришел. И снова пришли и ушли, и опять укрепились, и снова пришли и ушли. Так повторялось несколько дней или лет, пока не утомились в своих попытках. И лишь герои среди них, чья мера терпения выстояла, победили тех стражников, и, раскрыв вход, удостоились тотчас узреть лик царя, который назначил каждого на подходящую ему должность.

9. Рабаш. Статья 22 (1989) «Что означает, что именно в канун Песаха задают четыре вопроса»

Разум подсказывает, что каждый день он должен продвигаться и идти вперед, а человек видит, что происходит прямо наоборот – каждый день он идет назад. В таком случае, разум заставляет человека сказать, что эта работа, т.е. работа в свойстве отдачи, – не для него, а это – работа, предназначенная для избранных, и он понимает, что ему лучше убежать с поля боя. А что ему говорят? Что он снова должен идти верой выше знания, не обращая внимания на то, что указывает ему делать его знание [т.е. разум]. И как сказано в статье [Бааль Сулама] 1943-го года «Вера в учителя», человек не способен видеть своего истинного состояния, а должен идти выше знания, и только таким образом можно прийти к цели, состоящей в том, чтобы удостоиться слияния с Творцом.

10. Рабаш. Статья 34 (1991) «Что означает: «Вкушает плоды их в этом мире, а фонд накапливается в мире будущем» в духовной работе»

Лишь те люди, которые говорят, что хотели бы убежать от работы, но некуда им идти, так как больше ни от чего не получают удовлетворение, такие люди не уходят от работы. И есть у них подъёмы и падения, но они не отчаиваются. И об этом сказано: «И застонали сыны Исраэля от работы, и возопили, и вознесся вопль их от работы к Творцу...» То есть, они стонали от работы в том, что не продвигались в работе Творца, что не могли работать ради отдачи и наслаждения Творца. И тогда удостоились выхода из Египта, который называется в духовной работе «выходом из власти желания получать и входом в работу на отдачу".

Человек да поможет ближнему

1. Бааль Сулам. Письмо 47
Я напомню вам еще раз действенность любви к товарищам – во всяком случае, в этот момент, – ибо от этого зависит наше право на существование, и этим измеряется мера нашего успеха, который [уже] близок.

Поэтому освободитесь от всех [своих] иллюзорных занятий и отдайте свое сердце тому, чтобы думать правильные мысли и изобретать правильные уловки, чтобы соединить ваши сердца в действительно одно сердце, и исполнится в вас сказанное: «Возлюби ближнего своего, как самого себя» в простоте. Ибо «ни один стих Писания не уходит от своего простого смысла», и чисты будете вы от мысли о любви, которая будет покрывать все прегрешения, и испытайте меня в этом, и начните соединяться в любви в истинной мере, и тогда увидите вы, «и нёбо вкус ощутит».

2. Бааль Сулам. Письмо 10
Делайте, что в силах ваших, а избавление Творца - в мгновение ока, а главное, что стоит перед нами сегодня, - это единство товарищей, и прилагайте

в этом всё бо́льшие усилия, ибо оно искупает все недостатки.

3. Бааль Сулам. Письмо 47

Я устроил для вас распорядки, с помощью которых вы сможете, по крайней мере, удержать положение и состояние, не отступая, страшно сказать, назад, и одна особенность есть в них, и это – слияние между товарищами.

И я твердо обещаю, что любовь эта обладает чудесным свойством. И я напомню вам всё хорошее, что вам нужно, и если бы, как бы то ни было, вы укрепились бы в этом, вы, безусловно, продвигались бы от силы к силе, по ступеням святости.

4. Бааль Сулам. Письмо 11

Еще я прошу тебя прилагать больше усилий в любви между товарищами, изобретая способы, позволяющие умножать любовь между товарищами и уничтожать в вас стремление к телесным приобретениям. Потому что именно это сеет ненависть. А между доставляющими наслаждение Творцу не может быть никакой ненависти, – наоборот, между ними царит милосердие и безмерная любовь. И вещи эти просты.

5. Бааль Сулам. Письмо 13

Тем не менее, почувствую я вас всех вместе, и что сменился у вас день сегодняшний на завтрашний, и вместо: «Сейчас», скажете вы: «Потом». И нет этому лекарства. Кроме как постараться понять эту ошибку и это искажение, ведь спасаемый Творцом спасаем, только если он нуждается в спасении сегодня, а тот, кто может ждать до завтра, поумнеет через годы, страшно подумать.

И это произошло с вами из-за небрежения к моей просьбе усилиться в любви к товарищам, которую объяснял я вам всеми 70-ю языками, ибо достаточно этого средства для восполнения всех ваших недостатков.

6. Рабаш. Статья 2 (1984) «По поводу любви к товарищам»

Человек обязан проявлять любовь к товарищам, которая есть у него в сердце, так как этим он пробуждает сердца товарищей навстречу друг другу, чтобы они тоже чувствовали, что каждый из них работает над товарищеской любовью. Выгода от этого состоит в том, что тем самым человек получает больше сил, чтобы действовать в товарищеской любви с большей энергией и мощью, так как сила любви каждого включается в других.

7. Рабаш. Статья 2 (1984) «По поводу любви к товарищам»

Если каждый не показывает группе, что он работает над любовью к товарищам, то ему недостает силы группы. Ведь очень трудно судить о товарище положительно. Каждый считает себя праведником, единственным, кто работает над товарищеской любовью. В результате у человека есть лишь малая сила для того, чтобы работать над любовью к ближним.

8. Бааль Сулам. Письмо 49

Предписываю я, чтобы начали вы всем напряжением сил любить друг друга, как самого себя, и участвовать в страдании друг друга, и радоваться радости друг друга, насколько возможно. И надеюсь я, что исполните вы в этом слово мое и будете соблюдать его в полноте и совершенстве.

9. Маор ва-Шемеш. Глава Ки теце

Достойно и правильно держаться в области любви к товарищам, приближая их к пути Творца. Ведь благодаря этому он сможет долго притягивать свечение, приближая их к служению Творцу.

10. Рабаш. Статья 13 (1984) «Имена и названия в духовном (Иногда духовное называют «душой»)»

Всегда нужно пробуждать то, что забывается сердцем и что необходимо для исправления сердца, – любовь к товарищам, цель которой – достичь любви к ближнему. Для сердца, называющегося «себялюбием», это неприятно. И потому, когда проводится собрание товарищей, надо помнить и поднимать этот вопрос. Иначе говоря, каждый спрашивает себя: насколько мы уже продвинулись в любви к ближнему? И сколько действий сделали, чтобы обеспечить себе продвижение к ней?

11. Рабаш. Статья 4 (1984) «Человек да поможет ближнему»

Есть одна вещь, которая присуща всем, – расположение духа. Сказано: «тревога в сердце человека – пусть поведает о ней другим». Ибо пребывать в приподнятом расположении духа не помогут ни богатство, ни мудрость, ни т.п.

Человек способен помочь другому, именно когда видит, что тот пребывает в унынии. Сказано: «не может человек сам вызволить себя из тюрьмы» – однако товарищ как раз способен вызвать у него приподнятое расположение духа.

Иначе говоря, товарищ поднимает его из состояния, в котором он находится, в состояние духа жизни, и человек снова начинает обретать уверенность в жизни и достояние. И начинает путь, как будто его цель сейчас близка к нему.

Отсюда следует, что каждый должен думать и заботиться о том, чем он может помочь товарищу, чтобы придать ему приподнятое расположение духа. Ведь в том, что касается настроения, каждый может найти у товарища место недостатка, которое он способен наполнить.

12. Бааль Сулам. Шамати. 99. «Грешник или праведник – не сказано»

Если сам человек не обладает силой желания и устремления к духовному, но находится среди людей, стремящихся к духовному, и эти люди приятны ему, то он получает от них силу преодоления и проникается их желаниями, стремлениями и идеалами. Несмотря на то, что согласно собственным свойствам, он не обладает такими желаниями, стремлениями и силой духа. Но именно благодаря расположению и уважению к этим людям, он получает новые силы.

13. Рабаш. Статья 30 (1988) «Чего требовать от собрания товарищей"

Каждый должен стараться дать группе дух жизни, полный надежды и энергии, чтобы каждый мог сказать себе, что сейчас он начинает работать с чистого листа. То есть, до того, как он пришел в группу, он был разочарован своим продвижением в духовной работе, однако сейчас товарищи дали ему дух жизни и надежды, что благодаря группе он пришел к уверенности и силе преодоления. Ведь сейчас он чувствует, что способен достичь совершенства.

А то, что ему казалось, что перед ним стоит огромная гора и огромные помехи, сейчас он чувствует, что это просто ничто. И всё это он получил благодаря группе, благодаря тому, что каждый старался дать группе свою поддержку и свежую силу.

14. «Ноам Элимелех». Ликутей шошана

Человек всегда должен молиться за товарища, ведь ради себя он не может особо ничего сделать, так как не может узник вызволить себя из тюрьмы. Но для товарища он быстро получает ответ. И каждый должен молиться за товарища. И получается, что каждый работает для другого, пока все они не получат ответ.

15. Рабаш. Письмо 40

И когда начинает ощущать любовь товарища, в нём незамедлительно пробуждается радость и наслаждение. Поскольку то, что товарищ любит его — это нечто новое для него, потому что всегда он знал, что только он один заботился о своем здоровье и благе. Но в то мгновение, когда он обнаруживает, что товарищ заботится о нем, это пробуждает в нем неописуемую радость, и он уже не способен заботиться о себе.

16. Рабаш. Письмо 5

Вам следует умножать любовь к товарищам, а невозможно прийти к постоянной любви, иначе как посредством слияния, т.е. чтобы соединились вы оба крепкой связью, а это может быть, только если вы попробуете снять одеяние, в котором дана внутренняя душа. Это одеяние называется любовью к себе и только это одеяние разделяет две точки, а с другой стороны, когда идут по прямому пути, тогда из двух точек, считающихся двумя линиями, отрицающими друг друга, приходят к средней линии, которая включает две линии вместе.

И когда вы почувствуете, что вы находитесь на военном сражении, тогда каждый знает и чувствует, что нуждается в помощи своего товарища, а без него и его собственная сила слабеет. Тогда, когда понимают, что нужно спасать свою жизнь, то, само собой, каждый забывает, что у него есть тело, о поддержании которого надо заботиться, но оба связаны одной мыслью: как и чем одолеть врага.

17. Бааль Сулам. Письмо 2

Я дам тебе совет пробуждать в себе страх, что любовь между нами может остыть, несмотря на то что разум и отрицает такую картину. Все же дай себе труд: если есть способ умножить любовь, а человек не умножает, это тоже считается упущением. Это подобно человеку, который дарит другу большой подарок: любовь, раскрывающаяся в его сердце в самый момент действия, отличается от любви, остающейся в его сердце после этого действия. Она постепенно охладевает изо дня в день, так что дело вообще может дойти до забвения благословения любви, и получатель подарка должен день изо дня изыскивать способы, чтобы [всё] выглядело в его глазах, как новое.

И в этом вся наша работа – буквально день изо дня раскрывать в себе любовь между нами, точно так же, как в самый момент получения, т.е. плодить и размножать разум многочисленными добавками к первооснове, пока добавки сегодняшнего благословения не коснутся наших чувств, так же как первоначальный подарок в первый раз. И для этого нужны большие ухищрения, приготовленные на случай необходимости.

18. Рабаш. Статья 15 (1986) «Молитва многих"

Если есть несколько человек в обществе, которые могут достичь цели творения – слиться с Творцом, – тем самым они доставят Творцу большее наслаждение, чем если бы только он один удостоился приближения Творца. И он отказывается от себя и хочет, чтобы Творец помог им, т.к. они доставят Творцу удовольствие большее, чем может быть от его работы. И поэтому он просит за все общество, т.е. чтобы Творец помог всему обществу, и дал бы ему это чувство – удовлетворение от того, что он может отдавать Творцу, чтобы доставить Ему наслаждение. И так как во всем должно быть пробуждение снизу, поэтому он дает пробуждение снизу. А пробуждение свыше получат другие, т.е. те, о которых Творец знает, что будет от этого больше пользы Творцу.

19. Рабаш. Статья 5 (1991) «Что означает, что добрые дела праведников являются их порождением, в духовной работе»

Мы просим, чтобы Творец дал нам силы совершать все наши действия ради Тебя, т.е. ради пользы Творца. Если нет, т.е. если Ты не поможешь нам, то все наши поступки будут только ради собственной выгоды. И это означает «если нет», т.е. если Ты не поможешь нам, то будут все наши действия только ради себя, ради нашей пользы, потому что нет у нас силы преодоления нашего желания получать. Поэтому помоги нам, чтобы мы могли работать ради Тебя. Поэтому Ты обязан помочь нам. И это называется «сделай ради Тебя», т.е. чтобы Ты сделал это действие, чтобы Ты дал нам силу желания отдавать. Иначе, т.е. «если нет», мы пропали. Это означает, что мы останемся в желании получать ради собственной выгоды.

20. Рабаш. Письмо 65

Мы должны укрепиться и сказать, что мы стоим уже близко к чертогу Царя, и каждая монета присоединяется к большому счету, и возможно еще немного, и мы увидим, что вход открыт перед нами, и мы удостоимся войти и развлекаться с Царем.

21. Рабаш. Письмо 8

После того, как я уже обрел облачение любви, тотчас во мне начинают светить искры любви, и сердце тоскует и стремится к товарищам, и кажется мне, что глаза мои видят товарищей, уши слышат их голоса, уста говорят с ними, руки обнимают их, а ноги пляшут в любви и радости вместе с ними в кругу. И я выхожу из своих материальных границ, и забываю, что существует огромное расстояние между мною и товарищами, и что многие километры земной поверхности разделяют нас. И товарищи словно стоят в моём сердце и видят всё, что там происходит, и я начинаю стыдиться своих мелочных действий в отношении товарищей. И я просто выхожу из материальных желаний, и кажется мне, что нет ничего в мире, кроме меня и товарищей. А потом и «я» отменяется и растворяется в моих товарищах, и я провозглашаю, что нет ничего в мире, кроме товарищей.

Укрепляемся в «нет никого кроме Него»

1. Бааль Сулам. Шамати. 1. «Нет никого кроме Него»

Сказано: «Нет никого кроме Него», что означает, что нет никакой другой силы в мире, у которой была бы возможность что-то сделать против Творца. А то, что человек видит, что есть в мире вещи и силы, отрицающие существование Высших сил, так причина в том, что таково желание Творца. И это метод исправления, называемый «левая рука отталкивает, а правая приближает» — и то, что левая отталкивает, входит в рамки исправления. Это значит, что в мире существуют вещи, которые с самого начала приходят с намерением сбить человека с прямого пути и отбросить его от святости.

А польза этих отталкиваний в том, что с их помощью человек получает потребность и полное желание, чтобы Творец помог ему, так как иначе он видит, что пропадет.

2. Зоар для всех. Предисловие книги Зоар. «Ночь невесты», п. 138

Закон таков, что творение не может принять от Творца зло в явном виде. Ведь если творение будет воспринимать Его как творящего зло, это нанесет ущерб величию Творца, так как не подобает такое совершенному Действующему. Поэтому, когда человек ощущает зло, в той же мере довлеет над ним отрицание управления Творца, и скрывается от него Действующий свыше. И это самое большое из всех наказаний в мире.

Таким образом, ощущение добра и зла в управлении Творца определяет ощущение вознаграждения и наказания. Ведь прилагающий усилия, чтобы не потерять веру в Творца, хотя и ощущает управление, как недоброе, обретает вознаграждение. А если не желает прилагать усилий, то получает наказание, так как он расстался с верой в Творца.

3. Бааль Сулам. Письмо 18

Нет у человека исправления, кроме как выправлять все мгновения, как настоящие так и будущие, чтобы были они посвящены и отданы имени Его великому. А тот, кто отвергает мгновение присутствия лика Его, ибо тяжело оно, открывает всем глупость свою, ведь все миры и все времена не представляют для него ценности, ибо свет лика Творца не облачен в смену сроков и времен, хотя работа человека обязательно изменяется ими. И для этого приготовлены нам, благодаря нашим святым праотцам, вера и уверенность выше знания, которыми человек пользуется в трудные моменты без усилий и без устали.

4. Бааль Сулам. Письмо 18

Сейчас же утром, вставая ото сна, посвятит [человек] первое же мгновение слиянию с Творцом, и изольет сердце свое Творцу, дабы хранил Он его все 24 часа в сутках, чтобы не проскочила в голове его праздная мысль, и чтобы не представилось ему это невозможным, или выше природы, в образе природы, установившей железный занавес и т.д. И желательно человеку убирать завесы природы, такие реальные для него. Сначала поверит он, что завесы природы не отделяют Творца, страшно сказать, а потом будет молиться всем сердцем – даже о том, что выше желания его естества.

И понимай это всегда, также и в любой час, когда будут проходить по нему туда и обратно формы, не являющиеся святостью, пусть прервется сейчас же, как только опомнится, обеспокоится он излить сердце свое изо всех сил, чтобы с этого момента и далее спас его Творец от прекращения слияния с Ним. И постепенно смирится сердце его с Творцом, и возжелает он слиться с Ним по-настоящему. И воля Творца в руке Его исполнится.

5. Бааль Сулам. Письмо 18

Принимающий на себя полное бремя высшего управления (Ма́лхут Шама́им), не видит тяжести в работе Творца, и потому может быть в слиянии с Творцом днем и ночью, в свете и во тьме. И не остановит его материя (~ дождь), созданная преходящей и изменчивой, ибо Кэтер, представляющий собой Бесконечность, светит всем совершенно одинаково, так что глупец, идущий под ливнем помех, который льется на него спереди и сзади, и говорящий всем, что не ощущает недостатка в прекращении слияния, – какая порча и грех из-за него!

Ведь если бы ощущал он это, наверняка приложил бы силы, чтобы найти какое-нибудь средство, дабы так или иначе спастись от прекращения слияния, – большое или малое, и такое средство не отнималось еще ни у кого, кто ищет его, – или через «идею веры», или через «уверенность», или через «молитвенные просьбы», которые подходят для человека именно в узких и тесных местах. Ведь даже «вор в укрытии призывает Творца».

6. Бааль Сулам. Шамати. 138. «Боязнь и страх, овладевающие иногда человеком»

Когда к человеку приходит страх, он должен знать, что единственной причиной тому является сам Творец, даже если дело касается колдовства. Но если страх овладевает им всё в большей степени, то и тут он не должен принимать это как случайность, а рассматривать как возможность, данную ему Небом, и изучить, с какой целью она предоставлена ему свыше – вероятнее всего для того, чтобы сказать, что нет никого, кроме Творца. И если после всего этого боязнь и страх не оставляют его, то должны они служить для него примером подобного ощущения в работе Творца, чтобы трепет перед Творцом, которого он хочет удостоиться, был в нём так же велик, как и тот внешний страх тела, который овладел им сейчас.

7. Рабаш. Статья 6 (1990) «Когда человек должен пользоваться гордостью в духовной работе»

Человек должен обращать на это внимание и верить, что Творец помогает ему и направляет его, чтобы он шел по пути, ведущему в царский чертог. Получается, что он должен радоваться тому, что Творец управляет им и дает ему также и падения. Другими словами, человек должен верить, что, как человек может понять, что Творец дает ему подъемы, ведь тут нет сомнения, что человек не может сказать, что это он сам получил подъемы, а это Творец желает приблизить его, поэтому Он дает ему подъемы – так же человек должен верить, что и падения дает ему Творец, поскольку Он желает приблизить Его. Поэтому каждое действие, которое он способен произвести, он должен делать его, как будто он находится в состоянии подъема. Поэтому, когда он совершает некоторое преодоление во время падения, это называется пробуждением снизу. И от всякого действия, которое он производит, веря, что такова воля Творца, от самого этого он удостаивается большего приближения, т.е. человек сам начинает ощущать, что Творец приблизил его.

8. Рабаш. Статья 19 (1990) «Что означает, что Тора называется средней линией, в духовной работе - 2"

Человек должен верить, что «Нет никого, кроме Него». Т.е. Творец обязывает его совершать добрые действия. Однако поскольку человек пока ещё не достоин знать, что это Творец обязывает его, Творец облачается в людей (букв.: плоть и кровь) и через них Он производит эти действия, т.е. Творец поступает, исходя из «обратной стороны» 'ахораим'.

Это значит, что человек видит лица людей, но он должен верить, что за их лицами стоит Творец и совершает эти действия. То есть за человеком стоит Творец, вынуждая его делать те действия, которые желает Творец. Выходит, что всё делает Творец, но человек придает важность тому, что он видит, а не тому, во что он должен верить.

9. Рабаш. Статья 19 (1990) «Что означает, что Тора называется средней линией, в духовной работе - 2"

Человек должен верить, что он сделал это, потому что Творец заповедовал ему исполнить эту заповедь. И он был обязан исполнить то, что Творец заповедовал ему сделать. Но Творец скрыл Себя в облачении «ло лишма», т.е. товарищей и т.п., и из-за этого облачения человек думает, что он обязан слушаться голоса «ло лишма».

Но истина состоит в том, что человек должен верить, что всё сделал Творец. Получается, что после того как он исполнил заповедь, он должен сказать, что Творец действовал за облачением «ло лишма». Получается тогда, что человек должен воздать благодарность Творцу за то, что Творец дал ему желание исполнять Его заповеди посредством этого облачения.

10. Бааль Сулам. Шамати. 1. «Нет никого кроме Него»

Человек всегда должен стараться идти по пути слияния с Творцом, чтобы все его мысли были о Нем. И даже если находится в самом ужасном состоянии, когда не может быть падения большего, чем это, — не должен выходить из-под власти Творца, говоря, что есть иная власть, не дающая ему войти в святость, и в ее силах творить добро или зло. Это означает, что нельзя думать, будто есть власть у нечистых сил, и это они не дают человеку совершать добрые дела и идти дорогой Творца - а наоборот, помнить, что все сделано Творцом.

11. Зоар для всех. Предисловие книги Зоар. Статья «Две точки», п. 121

Всё множество несовместимых с Его единством противоречий, испытываемых нами в этом мире, в начале своем и отделяют нас от Творца, но когда мы прилагаем усилия в выполнении Торы и заповедей с любовью, всей душой и сутью своей, как и заповедано нам, чтобы доставить отраду Создавшему нас, то все эти силы разделения не способны даже в малейшей степени уменьшить хоть в чем-то нашу любовь к Творцу всей своей душой и сутью, и тогда каждое преодолеваемое нами противоречие становится вратами постижения Его мудрости.

Ибо в каждом противоречии заложена удивительная возможность раскрыть особую ступень постижения Его. И те, кто заслужил удостоиться этого, обращают тьму в свет, а горькое в сладкое, так как все силы разделения, вызвавшие затмение разума и горечь тела, стали для них вратами постижения возвышенных ступеней, и преобразилась тогда тьма в огромный свет, а горечь стала сладостью.

Так что именно в той мере, в какой до этого проявились у них на всех путях высшего управления силы разделения, преобразовались теперь все они в силу единства. И они стали теперь склоняющими весь мир целиком на чашу заслуг.

12. Бааль Сулам. Шамати. 172. «Препятствия и помехи»

Все препятствия и помехи, которые видятся и открываются нашим глазам – не что иное, как знаки приближения к Творцу, говорящие о том, что Творец желает приблизить нас к Себе. И все эти препятствия ведут нас лишь к сближению, а иначе не существовало бы никакого способа к Нему приблизиться. Ведь со стороны природы ничто не может больше отдалить нас от величайшей высоты Творца, чем тот материал, который заложен в нас при создании. И только начав приближаться к Творцу, человек может оценить ту пропасть, которая их разделяет. А каждое преодолеваемое им препятствие – сокращает ему этот путь.

13. Бааль Сулам. Шамати. 70. «Сильной рукой и изливающимся гневом»

Если человек преодолевает препятствия и помехи, то нелегко свернуть его с пути и можно оттолкнуть его только сильной рукой. И если человек преодолевает препятствия и сильную руку Творца и ни в коем случае не желает сойти с пути к Творцу, а именно желает слияния с Творцом, и ощущает, что отталкивают его, то человек говорит, что Творец «изливает Свой гнев на него», иначе позволил бы ему войти. И кажется человеку, что Творец гневается на него и потому не дает ему войти в Свои чертоги и слиться с Творцом.

Поэтому, пока человек не отступает со своего места, а желает прорваться к Творцу, он не может сказать, что чувствует, как Творец гневается на него. Только после всех отталкиваний, если он не отступает и настойчиво пытается сблизиться с Творцом, когда раскрываются ему «сильная рука и гнев» Творца – тогда осуществляется сказанное: «Буду править Я вами». Поскольку только ценой больших усилий раскрывается ему власть Творца и удостаивается он войти в Его чертоги.

14. Бааль Сулам. Письмо 52

Когда человек собирается в себе и ощущает свое жалкое состояние, и пробуждается, чтобы вернуться к Творцу, и изливает свою молитву в страстном желании слиться с Творцом, он принимает все эти молитвы и всё это пробуждение за собственную силу, и сидит, и ждет избавления от Творца, малого или большого, и когда облако продолжается, и не видит он совершенно никакого расположения со стороны Творца, впадает, страшно сказать, в отчаяние, ибо не желает его Творец, ибо после такого большого числа страстных желаний, не обратился Творец к нему совершенно никак, страшно подумать.

И об этом сказано: «ищите Творца в явлении Его», т.е. когда Творец являет вам себя для поиска, обязательно ищите Его тоже, ведь человек должен быть первым, т.е., Творец первый в том, чтобы дать вам сердце, чтобы искать Его.

И когда узнаешь ты это, наверняка укрепишься со своей стороны, насколько сможешь, чтобы искать с бо́льшей силой и с бо́льшей энергией. Ибо Царь зовет тебя.

15. Рабаш. 133. «Всё это исправления»

«Все болезни, которые Я навел на Египет, не наведу на тебя, ибо Я, Творец, – целитель твой».

Вопрос мудрецов – если «Я не наведу болезни», зачем же нужен врач?

И следует объяснить: раз Я – целитель, зачем же мне наводить на тебя болезни, если Я обязан лечить эти болезни?

А что Я выиграю, если наведу болезнь? Нет сомнения, что это из-за наказания. А если Мне нужно излечить болезнь, что это будет за наказание, ведь получится как будто Я произвожу напрасную работу. Поэтому Я не наведу на тебя болезнь. А то, что ты думаешь, что является болезнью, в этом ты ошибаешься. Ведь все состояния, которые ты ощущаешь, если ты приписываешь их Мне, всё это исправления, с помощью которых ты приблизишься ко Мне в слиянии.

16. Бааль Сулам. Шамати. 121. «Подобна судам торговым»

Сказано: «Ведь не хлебом единым жив человек, а всем, что исходит из уст Творца». Это означает, что жизненная сила святости приходит к человеку не только от приближения к Творцу и вхождения в духовное, то есть вступления в святость, но также вследствие выходов оттуда, то есть благодаря отдалению от Творца. Когда нечистая сила проникает в тело человека и справедливо требует: «Всё моё!», то преодолевая такие состояния, человек достигает прочной веры.

Он должен все происходящее отнести к Творцу и понять, что даже выходы из духовного исходят от Него. А когда удостаивается прочной веры, тогда видит, что абсолютно все, начиная от выхода из духовного и до входа в него – приходит только от Творца.

17. Рабаш. Статья 28 (1987) «Что значит «не прибавляйте и не убавляйте» в духовной работе»

Человек должен верить выше знания и представлять себе, как будто уже удостоился веры в Творца, ощущения Его в своих органах, и видит и чувствует, что Творец управляет всем миром, как Добрый и Творящий добро. А также, когда человек смотрит внутри знания и видит обратное, он все-таки должен работать выше знания. И чтобы в его глазах это было подобно тому, как будто уже ощущается в его органах, что это действительно так. И здесь он обретает важность цели, и отсюда получает жизнь, т.е. радость того, что есть приближение к Творцу. И есть у человека место, чтобы сказать, что Творец Добр и Творит добро.

18. Бааль Сулам. Письмо 1

Все верят в частное управление, но совершенно не соединены с ним.

И причина этого в том, что как возможно приписать чужую и нечистую мысль ... Творцу, который является абсолютом добра и творящего добро ... но только истинным работникам Творца вначале раскрывается знание о частном управлении, что Он – тот, кто устроил все причины, предшествовавшие этому, и хорошие, и плохие вместе, и тогда они соединяются с частным управлением, ведь всякий соединенный с чистым – чист.

А после того как Управляющий объединен со своим управлением, разница между злом и добром абсолютно неразличима, «и все они любимы, и все они избраны», ведь все они носители сосуда Творца, готовые восхвалять раскрытие единства Творца, и это познается в ощущении, и в этом смысле в конце у них появляется знание, что все действия и мысли, как хорошие, так и плохие, – носители сосуда Творца, и Он уготовал их, и из уст Его вышли они, и это станет известно всем в Окончательном Исправлении.

19. Бааль Сулам. Письмо 8

Есть достойная цель у всего, происходящего в мире, называемая «каплей единства». И обитателям этих земных домов, когда проходят через все эти ужасы, и через всю абсолютность этой гордыни, удаленной от них, открывается некий вход в стенах сердца их, «нечувствительного весьма» по самой природе творения, и становятся достойными благодаря им вдыхания «капли единства» в сердце их. И обратятся они подобно оттиску печати, и увидят явно, что «наоборот оно», именно через эти ужасы и страхи приходят к постижению абсолюта, удаленного в гордыне отстраненной. Там и только там слияние с самим Творцом, и там может вдохнуть Он им «каплю единства».

20. Бааль Сулам. Шамати. 19. «Творец ненавидит эгоизм»

Не должен человек терять надежду, хотя и не в силах освободиться от власти своего эгоизма, а потому постоянно находится то на подъеме, то в падении. Но все же верит, что придет день и удостоится того, что свет Творца откроет ему глаза и даст силу преодоления, чтобы смог работать только ради Творца. О чем написано: «Одного прошу я у Творца, лишь одного ищу» (Псалом 27). «Одного» – то есть святую Шхину, «чтобы пребывать мне в доме Творца все дни жизни моей».

Объединяемся в одну десятку

1. Рабаш. Статья 10 (1984) «Какой ступени человек должен достичь, чтобы прекратить кругообороты»

Следует знать: все души происходят от души Адама Ришона, ибо после того как он совершил грех Древа Познания, разделилась его душа на шестьсот тысяч душ. Иными словами, то, что для Адама было одним светом, называющимся на языке книги Зоар «высшим свечением», которое было у него в райском саду единовременно, – разделяется на многочисленные части.

2. Бааль Сулам. «Шестьсот тысяч душ»

Сказали [мудрецы], что есть шестьсот тысяч душ, и каждая душа разделяется на множество искр. И следует понять, как может быть, чтобы духовное делилось на части, ведь вначале была создана лишь одна душа – душа Адама Ришона.

И по моему скромному мнению, в мире, действительно, нет больше одной души, как сказано: «И вдохнул в ноздри его душу жизни» . И эта душа присутствует во всех сынах Исраэля, в каждом – целиком, как у Адама Ришона. Ведь духовное не рассекается и не разделяется, что свойственно как раз материальным [объектам]. А то, что сказано, что есть шестьсот тысяч душ и искр душ, очевидно, что это разделение происходит из-за тела каждого [человека]. Другими словами, сначала тело ставит преграду и полностью отнимает у него сияние души, но благодаря Торе и заповедям тело очищается, и в той мере, в которой оно очистилось, общая душа светит ему.

3. Бааль Сулам. «Статья в завершение книги Зоар»

Тело со своими органами представляют собой одно целое. И тело как целое обменивается мыслями и ощущениями с каждым своим частным органом. Например, если тело как целое думает, что один из его органов должен служить ему и наслаждать его, этот орган тотчас же узнаёт его мысль и доставляет ему то наслаждение, которое он задумал. Аналогично, если некий орган думает и чувствует, что то место, в котором он находится, стесняет его, тело как целое тотчас же знает его мысль и ощущение, и перемещает его в удобное для него место.

Однако если случилось так, что некий орган был отсечен от тела, они становятся двумя отдельными сущностями, и тело как целое уже не знает потребностей этого отдельного органа, и этот орган не знает более мыслей тела, с тем чтобы служить и быть полезным ему. А если придет врач и соединит этот орган с телом, как было раньше, орган снова будет знать мысли и потребности тела в целом.

4. Зоар для всех. Глава Толдот. Статья «Вот родословная Ицхака», п. 3

Нет органа в человеке, которому не соответствовало бы какое-либо создание в мире. И так же, как человеческое тело делится на органы, созданные в постепенном возвышении друг над другом и расположенные один над другим и составляющие вместе одно тело, так же и мир: все создания в мире – это органы, находящиеся друг над другом. И когда все они исправятся, то на самом деле станут единым организмом.

5. Бааль Сулам. «Шестьсот тысяч душ»

Признаком того, что тело совершенно исправилось, является [состояние], когда он ощущает, что душа его пребывает во всей общности Исраэля, в каждом из них, и потому он и себя не ощущает отдельной частью, ведь одно зависит от другого, и тогда он «совершенен, без изъяна», и на него, действительно, во всей своей силе изливается душа, как это проявлялось в Адаме Ришоне.

6. Сборник законов (Хошен а-мишпат). Законы

Корень всех душ наверху – это свойство тысяч, и там все души есть одно. Однако когда они привлекаются вниз, их можно привлечь, только разделив тысячи на сотни ... и тогда каждая душа привлекается внизу на свое место в тело, которое относится к ней, и вся работа человека – в том, чтобы привлечь на себя свет сверху вниз из свойства тысяч к сотням в свойстве сотни ... и всё это, чтобы раскрыть истинность Творца.

7. Дегель махане Эфраим (Знамя стана Эфраима). Глава Шлах

Человек, который хочет действительно работать на Творца, должен включиться во все творения, и должен присоединить себя ко всем душам и включить себя в них, а они – в него. То есть, оставить себе только то, что необходимо для соединения со Шхиной, поскольку для этого необходимо сближение множества людей, потому что чем больше количество людей, больше работающих на Творца, тем более раскрывается им свет Шхины. И для этого необходимо соединить себя со всеми людьми, со всеми творениями, и всё поднять к их корню для исправления Шхины.

8. Рабаш. Статья 5 (1984) «Что дает нам правило «Возлюби ближнего своего как самого себя»

«Святое сообщество». Имеется ввиду несколько людей, которые собрались и объединились вместе, чтобы стать единым целым. А затем от миньяна назначается глава собрания и т. д. Это называется «миньян» или «группа». По крайней мере, должно быть десять человек, тогда они могут произносить Кдушу (букв.: «святость», особую часть молитвы) в молитве. И об этом сказано в книге Зоар: «В каждых десяти Шхина пребывает». Что означает там, где есть десять человек, уже есть место для пребывания Шхины.

9. Рабаш. Статья 28 (1986) «Нет собрания меньше десяти»

Сказали мудрецы: «Где есть десятеро, там пребывает Шхина». Известно, что Малхут называется «десятой». Известно также, что получающий сосуд тоже называется по имени Малхут – десятой сферы, получающей высшее изобилие. Она зовется «желанием получать», и все творения происходят только от нее. А потому нет собрания меньше десяти: ведь поскольку все материальные ветви происходят из высших корней, постольку, согласно принципу «нет света, в котором не было бы десяти сфирот», собрание в материальном не считается чем-то важным, если в нем нет десяти человек, по примеру духовных ступеней.

10. Зоар для всех. Глава Насо, статья «Почему, когда пришел Я, не было никого?», п. 106

И требуется пребывание десяти человек в доме собраний одновременно, а не части из них, с тем, чтобы сразу же было полное наличие всех членов. Ибо все десять вместе – они словно члены одного тела, в которых пребывает Шхина. Ведь Творец создал человека сразу, сотворив в нем все органы вместе.

11. Моше Кордоверо (Рамак). «Томер двора»

Объясняли мудрецы (Брахот 47:2) – не пренебрегай десятью первыми, приходящими в дом собрания, даже если потом приходят сто, все получают награду как все, сто – как все, потому что 10 включены - все одни в других, ведь они 10 раз по 10, и это сто. И каждый из них включен в сто. Поэтому даже если придет сотый, то у него есть награда (всех) ста. И поэтому весь Израиль поручители друг за друга, поскольку на самом деле в каждом есть часть от товарища. И когда один грешит, то вредит себе и части своего товарища в себе. Получается, поэтому со стороны этой части, товарищ ответственен за него, и поэтому они родственники друг другу. И поэтому желательно для человека быть доброй частью товарища и желать блага товарищу. И тот будет более благосклонен к нему как к себе, ведь это - он на самом деле. И поэтому нам указано любить ближнего как самого себя.

12. Бааль Сулам. Предисловие к книге Зоар, п. 68

И не удивляйся тому, что отдельный человек вызовет своими действиями подъем или падение всего мира, потому что существует непреложный закон, что частное и общее равны, как две капли воды. И всё, происходящее во всём целом, происходит и в частном. И наоборот, частные элементы делают всё, что [происходит] во всём целом. Ибо не может раскрыться общее иначе, как после раскрытия его элементов, и в соответствии с количеством и качеством этих элементов. И нет сомнения, что действие отдельного элемента в соответствии со своим значением опускает или поднимает всё целое.

13. «Маор ва-Шемеш». Глава Ваехи

Главное в собрании - чтобы все были в единстве и просили вместе только одного – найти Творца, потому что в любых десяти присутствует Шхина. И, конечно же, если есть больше 10, то есть большее раскрытие Шхины. И пусть каждый объединится с товарищем и придёт к нему, чтобы услышать от него что-нибудь по поводу работы Творца, и как найти Творца, и аннулирует себя перед товарищем, а товарищ себя перед ним, и все сделают так же. И, так или иначе, когда собрание проводится с этим намерением, как бы то ни было, ещё больше, чем теленок хочет есть, корова хочет его накормить. В любом случае Творец приближает Себя к ним, и пребывает с ними, и, как бы то ни было, им раскрывается всё избавление и всё благословение, и всё благое воздействие из источника милосердия.

14. «Шем ми-Шмуэль»

Понятие «собрание» 'асифа' - это большее единение сердцем и душой, чем понятие «сбор» 'кибуц', поскольку сбор относится только к телам, даже когда их мнения не объединяются. Но понятие «собрание людей» 'асифа', предполагает также и [объединение] в одном сердце. И это от слова «собрание» 'асифа' снаружи внутрь, где объединяются сильнее всего.

15. Бааль Сулам. Письмо 13

Должны были бы вы знать, что много искр святости есть в каждом из группы, и когда соберете вы все эти искры святости в одном месте в собрании, где сидят братья в любви и дружбе, наверняка будет у вас уровень святости в этот момент, гораздо более важный, чем свет жизни.

16. Рабаш. Статья 17 (1986) «Порядок собрания»

"В многочисленности народа величие Царя" - получается, что чем больше количество, тем действеннее его сила, т.е. создается более насыщенная атмосфера величия и важности Творца. И тогда каждый своим телом чувствует, что все действия, которые он хочет выполнить ради духовного (что и называется отдачей Творцу), ценятся у него как несметные богатства оттого, что ему посчастливилось войти в круг людей, удостаивающихся служить Царю. Тогда от каждого малого действия он полон радости и удовольствия, что есть у него сейчас, чем услужить Царю. И в той мере, в какой группа во время собрания думала о величии Творца, в каждом в своей мере это вызвало осознание величия Творца, и тогда он может находиться весь день в мире радости и веселья.

17. Бааль Сулам. «Статья в завершение книги Зоар»

Достижение величия полностью зависит от окружения. И одиночка не может сделать тут ничего, как выяснилось выше.

Однако два условия действуют в достижении величия: (1) всегда слушать и принимать оценку окружения в мере его значения, (2) чтобы окружение было большим, как сказано: «Во множестве народа величие царя».

И для того чтобы принять первое условие, каждый ученик обязан чувствовать себя самым маленьким из всех товарищей, и тогда он сможет принять оценку величия от всех них. Ведь большой не может получать от того, кто меньше его, а тем более впечатляться его словами. И лишь маленький впечатляется от оценки большого.

А соответственно второму условию всякий ученик обязан превозносить значение каждого товарища и любить его, как если бы он был величайшим в поколении. И тогда окружение будет влиять на него, как если бы оно было большим окружением, как и положено, «ибо качество важнее количества».

18. Сборник законов. Законы дома собрания

Главное в возвышении души и ее совершенстве – это когда все души включаются друг в друга и становятся одним целым, потому что тогда они поднимаются в святость. Ведь святость едина, и поэтому молитва, т.е. свойство души, главным образом зависит от объединения душ. Ведь произнести слова молитвы можно не иначе, как благодаря миру, когда мы объединимся со всеми душами Исраэля. Поэтому главная молитва – в обществе, а не в одиночестве, чтобы не был каждый сам по себе, что противоположно святости. Только необходимо соединить вместе святое общество, и станут одним целым.

19. Рамхаль. Друшей 24 Кишутей Кала

Чтобы достичь совершенства, нужно чтобы к ней присоединились и остальные души, которые все станут в ней единым целым, и засветит Шхина в великом исправлении. И тогда осуществится сказанное: «Ты вся прекрасна, моя подруга», и не останется никакого изъяна, так как с помощью силы поручительства человек совершает исправления для другого, и таким образом исправляется всё.

20. «При а-Арец»

Всегда приучать себя помещать в свое сердце любовь к товарищам вплоть до исхода души его, и увеличивать это, пока душа его не прилепится, и человек прилепится к братьям своим. А когда все будут, как один человек, единый Творец будет пребывать внутри них, и они будут под Его воздействием во всех избавлениях и утешениях, и вознесутся в подъеме тела и души.

21. Дегель махане Эфраим (Знамя стана Эфраима). Глава Веэтханан

Приятно Одному слиться с одним. И когда это произойдет? Когда Исраэль едины и слиты вместе в полном единстве, тогда будут считаться одним, и будет присутствовать среди них Творец, и Он - Один. Но когда разделено их сердце, и отделены друг от друга, невозможно им быть в слиянии с Одним, и нет там присутствия Творца. Тогда есть место чуждым богам. И об этом говорит выражение «и вы слиты», то есть когда будете слиты и объединены друг с другом, тогда «все живы будете». И когда они в одном единстве, тогда приятно Одному слиться с одним, и пребывает среди них Творец – Один.

22. Дегель Махане Эфраим (Знамя стана Эфраима). Глава Итро

Хорошо чтобы были соединены всегда вместе в одном единстве, и тогда даже те, кто меньше по уровню, полезны для своих товарищей, чтобы могли они освятиться большей святостью и достичь большего. Ведь высший нуждается в том, кто ниже него, а нижний нуждается в том, кто выше него, и также вы будьте всегда соединены в одно целое, и тогда соединятся также и корни ваши.

23. Рабаш. Статья 15 (1986) «Молитва многих»

Сказано: «Среди народа своего я живу», а Зоар говорит: «Поэтому человек никогда не должен отрываться от народа – ведь милосердие Творца всегда пребывает над всем народом вместе». Это значит, что если человек просит, чтобы Творец дал ему сосуды отдачи, о чем сказано: «Как Он милосерден, так и ты милосерден», тогда человек должен молиться за всю общность, поскольку в таком случае очевидно его намерение – чтобы Творец дал ему сосуды чистой отдачи. Ведь сказано, что «милосердие Творца всегда пребывает над всем народом вместе». И, как известно, «свыше не дают половину» – иными словами, когда свыше дают изобилие вниз, оно предназначено для всей общности.

24. Рабаш. Письмо 8

После того, как я уже обрел облачение любви, тотчас во мне начинают светить искры любви, и сердце тоскует и стремится к товарищам, и кажется мне, что глаза мои видят товарищей, уши слышат их голоса, уста говорят с ними, руки обнимают их, а ноги пляшут в любви и радости вместе с ними в кругу. И я выхожу из своих материальных границ, и забываю, что существует огромное расстояние между мною и товарищами, и что многие километры земной поверхности разделяют нас. И товарищи словно стоят в моём сердце и видят всё, что там происходит, и я начинаю стыдиться своих мелочных действий в отношении товарищей. И я просто выхожу из материальных желаний, и кажется мне, что нет ничего в мире, кроме меня и товарищей. А потом и «я» отменяется и растворяется в моих товарищах, и я провозглашаю, что нет ничего в мире, кроме товарищей.

Сфират Омер (отсчет Омера)

1. Рабаш. Письмо 59

По поводу подсчета омера [49 дней между первым днём Песах и праздником Шавуот]: известно, что основная работа человека – связать себя с Творцом. Слово «омер» происходит от слова «вязка снопов», а также «сделать немым» (комментарий Раши). Т.е., человек немеет и не раскрывает рта с претензиями против Творца; и у него «всё что делает Милосердный – делает к добру» (Брахот, 9), и говорит себе, что все его мысли и желания будут только во имя высшего, и тогда он «омер». То есть, тем самым он связывает прочной связью свои мысли и желания, чтобы была у них только одна цель – доставить удовольствие Создателю. И тогда человек называется «омер».

2. Рабаш. Письмо 59

Отсчет омера – комментарии гласят, что это от «и под ногами Его словно изделие из сапфирового камня и как небесная суть по чистоте» – и объяснение таково: посредством того, что человек связывает себя с Творцом, заслуживает тогда раскрытия на себя света Творца. Получается, что тем самым человек становится, как «омер» («сноп»), связующий все желания в единую связь, то есть, с единой целью: во имя Творца. И тогда этот «омер» светит, и в этом тайна отсчёта омера – когда человек светит светом Творца.

3. Рабаш. Письмо 59

Мы отсчитываем 49 дней до получения Торы, потому как сноп (омер) - он из ячменя ("сеорим"), то есть, от уровней ("шиурим"), на которые человек ставит в своём сердце величие Творца, как комментирует книга Зоар. Говорит Зоар: «Каждый – насколько оценивает в своём сердце» [величие Творца] – настолько пребывает в нём, в человеке, свет Творца, – и это называется верой. Когда человек удостаивается свойства веры, тогда называется «животным». Поэтому омером называлась мера для корма скотины, и имеется в виду, что ещё не удостоился познать Тору.

Тогда как в Шавуот, когда удостаиваются получить Тору, тогда получают знание Торы. Поэтому приносят жертву из пшеницы, т.е. пищу человека – ступени «говорящий».

Тогда как до того как удостоился уровня Торы, который является уровнем «говорящего», это называется жертвой из ячменя, который является пищей животного. И потому это называется вязанием снопов, что есть свойство немоты, которое представляет собой живое, но не говорящее, и только посредством Торы удостаиваемся свойства говорящего.

4. Рабаш. 938. «По поводу омера»

«Сноп» 'омер' – от слов «вяжем снопы», что означает связь. Т.е. человек должен стараться, чтобы связь между ним и Творцом светила, – от слов «сапфир и алмаз». Поскольку мир называется шестью днями действия и субботой, т.е. семью сфирот, и существует взаимовключение сфирот, мы должны соединять себя с Творцом во все дни лет нашей жизни, которых 70 лет, что указывает на то, что каждая [сфира] состоит из десяти сфирот.

И благодаря тому, что мы исправляем эту связь, называемую свойством омера (снопа), мы можем удостоиться свойства Торы, т.е. свободы от ангела смерти, как сказали наши мудрецы: «читай не 'харут' (высечено), а 'херут' (свобода)» – т.е. благодаря Торе мы выходим из-под власти злого начала.

И это зависит от той связи, которая есть у человека с Творцом.

5. Рабаш. Статья 32 (1989) «Что означает, что масло называется добрыми делами, в духовной работе»

Понятие «взмахивание» 'тнуфа' указывает нам на работу, т.е. хотя простое понимание написанного состоит в том, что нужно поднять сноп, как сказано «сноп взмахивания», однако книга Зоар спрашивает, чему это призвано научить нас в работе. Об этом она объясняет, что мы должны поднять малхут к Творцу, ибо «уста» 'пэ' называется малхут, и «устами» называется честь, как сказано: «Воздайте честь Творцу Всесильному вашему», т.е. мы должны «воздать уста» (слово «тнуфа» состоит из букв «тну пэ»), т.е. малхут, Творцу.

И следует понять, что значит, что нужно воздать малхут Творцу. А также, что означает, чтобы «воздали уста», т.е. честь, Творцу. А дело в том, что когда мы говорим об исполнении Торы и заповедей при движении по индивидуальному пути, т.е. чтобы с помощью этого прийти к слиянию с Творцом, или подобию по форме, иными словами, отказаться от собственной выгоды и работать только в том, что делается ради Творца, эта работа называется «Шхина во прахе» или «Шхина в изгнании».

6. Бааль Сулам. Шамати. 190. «Всякое действие оставляет след»

И в этом смысл праздника Песах, в который Исраэль заслужили свободу, то есть раскрытие света мохин дэ-Аба вэ-Има, наполняющее вся землю Его величием. И естественно, что не остается тогда места для эгоизма, ведь он больше не отдаляет от духовной работы, а наоборот, видно, как он приблизил человека к служению Творцу. Но состояние это пока существует лишь в виде пробуждения свыше (итарута дэ-леила). Потому сказано, что говорит святая Шхина: «Видела я каплю подобную красной розе» (признак нечистоты), то есть видела место, которое еще нуждается в исправлении и где не может сиять свет Творца. А потому должны были отсчитать еще семь недель сфират омер (дни от Песаха до Шавуота), чтобы исправить всю раскрывшуюся нечистоту, пока не «наполнится вся земля Его величием».

7. Рабаш. 927. «По поводу омера»

В Песах, когда было только обрезание, и они удостоились выйти из-под власти Египта, они вошли на ступень святого животного. Поэтому приносят сноп ячменя, который является пищей животного. И благодаря этому благословляются злаки на полях, ведь «поле» означает малхут, свойство «поля, которое благословил Творец».

И благодаря плодам снопа в течение семи недель они удостоились получения Торы, что означает получение ради отдачи. Тогда называется свойство «человека», ибо у него уже есть «мнение Торы», которое называется небесами. А Тора – свойство Древа Жизни, и человек называется деревом в поле. Поэтому подносят два хлеба из пшеницы, являющейся пищей человека. И таким образом благословляются плоды дерева, и указанием на это является то, что они благословляются свойством Торы.

8. Маор ва-Шемеш. Глава Эмор

Дни отсчета (омера) указывают на единство, как указано в книгах, и поэтому умерли ученики раби Акивы между Песахом и Ацерет, потому что эти дни указывают на единство, а они не уважали друг друга, и поэтому произошло это событие, связанное с Бар Каппара (בר קפרא) - в середине отсчета омера, и рассердился не на Бар Каппару, а на то, что не пригласил его с товарищами. В дни отсчета омера человек должен исправить эту меру единства, и благодаря этому удостаивается постижения Торы в праздник Шавуот, как сказано: «И двинулись они из Рефидима, и пришли в пустыню Синай, и встал там Исраэль против горы». И объяснил Раши, что все были как один человек в одном сердце и поэтому удостоились постижения Торы при даровании Торы.

9. Сборник законов. Законы крови, закон 1

Главный недостаток учеников рабби Акивы был в том, что не было между ними милосердной любви, свойств устремления и страстного желания, ведь в этом главное продолжение Торы, которую должны были продолжить после рабби Акивы, когда было раскрытие Торы. И об этом сказал рабби Шимон бар Йохай: «Все зависит от любви», что нам необходимо, чтобы была между нами большая любовь, и это – главное. И сказано об учениках Ари, которых Ари многократно предостерегал, чтобы была между ними большая любовь. А однажды он сказал, что был готов пойти в Иерусалим, и что придет избавление благодаря им, но это было испорчено из-за разногласия между товарищами, внесенного их женами. Ведь главное продолжение Торы – посредством любви и милосердия, свойств устремления и страстного желания к святости, и с помощью этого удостаиваются получения Торы и всего блага.

10. Бааль Сулам. Шамати. 141. «Праздник Песах»

Во время отсчета Омера происходит исход света Мохин, ведь это время подъема МАН, а известно, что во время подъема МАН уходит свет. Но после окончания дней Омера свет Мохин возвращается на свое место.

Вкушающие манну и подъем МАНа

Вкушающие манну

1. Тора. Глава Шмот 16:4

И сказал Творец, обращаясь к Моше: «Вот Я посылаю вам хлеб с небес...".

2. Зоар для всех. Глава Тецаве. Статья «Хлеб нового урожая», п. 72

"Два вида хлеба ели Исраэль. Один – когда выходили из Египта, они ели опресноки (мацу), хлеб бедности», и это хлеб от Малхут, «а другой – в пустыне» они ели «хлеб с небес», т.е. хлеб Зеир Анпина, называемого небесами. «Как написано: «Вот Я посылаю вам хлеб с небес".

3. Рабаш. 500 «Когда будешь возжигать лампады - 2»

40 лет, которые Исраэль ходили по пустыне, они шли только к Его свету, т.е. было только пробуждение свыше, которое называется «хлеб с небес», когда

высшее благо приходило к ним без действий со стороны нижних. А «хлеб из земли» называется, когда высшее благо приходит благодаря усилиям нижних. И это называется «негодный хлеб», т.е. без усилий. «И душе нашей опротивел этот негодный хлеб», – поскольку в том, что пришло без усилий, не ощущают такого вкуса, как в том, что пришло с помощью усилий.

4. «Дегель махане Эфраим (Знамя стана Эфраима)». Сборник

Тора была дана только тем, кто ест манну. Тора называется хлебом, как сказано: «Идите, ешьте хлеб мой», и изучение можно назвать едой. А манна 'Ман' – это сокращение слова «самопожертвование» 'месирут нефеш', и так следует объяснять дарование Торы только тем, кто ест манну, т.е. кто учится с самопожертвованием.

5. Рабаш. 695. «Чтобы они взяли тебе елея чистого»

Когда нет подготовки со стороны нижних, Творец не передает им высшее воздействие. Но нельзя ограничивать Его и говорить, что без этого Он не может давать им. И приводят доказательство из пустыни, где Творец светил им без пробуждения. И потому ели они хлеб с небес, т.е. без работы, и только когда они пришли в землю [Израиля], им было дано совершенство, называемое «хлеб из земли».

6. Зоар для всех. Глава Ваелех. Статья «Моше, Аарон и Мирьям», п. 4

Написано: «И на следующий день после пасхальной жертвы стали они есть плоды земли этой». Что отличает ман от хлеба из земли? Ман – свыше, с небес, т.е. от Зеир Анпина, а хлеб – из земли, снизу, от Малхут, называемой «земля».

7. Бааль Сулам. «Учение Десяти Сфирот», гл. 1, Внутреннее созерцание, ч. 1, п. 2

И научись на примере тех, кто ел «ман» (манна). Ман называется «хлебом с неба», т.к. он не материализуется в облачениях нашего мира. И сказали мудрецы, что каждый ощущал в нем все, что он желал. Находим, что в нем обязательно имелись противоположные свойства, т.е. один ощущал в нем сладкий вкус, а второй – вкус острый и горький, и в самом мане были, конечно, включены обе противоположности вместе, т.к. ничего не может дать такого, что не имелось бы в нем. А если так, то каким образом могут две противоположности быть в одном объекте?

И мы неизбежно должны признать, что он простой и свободен от обоих вкусов и только состоит из них таким образом, что материальный получатель может выделить для себя тот вкус, который пожелает. И на этом примере пойми любое духовное понятие, что само по себе – оно единое и простое, однако состоит из всего множества форм и свойств в мире. Но при его приходе к получателю, материальному и ограниченному, получатель выделяет в нем одну отдельную форму из всего множества форм, объединенных в этом духовном объекте.

8. «Маор ва-Шемеш»

Тора была дана только тем, кто ест манну (Ман) – имеется в виду, что тот, кто хочет принять на себя ярмо Торы, должен обладать доверием к Творцу и не гоняться за заработком весь день, и уменьшать свой бизнес, и заниматься Торой и молитвой. И нет сомнения, что Творец будет устраивать ему заработок каждый день, и, как бы то ни было, когда человек больше занимается Торой лишма, пусть будет уверен, что заработок его будет более прибыльным. И чем с большим слиянием человек занимается Торой и молитвой, тем более прибыльным будет его заработок. Ведь в этом состоит главная работа человека в мире.

Подъем МАНа

9. Зоар для всех. Глава Ваехи. Статья «Дан будет судить народ свой», п. 717

Что такое МАН? … «Когда в устремлении снизу поднимаются нижние воды», т.е. МАН, «чтобы получить высшие воды (МАД)» – от ступени, находящейся над ними. «Ибо нижние воды» – МАН, «не источаются иначе, как с пробуждением стремления нижней ступени. И тогда стремление нижней и (стремление) высшей ступеней сливаются, и источаются нижние воды в соответствии высшим, опускающимся», и завершается соединение (зивуг), «и миры благословляются, и все свечи горят, и высшие и нижние получают благословение».

10. Рабаш. 201 «Подъем МАНа - 1»

МАНом называется хисарон. Но чего же не хватает нижнему так, что этим он может вызвать добавку высшего блага в мирах?

Когда человек занимается Торой и заповедями, Тора и заповеди сначала вызывают «МАН» у человека, т.е. человек получает хисарон и видит, что ему недостает Торы и трепета перед небесами – из-за скрытия и сокрытия, существующего в мирах по причине сокращения.

Получается, что тогда человек получает хисарон, и этот хисарон он поднимает наверх, чтобы его наполнили. Согласно этому выходит, что благодаря Торе и заповедям человек получает МАН, а этот МАН он поднимает наверх и вызывает раскрытие во всех мирах.

11. Рабаш. Статья 27 (1990) «Что означает, что у каждой травинки есть управляющий свыше, который бьет ее, говоря «расти», в духовной работе»

Следует объяснить то, что пишет великий Ари, – что «ни одна ступень не поднимается, иначе с помощью «мей нуквин», где «нуквин» означает хисарон. А «вода» 'маим' означает свойство бины, которая приняла в себя свойство малхут, а малхут называется хисароном – в значении «отверстие» 'некев'. Поэтому высший обязан дать нижнему то, чего ему недостает.

А поскольку всякое обновление света в мире происходит только от Бесконечности, высший поднимается по уровню, чтобы получить высшее благо для нижнего. А в смысле работы следует объяснить, что высший и нижний имеется в виду, что первое состояние – это высший, а второе состояние называется нижним. Другими словами, если в том состоянии, в котором человек находится, он не чувствует никакого хисарона и испытывает удовлетворение, понятно само собой, что у него нет потребности продвижения в работе. Ведь он не видит никакого хисарона, который дал бы ему толчок двигаться вперед.

Поэтому, если человек успешен, он находит хисарон в том состоянии, в котором он находится.

12. Рабаш. 179. «Ибур - 1»

Творения после греха Адама Ришона считаются разбитыми и неживыми келим, то есть это келим получения ради себя, отделившиеся от источника жизни. В них есть только искра - решимо отражённого света, которое осталось и спустилось для оживления келим, чтобы они смогли ожить. А искра происходит от святости, оставшейся от отражённого света. И нужно поднять её, то есть, получить её ради отдачи, это называется «подъём», что означает подъём Ман. И за счёт этого образуется масах и авиют, отсюда происходит наполнение, когда отражённый свет наполняет келим по мере того, как облачает света (прямой свет).

13. Рабаш. Статья 27 (1990) «Что означает, что у каждой травинки есть управляющий свыше, который бьет ее, говоря «расти», в духовной работе»

Существует правило, что каждое состояние называется высшим и нижним. Получается, что одновременно с тем, что он нашел хисарон в том состоянии, в котором он находится, – поэтому во втором состоянии, называемом «состояние хисарона», и этот хисарон сейчас называется «нижним», это заставляет его оставить прежнее состояние и постараться исправить тот хисарон, который он сейчас ощущает.

Это называется в работе, что «мейн нуквин» нижнего вызывают подъем уровня у высшего. Т.е. в прошлое состояние. И это то, о чем великий Ари сказал, что нижний с помощью своего Мана вызывает подъем высшего. Получается, как сказано выше, что только хисароны, называемые страданиями, приводят к подъемам, благодаря которым мы всегда поднимаемся, чтобы идти вперед.

14. Рабаш. 579. «И удалю Я сердце каменное»

Если нет пробуждения снизу, на это не приходит помощь свыше. И это называется работой человека – т.е. то, что должен сделать человек, ибо ответ на молитву может быть, если есть какая-то молитва снизу, и это называется подъемом Мана, т.е. что человек возносит хисарон, чего ему недостает, и просит у Творца, чтобы Он наполнил ему этот хисарон.

Поэтому если у него есть хисарон, состоящий в том, что он не может работать не для получения вознаграждения, Творец дает ему Мей Дхурин (мужские воды), т.е. наполнение этого хисарона, т.е. Творец дает ему эти силы. Однако если человек этого не просит, т.е. что он не может работать не для получения вознаграждения, в любом случае нельзя говорить о наполнении хисарона.

А чтобы человек почувствовал, что это называется хисароном, для этого обязано быть особое воспитание. А иначе мы не чувствуем, что это называется хисароном. И человек ощущает только лишь хисарон недостаточного света, т.е. что у него нет наслаждения в Торе и молитве, как он понимает, что должно быть.

15. Бааль Сулам. Шамати. 57. «Приблизь его к желанию Творца»

Известно, что для того, чтобы притянуть свет свыше, прежде необходимо стремление снизу (итарута дэ-летата). Но зачем нужно предварительное стремление снизу? Для этого мы молимся: «Да будет желание свыше...», то есть мы сами должны пробудить желание свыше отдавать нам. Значит, недостаточно, что есть в нас желание получить, но еще и свыше должно быть доброе желание Дающего дать.

И хотя у Творца изначально есть желание насладить все свои создания, Он ожидает нашего желания, которое пробудило бы Его желание. Ведь если мы не можем Его пробудить, это признак того, что еще не готовы к получению, и наше желание не истинное и не совершенное. Поэтому именно молясь «Да будет желание свыше...», мы приходим к тому, что в нас крепнет истинное желание, готовое получить высший свет. [...] И об этом сказано: «Принуждают его, пока не скажет «Желаю я!» То есть Творец говорит: «Желаю Я действия человека».

16. Рабаш. 587. «Высший выясняет для нижнего»

Ман есть желание получать, которое выражается с помощью молитвы, а молитва называется состоянием подъема Мана, а ответ на молитву называется «Мад», прямой свет, высшее благо, отдача. А эта молитва, называемая Маном, нуждается в условиях, т.е. чтобы в этой молитве было исправление экрана, т.е. чтобы намерение его было ради Творца, что называется «лишма».

А силы делать «лишма» следует получить у высшего, ибо нижнему не под силу начать работу, иначе как в состоянии «ло лишма», что называется желанием получать, ведь только «ло лишма» дает нижнему первую движущую силу, так как когда человек не находит достаточного вкуса в материальных наслаждениях, он начинает искать наслаждения духовные.

17. Рабаш. 587. «Высший выясняет для нижнего»

Корнем работы нижнего является желание получать. А молитва, называемая Маном, поднимается наверх, и тогда высший исправляет этот Ман, и дает на него силу экрана, т.е. желание сдерживать высшее благо, до того как сам нижний знает, что его намерение – ради отдачи.

18. Зоар для всех. Глава Ваехи. Статья «Дан будет судить народ свой», п. 717

Поскольку ступень не может получить что-либо от ступени, которая выше неё более чем на одну ступень, и получает лишь от высшей, прилегающей к ней ступени, то получается, что каждая высшая дающая ступень является захаром, а каждая нижняя, получающая от нее, некевой. И благодаря стремлению, когда каждая нижняя ступень стремится получить наполнение от более высокой ступени, она поднимает к ней МАН таким образом, что каждая нижняя поднимает МАН к высшей, прилегающей к ней, пока этот МАН не достигает Бесконечного, благословен Он. И тогда Бесконечный, благословен Он, опускает наполнение, МАД. И каждая высшая ступень дает наполнение, полученное ею, нижней, прилегающей к ней, ступени, и таким образом МАД нисходит ступень за ступенью, вплоть до нижних, находящихся в мире Асия.

19. Рабаш. Статья 7 (1986) «Важность молитвы многих»

Поднятие МАНа. Т.е, когда мы вызываем недостаток наверху. И следует понять, как можно говорить о том, что низшие вызывают недостаток наверху.

Для этого мы должны знать, что такое недостаток. Известно, что сосуд называется недостатком: если есть недостаток, то есть место, которому можно дать наполнение, чтобы заполнить недостачу. Со стороны

Наделяющего нет никаких препятствий к отдаче – напротив, Он желает нести благо, а скрытие света, которое мы видим, вызвано тем, что у низших нет сосудов для получения изобилия. Поэтому когда низший пробуждается, чтобы очистить себя, но ему недостает сил и он просит Творца о помощи, тогда этот недостаток поднимается наверх. В результате у Высшего появляется сосуд, которому можно дать изобилие. Это и называется поднятием МАНа.

20. Бааль Сулам. Шамати. 96. «Отходы гумна и винодельни в духовной работе»

МАН дэ-Има - это «итарута дэ-лэила» (возбуждение свыше), которое не идет от природы. То есть со стороны природы, если человек не достоин получить свет, он не получит никакого света. Тогда как, благодаря возбуждению свыше, которое выше природы, свет проходит к низшим, как сказано: «Я, Творец, пребываю с ними во всей их нечистоте» или, как сказано в книге Зоар: «Хотя грешат, будто не грешат вовсе».

Но под воздействием пробуждения снизу, итарута дэ-летата, свет может нисходить к низшим, только если они способны получить его согласно своей природе, то есть собственным качествам. Это называется МАН дэ-Нуква, когда человек может исправить себя верой.

21. Рабаш. 491. «Высший выясняет для нижнего»

Вопрос: подъемом Мана называется подъем хисарона наверх, почему же написано, что подъем

Мана называется заповедями и добрыми делами? Маном называется хисарон, но чего недостает нижнему, с помощью чего он может вызвать добавку высшего блага в мирах?

Когда человек занимается Торой и заповедями, Тора и заповеди сначала производят Ман в человеке. Другими словами, человек получает хисарон и видит, что ему недостает Торы и трепета перед небесами из-за скрытия и сокрытия, которые существуют в мире из-за сокращения. Получается, что тогда человек получает хисарон, и этот хисарон он возносит наверх, чтобы его наполнили.

Согласно этому получается, что благодаря Торе и заповедям человек получает Ман, и этот Ман он возносит наверх, вызывая раскрытие во всех мирах.

22. Рабаш. 195. «Соединение меры суда с милосердием»

Нижний должен сказать, что он ощущает скрытие потому, что высший сократил себя на благо нижнего. Это называется: «Исраэль в изгнании - Шхина вместе с ними», - какой вкус он ощущает, так он и говорит. То есть, не он виноват в том, что не чувствует вкус и не имеет жизненных сил, а по его мнению, действительно нет никакой жизни в духовном.

Если человек преодолевает себя и говорит, что горький вкус возникает у него потому, что у него нет подходящих келим, которые могут получить свет, то есть, его келим работают на получение, а не на отдачу. И сожалеет о том, что высший вынужден скрывать себя, что даёт низшему повод злословить, и это Ман, который нижний поднимает.

И благодаря этому высший поднимает свой Ахап, это значит, что при подъёме высший может показать нижнему преимущество и наслаждение в келим Ахапа, которые высший может раскрыть. А в отношении нижнего он (высший) поднимает Гальгальта ве-Эйнаим нижнего, для того, чтобы нижний увидел преимущество высшего. Выходит, что нижний поднимается вместе с Ахапом высшего.

Выходит, что когда нижний видит величие высшего, благодаря этому поднимается и нижний.

Амалек

Смысл понятия Амалек

1. Рабаш. 90б. «Амалек»

"Помни, что сделал тебе Амалек при выходе из Египта». Амалек означает злое начало, и приходит к человеку только при его выходе из Египта, то есть, когда человек выходит из Египта, где притесняют (мацирим - созвучно со словом Египет) его душу. И когда человек берет на себя работу ради Творца, тогда он (Амалек) приходит.

2. Рабаш. Статья 22 (1990) «Каков порядок стирания Амалека»

Известно, что Амалек называется злым началом. Однако в частности, у злого начала есть много имен. И мудрецы (Масехет Сука, стр. 52) сказали: «Семь имен есть у злого начала: зло, необрезанный, нечистый, ненавистник, преткновение, эвен цфони, северный камень. И есть у него еще имена, такие как фараон, царь египетский, и Амалек".

Клипа Амалека

3. Рабаш. Статья 22 (1990) «Каков порядок стирания Амалека»

Клипа Амалека главным образом направлена против величия Творца.

4. Рабаш. Статья 22 (1990) «Каков порядок стирания Амалека»

И это клипа Амалека, как сказано: «Помни, что сделал тебе Амалек, как охладил тебя в пути, и ты устал, и пришел, и не боялся Творца». А «охладил тебя в пути» - объясняет Раши на языке холода и тепла, - остудил тебя, освободил тебя от твоего кипения, когда все народы боялись воевать с вами, и начал, и показал место другим. И объясняет там на языке мудрецов: хотел сказать о горячем, когда все боялись его. Так народы мира боялись вас. Но Амалек остудил и охладил тебя, будто остывшая вода.

5. Рабаш. Статья 22 (1990) «Каков порядок стирания Амалека»

Когда Амалек видит, как человек воодушевлен и горит в работе, и человек рад тому, что удостоился получить немного важности, что стоит служить великому Царю, то он приходит, и злословит, и забирает у человека эту важность. И теряется у человека горение, которое было в том, что есть у него немного ощущение, что есть у него связь с великим царем.

И это означает: «ты устал и утомлен», т.е. во время работы, когда верил, что он служит великому Царю, человек был полон жизни и не чувствовал никакой усталости. А в то время, когда Амалек ввел в человека отмену величия Творца, тотчас же человек устал от работы, как сказано в Зоар: «Если работа для тебя бремя, значит, участвует в ней ситра ахра», что означает, что человек должен знать, что если он выполняет духовную работу и чувствует в этой работе ярмо и тяжесть, это знак, что есть там ситра ахра, и она ослабляет человека, чтобы он не чувствовал, что служит великому Царю.

6. «Маор ва-Шемеш». Глава Тецаве

Сказано в Мидраше (об Амалеке): «Как он встретил тебя (карха) на пути», и это от слова крирут, охлаждение, то есть погасил огонь их любви и охладил её, в то время как раньше с теплотой и воодушевлением любили друг друга. А Амалек принёс им охлаждение и остудил их любовь друг к другу. А почему охладил их? От высокомерия и гордыни. Потому что главное, что ведёт к любви товарищей – это, когда каждый низок и презренен в своих глазах, и всегда находит недостатки во всех своих делах, и видит праведность товарища, и дела того велики в его глазах, поэтому он любит товарища и в единстве с ним. В отличие от этого, если он велик в собственных глазах и высокомерен, то видит недостатки товарища и поэтому ненавидит его, поскольку товарищ низок в его глазах. А Амалек, - он остудил Исраэль от теплоты и воодушевления, которые были у них прежде в любви друг к другу.

7. Рабаш. Статья 22 (1990) «Каков порядок стирания Амалека»

Суть Амалека – это клипа. В то время, когда человек преодолевает и начинает идти истинным путем, он приходит и ослабляет человека, и говорит: не бойтесь сойти с пути отдачи. И насколько человек преодолевает это в величии Творца, говоря, что стоит работать только для одного Творца, а не ради себя, (приходит Амалек) и дает понять человеку: разве ты не видишь, что ты устал от этой работы. И не боишься Творца, ведь трепет перед Творцом, который был у Исраэля, говоривших, что стоит работать и служить великому Царю – этим он внес свое знание, что нет никакой важности у Царя. Если так, почему вы хотите работать без вознаграждения, а лишь ради Творца, из-за Его величия? Этот страх он испортил, т.е. вся его цель была только в том, чтобы отменить важность трепета перед небесами, называемого «главное – это страх в отношении Великого и Всемогущего». Выходит, он ввел в народ Исраэля отмену важности трепета перед Творцом, когда вся его война была – ослабить их в работе в служении великому Царю.

8. Рабаш. Статья 22 (1990) «Каков порядок стирания Амалека»

Хотя и есть злое начало, которое не дает выполнять Тору и заповеди, оно не противоположно сути трепета, называемого «потому что Он – велик и управляет». И это основа трепета, и из-за этого человек хочет служить Царю - в силу величия и важности Царя. А Амалек желает именно это ослабить, утверждая, что человек сам видит, что нет никакой важности у Творца, чтобы работать на Него из-за Его величия, ведь ты видишь, что есть большое сокрытие Его управления, чтобы мы могли сказать, что Он управляет миром, как Добрый и Творящий добро. А он утверждает, что это не скрытие, что то, что мы видим глазами – это и есть истина, а не то, что народ Израиля говорит, что действительно Творец управляет миром, как Добрый и Творящий добро, но мы еще не удостоились увидеть, что его управление доброе и творящее добро, но мы должны верить верой выше знания, и сказать: «глаза у них, но не увидят». Согласно этому мы видим, что эта клипа действительно против главного - трепета.

Война с Амалеком

9. «Возвращение души». Глава 40

Война с Амалеком, то есть война со злым началом, это очень длинная война, и смирить его можно только укрепившись духом. Всё, через что проходит человек в течении своей жизни, будет усиливать его, не дав ему упасть никоим образом, как говорится: «Сойду ли под землю – Ты там». И оттуда тоже он будет взывать и кричать к Творцу в тоске: «из чрева преисподней я возопил» и т.д. Потому что до тех пор пока человек не отчаивается и укрепляется, чтобы всякий раз начинать заново, как бы то ни было, он зовётся победителем в войне, ведь человек не может сам победить в ней, как сказали наши учителя: «Если бы Творец не помог ему...», как сказано: «Война у Творца с Амалеком [во всех поколениях]».

10. «Возвращение души». Глава 40

Человек обязан укрепляться каждый раз заново, не отступая назад от этой войны и ни в коем случае не отчаиваясь, ведь в этой войне пока еще, разумеется, не видно невооруженным глазом, кто побеждает, ибо война еще очень долгая и изгнание усиливается, и с каждым происходит то, что происходит. И, несмотря на это, до тех пор пока мы еще держим в руках оружие, – а главное наше оружие – молитва, – до тех пор пока мы не отчаялись в этой войне, страшно сказать, и всё еще держим оружие, мы, без сомнения, побеждаем. Ведь до тех пор, пока человек укрепляется в молитве и крике к Творцу, он вообще побеждает в войне, ибо в этом и есть главная победа.

11. Рабаш. 907. «А когда опускал свою руку, одолевал Амалек»

«А когда опускал свою руку, одолевал Амалек». И спрашивается, почему Моше опускал руки.

И дело в том, что Амалек, как объясняется в святых книгах, – это клипа, противостоящая вере. А «руки Моше» – это свойство веры, так как «руки» означают свойство «постижения» 'асага' от слов «если достанет 'тасиг' рука» . И всё постижение Моше произошло благодаря вере, поэтому Моше и называется верным пастырем.

И отсюда мы сможем объяснить, что когда Исраэль увидели, что Моше поднял руки, т.е. Исраэль стали относиться к рукам Моше как к свойству величия, Исраэль одолевали, т.е. в мере оценки величия этого. Ибо тот, кто пренебрегает верой, не способен получить жизненной силы, заключенной в силе веры.

И это называется: «И руки Моше отяжелели», т.е. Исраэлю было тяжело и трудно удерживать важность, т.е. руки Моше. Т.е. они ощущали свойство тяжести веры, иначе говоря, для них было бременем и грузом принимать на себя ярмо веры.

12. Рабаш. 604. «Зачем ждал он войны с Амалеком»

Когда падают в вере, нужно самим совершить работу, называемую пробуждением снизу. А если прилепились они к Моше, т.е. к свойству Торы, через Моше могут они удостоиться веры. Поэтому нужно было пойти к Моше, чтобы научиться у него путям веры.

Моше называется верным пастырем, потому что он был пастырем веры. Ведь Моше называется свойством Торы, как сказано: «Помните Тору Моше, раба Моего». Поэтому, если они прилепились к Моше, они получают силу веры.

13. Сфат Эмет (Язык Истины). Шмот. К Пуриму

Когда сыновья Исраэля связаны вместе одним союзом, у Амалека нет власти над ними, а только в разъединении. Поэтому донёс Аман: «Есть один народ, разрозненный и отчуждённый», вся сила которого - в единстве, а сейчас они - разрозненный народ. И на самом деле так было. Из-за грехов пробуждается сила Амалека и не даёт им объединиться. И поэтому сказано: «Иди и собери всех иудеев», «Объединиться и защитить себя» - всё посредством объединения общества [народа]. И праведник Мордехай объединил их, и объединился с ними сам, потому что обладал силой объединения.

Амалек внизу и Амалек наверху

14. Рабаш. Статья 22 (1990) «Каков порядок стирания Амалека»

Говорит Зоар, что «есть Амалек внизу и есть Амалек наверху». Ведь «Амалек внизу» относится к кли, а »Амалек наверху» – к свету. И то, что Амалек не давал работать ради Творца, это называется «кли», т.е. желание работать ради Творца, несмотря на то, что Амалек мешает своими доводами.

Т.е. «Амалек внизу» означает, что человек желает работать ради Творца, а Амалек не дает ему работать, и он знает и чувствует, что это клипа, которая посылает ему эти мысли, отменяющие величие Творца, и больно ему из-за этого – это называется «работой человека», т.е. человек хочет отменить все доводы Амалека, и человек приходит к ощущению, что он, со своей стороны, не видит никакой возможности отменить злословие, что Амалек говорит ему во все то время, когда человек хочет работать, исходя из величия и важности Царя. И человек видит, что кроме молитвы Творцу, чтобы не впечатляться его злословием, нет у него иного действия. И это называется, что человек хочет стереть Амалека в своем сердце и разуме.

15. Рабаш. Статья 22 (1990) «Каков порядок стирания Амалека»

Почему Творец не дает человеку сделать всю работу? Это просто – суть раскрытия лика в том, что только Творец может раскрыть свой лик. И нельзя сказать, что соотнесем это с человеком, а также, что человек должен работать в сокрытии, и Творец не дает ему сразу силы. И почему должен человек начать, а иначе не будет у него кли, ведь человек должен прежде приобрести хисарон, а затем можно сказать, что Творец наполнит этот хисарон.

Из сказанного выходит, что Амалек внизу – означает то, что человек чувствует и хочет стереть, не желая слушать от него злословие, лашон а-ра. Эта работа относится к человеку. Амалек, который наверху – все его удержание в скрытии. А затем Творец дает раскрытие лика. Это означает, что Амалек стерт наверху. И эта работа относится к Творцу.

16. Рабаш. Статья 22 (1990) «Каков порядок стирания Амалека»

Об Амалеке наверху говорит Творец: «потому что Я сотру», т.е. Творец сотрет его наверху. А об Амалеке внизу сказал Творец: «сотри память об Амалеке», т.е. человек должен стереть. И спрашивается, в чем суть двух Амалеков. И почему Творец не стирает обоих, или чтобы было в силах человека стереть их обоих, почему необходимо это партнерство?

И объясняется, как сказано выше, что есть понятие света и кли, и без кли нет света, как известно, что нет наполнения без хисарона, потребности. А также мы спрашивали, в чем суть свойства Амалека, что необходимо стереть его имя больше остальных имен, существующих в злом начале. И ответ таков, что суть злого начала в том, что оно злословит о Творце, что не стоит заниматься Торой и заповедями. И в соответствии с этим правилом не может человек сделать никакого движения, если нет причины, обязывающей его сделать это.

Сотри память об Амалеке

17. Рабаш. Статья 22 (1990) «Каков порядок стирания Амалека»

Говорит Творец: «Сотрите память об Амалеке», т.е. Он говорит: вы не должны ничего делать, т.е. выполнять какие-то советы, чтобы вы могли работать ради Меня, но сотрите то, о чем Амалек говорит вам, и верьте верой выше знания, т.е. выше знания Амалека, когда он злословит обо Мне, что не стоит работать ради Меня.

И если вы хотите работать выше знания, потому что как сказано: «О чем Творец спрашивает тебя - боишься ли ты Меня?», ведь именно против этого он протестует. И вы хотите стереть его, и если ваше желание будет истинным, но вы не сможете стереть его, это означает, что вы сотрете его внизу. Чем сотрете его? Ответ – желанием, когда вы хотите идти выше знания. И тогда Я сотру его наверху, т.е. Я дам вам силу стереть.

18. Рабаш. Статья 22 (1990) «Каков порядок стирания Амалека»

Почему нужно стереть эту клипу? И смысл в том, что мы должны сказать, что нет истины в ее словах, в том, что она говорит, что нет здесь никакого сокрытия, но действительно, как мы видим, так и есть. И это свойство нужно стереть, т.е. сказать, что нет истины в ее словах. Но как человек может стереть в то время, когда есть скрытие на управление Творца, в то время, когда Амалек действует против человека. Об этом говорит Творец: вы должны предоставить кли, т.е. хисарон, то чего недостает вам – вы должны обратить внимание на то, чего вам не хватает.

19. Рабаш. Статья 21 (1991) «Что означает в духовной работе, что перед Пуримом читают недельную главу «Захор» ("Помни")»

Невозможно исполнить заповедь стереть Амалека только лишь в той мере, в которой человек помнит о бедах, которые причинил ему Амалек. Поэтому подготовка к стиранию Амалека (из памяти) должна быть в том, что человеку нужно знать, что такое Амалек. Иными словами, в чём роль Амалека, противостоящего народу Исраэля? Об этом сказано: «Помни, что сделал тебе Амалек в пути, когда выходили вы из Египта. Как застал он тебя в пути".

И в той мере, в какой человек чувствует всё, «что сделал Амалек», в той же мере он может исполнить сказанное «Сотри память об Амалеке». То есть, если человек не помнит, что плохого сделал ему Амалек, то, само собой, ему нечего стирать из памяти. Иными словами, когда человек делает внутренний расчет, он хочет увидеть, кто является его ненавистником, приносящим ему зло, и это - желание получать ради себя. Оно называется «злым началом», поскольку препятствует способности человека получать благо и наслаждение, которые Творец желает ему дать.

20. Рабаш. Статья 21 (1991) «Что означает в духовной работе, что перед Пуримом читают недельную главу «Захор» ("Помни")»

Известно, что «нет света без кли, нет наполнения без хисарона». Поэтому человек ничего не способен сделать, если у него нет в этом необходимости. Если так, то как же возможно стереть из памяти Амалека, если нет в этом надобности? То есть, если человек не знает, что такое Амалек, то для чего нужно совершать это действие - стирать Амалека из памяти? Поэтому прежде всего необходимо знать - что такое Амалек. Нужно знать, какие беды он нам принёс. А только потом, по мере понимания всех бед, которые он причинил, человек готов исполнить сказанное «сотри память об Амалеке".

Значит, по мере того, что человек помнит о бедах, совершённых Амалеком, он готов его стереть из памяти. То есть, точно по тому, что он помнит о зле, нанесенном Амалеком, в соответствии с этим он и может стереть его с лица земли. А если человек не помнит, что Амалек причинил ему множество бед, то и нет надобности его истреблять. В той степени, в которой он помнит, он может стереть Амалека, не более того.

21. Рабаш. Статья 11 (1987) «Пурим, когда заповедано «ад де-ло яда»»

И отсюда поймем сближение [Пурима] с «искоренением Амалека», когда читают: «Помни, что сделал тебе Амалек». Потому что именно, когда мы знаем, к чему привел нас Амалек, т.е. к смерти, вызванной им в мире, т.е. своей властью – чтобы не идти путями отдачи, для того чтобы слиться с источником жизни, стараются стереть его с лица земли. Иначе, если человек еще не дошел до уровня «знания, что сделал нам Аман и Амалек», он не стремится стереть его.

Получается, что именно, когда человек дошел до ступени «яда (отличать) «Проклят Аман» и «Благословен Мордехай»», возможно стереть Амалека. И поэтому перед Пуримом, когда наступает время, когда нужно дойти до уровня «ад де-ло яда», нужно прийти к уровню «яда». И только тогда можно стереть Амалека. Т.е., когда человек хочет исполнить [указание] «сотри память об Амалеке», это признак того, что он уже удостоился свойства «яда́». Иначе человек не в состоянии прийти к стиранию Амалека. А он погружен в клипу Амалека и не желает исполнять [указание] «сотри память об Амалеке».

22. Рабаш. 695. «Стереть Амалека»

Нам дано злое начало, называемое «Амалек». Во время работы невозможно постичь вкус Торы и заповедей, ведь иначе это не будет считаться работой. Поэтому должны преодолеть своё зло, что означает уничтожить Амалека. И тогда сможем удостоиться света освобождения, как это было во времена

Мордехая, когда удостоились уровня «исполнили и получили». И объяснили мудрецы: «Выполнили то, что уже получили, и до сих пор (это было) насильно, а теперь – по желанию». Насильно – это значит вынужденно. То, что человек делает без наслаждения – он делает вынужденно. И это означает насилие, когда заставляет себя выполнять Тору и заповеди по принуждению. Но когда усмиряют Амалека, тогда удостаиваются отведать вкус Торы и заповедей, где и скрыто главное наслаждение.

23. Рабаш. 908. «Стереть Амалека»

…«И возлюбить Творца твоего всем сердцем – двумя началами, добрым началом и злым началом». Но как может и злое начало согласиться выполнять Тору и заповеди? Но когда он ощущает в них большое наслаждение, то соглашается. Поэтому для того, чтобы удостоиться света освобождения, мы должны сначала заняться уничтожением Амалека, и тогда удостоимся освобождения, как это было во времена Мордехая и Эстер.

Но как можно уничтожить Амалека? На это сказали мудрецы: «Я создал злое начало, Я создал Тору ему в приправу». С помощью Торы можем стереть зло.

Но не у каждого есть возможность заниматься Торой. Для этого нам дан пример Иссахара и Звулуна, то есть, есть такие, кто занимается Торой, и такие, кто поддерживает Тору, благодаря чему соединяются как один человек, и все называются сынами Торы. И когда сможем стать единым союзом, тогда сможем уничтожить Амалека и удостоиться освобождения.

24. Рабаш. Статья 21 (1991) «Что означает в духовной работе, что перед Пуримом читают недельную главу «Захор» ("Помни")»

Писание говорит: «Помни, что сделал тебе Амалек на пути при вашем исходе из Египта. Как он застал тебя в пути... сотри память об Амалеке из поднебесной. Не забудь».

И следует понять, почему нужно помнить, что сделал нам Амалек, чтобы исполнить: «Сотри память об Амалеке». Т.е. получается, что если мы не помним, что он сделал нам, мы не можем стереть. А именно насколько у нас есть память о нем, ее можно стереть, но не более. И следует понять, что значат в работе слова: «Сотри память об Амалеке». А если у нас нет памяти, мы не можем стереть? Поэтому сначала нам дана заповедь: «Помни, что сделал тебе Амалек», а потом, когда у нас уже есть свойство «памяти об Амалеке», мы можем исполнить заповедь «стирания Амалека».

25. Рабаш. Статья 22 (1990) «Каков порядок стирания Амалека»

И на этом заканчивается стадия кли по стиранию Амалека, когда в своем желании и хисароне человек чувствует, какие потери в его жизни причиняет ему этот Амалек, и все-таки не может человек со своей стороны преодолеть это. И тогда человек ощущает, что ему недостает лишь помощи Творца, т.е. чтобы Творец помог ему. И он верит мудрецам, сказавшим: «Пришедшему очиститься – помогают». И тогда Творец отменяет его Амалека.

26. Рабаш. Статья 24 (1991) «Что означает, что человек должен родить сына и дочь, в духовной работе»

Человек создан в мире, чтобы совершать исправления и доводить до совершенства святое Имя, как сказали наши мудрецы о стихе (конец гл. Бешалах): «Ибо рука над престолом Творца: война у Творца с Амалеком», сказали они: «Творец поклялся, что имя Его не будет совершенным, и престол Его не будет совершенен, пока не будет стерто имя Амалека».

И следует объяснять, как сказано выше, что имя Йуд-Хэй, называемое ХУБ, должно светить в Вав-Хэй, и это происходит благодаря работе человека, который рожает сына и дочь. Т.е. свойство захара, являющееся отдающими келим, в которых светит свет хасадим. И также продолжить в свойство малхут, называемое «дочь», что является получающими келим, в которых светит свет хохма. И тогда человек, благодаря своей работе, доводит до совершенства святое Имя, называемое Йуд-Хэй-Вав-Хэй. И это происходит посредством «стирания Амалека», т.е. через то, что мы занимаемся Торой и заповедями для того, чтобы довести до совершенства святое Имя. И тогда раскроется совершенство, называемое «Он и имя Его едины».

27. Бааль Сулам. Письмо 29

Нельзя ударить ветер топором, но ударяющий ветер выталкивает ветер, а железо – железо и т. п. И поскольку вся основа Амалека – это «насмешник», и разрушает он все материальностью без знания только чистым насмешничеством, потому нельзя уничтожить его в мире духом знания, а наоборот, вещью, которая выше знания – т.е. вином Торы.

Гневить доброе начало на злое начало

1. Рабаш. Статья 23 (1987) «Мир после ссоры лучше, чем, когда вообще нет ссоры»

Если злое начало гневается, это признак того, что человек хочет идти путем построения святости. И поэтому злое начало гневается.

Иными словами, гнев является результатом того, что человек хочет работать ради небес. Тогда как, если то, что человек говорит, что хочет работать ради небес, это пустая болтовня, злое начало не гневается от этого, потому что какое ему дело, если человек говорит и даже не знает, что он говорит.

2. Рабаш. Статья 23 (1987) «Мир после ссоры лучше, чем, когда вообще нет ссоры»

«Будет гневить» – имеется в виду, что будет воевать с ним. Т.е. не будет служить ему, а восстанет против него, говоря: «До сих пор я служил тебе всеми силами, а теперь я уже не дам тебе ничего, а, наоборот, я хочу поработить тебя, чтобы ты работало ради небес».

3. Рабаш. Статья 23 (1987) «Мир после ссоры лучше, чем, когда вообще нет ссоры»

Если ты ведешь войну, но не видишь, что злое начало гневается на тебя, это признак того, что ты даже не знаешь, что такое «ради небес». Ты только слышал, что в книгах написано, что надо делать всё ради небес. Ты говоришь, что тоже хочешь этого, но на самом деле, ты даже не знаешь, о чем идет речь.

И из сказанного получается, что на самом деле зло присутствует в человеке, но его не видно. И только благодаря конфликту оно проявляется. Поэтому, если человек будет с ним в мире, он безнадежно пропал. Потому что у него никогда не будет возможности прийти к цели творения, ведь у него нет отдающих келим, а есть только получающие, а эти келим не могут получать высшее наполнение из-за противоположности формы.

И человек не знает силы зла и не считает, что надо убегать от него, пока не почувствовал, что зло делает ему. И поэтому именно благодаря тем войнам, которые он ведет с ним, у него всякий раз есть падения и подъемы. И согласно ощущениям падений, когда ему больно, это приводит его к тому, что он ненавидит зло.

4. Рабаш. Статья 10 (1989) «Что означает в духовной работе, что лестница стоит наклонно»

Зло в человеке находится в скрытии, и если туда войдет свет святости, тут же пробудится заложенное в нем желание получать, которое получит всё в получение ради себя, и это немедленно перейдет во власть скверны и клипот. Поэтому нужно вести войну, благодаря которой зло выйдет из укрытия и начнет воевать с добрым началом.

Получается, что оно раскрывается именно благодаря войне, постольку поскольку оно желает воевать с добрым началом. А когда оно показывает свое истинное лицо, человек видит, какая это высокая гора, и приходит к осознанию, что у нет другого выхода, кроме как просить Творца, чтобы Он помог ему победить зло, чтобы у него была способность работать только с намерением ради отдачи.

5. Ликутей Эцот (Сборник советов). Итхазкут (Укрепление), п. 37

Когда у человека есть злое начало, это большое достоинство, потому что тогда он может служить Творцу именно посредством злого начала. Т.е. преодолевать, подогреваемый злым началом, чтобы продолжить после него делать какую-либо работу для Творца. А если у человека нет злого начала, его работа вообще не принимается в расчет. И поэтому Творец разрешает злому началу распространиться на человека, а более всего на того, кто действительно хочет приблизиться к Творцу, потому что это гораздо дороже Творцу, чем те, кто служит ему тысячу лет без злого начала.

6. Рабаш. 380. «Каждый, освящающий седьмой день - 2»

Мудрецы сказали: «Злое начало человека одолевает его каждый день ... если Творец не помогал бы ему, он бы не выдержал». И надо понять, почему Творец не дал человеку сил, чтобы он мог победить злое начало. А если это не в возможностях человека, почему Творец не делает всё.

Т.е. зачем нужно, чтобы человек воевал со злым началом, а Творец только помогал бы ему, но если человек не начинает войну, он не получает помощи от Творца.

И зачем Творцу нужно, чтобы человек начал воевать, а потом Он приходит и помогает ему, как сказали наши мудрецы: «Всегда будет человек гневить доброе начало на злое начало», и объясняет Раши: «чтобы оно воевало с ним». Отсюда получается, что сначала человек должен начать воевать с ним, а потом приходит Творец и помогает ему.

7. «Зоар для всех". «Пинхас». Статья «Когда удостоился Пинхас буквы «йуд» имени Шадай», п. 487

Дано злое начало каждому человеку, чтобы подчинил его себе и воссел на него верхом. И всё совершенство достигается с помощью злого начала, если покоряет его, как сказано, «всеми сердцами своими: двумя началами - добрым и злым». И получается, что если удостаивается и восседает верхом на злом начале, он удостаивается всего.

8. Рабаш. 273. «Герой из героев»

«Кто называется героем из героев? ... Тот, кто превращает своего ненавистника в любящего». В плане морали следует объяснить, что героем называется «тот, кто обуздал свое злое начало», – т.е. работает с добрым началом и подчиняет злое начало. А герой из героев – тот, кто работает также и со злым началом, как сказали наши мудрецы: «Всеми сердцами своими – двумя желаниями», – т.е. и злое начало тоже служит Творцу. Получается, что он превращает своего ненавистника, т.е. злое начало, в любящего. А поскольку и злое начало тоже служит Творцу, получается, что тут у него большая работа, поэтому он называется героем из героев.

9. Рабаш. Статья 10 (1989) «Что означает в духовной работе, что лестница стоит наклонно»

Нужно две линии, ибо благодаря им обеим можно прийти к средней, потому что не может быть средней линии, если до этого нет двух линий. Поэтому, когда есть противоречие, можно говорить о том, что возникает третья линия, разрешающая их спор и устанавливающая мир. В то же время, если нет противоречия, нет необходимости в установлении мира. Т.е. если мы нуждаемся в мире, мы должны сначала прийти к противоречию, а иначе нет места миру.

10. Рабаш. Статья 10 (1991) «Что означает, что царь стоит на своем поле, когда зерно стоит в кучах, в духовной работе»

Исправление, когда человек идёт в левой линии, заключается в том, что он не ждёт, пока получит падение и упадёт, и затем будет ждать, когда придёт к нему пробуждение свыше. Но он сам притягивает левую линию. И тогда он видит, что находится в состоянии падения. То есть, что нет у него никакой искры, чтобы он захотел работать на отдачу, а не ради собственной выгоды. И тогда у него уже есть место для молитвы.

И это, как сказал мой отец и учитель (Бааль Сулам) о сказанном мудрецами о царе Давиде, который сказал: «Я пробуждаю рассвет, а не рассвет будит меня». И смысл этого в том, что царь Давид не ждал, пока наступит рассвет (шахар), называемый шахор - чёрный, который является свойством тьмы, т.е. чтобы тьма пробуждала его, а он сам пробуждает тьму. И молится о том, чтобы Творец светил ему Своим ликом, ведь так или иначе он выигрывает время тем, что подготовился ко тьме, и тогда ему легче исправить её.

11. Бааль Сулам. Письмо 5

Я доволен и рад этим неисправленностям – раскрытым и раскрывающимся.

Однако я досадую и сожалею о неисправленностях, которые еще не раскрылись и должны будут раскрыться в будущем, ведь скрытая неисправленность лишена надежды, и ее раскрытие – это великое спасение свыше. Ибо есть правило, что нельзя дать того, чего у тебя нет, и если это раскрылось сейчас, нет никакого сомнения, что оно было изначально, только было скрыто. Поэтому я радуюсь, когда они выходят из своих нор, ведь, если ты обратишь на них свой взор, они превратятся в груду костей.

Тем, что Творец бьет, Он лечит

1. Рабаш. 133. «Всё это исправления»

«Все болезни, которые Я навел на Египет, не наведу на тебя, ибо Я, Творец, – целитель твой».

Вопрос мудрецов – если «Я не наведу болезни», зачем же нужен врач?

И следует объяснить: раз Я – целитель, зачем же мне наводить на тебя болезни, если Я обязан лечить эти болезни?

А что Я выиграю, если наведу болезнь? Нет сомнения, что это из-за наказания. А если Мне нужно излечить болезнь, что это будет за наказание, ведь получится как будто Я произвожу напрасную работу. Поэтому Я не наведу на тебя болезнь. А то, что ты думаешь, что является болезнью, в этом ты ошибаешься. Ведь все состояния, которые ты ощущаешь, если ты приписываешь их Мне, всё это исправления, с помощью которых ты приблизишься ко Мне в слиянии.

2. Рабаш. 289. «Творец придирчив к праведникам»

Удар, который человек получает от Творца, т.е. когда отбирают у него вкус в работе. Тем самым

Он лечит человека, потому что до этого нет у него никакой возможности работать ради Творца, кроме состояния «вера выше знания». Получается, что от удара, который он получил от Творца, от этого, именно, он сможет излечиться, тогда как в противном случае он останется отделенным.

И становится понятным сказанное мудрецами: «Тем, что Творец ударил, Он лечит». То есть, именно это и есть лекарство, иными словами, то, что дает человеку возможность работать в свойстве вера без всякой опоры.

3. Рабаш. Статья 15 (1984) «Как может сойти свыше что-то плохое?»

Главное – понять, чем в действительности человек болен. А значит, мы платим специалисту больше, чем простому врачу, именно затем, чтобы точно диагностировать болезнь.

Отсюда следует, что обнаружение изъяна, представляющегося негативом, – это все равно позитив. Иными словами, само знание о болезни представляет собой исправление, поскольку теперь человек знает, что́ ему надо исправить. Таким образом, диагностика недуга – часть его исцеления. Невозможно излечить болезнь, не зная ее причин.

4. Рабаш. Статья 30 (1991) «Что означает, что для того, кто был в дальнем пути, Песах откладывается на второй Песах, в духовной работе»

Существует исправление свыше, состоящее в том, что человек не способен видеть зло. Ведь есть правило, что «человеку не показывают зла больше, чем он способен исправить себя». Подобно тому, как в материальном, когда человеку не называют его настоящую болезнь, если он не способен излечить ее.

Поэтому именно тому, кто пришел, чтобы оскверниться, т.е. хочет увидеть истину, – тому раскрывают. И если человек хочет идти вперед и молится, чтобы ему раскрыли истинный размер зла, которое заключено в желании получать для себя, ему дают помощь свыше, т.е. его оскверняют свыше. Другими словами, ему посылают свыше, чтобы он увидел, в чем состоит вред от скверны. Тогда он начинает молиться из глубины сердца, чтобы Творец дал ему желание отдавать вместо желания получать, которое есть у него от природы, и чтобы ему дали вторую природу, являющуюся даром свыше.

5. Рабаш. 337. «Счастлив человек»

«Счастлив человек, которого мучаешь Ты, Творец». И можно спросить: но ведь цель творения – «насладить Свои создания», а в таком случае, это противоположно цели? И можно объяснить, что, как известно, всякая ветвь желает уподобиться своему корню, как сказано в «Предисловии к книге Зоар», все люди любят покой. Однако это подобно человеку, который держит в руках палку и бьет всех, чтобы они работали. Поэтому всякий человек обязан отказаться от отдыха, чтобы [таким образом] избавиться от страданий, вызванных тем, что его бьют палкой.

А палка – это страдания, когда человек чувствует, что ему чего-то не хватает. Поэтому, когда у человека есть нехватка, состоящая в том, что ему нечего есть, он обязан прилагать усилия, чтобы успокоить муки голода и т.п. И если чего-то недостает больше, он должен приложить большие усилия, пока обязательно не достигнет того, к чему стремится.

Поэтому когда Творец дает ему страдания, состоящие в том, что у него нет никакой духовности, эти страдания заставляют человека прилагать бо́льшие усилия, пока он обязательно не постигнет духовное, которого, как он чувствует, ему не хватает.

6. Рабаш. 307. «Нет травинки внизу»

«Нет травинки внизу, у которой бы не было ангела, который бьет ее и заставляет расти». И надо спросить, для чего ее бить? Иначе не захочет расти? Но разве мы не видим, что по природе своей каждый хочет вырасти, а не оставаться на низком уровне?

И чтобы понять это, надо объяснить это с позиции духовной работы. Естественно, что постоянно, когда человек погружен в желание, он отказывается от всякого роста и желает оставаться на земном уровне. Но наверху есть сила, которая называется ангел, и это сила, воздействующая на него, бьет его и заставляет расти. То есть она бьет его с силой, и заставляет расти, выйти из обыденного, несмотря на то, что человек создан с желанием получать, которое означает приземленность.

7. Рабаш. 409. «Суть страданий – 2»

Благодаря страданиям, создается у него настоящее желание получить свет ликов Царя Жизни. И это называется страдания любви, когда нет отмены Торы.

И это следствие того, что насколько он усилится в Торе, настолько он умножится в страданиях.

Получается, что нет у них отмены Торы, поскольку у изучающего Тору рождаются страдания. Получается, если нет у него Торы, нет у него страданий. И это, как сказано, называется страдания любви, так как нет у них отмены Торы.

И это называется «тот, кто любит Творца, докажет». Поскольку чтобы были у человека страдания о том, что не находит Творца в Торе, не каждый человек удостаивается, чтобы были у него от этого страдания. И поэтому сказано: «Счастлив человек, который страдает за Творца".

Эти страдания человек должен купить, дабы были у него настоящие желание и страсть, поскольку, именно, в настоящем желании раскрывается в страдании, что нет у человека другого кли для постижения наслаждения, кроме как благодаря этому желанию.

8. Рабаш. 60. «Просьба о помощи»

Когда у человека беда на материальном уровне, он должен сожалеть о том, что Творец дал ему наказание, (важно) чтобы он ощутил от этого боль. А если он не сожалеет, то это не наказание. Наказанием называется то, что приносит боль человеку, и тогда он не может выносить свое состояние – будь то проблемы с заработком или болезнь.

Если он говорит, что не ощущает горести, значит, не получил наказания, которое Творец дал ему. Необходимо знать, что наказание – это исправление для его души. И если он не сожалеет, то упускает возможность исправления.

Он должен вознести молитву Творцу, чтобы забрал у него эти страдания и боль, которые он чувствует, ибо молитва, приходящая из-за страданий, является бо́льшим исправлением, чем исправление наказанием.

Я слышал от Бааль Сулама, что когда Творец дает человеку наказание, то это происходит не из-за мести или злопамятства, когда Он наказывает (как будто бы) за то, что не послушался Его голоса, как это происходит у людей, а наказание является исправлением.

8. Рабаш. 60. «Просьба о помощи»

Когда человек молит Творца, чтобы забрал у него наказание, получается, что будто бы человек просит Творца забрать его исправление. И спрашивается: «Как человек может просить Творца, чтобы забрал исправление, ведь исправление на пользу человеку?».

И объясняет, что с помощью молитвы, когда человек просит Творца, чтобы помог ему, у него появляется связь с Творцом, и это бо́льшее исправление нежели исправление, которое человек получает путем наказания.

10. Бааль Сулам. Шамати. 19. «Творец ненавидит эгоизм»

Если Творец дает возможность работы, то велика радость праведников - а потому рады, что начинается новый отсчет времен года, поскольку появляется у них место для работы. Ведь теперь они нуждаются в Творце и могут достичь с Ним тесной связи.

11. Бааль Сулам. «Предисловие к книге Плоды Мудрости - о Торе»

Невозможно отнести зло к Творцу, который беспредельно добр, поэтому все то время, пока человек ощущает плохие состояния, он должен сказать, что они исходят из иного источника – от окружения. Но на самом деле, когда человек удостаивается видеть только добро, и что в мире вообще нет зла, и все превращается в добро, тогда ему показывают истину, что Творец делает все, поскольку Он может всё, и Он Один делал, делает и будет делать всё.

12. Рабаш. Статья 1 (1991) «Что означает: «Нет у нас царя, кроме Тебя,» в духовной работе"

Человек должен сказать, что находится в низком состоянии не потому, что сейчас он стал хуже. А так как сейчас, желая исправиться и действовать только ради небес, сверху ему раскрывают его истинное состояние, которое заложено в его теле. До сих пор это было скрыто и не выявлено наружу. А теперь Творец раскрыл ему это. И об этом человек говорит как о милости, что Творец ему раскрыл зло, которое в нём, чтобы тот узнал истину и смог обратиться к Творцу в истинной молитве. Выходит, что с одной стороны, человек видит сейчас, как он отдален от Творца. С другой стороны, он должен сказать, что Творец близок к нему и заботится о нём, показывая ему недостатки. Поэтому он должен говорить, что это хасадим (милость).

13. Бааль Сулам. Письмо 5

Я доволен и рад этим неисправленностям – раскрытым и раскрывающимся.

Однако я досадую и сожалею о неисправленностях, которые еще не раскрылись и должны будут раскрыться в будущем, ведь скрытая неисправленность лишена надежды, и ее раскрытие – это великое спасение свыше. Ибо есть правило, что нельзя дать того, чего у тебя нет, и если это раскрылось сейчас, нет никакого сомнения, что оно было изначально, только было скрыто. Поэтому я радуюсь, когда они выходят из своих нор, ведь, если ты обратишь на них свой взор, они превратятся в груду костей.

14. Бааль Сулам. Шамати. 138. «Боязнь и страх, овладевающие иногда человеком»

Когда к человеку приходит страх, он должен знать, что единственной причиной тому является сам Творец, даже если дело касается колдовства. Но если страх овладевает им всё в большей степени, то и тут он не должен принимать это как случайность, а рассматривать как возможность, данную ему Небом, и изучить, с какой целью она предоставлена ему свыше – вероятнее всего для того, чтобы сказать, что нет никого, кроме Творца. И если после всего этого боязнь и страх не оставляют его, то должны они служить для него примером подобного ощущения в работе Творца, чтобы трепет перед Творцом, которого он хочет удостоиться, был в нём так же велик, как и тот внешний страх тела, который овладел им сейчас.

15. Рабаш. 338. «Исцеление до болезни»

Медицина работает так, что тому, кто получил какое-то лечение и уже не болеет, лекарство, наоборот, вредно. Поэтому сначала он должен учить Тору, ведь благодаря Торе он увидит, что он болен. И тогда он получит Тору и излечится от своих болезней.

Получается, что Тора понимается у нас в двух видах. 1) Что он болен, поэтому Тора называется «тушия», поскольку она истощает («матешет») силы человека. А все его силы и жизненная энергия относятся только к животному состоянию. И для того, чтобы исправить это, есть Тора второго типа: 2) что она исцеляет его от всех болезней.

И отсюда можно понять, почему Творец посылает исцеление до болезни. Т.е. Тора, называемая «исцеление», проявляется до болезни, ибо Тора несет ему осознание зла.

А потом, когда у него [уже] есть болезнь, т.е. мера зла внутри него, «из самой болезни приготовит Он лекарство», т.е. из Торы, которая заставляет его видеть себя ущербным в добрых качествах. Т.е. Тора после этого исцеляет его. Согласно этому получается, что если у него нет осознания зла, как сможет он удостоиться добра?

16. Рабаш. 629. «Унижающий мудреца»

«Тому, кто унижает мудреца, нет исцеления болезни его» (Трактат Шабат, 119:2) – получается, что только тот, у кого есть болезнь, не сможет получить исцеления, но тому, у кого нет болезни, нечего бояться.

Следует сказать, что под «болезнью его» имеется в виду, что любой человек, пока еще не совершивший возвращения, есть человек больной, а «исцеление болезни его» – имеется в виду, чтобы он совершил возвращение. А поскольку всякий человек состоит из народов мира и свойства мудреца, называемого «точкой в сердце», если он унижает мудреца, который есть в нем, он никогда не сможет прийти к возвращению и останется в своем низком состоянии – и не может быть болезни больше этой.

И только когда он уважает мудреца, который есть в нем, т.е. заботится о том, чтобы насладить его, и каждый день он обращает свое внимание на то, чем он может насладить его, какой пищей [он кормит] этого мудреца, т.е. Торой и молитвой, – тогда он может надеяться, что у болезни его будет исцеление, т.е. что он совершит возвращение.

17. Бааль Сулам. «Предисловие к ТЭС», п. 108

История, которую рассказывают люди о еврее, который верно служил в доме одного господина, любившего его, как себя самого. И однажды случилось так, что господин уехал, оставив свои дела в руках заместителя. А человек этот был ненавистником Исраэля. И сделал он следующее: обвинил еврея и в наказание ударил его палкой пять раз у всех на глазах, чтобы хорошенько унизить его. Когда вернулся господин, пошел к нему еврей и рассказал всё, что с ним произошло. Очень разгневался хозяин, позвал заместителя и приказал ему немедленно дать еврею в руки по тысяче дукатов за каждый удар, который тот нанес ему. Взял их еврей и возвратился к себе домой. Там жена обнаружила его плачущим. В большой тревоге она спросила его: «Что приключилось у тебя с господином?» Он рассказал ей. Тогда она спросила: «Так почему же ты плачешь?» И он ответил: «Я плачу потому, что он ударил меня только пять раз. Ведь если бы он ударил меня хотя бы десять раз, у меня было бы теперь десять тысяч дукатов».

18. Рабаш. 289. «Творец придирчив к праведникам»

Сказано мудрецами: «Творец выносит приговор, а праведник отменяет его» (Вавилонский Талмуд, трактат Моэд катан, 16), имеется в виду, что Творец выносит приговор, и именно, что отбирает у человека наслаждение работы, и нет приговора более сурового, чем этот, так как Он отбирает у него жизненную силу работы. А праведник отменяет его, иными словами, если человек говорит, что он хочет работать без всякого возмещения жизненной энергии и наслаждения, тогда сам по себе отменяется приговор. Но, более того, он поднимается сейчас на ступень более высокую, так что он теперь в свойстве «чистая вера» без обращения к себе.

19. «Дегель махане Эфраим (Знамя стана Эфраима)». Глава Экев

Только когда захочет Творец заставить страдать врагов твоих, сделает [с ними], как сделал Он с египтянами посредством десяти казней, которые не происходили естественным путем. И будет это как чудо и удивление, и знак, и знамение, как сказано в

Торе в нескольких местах «знамения». И будет чудо в чуде, как сделал Он в Египте, где был зараженный и исцеленный, зараженный – для Египта и исцеленный – для Исраэля. И каждая казнь, которую Творец насылал на Египет, содержала в себе великую милость для Исраэля.

Важность распространения

1. Бааль Сулам. «Поручительство», п.20
Окончательное исправление мира может произойти, только когда все живущие в мире будут приведены к служению Творцу. Как сказано: «И будет Творец царем над всей землей, в тот день будет Творец один, и имя Его – едино».

2. Бааль Сулам. «Предисловие к книге Зоар», п. 63
В нашем сегодняшнем поколении, несмотря на то что сущность этих душ самая плохая, какая может быть, ибо потому они и не могли быть выбраны в святость до сего дня, вместе с тем, они дополняют парцуф мира и парцуф совокупности душ с точки зрения келим, и работа может быть завершена только ими. Ибо сейчас, когда уже завершились келим НЕХИ, и теперь в парцуфе есть все келим – рош, тох и соф – теперь притягиваются целые уровни света в рош, тох и соф ко всем, кто достоин их, т.е. целые НАРАН …. И потому, только по завершении этих низких душ высшие света могут раскрыться, но не ранее того.

3. Бааль Сулам. «Шофар Машиаха»
Раскрытие тайной науки большим массам, является предварительным условием, которое обязано исполниться перед полным Избавлением.

4. Бааль Сулам. «Шофар Машиаха»
Распространение этой мудрости в массах называется шофаром, подобно шофару, звук которого распространяется на большое расстояние. Так же и отзвук этой мудрости распространится по всему миру.

5. Бааль Сулам. Предисловие к книге «Паним меирот у-масбирот», п. 5
Сначала мы нуждаемся в большом распространении науки истины, так чтобы мы стали достойны получить пользу от прихода Машиаха. И потому распространение этой науки и приход Машиаха зависят друг от друга, и пойми это как следует.

А в таком случае, мы обязаны открывать школы и составлять книги, чтобы ускорить распространение этой науки в широких массах народа.

6. Бааль Сулам. «Шофар Машиаха»
И кто, как не я сам, знает, что я совершенно недостоин быть даже посланцем и летописцем раскрытия подобных тайн, тем более – понимать их в их корне. Почему же Творец сделал мне это? Это лишь потому, что поколение достойно этого, ибо оно является последним поколением, стоящим на пороге полного Избавления. И поэтому оно заслуживает того, чтобы услышать начало звучания шофара Машиаха, означающего раскрытие тайн, как выяснилось.

7. Бааль Сулам. «Учение каббалы и его суть»

Я рад, что сотворен в том поколении, когда уже можно распространять науку истины. А если вы спросите меня, откуда я знаю, что уже можно, я отвечу вам: потому что мне дано позволение раскрыть [ее]. ... И смотри «[Врата] изречений Рашби», где он называет этот путь дарованием позволения. И это то, что даровал мне Творец в полной мере, как принято у нас, и это зависит не от гениальности самого мудреца, а от состояния поколения, как сказали наши мудрецы: достоин был Шмуэль а-Катан ... однако поколение его не достойно этого, – и потому сказал я, что всё, чего удостоился я в раскрытии этой науки, связано с моим поколением.

8. Бааль Сулам. «Предисловие к ТЭС», п. 30

Тайны эти не только не запрещено раскрывать, но напротив, раскрывать их – великая заповедь (как сказано в трактате Псахим, 119). И вознаграждение того, кто умеет раскрывать и раскрывает их – очень велико. Ибо от раскрытия этого света многим – и именно многим – зависит приход праведного избавителя вскорости в наши дни.

9. Бааль Шем Тов. «Кетер Шем Тов»

Спросил я Машиаха, когда он придет? И ответил мне. Знай, что когда распространится твое учение и раскроется в мире, и изольются твои источники наружу, чему учил тебя и постиг ты, и смогут и они делать чудеса и подняться, как ты, и одолеют все клипот, и наступит время избавления.

10. Рав Кук. «Иквей а-цон»

Высокие духовные вопросы, которые раскрывались только великим и избранным, должны теперь решаться на разных уровнях для всего народа. А для того, чтобы опустить великие и возвышенные вещи с их недосягаемой высоты... до уровня обычных простых людей, необходимо огромное и великое богатство духа, упорство и привычка. Ибо только тогда расширится знание и выяснится язык, способный выразить самые глубокие вещи в простом и популярном стиле, чтобы вернуть души, истомленные духовной жаждой.

11. Бааль Сулам. «Одна заповедь»

Я говорю, что первая и единственная заповедь, которая будет самой надежной в стремлении прийти к «лишма», – принять на себя не работать ради собственных потребностей более чем в мере необходимости работать на них, другими словами, ровно до обеспечения своего существования и не более. А в остальное время человек должен работать ради общества, чтобы спасать угнетенных и всякое творение в мире, нуждающееся в спасении и благодеянии.

12. «Дегель махане Эфраим» (Знамя стана Эфраима). Глава Шлах

Человек, который хочет действительно работать на Творца, должен включиться во все творения, и должен присоединить себя ко всем душам и включить себя в них, а они – в него. То есть, оставить себе только то, что необходимо для соединения со Шхиной, поскольку для этого необходимо сближение множества людей, потому что чем больше количество людей, больше работающих на Творца, тем более раскрывается им свет Шхины. И для этого необходимо соединить себя со всеми людьми, со всеми творениями, и всё поднять к их корню для исправления Шхины.

13. «Маор эйнаим». Глава Итро

Известно, что весь мир со всеми творениями должен получать жизненную силу от Творца в любое время и в каждое мгновение. ... И поэтому хорошо и прекрасно праведнику, чтобы он пребывал в середине между Творцом и всем миром, чтобы связывать всё с Творцом, когда он прокладывает тропу и путь, проводит высшее благо и жизненную силу, и является каналом ко всем творениям, и он объединяет небо и землю, и связывает весь мир с Творцом, чтобы не отделялись от Него.

14. Рабаш. Статья 15 (1986) «Молитва многих»

Совет таков: просить за всю общность. Иными словами, в чем бы человек ни испытывал недостаток, прося о наполнении, пускай не считает себя исключительным, как будто ему полагается больше, чем есть у общности в целом. Напротив, «среди народа своего я живу». Иначе говоря, я прошу за всю общность, поскольку хочу достичь такого состояния, в котором буду заботиться не о чем-либо для себя, но лишь об удовольствии Творцу. И в таком случае, какая мне разница, испытает ли Творец удовольствие от меня или то же удовольствие может быть доставлено другими.

15. Бааль Сулам. Письмо 4
Нет у тебя недостатка ни в чем, а [осталось лишь] выйти в «поле, которое благословил Творец», собрать все те отпавшие части, которые отпали от твоей души, и соединить их в одно тело.

16. Бааль Сулам. Предисловие к книге «Паним меирот у-масбирот», п. 22
Человек живет не ради себя самого, а ради всей цепочки целиком, таким образом, что каждое звено в цепочке не получает свет жизни в себя, а лишь передает свет жизни во всю цепочку в целом.

17. Бааль Сулам. «Последнее поколение»
Жизненная задача состоит в том, чтобы удостоиться слияния с Творцом, тщательно соблюдая условие действовать лишь Ему на пользу. Или же удостоить многих, дабы пришли к слиянию с Ним.

18. Рабаш. Статья 17 (1987) «Пурим, когда заповедано «ад де-ло яда»»
Тем, что способствовал тому, что весь мир придет к получению блага и наслаждения, заключенного в цели творения, - получается, что он стал партнером Творца тем, что оказал помощь в том, чтобы впоследствии все приняли цель творения. Из этого следует, что он стал партнером Творца, как сказано: «Я начал творение», – тем, что желает дать благо и наслаждение, а Исраэль стараются, чтобы эта цель

осуществилась тем, что делают келим способными получать высшее благо.

19. Бааль Сулам. «Поручительство», п. 28

Сказано: «И сейчас, если слушать будете голоса Моего и хранить Мой союз», иными словами: «Заключите союз о том, что Я говорю вам здесь». Т.е. «и вы будете Мне избранным 'сгула' из всех народов». Другими словами: «Вы будете Мне «особым средством» 'сгула', ибо через вас перейдут искры осветления и очищения тела ко всем народам и нациям мира. Ведь все народы мира пока еще абсолютно не готовы к этому. А Мне, в любом случае, нужен один народ, чтобы начать с него сейчас, который станет избранным 'сгула' из всех народов».

И потому Он заканчивает [говорить] об этом: «Ибо Мне [принадлежит] вся земля». Т.е. «все народы мира принадлежат Мне, как и вы, и в конце они должны будут прилепиться ко Мне».... «Однако сейчас, в тот момент, когда они еще не способны выполнить эту задачу, Мне нужен избранный народ.

20. Бааль Сулам. «Пророчество Бааль Сулама»

И по прошествии этих дней относился я с превеликим вниманием ко всем обещаниям и заверениям, предоставленным мне Творцом, но не находил я в них удовлетворения и языка, на котором говорить с населяющими этот мир, чтобы привести их к желанию Творца, которое сообщил Он мне. И не мог я сдерживаться, ходя между людьми, не наполненными ничем и возводящими напраслину на

Него и на Его творение. А я, сытый и воздающий хвалу, хожу и радуюсь, как будто насмехаясь над этими несчастными. И тронули меня эти вещи до самого сердца. И тогда возникло согласие в сердце моем: будь, что будет, пусть даже сойду я с высокой ступени моей, обязан я излить горячую молитву Творцу, чтобы дал Он постижение и знание в пророчествах, и мудрость, и язык, чтобы помог я несчастным жителям мира и поднял их на высоту мудрости и наслаждения, какая есть у меня.

Моя духовность раскрывается вне меня

1. Рабаш. 217. «Беги, друг мой»
И это большое правило, что сам человек называется «творение», то есть только он один, а остальное помимо него - это уже святая Шхина. Выходит, что когда он молится за своё поколение, считается, что молится за святую Шхину, которая в изгнании и нуждается в спасении. И это означает состояние вечности, и только так может проявиться свет милосердия.

2. Бааль Сулам. «Статья на окончание книги Зоар»
Сказали наши мудрецы: «Все дела твои пусть будут ради Небес», иными словами слияние с Небесами, – не делай ничего, что не ведет к этой цели слияния. Т.е. пусть все твои действия будут, чтобы отдавать и помогать ближнему своему. И тогда ты придешь к подобию по форме с Небесами: как у Творца все действия Его, чтобы отдавать и помогать ближнему Своему, так же и у тебя все действия твои будут

только отдавать и помогать ближнему своему, что является полным слиянием.

3. Бааль Сулам. Шамати. 67. «Отдаляйся от зла»

Кроме человека есть только Творец. Ведь изначально человек назван творением лишь в собственном восприятии, поскольку Творец пожелал, чтобы человек ощущал себя существующим отдельно от Него. Но на самом деле «вся земля полна Творцом».

4. Бааль Сулам. Шамати. 36. «Три тела в человеке»

Человек должен думать только о внутреннем теле, ведь оно-то и является одеянием его святой души. То есть думать нужно только о том, что находится «вне его кожи» – вне собственных шкурных интересов, что и означает «вне тела», вне его эгоистической выгоды, думая только о пользе ближнего. И это называется «за пределами кожи».

5. Бааль Сулам. Шамати. 36. «Три тела в человеке»

Если человеку удается постоянно пребывать своими мыслями вне интересов тела, то он удостаивается сказанного: «И выбито это за моей кожей, и из плоти своей увижу Творца». «Это» – намекает на раскрытие святой Шхины. И она находится за пределами кожи. А «выбито» – означает исправление, позволяющее ей пребывать за пределами кожи человека. И тогда он удостаивается «из плоти своей узреть Творца» — то есть Творец раскрывается, облачаясь во внутреннее тело человека. А происходит это, только если человек согласен работать вне своего тела, то есть без всякого облачения.

6. Бааль Сулам. Письмо 4

Нет у тебя недостатка ни в чем, а [осталось лишь] выйти в «поле, которое благословил Творец», собрать все те отпавшие части, которые отпали от твоей души, и соединить их в одно тело. И в это совершенное тело Творец поместит свою Шхину навечно без всякого перерыва. И родник великой мудрости (твуны) и высшие реки света будут как неиссякаемый источник.

7. Бааль Сулам. «Любовь к Творцу и любовь к творениям»

Совершенствуясь в любви к ближнему и отдаче ближнему в конечной точке, человек вместе с этим достигнет совершенства в любви к Творцу и в доставлении Ему наслаждения. И нет разницы между тем и этим, так как всё, что находится вне тела, т.е. вне собственной выгоды, рассматривается одинаково – будь это отдача товарищу или доставление наслаждения своему Создателю.

8. Дегель махане Эфраим (Знамя стана Эфраима). Глава Шлах

Человек, который хочет действительно работать на Творца, должен включиться во все творения, и должен присоединить себя ко всем душам и включить себя в них, а они – в него. То есть, оставить себе только то, что необходимо для соединения со Шхиной, поскольку для этого необходимо сближение множества людей, потому что чем больше количество людей, больше работающих на Творца, тем более раскрывается им свет Шхины. И для этого необходимо соединить себя со всеми людьми, со всеми творениями, и всё поднять к их корню для исправления Шхины.

9. Бааль Сулам. «Предисловие к ТЭС», пп. 68-69

Приготовлен для человека целый мир, чтобы все эти его естественные наклонности и свойства развивались и совершенствовались тем, что он будет применять их в отношениях с творениями, чтобы стали достойными своей цели.

И об этом говорится: «Обязан человек сказать: "Для меня сотворен мир". Ибо все творения мира необходимы индивидууму, ведь они развивают и приспосабливают наклонности и свойства каждого отдельного человека, пока не будут пригодны, став вспомогательным инструментом для работы на Творца.

А потому нам следует понять суть любви к Творцу, исходя из свойств любви, присущих человеку в его отношениях с товарищем. Любовь к Творцу также неизбежно подвержена влиянию этих свойств, поскольку они изначально были заложены в человеке лишь ради Творца.

10. Маор ва-Шемеш. Глава Ваехи

Пусть каждый объединится с товарищем и придёт к нему, чтобы услышать от него что-нибудь по поводу работы Творца, и как найти Творца, и аннулирует себя перед товарищем, а товарищ себя перед ним, и все сделают так же. И, так или иначе, когда собрание проводится с этим намерением, как бы то ни было, ещё больше, чем теленок хочет есть, корова хочет его накормить. В любом случае Творец приближает Себя к ним, и пребывает с ними.

11. Рабаш. Статья 30 (1988) «Чего требовать от собрания товарищей»

Любовь товарищей, построенная на фундаменте любви к ближнему, - благодаря чему мы можем достичь любви Творца, - вещь противоположная тому, что принято между товарищами. Это означает, что вопрос любви ближнего не в том, что товарищи будут любить меня, а это я должен любить товарищей.

12. Рабаш. 106. «Разрушение святости»

Человек не должен просить у Творца, чтобы Он приблизил его к Себе, ибо это наглость со стороны человека – ведь чем он важнее других? Тогда как, когда он молится за всё общество, представляющее собой малхут, называемую собранием Исраэля, - общность всех душ, о том, что Шхина во прахе, и он молится о том, чтобы она восстала, т.е. чтобы Творец осветил ей ее тьму, весь Исраэль в любом случае поднимется по своему уровню, и также и просящий [поднимется,] ибо он тоже внутри общества.

13. Рабаш. Статья 15 (1986) «Молитва многих"

Если есть несколько человек в обществе, которые могут достичь цели творения – слиться с Творцом, – тем самым они доставят Творцу большее наслаждение, чем если бы только он один удостоился приближения Творца. И он отказывается от себя и хочет, чтобы Творец помог им, т.к. они доставят Творцу удовольствие большее, чем может быть от его работы. И поэтому он просит за все общество, т.е. чтобы Творец помог всему обществу, и дал бы ему это чувство – удовлетворение от того, что он может отдавать Творцу, чтобы доставить Ему наслаждение.

И так как во всем должно быть пробуждение снизу, поэтому он дает пробуждение снизу. А пробуждение свыше получат другие, т.е. те, о которых Творец знает, что будет от этого больше пользы Творцу.

14. Рабаш. Письмо 8

После того, как я уже обрел облачение любви, тотчас во мне начинают светить искры любви, и сердце тоскует и стремится к товарищам, и кажется мне, что глаза мои видят товарищей, уши слышат их голоса, уста говорят с ними, руки обнимают их, а ноги пляшут в любви и радости вместе с ними в кругу. И я выхожу из своих материальных границ, и забываю, что существует огромное расстояние между мною и товарищами, и что многие километры земной поверхности разделяют нас. И товарищи словно стоят в моём сердце и видят всё, что там происходит, и я начинаю стыдиться своих мелочных действий в отношении товарищей. И я просто выхожу из материальных желаний, и кажется мне, что нет ничего в мире, кроме меня и товарищей. А потом и «я» отменяется и растворяется в моих товарищах, и я провозглашаю, что нет ничего в мире, кроме товарищей.

15. Бааль Сулам. «Шестьсот тысяч душ»

А признаком того, что тело совершенно исправилось, является [состояние], когда он ощущает, что душа его пребывает во всей общности Исраэля, в каждом из них, и потому он и себя не ощущает отдельной частью, ведь одно зависит от другого, и тогда он «совершенен, без изъяна», и на него, действительно, во всей своей силе изливается душа, как это проявлялось в Адаме Ришоне.

Работа - это вознаграждение

1. Рабаш. Статья 13 (1989) «Что такое «хлеб недоброжелателя» в духовной работе»

Вся наша работа в Торе и заповедях [направлена на то], чтобы выйти из изгнания желания получать ради себя, т.е. во время исполнения Торы и заповедей мы должны строить намерение, чтобы наше вознаграждение было, чтобы благодаря этому мы удостоились выйти из изгнания и порабощения желания получать ради себя и смогли бы целиком работать, чтобы из этого произрастала радость для Творца. А другого вознаграждения за работу в Торе и заповедях мы не требуем.

Т.е. мы хотим удостоиться того, чтобы во время исполнения Торы и заповедей мы ощущали, что служим великому и важному Царю, и чтобы при этом у нас была любовь к Творцу от того, что мы ощущаем Его величие. Однако всё наше наслаждение будет связано с тем, что мы служим Творцу – в этом будет наше вознаграждение, а не в том, что Он даст какую-то компенсацию за нашу работу, и чтобы мы почувствовали, что сама работа и есть вознаграждение, и не может быть большего вознаграждения в мире, чем, когда удостаиваются служить Творцу.

2. Бааль Сулам. Шамати. 4. «Причина трудности аннулировать себя ради Творца»

Главное, чего необходимо достичь человеку - ощущения Творца, чтобы ощутить, что Его величием полон мир. И в достижении этого ощущения должно проявиться всё усилие человека в его духовной работе, то есть, в осознании того, что единственное, что отсутствует у человека - вера в Творца. И пусть не думает он ни о чём другом, кроме главного вознаграждения, которое хотел бы получить за свою работу - удостоиться веры в Творца.

3. Рабаш. Статья 31 (1987) «Что такое заключение союза в духовной работе»

Как и в материальном, человек привык работать в том месте, о котором известно, что он получит плату за свою работу. А иначе человек не способен работать впустую – если не ради собственной выгоды. И только когда он видит, что от этой работы выйдет польза для него самого, у него есть силы работать с желанием и стремлением. Ведь тогда он смотрит на вознаграждение, а не на работу.

Однако работа не идет в расчет, если человек понимает, что здесь, у этого хозяина, он получает в несколько раз больше, чем, когда он работал у прежнего хозяина, до того как пришел в место работы, где платят в несколько раз больше. Другими словами, в мере величины вознаграждения, именно в этой мере, работа становится легче и меньше.

4. Рабаш. Статья 5 (1986) «По поводу уважения к отцу»

Если человек хочет произвести критический самоанализ – продвигается ли он в работе – то должен сделать это двояко:

1. Оценить вознаграждение, которое он надеется получить от Творца: если каждый день он получает всё большее вознаграждение, то мерилом ему служит эгоизм.

2. Оценить, насколько он наслаждается тем, что служит Творцу и что вся его оплата – отдача Творцу. Ведь если человек служит лидеру страны, то испытывает удовольствие, а если служит лидеру поколения, его удовольствие, естественно еще больше. Поэтому он хочет, чтобы Творец каждый день становился для него выше и важнее. Таков подлинный критерий.

5. Рабаш. Статья 26 (1987) «Что такое лёгкая заповедь»

Если человек дает себе отчет и говорит: какая мне разница, маленькое это преступление или большое. Т.е. если бы я работал за плату, я должен был бы отличать лёгкую заповедь от строгой. Однако я работаю без оплаты, и я работаю только для того чтобы служить Царю, в таком случае, какая мне разница, что я делаю, будь это лёгкая заповедь или строгая. А наоборот, я хочу остерегаться с лёгкой заповедью, как со строгой, чтобы самому знать, что я работаю только ради Высшего. А так я могу знать, смотрю ли я на оплату или на служение Царю. И если человек может вложить такие же силы в лёгкую заповедь, как в строгую, он уверен в себе, что его поступки в полном порядке.

А если он видит, что не в состоянии вкладывать такие же силы, как вкладывает в строгие заповеди, в лёгкие заповеди, – это признак того, что всё намерение его направлено на оплату, а не на действия, которыми он хочет насладить Творца. А всё – ради собственной выгоды.

6. Рабаш. Статья 21 (1987) «Что такое грязные руки в духовной работе»

Когда человек хочет идти путем истины, т.е. исполнять Тору и заповеди ради отдачи, – что он должен делать? Совет тут состоит в том, чтобы прежде всего перед каждым действием он строил намерение, какое вознаграждение он рассчитывает получить за те действия, которые он собирается совершить. И тут он должен сказать себе: раз я хочу служить Творцу, и раз я не могу, поскольку желание получать, заключенное внутри меня, не позволяет этого, благодаря действиям, которые я собираюсь совершить, Творец даст мне истинное желание доставить наслаждение Творцу.

7. Бааль Сулам. Шамати. 20. «Лишма"

Если человек даст себе отчет, а что же он приобрел в итоге всех своих усилий, то увидит, что не так уж и тяжело поработить себя Творцу, по двум причинам:

1. Ведь, так или иначе, желая того или нет, он все равно обязан работать в этом мире.

2. Однако если он работает «лишма», ради Творца, то получает наслаждение от самой работы.

И по этому поводу вспомним пример Магида из Дубны, объясняющего фразу: «Но не Меня призывал ты, Яков, ибо тяготился ты Мной, Исраэль» — ведь человек, работающий на Творца, испытывает во время своей работы не тяжесть, а наслаждение и вдохновение.

8. Бааль Сулам. Шамати. 5. «Лишма – это пробуждение свыше, и почему нужно пробуждение снизу»

Если человек приходит и говорит, что прилагал большие усилия, исполняя духовную работу, то Творец отвечает ему: «Не Меня призывал ты, Яаков!» То есть «не мою ношу ты взял! Эта ноша принадлежит кому-то другому. Если ты говоришь, что был вынужден прилагать много усилий, исполняя духовную работу, то, конечно же, ты работал на другого хозяина. Поэтому к нему и иди за оплатой», «Ибо тяготился ты Мной, Исраэль».

Работающий же на Творца не должен прилагать никаких усилий, а наоборот, ощущает наслаждение и воодушевление. Тогда как работающий на другие цели не может обратиться к Творцу с требованиями, почему Творец не дает ему воодушевления в его работе. Ведь он работает не ради Творца, так почему же Творец должен платить ему за его работу?

9. Рабаш. 844. «Усилия - это вознаграждение»

«По страданию и награда», – т.е. впоследствии он видит, что усилие, которое он приложил, и было его вознаграждением. Вознаграждение - в соответствии с мерой усилия, потому что усилие - это награда. И Творец дал ему желание приложить усилие.

10. Бааль Сулам. Шамати. 19. «Творец ненавидит эгоизм»

Чтобы усилия человека привели его к контакту с Творцом, нужно выполнить одно очень трудное условие — принимать эти усилия как высочайшую ценность, то есть считать для себя самым важным. Если же человек не ценит свои усилия, то не сможет работать в радости, то есть радоваться тому, что сейчас достиг связи с Творцом.

11. Бааль Сулам. Шамати. 5. «Лишма – это пробуждение свыше, и почему нужно пробуждение снизу»

Сказано: «Вот тогда наслаждение, [направлено] на Творца», где «вот тогда» означает, что в начале работы не может человек ощущать никаких наслаждений, а наоборот, вся его работа совершается в усилии вопреки желанию тела. Когда человек уже приучил себя работать ради отдачи и не смотреть на себя, [проверяя,] ощущает ли он вкус в духовной работе, а он верит, что работает, чтобы своей работой доставлять наслаждение Творцу. И человек должен верить, что Творец принимает работу нижних, не важно, велика ли она и какова ее форма. И из всего Творец смотрит лишь на намерение, и от этого есть наслаждение Творцу. Тогда человек удостаивается наслаждения, [направленного] «на Творца».

Т.е. чтобы уже в момент работы Творца он также ощущал благо и наслаждение, ведь сейчас человек действительно работает для Творца, ибо усилие, произведенное им во время работы по принуждению, готовит человека к тому, чтобы он мог работать действительно ради Творца. Получается, что и тогда тоже наслаждение, которое он получает [направлено] «на Творца», т.е. именно к Творцу.

12. Рабаш. Статья 31 (1987) «Что такое заключение союза в духовной работе»

«Заключение союза» означает, что когда человек принимает на себя работу, пусть даже в «ло лишма», он должен заключить союз с Творцом, чтобы служить ему вне зависимости от того, есть ли у него желание или нет.

Однако следует понять, от чего зависит это желание. Оно зависит только от оплаты. Другими словами, когда дают большое вознаграждение, желание работать не прекращается. И только когда оплата находится под сомнением, желание работать пропадает, и он переходит к отдыху. Иными словами, он ощущает больший вкус в отдыхе. До такой степени, что он говорит: «Я отказываюсь от работы.

Эту работу может делать, кто хочет, потому что это не для меня».

А заключение союза [происходит,] когда он начал идти в работе, пусть даже в «ло лишма».

13. Рабаш. Статья 26 (1987) «Что такое лёгкая заповедь»

Когда человек может получать благо и наслаждение? Именно тогда, когда может работать без оплаты. Иначе говоря, именно когда он не заботится о собственной выгоде, и все действия, которые он производит, – только ради пользы Творца, именно тогда он способен получать благо. Поскольку у него есть уже уподобление по свойствам, и тогда считается, что у него есть келим, в которых наполнение может пребывать и не портиться, и это считается келим, очищенными от эгоистической любви. Ведь они исправлены в желании отдавать. Поэтому у них есть уподобление наполнению, которое приходит только благодаря Его желанию отдавать. И в таких келим наполнение может находиться.

14. Бааль Сулам. Шамати. 42. «ЭЛУЛЬ (я – Любимому, а Любимый – мне)»

Тот, кто желает идти путем отдачи, должен быть всегда в радости, независимо от того, какие обстоятельства посылаются ему, потому что нет у него никаких намерений «ради себя».

Поэтому он говорит, что если он действительно работает ради отдачи, то конечно должен постоянно быть в радости от того, что удостоился доставить наслаждение Творцу. А если чувствует, что пока еще его работа не ради отдачи, все равно должен оставаться в радости, ведь ничего не желает для себя и радуется, что его эгоизм не может получить никакого наполнения от его работы. И это приносит ему радость.

15. Рабаш. Статья 16 (1987) «Разница между общей и индивидуальной работой (клаль и прат)»

Первооснова трепета перед Творцом – [трепет] из-за того, что Творец велик и правит всем. Именно это заставляет нас исполнять Его заповеди, ибо это называется, что он работает не для получения награды. Другими словами, не ради собственной выгоды, т.е. что он получит какое-то вознаграждение за свою работу, а сама работа является вознаграждением, потому что он чувствует, что удостоился большой чести в том, что видит, что ему дали мысль и желание служить Царю, и этот великий подарок, которого он удостоился свыше, он считает огромным состоянием.

16. Бааль Сулам. Шамати. 3. «Суть духовного постижения»

И да будет желание, чтобы мы удостоились получить Его свет и идти путями Творца, и работать на Него не ради получения вознаграждения, а ради Его наслаждения, и поднять Шхину из праха, и удостоиться слияния с Творцом, чтобы раскрылся Творец своим творениям.

Подход к изучению науки каббала

Обязанность изучения науки каббала
Язык каббалистов
Особое средство учебы (сгула): свет,
возвращающий к Источнику
Подготовка к учебе
Намерение во время учебы

Обязанность изучения науки каббала

1. Бааль Сулам. Предисловие к ТЭС, п. 154
Почему обязали каббалисты каждого изучать науку каббала? Однако же кроется в этом великая и достойная оглашения вещь, поскольку существует неоценимо чудесное свойство для занимающихся наукой каббала, и хотя не понимают того, что учат, но благодаря сильному желанию и стремлению понять изучаемый материал, пробуждают на себя света, окружающие их души.

2. Бааль Сулам. Предисловие к «Устам мудрого»

И вот ты видишь абсолютную обязанность, возложенную на весь Исраэль, кто бы он ни был, заниматься внутренней частью Торы и ее тайнами, ибо иначе цель творения в отношении человека не будет завершена. И по этой причине мы совершаем кругообороты, поколение уходит и поколение приходит, вплоть до нашего сегодняшнего поколения, являющегося остатком душ, для которых цель творения еще не завершилась, поскольку в поколениях, через которые они прошли, они не удостоились постичь тайны Торы.

3. Бааль Сулам. «Учение каббалы и его суть»

Поскольку вся наука каббала говорит о раскрытии Творца, само собой разумеется, что нет более важной и успешной по своим возможностям науки, чем она. И это имели в виду каббалисты, строя ее так, чтобы было возможно заниматься ею. И они действительно сидели и занимались ей до времени скрытия (а по известной причине было решено скрыть ее), что в любом случае было сделано лишь на известное время и ни в коем случае не навсегда. Как сказано в книге Зоар: «Эта наука должна будет раскрыться в конце дней. Даже и для детей, учащихся в доме учения».

4. Рабаш. Письмо 62

Главная работа человека в том, чтобы он созерцал величие Творца. Т.е. ему необходимо вчитываться в книги, повествующие о величии Творца, и во время изучения нужно представлять себе, на какой ступени находились мудрецы, амораи и танаим, насколько они чувствовали величие Творца. И молиться Творцу, чтобы озарил его ощущением Своего величия, дабы смог он смирить себя и отмениться перед Творцом, а не плыть по течению этого мира, гонящегося только лишь за наполнением животных страстей. Только бы Творец осветил ему глаза, чтобы он всю свою жизнь мог заниматься Торой и духовной работой, и «чтобы на всех путях ты познавал Его», т.е. даже занятия материальными делами также были бы ради святости.

5. Бааль Сулам. Письмо 38

Скажу я тебе, что слышал я от адмора из Калушина, ... что в прежние времена постижение Творца нужно было предварять всеми семью внешними науками, которые называются «семь девушек, прислуживающих царской дочери», и ужасными самоистязаниями. И несмотря на все это, немногие находили милость в глазах Творца, однако с того времени как мы удостоились учения Ари и служения Бааль Шем Това, это действительно стало равным для всех, и не нужно более упомянутых выше подготовок.

6. Рамхаль. «Шаарей Рамхаль»

Творец заповедует нам, чтобы мы знали Его управление, и мы хотим изучить то, что сообщит нам это Управление. А то, что сообщит нам это Управление, есть лишь наука истины, являющаяся исследованием Его божественности. В таком случае, мы, без всякого сомнения, видим свой долг изучать науку истины.

7. Рамхаль. Книга «Путь древа жизни»

Изучение истинной науки - это изучение каббалы, которая является основой всех исправлений, как сказал раби Шимон бар Йохай открыто: «Благодаря изучению каббалы выйдет народ Израиля из изгнания».

8. Раби Барух бен Авраам из Косова. «Основа работы»

Всем известно, как важна возложенная на человека обязанность изучать науку истины, то есть науку каббала и тайны Торы, как разъясняется в первоисточниках.

Язык каббалистов

9. Бааль Сулам. «Суть науки каббала»

Мудрецы каббалы нашли себе словарный запас, готовый и развернутый перед ними, довольный и достаточный с точки зрения языка их общения, замечательный на удивление, который позволил им общаться друг с другом [на уровне] духовных корней, находящихся в высших мирах. Т.е. называя товарищам только нижнюю, ощущаемую нами ветвь, находящуюся в этом мире и хорошо определенную для материальных органов ощущений. А слушатели понимают из своего разумения высший корень, на который указывает эта материальная ветвь. Ведь она связана с ним, так как она отпечатана от него.

Так, что все элементы бытия ощущаемого [нами] творения и все их проявления стали для них подобны абсолютным и [четко] определенным именам и названиям, [указывающим] на возвышенные высшие духовные корни. И, несмотря на то что в их духовном месте невозможно выразиться никаким словом или звуком, они обрели себе право выражаться с помощью их ветвей, представленных перед нашими органами ощущений здесь, в нашем чувственно воспринимаемом мире.

10. Бааль Сулам. «Суть науки каббала»

Каббала оперирует названиями и именами только лишь в мере их реальности и действительности. И железное правило всех мудрецов каббалы гласит: «То, что мы не постигли, не назовем ни именем, ни словом».

И тут тебе следует знать, что слово «постижение» означает окончательную степень понимания. И оно взято из фразы: «А если достаток обретешь себе» (букв.: «А если достигнет рука твоя»). Т.е. до того, как некое явление не прояснилось абсолютно и окончательно, как будто ты держишь его руками, каббалисты называют это не «постижением», а другими словами, такими как «понимание» или «познание» и т.п.

11. Бааль Сулам. «Учение Десяти Сфирот». «Внутреннее созерцание», часть 1

Однако те, у кого еще не открылись глаза для высшего света и у которых пока нет этих знаний об отношениях ветвей этого мира к их корням в высших мирах, находятся в положении слепых, ощупывающих стену, поскольку не поймут ни одного слова в его истинном смысле. Ведь каждое слово – это имя ветви, относящееся к ее корню. И только если получат пояснения из уст выдающегося мудреца, который возьмется объяснить понятия на разговорном языке, что подобно копированию с языка на язык, с языка ветвей на разговорный язык. И тогда сможет объяснить духовное понятие каким-либо образом.

12. Рабаш. Письмо 19

Все те, кто посредством своей работы постигли свет Творца, желали, чтобы все, кто идут за ними, тоже получили наслаждение от того, что уже раскрыто ими, и потому дали названия каждому постижению, чтобы они смогли понять их намерения и постижения, которых они достигли, и тем самым будет у них друг с другом общий язык.

Особое средство учебы (сгула): свет, возвращающий к Источнику

13. Бааль Сулам. «Предисловие к ТЭС», п. 11

Из слов мудрецов Талмуда мы видим, что они облегчили нам путь Торы больше, чем мудрецы Мишны, поскольку сказали: «Всегда должен человек заниматься Торой и заповедями даже ло лишма, и от ло лишма придет к лишма, так как свет, заключенный в Торе, возвращает его к Источнику».

Тем самым они предоставили нам новое средство, вместо описанного в Мишне аскетизма, – «свет, заключенный в Торе», в котором имеется сила, достаточная, чтобы вернуть человека к Источнику и привести его к занятиям Торой и заповедям лишма. Ведь они не упомянули здесь аскетизм, а указали, что занятие только Торой и заповедями дает человеку достаточно света, возвращающего его к Источнику, чтобы смог он заниматься Торой и заповедями ради доставления удовольствия Творцу, а вовсе не для самонаслаждения, что и называется «лишма».

14. Рабаш. Статья 12 (1988) «Что такое Тора и ремесло в духовной работе»

Тора, которой мы занимаемся, нужна для того чтобы смирить злое начало. То есть достичь слияния с Творцом, чтобы все действия были только ради отдачи. Это значит, что в силах самого человека нет никакой возможности пойти против природы. Поэтому по вопросам разума и сердца, в которых человек должен совершенствоваться, ему необходимо получить поддержку. И эта поддержка – в Торе. Как сказано мудрецами: «Я создал злое начало, Я создал Тору приправу». И когда занимаются ею, свет в ней возвращает к источнику.

15. Рабаш. 267. «Торой создан человек»

В Торе есть особая сила, позволяющая вернуть человека к добру, где имеется в виду заключенное в человеке зло, т.е. чтобы желание получать стало «ради отдачи».

И таким образом у него уже будет свойство слияния, и он сможет получать истинные наслаждения и не будет называться получающим. Из сказанного выходит, что благодаря Торе возникнет возможность существования человека в мире из-за того, что Тора вернет его к добру.

И это смысл слов «создадим человека», что [мудрецы] объяснили как «Я и ты обеспечим его существование в мире». Т.е. со стороны Творца происходит желание получать, а со стороны Торы – желание отдавать. И благодаря двум этим [вещам] станет возможным существование человека в мире, т.е. благодаря двум этим [вещам] он сможет получать всё благо, оставаясь в слиянии [с Творцом].

16. Бааль Сулам. Шамати. 34. «Преимущество земли - во всем»

Что должен делать человек, чтобы достичь любви к Творцу? Для этого дано нам «чудесное средство» (сгула) - занятие Торой и заповедями (Каббалой), потому что свет, заключенный в ней, возвращает человека к Творцу. Поскольку есть в Торе свет, который дает человеку возможность ощутить опасность удаления от Творца. И постепенно, если человек намеревается постичь свет Торы, возникает в нем ненависть к отдалению от Творца. То есть он начинает ощущать причину, по которой он и его душа пребывает в разлуке и отдалении от Творца.

17. Бааль Сулам. «Скрытие и раскрытие лика Творца – 1»

Поиск человека, как укрепиться в вере в то, что Творец управляет миром во время скрытия, приводит его к изучению книг и Торы, чтобы взять оттуда свечение и понимание, как укрепиться в вере в управление Творца. И вот это свечение и это понимание, которые он получает благодаря Торе, называются словами «Тора – приправа» – пока они не достигнут определенной меры, и Творец не сжалится над ним и не изольет дух свыше, т.е. высшее благо.

Однако [это происходит] после того как он полностью раскрыл эту «приправу», т.е. свет Торы, который человек притягивает в свое тело благодаря укреплению в вере в Творца, ибо тогда он становится готов к управлению раскрытием лика Творца. Что означает, что Творец ведет себя с ним согласно Своему имени – Добрый и Творящий Добро.

18. Рабаш. Статья 12 (1988) «Что такое Тора и ремесло в духовной работе»

Человек не способен ничего сделать ради Творца. И только с помощью света Торы будет исправлено сердце. А сердцем называется желание. И со стороны природы это только желание получать. А как человек может пойти против природы? Поэтому сказал Творец: «Я создал злое начало, Я создал Тору – приправу». Получается, что он учит Тору не для того, чтобы понять разумом. А он учит, чтобы понять – это для того, чтобы прийти к слиянию с Творцом, облаченным в Тору, что относится к сердцу. И с помощью света, который он получит, он вернется к Источнику. То есть, желание получать ради своей выгоды может получить силу сверху, чтобы смог выполнять действия во имя Творца.

19. Рабаш. Статья 16 (1984) «Об отдаче»

Сначала человек должен проверить, есть ли у него силы, чтобы обрести возможность действовать с намерением доставить удовольствие Творцу. Когда же человек осознаёт, что своими силами ему не достичь этого, тогда он фокусирует свои усилия в отдаче на одной точке – на «свете, возвращающем к Источнику», чтобы это было его единственной наградой за выполнение принципов отдачи. Иными словами, чтобы в награду за его старания Творец дал ему ту силу, которая называется «силой отдачи».

20. Рабаш. 875. «Три линии - 4»

Прежде чем человек удостоится выйти из эгоистической любви к себе и выполнять всё ради отдачи, что называется «лишма», даже когда изучает все эти вещи непосредственно, он учит только названия без какого-либо объяснения. То есть, у него нет никакого постижения тех вещей, которые он изучает, потому что у него нет никакого понимания материала высших корней, называемых святыми именами, сфирот или парцуфим. И дано нам изучать высшие вещи, называемые наукой каббала, только в виде чудесного средства, потому, что это может дать человеку желание и стремление слиться с Творцом по причине святости этих вещей, когда произносят святые названия.

21. Рабаш. 875. «Три линии - 4»

Когда человек изучает возвышенные вещи, чтобы они привели его к приближению к святости, это приводит к приближению источников света. И то, к чему приведет эта учеба, – чтобы он удостоился благодаря этому направить все дела свои, чтобы были они ради отдачи. И это называется работой в свойстве подготовки, когда он готовит себя, чтобы стать способным войти в царский чертог и слиться с Творцом.

22. Бааль Сулам. «Предисловие к ТЭС», п. 155

Когда человек занимается этой наукой, упоминая названия светов и сосудов, имеющих отношение к его душе – они тотчас светят на него в определенной мере. Однако они светят ему без облачения во внутреннюю часть его души, так как недостает сосудов, пригодных для их получения. И все же свечение, которое получает раз за разом во время занятий, привлекает к нему Высшее очарование и преисполняет его духовностью и чистотой, которые намного приближают человека к достижению совершенства.

23. Рабаш. Статья 12 (1988) «Что такое Тора и ремесло в духовной работе»

Для того, чтобы ощутить жизнь в Торе, человеку необходима большая подготовка, подготовить свое тело, чтобы было способно ощутить жизнь, скрытую в Торе. Поэтому сказали мудрецы, что должны начинать ло лишма, и с помощью света Торы, постигаемого на ступени ло лишма, придёт к лишма, потому что свет в ней возвращает к источнику. И тогда у него будет возможность учить лишма, то есть ради Торы, называемой Торой жизни, потому что уже постиг жизнь в Торе, поскольку свет Торы подготовил человека, чтобы смог ощутить жизнь, которая находится в Торе.

24. Рабаш. Статья 10 (1987) «В чем тяжесть злословия и против кого оно направлено»

Главное – удостоиться «слияния с Творцом», что называется отдающими келим и является «уподоблением по форме». И для этого было дано специальное средство в виде Торы и заповедей, с помощью которых мы сможем выйти из эгоистической любви и достичь любви к ближнему.

Подготовка к учебе

25. Рабаш. Статья 12 (1988) «Что такое Тора и ремесло в духовной работе»

Человек должен продумать перед изучением Торы причину, почему он сейчас учит Тору. Так как каждое действие должно иметь цель, которая является причиной выполнения этого действия. И об этом сказано молитва без намерения, как тело без души. Поэтому прежде, чем он идет учить Тору, он должен подготовить намерение.

26. Рабаш. Статья 12 (1988) «Что такое Тора и ремесло в духовной работе»

Человек должен постараться приложить большие усилия до того, как приступит к занятиям, дабы его учеба принесла плоды и хорошие результаты. То есть, учеба принесет ему свет Торы, с помощью которого он сможет вернуться к источнику. И тогда благодаря Торе он станет учеником Мудреца. А что такое ученик Мудреца? Сказал мой отец и учитель, что это ученик, который учится у Мудреца. То есть Творец называется Мудрым. И человек, который учится у Него, называется учеником Мудреца. А чему человек должен учиться у Творца? Он сказал, что человек должен учиться у Творца только одному. Как известно, желанием Творца является отдача, поэтому и человек должен учиться у Него быть отдающим. И это означает ученик Мудреца.

27. Бааль Сулам. «Предисловие к ТЭС», п. 17

Обязуется изучающий перед учебой укрепиться в вере в Творца и Его управление вознаграждением и наказанием. Как сказано мудрецами: «Верен Тот, на Кого ты трудишься, чтобы дать тебе вознаграждение за труды твои» (Изречения отцов, 6:5). И устремит свои усилия на то, чтобы были они ради заповедей Торы. И таким путем удостоится насладиться светом, кроющимся в ней, и вера его также укрепится и возрастет чудесным действием этого света. Как сказано: «Врачеванием будет это для тела твоего и освежением для костей твоих» (Мишлей, 3:8).

И тогда, безусловно, будет готово сердце его, потому что из ло лишма придет лишма. Таким образом, даже у того, кто знает сам, что еще не удостоился веры, есть надежда достичь этого при помощи занятий Торой. Ведь если обратит сердце и разум к тому, чтобы посредством Торы удостоиться веры в Творца, то уже нет заповеди большей, чем эта. Как сказали мудрецы: «Пришел Хавакук и свел все к одному: праведник верой своей жить будет» (Макот, 24). И более того, нет для него иного совета кроме этого.

28. Рабаш. Статья 12 (1988) «Что такое Тора и ремесло в духовной работе"

Если нет этого в начале его учебы, когда человек собирается учиться, но он хочет благодаря этому достичь совершенной веры, то он этого может достичь с помощью света Торы, тем самым он хочет прилепиться к Облаченному, который облачен в Тору. И который только и дает свет Торы, а никто иной. Получается, что он учит Тору, называемую облачениями Творца. И благодаря им он хочет достичь совершенной веры, прилепиться к Облаченному, который дает Тору.

И здесь уже имеется объединение 3 вещей:
1) Тора, или облачения Творца;
2) Творец, облаченный в Тору;
3) Исраэль, человек изучающий Тору с вышеуказанным намерением.

И это называется единством, означающим «Тора, Творец и Исраэль – одно».

29. «Плоды праведника». Глава Ваешев, п. 3

Первые хасиды проводили час в молитве, чтобы направить сердце свое к Отцу своему в небесах. И «направить» – имеется в виду «прямота сердца» и «выправить сердце», чтобы не было оно рассеяно на страсти и вожделения этого мира, а было лишь выправлено и направлено на Отца его в небесах.

Намерение во время учебы

30. Рабаш. Статья 29 (1986) «Лишма и ло-лишма»

Человек должен прикладывать старания и во время учебы не забывать о цели – так чтобы она всегда стояла перед ним: он хочет, чтобы учеба придавала ему осознание величия и важности Творца.

31. Рабаш. Статья 22 (1985) «Вся Тора - это одно чистое имя»

Во время занятий человек всегда должен иметь в виду, какую цель он преследует, изучая науку каббала – иными словами, чего требовать от этого. Здесь ему говорят, что сначала он должен просить о «сосудах» – чтобы у него были сосуды отдачи, означающие подобие свойств. Тем самым уходит сокращение и скрытие, наложенное на творения, и в той же мере человек начинает ощущать духовное, начинает чувствовать вкус в служении Творцу. И тогда он может радоваться, потому что духовное рождает радость – ведь там светит свет желания доставить благо Его творениям.

32. Рабаш. Статья 12 (1988) «Что такое Тора и ремесло в духовной работе"

Когда изучает Тору ради изучения Торы, так же надо определить, с каким намерением он учит, то есть, выполняет заповеди Творца, как сказано «и учит ее день и ночь». Либо учит её для того, чтобы получить свет, ведь ему нужен свет Торы, чтобы аннулировать свое зло. Как сказали мудрецы: «Я создал злое начало, Я создал Тору – приправу». Получается, что он учит Тору, чтобы постичь приправу, как сказано свет в ней возвращает к источнику.

33. Книга указаний Бааль Шем Това и праведных действий

Когда учит, должен определиться, перед кем он учит, потому что иногда отдаляется в своей учебе от Творца, и поэтому должен выяснять это для себя каждое мгновение и каждый час.

34. Бааль Сулам. «Предисловие к ТЭС», п. 18

Творец, сотворивший злое начало и давший ему силу, знал и то, как создать верные лекарство и приправу, чтобы истощить силы злого начала и совершенно истребить его.

Если же кто-либо занимался Торой и не смог удалить от себя злое начало, то это потому, что он по небрежности не приложил необходимых усилий и труда, как сказано: «Не прилагал усилия и нашел – не верь». Или, возможно, набрали требуемое «количество» усилий, но были небрежны в «качестве», т.е. во время занятий Торой не обращали разума и сердца к тому, чтобы удостоиться притянуть заключенный в Торе свет, несущий веру в сердце человека, а занимались, отвлекаясь от главного требования к Торе – света, приводящего к вере. И хотя изначально были устремлены на Творца, но отвлекались от Него во время учебы.

35. Бааль Сулам. Шамати. 68. «Связь человека со сфирот»

Человек не может исправить свои мысли. Он может исправить лишь сердце, чтобы оно было направлено прямо к Творцу, и тогда все его мысли будут только о том, как доставить наслаждение Творцу. Когда же он исправляет свое сердце, чтобы оно и его желания стремились только к духовному, тогда сердце становится сосудом (кли), в котором воцаряется высший свет. А когда высший свет наполняет сердце, сердце укрепляется. И так человек все время прибавляет свои усилия и продвигается дальше.

Поэтому сказано, что «велико то учение, которое приводит к практическим действиям». Свет, получаемый при занятиях Каббалой, приводит к практическим действиям – то есть этот свет возвращает человека к Источнику, что и является действием. Это означает, что свет создает в его сердце новое строение.

36. Зоар для всех. Толдот. Статья «Призвал он Эсава – не знаю дня смерти моей», п. 125

Человек должен заниматься Торой во имя Творца. Шхина называется «имя». И каждый, кто занимается Торой, и не старается во имя нее, – лучше бы ему не родиться.

[…] То есть, его намерением в занятиях Торой должно быть: превознести Творца и сделать Его самым важным и великим в мире.

Иначе говоря, Писание дает нам понять, что Тора «лишма», т.е. «пути в сердце их», означает – направить свое сердце во время занятий Торой Его, чтобы привлечь это знание в изобилии, как на себя, так и на весь мир, и возвеличить этим имя Творца в мире, как сказано: «И наполнится земля знанием Творца». И тогда сбудется: «И будет Творец царем на всей земле».

37. Рабби Авраам ибн Эзра, «Есод мора»

Теперь обрати сердце свое и узнай, что все заповеди, записанные в Торе или принятые, которые были установлены нашими отцами, хотя большая часть их [исполняется] в действии или устами, все они призваны исправить сердце. Ибо все сердца требует Творец, и всякое стремление мысли понимает Он.

38. Рабаш. Статья 2 (1986) «Внемлите, небеса»

Если человек заслужил и ему дали мысль о том, чтобы заниматься тайнами Торы, хотя он не понимает ни слова из написанного там, все равно это большое достижение – приобщаться на учебе к внутренней сути Торы.

Иными словами, он верит, что речь там идет только о духовном. И у него есть возможность копнуть глубже: «Всё, что я изучаю, – это духовные понятия. Раз так, мне, несомненно, выпала большая удача. А значит, остается лишь благодарить и славить Творца.

39. Бааль Сулам. «Предисловие к ТЭС», п. 156

Существует строгое условие для занятия этой наукой: не овеществлять понятия мнимыми и материальными вещами, потому что тем самым люди преступают заповедь: «Не делай себе изваяния и всяческого изображения». Более того, это приносит тогда ущерб вместо пользы.

40. Сборник законов (Хошен а-мишпат). Законы поручителя

Основа выполнения Торы - это желание, приобретаемое с помощью единства. И поэтому тот, кто хочет принять на себя бремя Торы и заповедей, главным образом за счет увеличения желания, должен включиться в общество Исраэля в большом единении. Получается, что именно через поручительство, в котором все считаются единым целым, именно через него достигается главное в выполнении Торы. Ведь главное в любви и единении – это желание, когда каждый доволен своим товарищем, и между ними нет никакого различия в желании, и все включаются в одно желание, с помощью чего включаются в желание Высшего, что и является целью единства.

Следовать за Шхиной

Шхина
Шхина во прахе
Страдания Шхины
В каждых десяти присутствует Шхина
Устремляться за Шхиной
Раскрытие Шхины
Шхина присутствует там, где есть радость

Шхина

1. Бааль Сулам. Шамати. 2. «Шхина в изгнании"

Все эти стадии, начиная с Малхут, являющейся корнем создания миров, и заканчивая творениями — называются именем Шхина. А все исправление состоит в том, что Высший свет засветит в них во всем совершенстве, и этот свет, освещающий келим, называется Шохен, а все келим в общем называются Шхина. Свет Шохен — заполняет Шхину, и называется свет Шохен, потому что обитает (ивр. шохен) внутри келим, а совокупность всех келим называется Шхина.

Пока не засияет в них свет в окончательном совершенстве — до тех пор называется это «временем исправления», в которое мы производим исправления, позволяя свету полностью наполнить все творение. А до того будет считаться Шхина «в изгнании», ведь нет еще совершенства в Высших мирах.

2. Дегель махане Эфраим (Знамя стана Эфраима). Глава Шлах

Человек, который хочет действительно работать на Творца, должен включиться во все творения, и должен присоединить себя ко всем душам и включить себя в них, а они – в него. То есть, оставить себе только то, что необходимо для соединения со Шхиной, поскольку для этого необходимо сближение множества людей, потому что чем больше количество людей, больше работающих на Творца, тем более раскрывается им свет Шхины. И для этого необходимо соединить себя со всеми людьми, со всеми творениями, и всё поднять к их корню для исправления Шхины.

Шхина во прахе

3. Бааль Сулам. Шамати. 2. «Шхина в изгнании»

Высший свет должен наполнить желание насладиться, чье исправление называется «получением во имя отдачи». Но пока эгоистическое желание полно низменными и бессмысленными страстями, и нет в нем места для раскрытия величия Творца. А сердце, вместо того чтобы быть вместилищем Высшего света, стало местом отбросов и нечистот, то есть полностью погрязло в низменных желаниях.

И это называется «Шхина во прахе», то есть унижена она так, что втоптана в прах. Ведь все и каждый пренебрегают святостью, и нет у них никакого стремления и желания поднять Ее из праха — а выбирают низменные ценности. И этим доставляют страдания Шхине, ведь не дают ей места в своем сердце, которое бы стало обителью света Творца.

4. Рабаш. 557. «По поводу отраженного света»

Нижний прежде всего должен верить, что высший существует в реальности, но он не ощущает его из-за того, что не видит величия (гадлута) высшего. И это называется «Шхина в изгнании», т.е. святая Шхина находится у него во прахе, и он не чувствует, что в высшем есть вкус, больший вкуса праха.

Поэтому, когда человек начинает наблюдать величие высшего, что называется, что Ахап высшего поднялся, нижний тоже поднимается и начинает постигать величие духовного.

А это зависит от меры его боли от того, что он видит недостатки в высшем. Так же, в той же мере, высший поднимается для него. Получается, что это исправление, произведенное ради нижнего.

5. Рабаш. Статья 5 (1988) «Что значит в духовной работе: «Исраэль в изгнании - Шхина вместе с ними»

Человек в то время, когда он чувствует, что находится в изгнании, т.е. чувствует в работе вкус изгнания и хочет убежать из изгнания, это значит, что человек должен верить, что в любом месте изгнания «Шхина с ними». Значит, Шхина дала ему попробовать вкус изгнания. «С ними» означает, что Шхина слита с ними, и они, ни в коем случае, не находятся в состоянии отделения от Шхины так, что должны сказать, что это свойство «падение». А наоборот, Шхина дает ему сейчас толчок, чтобы поднялся по ступеням святости, и Она облачается сама в одеяние падения.

И если человек осозна́ет это и поверит, что это так, это даст ему стимул, чтобы не убегать с «поля боя», и не скажет он, что работа по отдаче не для него, потому что видит всегда, что он всегда находится в состоянии подъемов и падений, и не видит конца этим состояниям, и падает в состояние отчаяния.

Однако, если он пойдет путями веры и будет верить словам мудрецов, то он должен сказать наоборот.

6. Рабаш. Статья 40 (1990) «Что означает: «Ибо вы малочисленнее всех народов" в духовной работе»

Как человек может получить силу преодолеть свое тело, когда ощущает Шхину во прахе? Какую радость он может получить от этой работы? И еще сложнее, как человеку можно обрести желание и потребность работать, когда он не ощущает в этом вкуса. Это возможно только от отсутствия выбора. Но понимать, что человек работает вынужденно, желая такой работы, в которой нет вкуса, невозможно. А поскольку у него нет сил преодоления, и чтобы у него была радость от этой работы, то, как можно служить царю в таком низком состоянии, то есть, когда он ощущает вкус праха, служа царю?

Поэтому он не просит Творца раскрыть свое величие, чтобы ощутить в этом вкус. А он просит Творца дать силу, чтобы смог превозмочь тело и работать в радости от того, что сейчас он может работать только ради Творца, ведь желание получать не наслаждается от этого, и у него есть только вкус праха.

7. Рабаш. Статья 24 (1991) «Что означает, что человек должен родить сына и дочь в духовной работе"

Если человек решает, что он хочет работать в состоянии «прах», т.е. даже если ощущает вкус праха в работе, он говорит, что это очень важно для него, если он может сделать что-то ради Творца, а для себя - не важно ему, какой вкус он ощущает, и он говорит, что эта работа в то время, когда ощущается вкус праха, т.е. тело насмехается над этой работой, он говорит телу, что, по его мнению, называется эта работа «подъем Шхины из праха». Т.е. хотя тело ощущает в этой работе вкус праха, человек говорит, что это святость, и не измеряет, каков вкус, что он ощущает в работе, но он верит, что Творец наслаждается этой работой, т.к. нет здесь никакой примеси желания получать, ведь ему нечего получать, ведь нет никакого вкуса и смысла в этой работе, потому что лишь вкус праха есть здесь.

А поэтому он верит, что такова святая работа, и так или иначе, он рад и весел.

8. Рабаш. Статья 13 (1988) «Что означает, что предводитель народа – это и есть народ, в духовной работе»

В том месте, где надо сделать что-то ради небес, а не ради собственной выгоды, тотчас же является тело и задает вопрос: «Что это за работа у вас?» и не желает дать ему силы для работы, что называется «Шхина во прахе», т.е. в том, что он хочет сделать ради Шхины, он ощущает вкус праха, и у него нет сил преодолеть свои мысли и желания.

И тогда человек приходит к осознанию, что нет у него недостатка ни в чем, чтобы у него была сила для работы, если только Творец даст ему силу веры, как сказано выше (в молитве рабби Элимелеха), что нужно молиться: «И установи веру Свою в сердце нашем навечно без перерыва», так как в этом состоянии он приходит к осознанию, что «если Творец не поможет ему, он не выдержит».

9. Бааль Сулам. Шамати. 113. «Молитва «Шмоне-Эсре» (Восемнадцать благословений)»

Но после, когда все свои намерения он направляет на поддержание уровня веры, которая называется свойством Малхут, желая поднять Шхину из праха так, чтобы возвеличилось Имя Его в мире, выросло величие Творца, и святая Шхина не пребывала в нищете и бедности, тогда Творец слышит каждого и даже того, кто не очень желанен, то есть ощущающего себя еще далеким от духовной работы.

10. Бааль Сулам. Шамати. 113. «Молитва «Шмоне-Эсре» (Восемнадцать благословений)»

В работе Творца, когда человек ощущает себя находящимся между небом и землей, то не просит у Творца ничего лишнего, а только свет веры, чтобы Творец осветил глаза человека и помог ему обрести веру. И это называется поднятием Шхины из праха. И такая молитва принимается у каждого, в каком бы состоянии человек ни находился. Если он просит дать ему веру для спасения его души, то принимается его молитва.

11. Бааль Сулам. Шамати. 3. «Суть духовного постижения»

И да будет желание, чтобы мы удостоились получить Его свет и идти путями Творца, и работать на Него не ради получения вознаграждения, а ради Его наслаждения, и поднять Шхину из праха, и удостоиться слияния с Творцом, чтобы раскрылся Творец своим творениям.

Страдания Шхины

12. Бааль Сулам. Шамати. 1. «Нет никого кроме Него»

Сожалея о том, что Творец не приближает его к Себе, должен также остерегаться, чтобы не переживать о самом себе, о своем отдалении от Творца. Ведь тогда будет заботиться о получении собственной выгоды — а получающий отделен от Творца. Тогда как должен сожалеть об изгнании Шхины, то есть о том, что он причиняет страдания Шхине.

И для примера нужно представить себе картину, что в каком бы маленьком органе ни была у человека боль, она всегда в основном ощущается в разуме и в сердце, ведь сердце и разум - это суть человека. И, конечно, нельзя сравнивать силу ощущения отдельного органа с силой ощущения организма человека в целом, в котором, в основном, и ощущается боль.

13. Бааль Сулам. Шамати. 1. «Нет никого кроме Него»

Человек — это только отдельный орган святой Шхины, поскольку святая Шхина — это общность душ Израиля. И потому ощущение частной боли несопоставимо с ощущением общей боли, то есть Шхина страдает от того, что ее органы отделены от нее, и что она не может дать питание всем своим органам.

(И надо напомнить, что об этом сказано мудрецами: «В то время как человек сожалеет, что говорит Шхина?

— Позор голове моей, позор от десницы моей»). И поскольку не относит сожаление об удаленности на свой счет, этим спасается от попадания во власть желания получать для себя — в свойство, отделяющее от святости.

14. Бааль Сулам. Письмо 19

Знающему Скрытое известна мера стремления в сердце человека к сближению с Творцом, которая все еще может прерваться, не дай Бог. И потому Творец умножает возбуждения, то есть начала совокупления, так что если человек прислушивается к голосу Творца, как сказано: «Творец – тень твоя», то не падает и не опускается вследствие усиления страданий от возбуждений, потому что видит и слышит, что также и Шхина страдает, в той же мере, как он, от умножающейся тоски, и в любом случае постоянно укрепляется раз за разом во все большей тоске, пока не завершает точку своего сердца в полном и совершенном стремлении, в сильной и нерушимой связи.

В каждых десяти присутствует Шхина

15. Рабаш. Статья 28 (1986) «Нет собрания меньше десяти»

Сказали мудрецы: «В каждых десяти Шхина пребывает». Известно, что Малхут называется «десятой». Известно также, что получающий сосуд тоже называется по имени Малхут – десятой сфиры, получающей высшее изобилие. Она зовется «желанием получать», и все творения происходят только от нее. А потому нет собрания меньше десяти: ведь поскольку все материальные ветви происходят из высших корней, постольку, согласно принципу «нет света, в котором не было бы десяти сфирот», собрание в материальном не считается чем-то важным, если в нем нет десяти человек, по примеру духовных ступеней.

16. Рабаш. Статья 5 (1984) «Что дает правило «Возлюби ближнего, как себя"»

Сказано в Зоаре: «В каждых десяти Шхина пребывает». Что означает там, где есть десять человек, уже есть место для пребывания Шхины.

17. Маор ва-Шемеш. Глава Экев

Известно, что в десяти людях пребывает Шхина, ибо это целая ступень, а у целой ступени есть голова (рош), и руки, и ноги, и пятки. Это известно. Получается, что если каждый будет считать себя в группе «ничем», он будет считать себя по отношению к группе пяткой, тогда как они представляют собой голову и тело, и высшие органы. И когда каждый так считает себя, они действуют так, чтобы Он раскрыл им врата высшего изобилия и всего блага в мире. И главное привлекается человеком, который может привести себя в состояние «ничто» больше всех.

18. Маор ва-Шемеш. Глава Ваехи

В каждых десяти присутствует Шхина. И, конечно же, если есть больше десяти, то есть большее раскрытие Шхины. И пусть каждый объединится с товарищем и придёт к нему, чтобы услышать от него что-нибудь по поводу работы Творца, и как найти Творца, и аннулирует себя перед товарищем, а товарищ себя перед ним, и все сделают так же. И, так или иначе, когда собрание проводится с этим намерением, как бы то ни было, ещё больше, чем теленок хочет есть, корова хочет его накормить. В любом случае Творец приближает Себя к ним и пребывает с ними.

Устремляться за Шхиной

19. Тора. Теилим - псалмы царя Давида 42:2

Как олень стремится к источникам вод, так душа моя стремится к Тебе, Творец.

20. Бааль Сулам. «Предисловие к книге Зоар», п. 70

«Встаньте и пробудитесь ради святой Шхины, ведь сердце ваше пусто без понимания, позволяющего познать и постичь ее, несмотря на то что она среди вас».

21. Бааль Сулам. Письмо 19

Когда человек готовится вернуться к корню его. Тогда не за один раз вызовет Он совершенный зивуг, а производит возбуждения, и это тайна уровня нэфеш, принадлежащей офаним (колесам), которые гонятся изо всех сил в трепете и страхе за святой Шхиной, пока не начинают вращаться вокруг этого полюса – весь день и всю ночь, всегда не умолкнут. Как сказано в книгах о тайне офаним, пока душа человека совершенствуется на уровнях нэфеш, он постоянно приближается, при этом растут его тоска и боль, потому что страстное желание, не находящее удовлетворения, оставляет после себя большую боль – в мере этого желания.

22. Бааль Сулам. Шамати. 19. «Творец ненавидит эгоизм»

И не должен человек терять надежду, хотя и не в силах освободиться от власти своего эгоизма, а потому постоянно находится то на подъеме, то в падении. Но все же верит, что придет день и удостоится того, что свет Творца откроет ему глаза и даст силу преодоления, чтобы смог работать только ради Творца. О чем написано: «Одного прошу я у Творца, лишь одного ищу» (Псалом 27). «Одного» – то есть святую Шхину, «чтобы пребывать мне в доме Творца все дни жизни моей».

23. Бааль Сулам. Шамати. 211. «Как стоящий пред Царем»

«Сидящий в своем доме не похож на стоящего перед Царем». То есть вера должна быть такой, чтобы человек ощущал себя постоянно находящимся перед Царем, что вызывает совершенную любовь и трепет. А до тех пор, пока не достиг такой веры, не может позволить себе перерыва и отдыха, потому что это — его жизнь, и никакие иные вознаграждения не захочет получить вместо веры. Отсутствие веры должно ощущаться во всем человеке настолько, чтобы стало привычкой, его второй природой, в мере сказанного: «Вспоминаю о Нем, и не могу уснуть».

Раскрытие Шхины

24. Бааль Сулам. Шамати. 9. «Три причины, увеличивающие разум человека»

Когда человек принимает на себя веру как очищение в его сердце и разуме, он удостаивается красивой женщины: Шхина раскрывается ему как красота и привлекательность. И это увеличивает разум человека, ведь ощущая наслаждение и радость от раскрытия Шхины в своих желаниях, он наполняет свои келим — и это называется увеличением разума.

25. Бааль Сулам. Шамати. 9. «Три причины, увеличивающие разум человека»

Не может святая Шхина раскрыть свою подлинную красоту и привлекательность, пока не обретет человек красивые келим — желания, исходящие из сердца. То есть должен он прежде очистить свое сердце, чтобы стало оно красивым домом. А красивым оно называется, когда освобождается от намерения «ради себя» и действует только ради отдачи, от чего человек обретает красивые келим. И тогда его желания, называемые келим, не только очистятся от эгоизма, но и будут светлы в своем свойстве отдачи.

26. Рамхаль. Друшей 24 Кишутей Кала

"Ты вся прекрасна, моя подруга. Всякая душа восхвалит Творца». Чтобы достичь совершенства, нужно чтобы к ней присоединились все остальные души и станут (они) в ней единым целым, и тогда будет светить Шхина в великом исправлении. И тогда осуществится сказанное: «Ты вся прекрасна, моя подруга», и не останется никакого изъяна, так как с помощью силы поручительства человек совершает исправления для другого, и таким образом исправляется всё.

27. Рабаш. 224. «Причина веры»

Причина веры – в том, что нет большего наслаждения, чем удостоиться раскрытия божественного и нисхождения Шхины.

А чтобы человек получил всё это ради отдачи, есть исправление, называемое скрытием, чтобы он занимался Торой и заповедями, даже если он не чувствует никакого наслаждения. И это называется не ради получения вознаграждения. И когда у него есть это кли, у него тотчас же раскрываются глаза, и он готов встретить лик Творца. А когда у него пробуждается желание, утверждающее, что стоит служить Творцу ради наслаждения, он тут же падает в состояние скрытия.

И это считается состоянием смерти, т.е. до этого он был соединен с жизнью, чего он удостоился только благодаря вере. Поэтому, когда он теперь исправлен и снова начинает работать в свойстве веры, он получает назад душу своей жизни.

28. Рабаш. 236. «Вся земля полна славы Его»

Если человек возвратит свое сердце, дабы стараться продвигаться в свойстве веры выше разума, с помощью этого он готовит и исправляет себя, чтобы прийти к раскрытию лика. Как сказано в книге Зоар, что святая Шхина сказала раби Шимону бар Йохаю: «Нет места, где можно было бы скрыться от тебя». Иными словами, во всяких скрытиях, которые он чувствовал, он верил, что здесь заключен свет Творца, и это готовило его, вплоть до того, что он пришел к раскрытию лика света Творца.

29. Рабаш. 236. «Вся земля полна славы Его»

Сказал мой отец и учитель Бааль Сулам: «Беги, возлюбленный мой, пока я не возжелаю!», то есть, прежде, чем человек готов к раскрытию света Творца, просят Его: «Беги, возлюбленный мой», чтобы Он не раскрывал себя творениям по причине, как было сказано выше, что вопрос скрытия - это только исправление творения.

Поэтому человек должен укрепиться и молиться о двух вещах:

1. Чтобы быть готовым к раскрытию света Творца.
2. Чтобы Творец дал ему силу укрепиться в свойстве «вера выше знания», так как, благодаря этому, он сращивает подготовленные к раскрытию лика келим.

30. Бааль Сулам. Письмо 25

Удостоившемуся ответа раскрывается святая Шхина, как мягкосердечная мать, которая не видела сына своего долгие дни, и производили они большие и многие действия, чтобы увидеть друг друга, и оба подвергались из-за этого великим опасностям и т.д. и в итоге пришла к ним эта свобода, которую ждали они с нетерпением, и удостоились они увидеть друг друга, и тогда мать падает в его объятия и целует его и утешает и увещевает весь день и всю ночь, и рассказывает ему о тоске и опасностях в пути, которые испытывала она до сего дня, и как была она с ним всегда, и не двигалась Шхина, а страдала она с ним повсюду, только он не мог видеть этого.

И так говорит Зоар, что говорит она ему: здесь ночевали мы, здесь напали на нас разбойники. И спаслись мы от них, здесь прятались мы в яме глубокой и т.д. И какой глупец не поймет великую любовь и приятность, и наслаждение, которая вырывается и исходит из этих утешительных рассказов.

31. Рабаш. Статья 5 (1987) «В чем ценность работы относительно вознаграждения»

Встреча лика Шхины – это очень важно, ведь цель и заключается в том, чтобы человек дошел до этого уровня.

Однако, чтобы прийти к встрече лика Шхины, этому должна предшествовать подготовка, чтобы человек был готов к этому. И это называется словами мудрецов «как Он милосерден, так и ты милосерден». Ведь они объяснили стих «И слейся с Ним» – «слейся с его свойствами», что означает, как объяснено в книге «Дарование Торы», что, только работая в любви к ближнему, он может прийти к слиянию с Творцом. И у этого есть много названий: присутствие Шхины, постижение Торы, встреча лика Шхины и тому подобное.

Шхина присутствует там, где есть радость

32. Бааль Сулам. Шамати. 1. «Нет никого кроме Него»

Когда человек чувствует, что он немного приближен к святости, и есть у него радость от того, что удостоился благоволения Творца, — и тогда возложена на него обязанность сказать, что главное в его радости то, что есть сейчас радость наверху, у святой Шхины, оттого что была у нее возможность приблизить его к себе, ее отдельный орган, и она не должна отторгать его наружу. И от того что человек удостоился доставить радость Шхине, есть радость и у него самого. И все это идет на тот же счет, ведь если есть радость у частного - это только часть той радости, которая есть у общего. И с помощью этих расчетов он теряет свою обособленность и не попадает во власть нечистых сил, желающих получать для своей пользы.

33. Рабаш. Статья 24 (1989) «Что означает: «Пусть благословение простого коэна не будет легковесным в твоих глазах» в духовной работе»

«...Шхина пребывает только в месте радости». Получается, что за счет своей низменности, от того, что Творец дал ему какой-то контакт со святостью, он может подниматься по ступеням святости, если только он берет оттуда радость и придает этому важность, и тогда человек может сказать – «поднимающий из праха бедняка, из сора возвышающий нищего».

34. Рабаш. 875. «Три линии - 4»

Когда он видит свое истинное состояние: что у него нет никакой связи с духовным, т.е. со стороны разума он полностью находится во тьме, – теперь наступает время идти выше знания, говоря: «Есть у них глаза, но не видят они, есть у них уши, но не слышат они» и т.д., а он рад и весел от того, что удостоился исполнить заповеди Творца, которые Он заповедовал нам через Моше, учителя нашего. И хотя он не ощущает в этом никакого вкуса и понимания, всё же, выше знания, он верит, что ему выпала великая честь – иметь возможность исполнить заповеди Творца в простоте [...] Поэтому он считает этот дар так, как будто он «нашел великое сокровище», и он всегда пребывает в великом воодушевлении из-за этой важности, и это так же важно для него, как будто он удостоился самых высоких ступеней. Тогда это называется правой линией, совершенством, так как именно от того, что человек пребывает в радости, у него есть свойство слияния с Творцом, как сказали наши мудрецы: «Шхина может пребывать только лишь, опираясь на радость». А поскольку сейчас он находится в состоянии совершенства, у него есть, чему радоваться.

Страдания Шхины

1. Рабаш. Статья 5 (1988) «Что значит в духовной работе: «Исраэль в изгнании - Шхина вместе с ними"»

«Страдание Шхины» означает, что Творец страдает от того, что Он не может раскрыть благо и наслаждение, из-за того что творения не предоставляют [Ему] места, способного получать. Ведь если Он даст им благо и наслаждение, всё уйдет к Ситре Ахре. Поэтому получается, что Он не может давать благо, как Он того желает.

И отсюда поймем, что человек должен сожалеть о страданиях Шхины. И мы спросили, почему Творец не поднимает ее из праха, а Он нуждается в том, чтобы нижние построили намерение на свои действия, т.е. всё, что они делают, обязано быть с намерением «поднять Шхину из праха».

А ответ состоит в том, что всё, что Творец дает, всё это благо и наслаждение, и в этом заключается Его цель – насладить Свои творения. В то же время «поднять Шхину из праха», т.е. чтобы у Творца была возможность давать высшее благо, и высшее благо не ушло бы к Ситре Ахре, – это может быть только когда нижние не желают получать ради собственной выгоды, получая только для отдачи.

2. Рабаш. Статья 29 (1986) «Лишма и ло-лишма»

Когда человек приступает к работе, чтобы стать праведником, т.е. не получать никакой оплаты для себя и всё делать только для того, чтобы доставлять удовольствие Творцу, тогда тело не согласно и строит ему помехи. Оно делает всё, что в его силах, чтобы помешать человеку в его работе. В таком случае человек этот постоянно испытывает страдания, и нет ему покоя от состояния, в котором он пребывает. Ведь он видит, что еще не достиг отдачи Творцу и не в силах совершать все свои дела с намерением на отдачу.

И потому человек постоянно страдает – из-за страданий Шхины, которая пребывает в изгнании. Ему больно: почему он в силах работать эгоистически, а если не видит никакой выгоды для своего эгоистического желания, то небрежен в своей работе?

3. Рабаш. Статья 5 (1988) «Что значит в духовной работе: «Исраэль в изгнании - Шхина вместе с ними"»

Человек должен сожалеть о страданиях Шхины, что есть, якобы, страдания у Творца от того, что он не может дать добро и наслаждение творениям, как говорится в примере из трактата, что это подобно царю, у которого есть башня полная всякого добра, но нет у него гостей.

И чтобы понять пример трактата, можно привести еще пример, что это похоже на человека, который сделал свадьбу для сына и заказал в какой-то зал пятьсот порций, и никто не пришел, каждый по какой-то причине. И с трудом он собрал миньян для хупы. Какое огорчение чувствует человек от того, что есть у него пятьсот порций для гостей, а гости не пришли. И по этой причине должен человек работать, чтобы удостоиться доставить наслаждение Творцу тем, что он получает от Него добро и наслаждение. И человек, достигший этой ступени, - самый счастливый человек на свете.

4. Рабаш. Статья 19 (1988) «Что такое серебро и золото, Исраэль и другие народы в духовной работе»

Страдание Шхины в том, что она должна скрывать благо и наслаждение, которое она хочет дать душам, но не может, потому что это будет им во зло. Потому что из-за света, который она даст им, когда они находятся в келим получения для себя, они будут более удалены от святости, потому что святость уйдёт в клипот. Выходит - что называется страданием высшего? - то, что не может отдавать нижним, и это называется страдание Шхины...

Поэтому мы просим у Творца, чтобы дал нам силу преодолеть келим получения ради себя, и чтобы мы могли работать только ради отдачи. И тогда Шхина сможет показать драгоценность и великолепие, заключенные в ней, - в том, что будет возможность получить то, что она желает дать. И есть правило: «больше, чем теленок хочет есть, корова хочет его накормить». Но все зависит от получающих.

5. Рабаш. Статья 14 (1991) «Что означает, что благословение человека - это благословение сыновей, в духовной работе»

То время, когда Творец не может давать нижним по причине разницы свойств между ними называется «страдание Шхины». Т.е., со стороны получающего, она [Шхина] не может получить высшее наслаждение, поскольку, если получит высшее наслаждение ради нижних, все уйдет к клипот, называемым «получающим ради получения». И также называется «страданием» со стороны Дающего, поскольку Замысел Творения - дать добро сотворенным, а сейчас Он не может дать им добро и наслаждение, поскольку все, что попадет в руки творениям, уйдет к клипот.

Поэтому есть страдания у Дающего, который не может давать. Подобно матери, которая хочет дать еду младенцу, а младенец болен и не может есть. Тогда есть страдания со стороны Дающего.

6. Рабаш. Статья 27 (1989) «Что такое страдания в духовной работе»

Что такое страдания в работе? Это значит, что они страдают от того, что из-за них Шхина вынуждена быть в низком состоянии. И чтобы понять это, нужно изучить статью «По поводу Шхины в изгнании» (книга «Шамати», ст. 1, 5704 г.), в которой сказано, что когда человек сожалеет о том, что он далек от Творца, т.е. он пребывает в желании получать только для себя, подобно животным, что не подобает уровню «человек», – он должен направить свои мучения, чтобы они были не из-за того, что он хочет быть человеком, в чем и состоят его мучения, – а из-за страданий Шхины.

И он приводит по этому поводу пример о человеке, испытывающем боль в определенном частном органе, и боль эта ощущается, главным образом, в сердце и разуме, являющимися общностью человека. Аналогично, отдельный человек является частью Шхины, которая называется «Собранием Исраэля». И главная боль находится у нее. И об этом следует сожалеть. И это называется «страданиями в работе».

7. Рабаш. Статья 5 (1988) «Что значит в духовной работе: «Исраэль в изгнании - Шхина вместе с ними"»

Поскольку человек рождается в кли получения для себя, то как можно изменить природу, и сказать, что он не беспокоится ни о чем для себя? Но вот что болит у человека, о чем он сожалеет - это только огорчение Шхины. Что это значит? А смысл такой, как уже говорилось выше, что есть, якобы, огорчение вверху из-за того, что нельзя наполнить Его желание.

Иными словами, поскольку желание Творца дать наслаждение, и невозможно на деле выполнить это, ибо нет у творений подготовленных келим, которые смогли бы получить это наслаждение, если бы благодаря выполнению Торы и Заповедей, смогли бы сделать келим пригодными, как сказали мудрецы: «Я создал злое начало, Я создал Тору - приправу». Это причина, по которой человек работает изо всех сил, выполняя Тору и заповеди, и благодаря этому выполнению он выйдет из любви к себе и удостоится келим отдачи. И тогда сможет доставить радость Творцу, от которого он получает добро и наслаждение.

8. Рабаш. Статья 5 (1988) «Что значит в духовной работе: "Исраэль в изгнании - Шхина вместе с ними"»

Поскольку Он хочет дать творениям всё благо, но творения не в состоянии получить это из-за различия формы. И то, что Он не может давать в то место, где должен быть раскрыт «Шохен», которое называется «Шхина», – это называется «страданием Шхины». Объяснение – это страдание, что не может быть места для пребывания Шохена. Ведь Шхиной называется то кли, в котором раскрыт свет.

9. Рабаш. Статья 19 (1988) «Что такое серебро и золото, Исраэль и другие народы в духовной работе»

У человека есть требование к Циону, и он старается «поднять Шхину из праха», и он хочет, чтобы город Творца не был унижен до самого низа, и это может быть именно за счёт того, что он хочет работать ради отдачи, иначе Малхут вынуждена скрывать сама свою важность, чтобы свет не ушёл в клипот.

Выходит, что именно он трепещет перед грехом. Он считает, что грешит тот, кто не работает ради отдачи. А получение называется у него грехом, потому что только это мешает раскрытию лика Шхины, и она скрывает лик, это называет страданием Шхины из-за того, что она не может дать нижним благо и наслаждение, которое у неё есть для них.

10. Рабаш. Статья 14 (1991) «Что означает, что благословение человека - это благословение сыновей, в духовной работе»

То время, когда Творец не может давать нижним по причине разницы свойств между ними называется «страдание Шхины». Т.е., со стороны получающего, она [Шхина] не может получить высшее наслаждение, поскольку, если получит высшее наслаждение ради нижних, все уйдет к клипот, называемым «получающим ради получения». И также называется «страданием» со стороны Дающего, поскольку Замысел Творения - дать добро сотворенным, а сейчас Он не может дать им добро и наслаждение, поскольку все, что попадет в руки творениям, уйдет к клипот.

Поэтому есть страдания у Дающего, который не может давать. Подобно матери, которая хочет дать еду младенцу, а младенец болен и не может есть. Тогда есть страдания со стороны Дающего. И это называется на языке Книги Зоар, что есть страдания свыше оттого, что не может быть единства, т.е., что Дающий дает получающему.

11. Рабаш. 142. «Страдание Шхины - 1»

Страдание Шхины. Как царь, у которого есть дворец, полный всяческих благ, но нет гостей. Подобно тому, кто устроил свадьбу сына и заказал сотни порций, а сейчас у него нет гостей, т.е. нет того, кто захотел бы прийти и наслаждаться дворцом.

И это страдание Шхины.

12. Рабаш. 890. «Страдание Шхины - 2»

«За грех, который мы совершили пред Тобой во злом начале» (молитва на Йом Кипур). И можно спросить: но ведь все прегрешения приходят из-за злого начала? И следует объяснить, что грех состоит в том, что он говорит, что есть злое начало. Ведь «нет никого кроме Него». Ибо если человек не достоин, его сбрасывают сверху. И это происходит посредством облачения в желание получать, называемое злым началом.

Как сказано: «Ведь желание сердца человеческого зло с юности его», другими словами, Творец создал его таким, ибо желание получать есть главное кли, однако нужно исправить его. И отсюда следует объяснить слова: «И опечалился Он в сердце Своем». Ибо человек чувствует, что от того, что он идет за желанием, он обретает печаль. И это называется страданием Шхины

Намерение перед изучением ТЭС

1. Рабаш. Статья 12 (1988) «Что такое Тора и ремесло в духовной работе»

Человек должен продумать перед изучением Торы причину, почему он сейчас учит Тору. Так как каждое действие должно иметь цель, которая является причиной выполнения этого действия. И об этом сказано молитва без намерения, как тело без души. Поэтому прежде, чем он идет учить Тору, он должен подготовить намерение.

2. Рабаш. 267. «Торой создан человек»

В Торе есть особая сила, позволяющая вернуть человека к добру, где имеется в виду заключенное в человеке зло, т.е. чтобы желание получать стало «ради отдачи». И таким образом у него уже будет свойство слияния, и он сможет получать истинные наслаждения и не будет называться получающим. Выходит, что благодаря Торе возникнет возможность существования человека в мире из-за того, что Тора вернет его к добру.

3. Рабаш. Статья 12 (1988) «Что такое Тора и ремесло в духовной работе»

Тора, которой мы занимаемся, нужна для того чтобы смирить злое начало. То есть достичь слияния с Творцом, чтобы все действия были только ради отдачи. Это значит, что в силах самого человека нет никакой возможности пойти против природы. Поэтому в разуме и сердце, в которых человек должен совершенствоваться, ему необходимо получить помощь. И эта помощь – в Торе. Как сказали мудрецы: «Я создал злое начало, Я создал Тору приправу». И когда занимаются ею, свет в ней возвращает к источнику.

4. Рабаш. Статья 12 (1988) «Что такое Тора и ремесло в духовной работе»

Человек должен постараться приложить большие усилия до того, как приступит к занятиям, дабы его учеба принесла плоды и хорошие результаты. То есть, учеба принесет ему свет Торы, с помощью которого он сможет вернуться к источнику. И тогда благодаря Торе он станет учеником Мудреца. А что такое ученик Мудреца? Сказал мой отец и учитель, что это ученик, который учится у Мудреца. То есть Творец называется Мудрым. И человек, который учится у Него, называется учеником Мудреца. А чему человек должен учиться у Творца? Он сказал, что человек должен учиться у Творца только одному. Как известно, желанием Творца является отдача, поэтому и человек должен учиться у Него быть отдающим. И это означает ученик Мудреца.

5. Бааль Сулам. «Предисловие к ТЭС», п. 17

Обязуется изучающий перед учебой укрепиться в вере в Творца и Его управление вознаграждением и наказанием. Как сказано мудрецами: «Верен Тот, на Кого ты трудишься, чтобы дать тебе вознаграждение за труды твои». И устремит свои усилия на то, чтобы были они ради заповедей Торы. И таким путем удостоится насладиться светом, кроющимся в ней, и вера его также укрепится и возрастет чудесным действием этого света. Как сказано: «Врачеванием будет это для тела твоего и освежением для костей твоих» (Мишлэй, 3:8).

И тогда, безусловно, будет готово сердце его, потому что из ло лишма придет лишма. Таким образом, даже у того, кто знает сам, что еще не удостоился веры, есть надежда достичь этого при помощи занятий Торой. Ведь если обратит сердце и разум к тому, чтобы посредством Торы удостоиться веры в Творца, то уже нет заповеди большей, чем эта. Как сказали мудрецы: «Пришел Хавакук и свел все к одному: праведник верой своей жить будет» (Макот, 24). И более того, нет для него иного совета кроме этого.

6. Рабаш. Статья 29 (1986) «Лишма и ло-лишма»

Человек должен стараться не забывать о цели во время изучения Торы, чтобы эта цель была всегда у него перед глазами, - что он хочет получить от учебы. Чтобы занятие принесло ему ощущение величия и важности Творца.

7. Рабаш. Статья 22 (1985) «Вся Тора - это одно чистое имя»

Во время занятий человек всегда должен иметь в виду, какую цель он преследует, изучая науку каббала – иными словами, чего требовать от этого. Здесь ему говорят, что сначала он должен просить о «сосудах» – чтобы у него были сосуды отдачи, означающие подобие свойств. Тем самым уходит сокращение и скрытие, наложенное на творения, и в той же мере человек начинает ощущать духовное, начинает чувствовать вкус в служении Творцу. И тогда он может радоваться, потому что духовное рождает радость – ведь там светит свет желания доставить благо Его творениям.

8. Рабаш. Статья 12 (1988) «Что такое Тора и ремесло в духовной работе»

Эффективнее (можно) получить свет Торы, если человек во время занятий Торой намеревается изучать Её для того, чтобы получить награду, называемую свет. Тогда его учеба эффективна. Но если он отвлекается от цели изучения Торы, Тора не помогает ему закончить его работу по созданию сосуда отдачи и использованию получающего сосуда для своей выгоды. Тогда его Тора уходит и удаляется от него. То есть сила Торы, которая предназначена для смирения злого начала – эта сила отменяется. И об этом написано любые занятия Торой, не сочетающиеся с работой (то есть, когда нет намерения, чтобы Тора сделала работу по превращению получающего сосуда в сосуд отдачи), пустые (отменяются). То есть эта сила аннулируется.

9. Бааль Сулам. «Предисловие к ТЭС», п. 18

Творец, сотворивший злое начало и давший ему силу, знал и то, как создать верные лекарство и приправу, чтобы истощить силы злого начала и совершенно истребить его.

Если же кто-либо занимался Торой и не смог удалить от себя злое начало, то это потому, что он по небрежности не приложил необходимых усилий и труда, как сказано: «Не прилагал усилия и нашел – не верь». Или, возможно, набрали требуемое «количество» усилий, но были небрежны в «качестве», т.е. во время занятий Торой не обращали разума и сердца к тому, чтобы удостоиться притянуть заключенный в Торе свет, несущий веру в сердце человека, а занимались, отвлекаясь от главного требования к Торе – света, приводящего к вере. И хотя изначально были устремлены на Творца, но отвлекались от Него во время учебы.

10. Рабаш. Статья 2 (1986) «Внемлите, небеса»

Если человек заслужил и ему дали мысль о том, чтобы заниматься тайнами Торы, хотя он не понимает ни слова из написанного там, все равно это большое достижение – приобщаться на учебе к внутренней сути Торы.

Иными словами, он верит, что речь там идет только о духовном. И у него есть возможность копнуть глубже: «Всё, что я изучаю, – это духовные понятия. Раз так, мне, несомненно, выпала большая удача. А значит, остается лишь благодарить и славить Творца.

11. Рабаш. Статья 12 (1988) «Что такое Тора и ремесло в духовной работе»

Вопрос «Торы и ремесла» - имеется в виду, что изучает Тору, чтобы Тора принесла ему свет Торы, с помощью чего у него будет возможность перевернуть получающее кли на ради отдачи. И с этими келим он удостоится слияния с Творцом, что означает изучение Торы лиШма.

12. Рабби Авраам Эвен Эзра, «Есод мора»

Теперь обрати сердце свое и узнай, что все заповеди, записанные в Торе или принятые, которые были установлены нашими отцами, хотя большая часть их [исполняется] в действии или устами, все они призваны исправить сердце. Ибо все сердца требует Творец, и всякое стремление мысли понимает Он.

13. Рабаш. Статья 12 (1988) «Что такое Тора и ремесло в духовной работе»

Человек не способен ничего сделать ради Творца. И только с помощью света Торы будет исправлено сердце. А сердцем называется желание. И со стороны природы это только желание получать. А как человек может пойти против природы? Поэтому сказал Творец: «Я создал злое начало, Я создал Тору – приправу». Получается, что он учит Тору не для того, чтобы понять разумом. А он учит, чтобы понять – это для того, чтобы прийти к слиянию с Творцом, облаченным в Тору, что относится к сердцу. И с помощью света, который он получит, он вернется к Источнику. То есть, желание получать ради своей выгоды может получить силу сверху, чтобы смог выполнять действия во имя Творца.

14. Рабаш. Статья 12 (1988) «Что такое Тора и ремесло в духовной работе»

Для того, чтобы ощутить жизнь в Торе, человеку необходима большая подготовка, подготовить свое тело, чтобы было способно ощутить жизнь, скрытую в Торе. Поэтому сказали мудрецы, что должны начинать ло лишма, и с помощью света Торы, постигаемого на ступени ло лишма, придёт к лишма, потому что свет в ней возвращает к источнику. И тогда у него будет возможность учить лишма, то есть ради Торы, называемой Торой жизни, потому что уже постиг жизнь в Торе, поскольку свет Торы подготовил человека, чтобы смог ощутить жизнь, которая находится в Торе.

15. Рабаш. Статья 12 (1988) «Что такое Тора и ремесло в духовной работе"

Когда изучает Тору ради изучения Торы, так же надо определить, с каким намерением он учит, то есть, выполняет заповеди Творца, как сказано «и учит ее день и ночь». Либо учит её для того, чтобы получить свет, ведь ему нужен свет Торы, чтобы аннулировать свое зло. Как сказали мудрецы: «Я создал злое начало, Я создал Тору – приправу». Получается, что он учит Тору, чтобы постичь приправу, как сказано свет в ней возвращает к источнику.

16. Бааль Сулам. Шамати. 68. «Связь человека со сфирот»

Человек не может исправить свои мысли. Он может исправить лишь сердце, чтобы оно было направлено прямо к Творцу, и тогда все его мысли будут только о том, как доставить наслаждение Творцу. Когда же он исправляет свое сердце, чтобы оно и его желания стремились только к духовному, тогда сердце становится сосудом (кли), в котором воцаряется высший свет. А когда высший свет наполняет сердце, сердце укрепляется. И так человек все время прибавляет свои усилия и продвигается дальше.

Поэтому сказано, что «велико то учение, которое приводит к практическим действиям». Свет, получаемый при занятиях каббалой, приводит к практическим действиям – то есть этот свет возвращает человека к Источнику, что и является действием. Это означает, что свет создает в его сердце новое строение.

17. Рабаш. 875. «Три линии - 4»

Прежде чем человек удостоится выйти из эгоистической любви к себе и выполнять всё ради отдачи, что называется «лишма», даже когда изучает все эти вещи непосредственно, он учит только названия без какого-либо объяснения. То есть, у него нет никакого постижения тех вещей, которые он изучает, потому что у него нет никакого понимания материала высших корней, называемых святыми именами, сфирот или парцуфим. И дано нам изучать высшие вещи, называемые наукой каббала, только в виде чудесного средства, потому, что это может дать человеку желание и стремление слиться с Творцом по причине святости этих вещей, когда произносят святые названия.

18. Рабаш. 875. «Три линии - 4»

Когда человек изучает возвышенные вещи, чтобы они привели его к приближению к святости, это приводит к приближению источников света. И то, к чему приведет эта учеба, – чтобы он удостоился благодаря этому направить все дела свои, чтобы были они ради отдачи. И это называется работой в свойстве подготовки, когда он готовит себя, чтобы стать способным войти в царский чертог и слиться с Творцом.

19. Бааль Сулам. «Предисловие к ТЭС», п. 155

Когда человек занимается этой наукой, упоминая названия светов и сосудов, имеющих отношение к его душе – они тотчас светят на него в определенной мере. Однако они светят ему без облачения во внутреннюю часть его души, так как недостает сосудов, пригодных для их получения. И все же свечение, которое получает раз за разом во время занятий, привлекает к нему Высшее очарование и преисполняет его духовностью и чистотой, которые намного приближают человека к достижению совершенства.

20. Бааль Сулам. Шамати. 34. «Преимущество земли - во всем»

Что должен делать человек, чтобы достичь любви к Творцу? Для этого дано нам «чудесное средство» (сгула) - занятие Торой и заповедями (Каббалой), потому что свет, заключенный в ней, возвращает человека к Творцу. Поскольку есть в Торе свет, который дает человеку возможность ощутить опасность удаления от Творца. И постепенно, если человек намеревается постичь свет Торы, возникает в нем ненависть к отдалению от Творца. То есть он начинает ощущать причину, по которой он и его душа пребывает в разлуке и отдалении от Творца.

21. Бааль Сулам. Шамати. 218. «Тора и Творец - одно»

Торой называется свет, заключенный в ней, который ощущается во время учебы и дает желание отдавать Творцу, как сказано: «Знающий указы Творца, будет служить Ему». Поэтому ощущает свое «Я», желающее отдавать Творцу. Но когда достигает уровня «Тора и Творец - одно», находит, что все едино, потому что ощущает в Торе Творца. И необходимо постоянно стремиться за исправляющим светом Торы, который можно найти в изучении Торы, но изучением каббалы можно быстрее его найти.

22. «Плоды праведника». Глава Ваешев, п. 3

Первые хасиды проводили час в молитве, чтобы направить сердце свое к Отцу своему в небесах. И «направить» – имеется в виду «прямота сердца» и «выправить сердце», чтобы не было оно рассеяно на страсти и вожделения этого мира, а было лишь выправлено и направлено на Отца его в небесах.

23. Рабаш. Статья 12 (1988) «Что такое Тора и ремесло в духовной работе"

Если нет этого в начале его учебы, когда человек собирается учиться, но он хочет благодаря этому достичь совершенной веры, то он этого может достичь с помощью света Торы, тем самым он хочет прилепиться к Облаченному, который облачен в Тору. И который только и дает свет Торы, а никто иной. Получается, что он учит Тору, называемую облачениями Творца. И благодаря им он хочет достичь совершенной веры, прилепиться к Облаченному, который дает Тору.

И здесь уже имеется объединение 3 вещей:

1) Тора, или облачения Творца;
2) Творец, облаченный в Тору;
3) Исраэль, человек изучающий Тору с вышеуказанным намерением.

И это называется единством, означающим «Тора, Творец и Исраэль едины».

24. Зоар для всех. Толдот. Статья «Призвал он Эсава – не знаю дня смерти моей», п. 125

Человек должен заниматься Торой во имя Творца. Шхина называется «имя». И каждый, кто занимается Торой, и не старается во имя нее, – лучше бы ему не родиться.

[…] То есть, его намерением в занятиях Торой должно быть: превознести Творца и сделать Его самым важным и великим в мире.

Иначе говоря, Писание дает нам понять, что Тора «лишма», т.е. «пути в сердце их», означает – направить свое сердце во время занятий Торой Его, чтобы привлечь это знание в изобилии, как на себя, так и на весь мир, и возвеличить этим имя Творца в мире, как сказано: «И наполнится земля знанием Творца». И тогда сбудется: «И будет Творец царем на всей земле».

25. Рабаш. Статья 16 (1984) «Об отдаче»

Сначала человек должен проверить, есть ли у него силы, чтобы обрести возможность действовать с намерением доставить удовольствие Творцу. Когда же человек осознаёт, что своими силами ему не достичь этого, тогда он фокусирует свои усилия в отдаче на одной точке – на «свете, возвращающем к Источнику», чтобы это было его единственной наградой за выполнение принципов отдачи. Иными словами, чтобы в награду за его старания Творец дал ему ту силу, которая называется «силой отдачи».

26. Рабаш. Статья 10 (1987) «В чем тяжесть злословия и против кого оно направлено»

Главное – удостоиться «слияния с Творцом», что называется отдающими келим и является «уподоблением по форме». И для этого было дано специальное средство в виде Торы и заповедей, с помощью которых мы сможем выйти из эгоистической любви и достичь любви к ближнему.

27. Сборник законов (Хошен а-мишпат). Законы поручителя

Основа выполнения Торы - это желание, приобретаемое с помощью единства. И поэтому тот, кто хочет принять на себя бремя Торы и заповедей, главным образом за счет увеличения желания, должен включиться в общество Исраэля в большом единении. Получается, что именно через поручительство, в котором все считаются единым целым, именно через него достигается главное в выполнении Торы. Ведь главное в любви и единении – это желание, когда каждый доволен своим товарищем, и между ними нет никакого различия в желании, и все включаются в одно желание, с помощью чего включаются в желание Высшего, что и является целью единства.

Восприятие реальности

1. Бааль Сулам. «Предисловие к Введению в науку каббала»

Все миры, как высшие, так и нижние, все включены в человека. И так же вся действительность, находящаяся в этих мирах, существует только для человека.

2. Бааль Сулам. «Введение в книгу Зоар», п. 34

Наше зрение, благодаря которому мы видим перед собой огромный большой мир со всем его чудесным наполнением – ведь на самом деле мы видим всё это только внутри самих себя, иными словами, в нашем заднем мозге есть нечто подобное фотоаппарату, который рисует нам там всё, что мы видим, и ничего вне нас.

И для всего этого Творец сделал для нас в нашем мозгу подобие гладкого зеркала, оборачивающего для нас всё, что мы видим там, чтобы мы видели его вне нашего мозга, перед собой. И хотя, то, что мы видим вне нас, не является настоящим, как бы то ни было, как сильно мы должны быть благодарны Его управлению за то, что Он сделал в нашем мозгу это «гладкое зеркало», позволяющее нам видеть и постигать любую вещь вне нас. Ибо этим Он дал нам силы познавать любую вещь в разуме и в ясном постижении, измерять любую вещь изнутри и снаружи и т.п. А если бы не это, мы лишились бы большей части наших познаний.

3. Бааль Сулам. «Введение в книгу Зоар», п. 34

Несмотря на то, что все эти изменения происходят внутри получающих душ, в любом случае они видят всё в самом Дающем. Ибо только таким образом они удостаиваются получить все постижения и всё наслаждение, заключенные в замысле творения.

Аналогично нужно рассматривать и вышеописанный пример: несмотря на то, что на практике мы видим всё перед собой, в любом случае, всякий здравомыслящий человек четко знает, что всё видимое нами находится только лишь внутри нашего мозга.

Так же и с душами: несмотря на то, что все образы они видят в Дающем, в любом случае, у них нет никакого сомнения, что всё это происходит только внутри них самих, и никак не в Дающем.

4. Бааль Сулам. «Предисловие к книге Зоар», п. 40

Червяк, родившийся внутри редьки, который сидит в ней и думает, что весь мир Творца такой же горький, и такой же темный, и такой же маленький, как редька, в которой он родился.

Однако когда он прорывает кожуру редьки и видит то, что находится снаружи, он удивляется и говорит:

«Я думал, что весь мир подобен редьке, в которой я родился. А сейчас я вижу перед собой огромный, светлый, грандиозный и удивительно прекрасный мир!»

5. Бааль Сулам. «Предисловие к книге Зоар», п. 40

Те, кто погружен в клипу своего желания получать, в которой они родились, и кто не пытался получить особую приправу, а именно Тору и практические заповеди, которые способны прорвать эту твердую клипу и превратить ее в желание доставить наслаждение своему Создателю. Нет сомнения, что они обязаны прийти к выводу о своей ничтожности и пустоте, как это и есть на самом деле, и не могут представить себе, что всё это огромное мироздание было создано только для них.

Однако если бы они занимались Торой и заповедями, чтобы доставить наслаждение своему Создателю во всей подобающей чистоте, и начали бы прорывать клипу своего желания получать, в которой они родились, и получили бы желание отдавать, глаза их тотчас же раскрылись бы, позволяя им увидеть и постичь себя и все ступени мудрости, и понимания, и ясного знания, желанных и приятных до глубины души, которые уготованы для них в духовных мирах.

6. Рабаш. 645. «Из действий Твоих познаю Тебя»

Сказано в Зоаре, что «нет места свободного от Него». А то, что мы не ощущаем этого, так это потому, что у нас нет кли для восприятия этого ощущения.

Как мы видим, что есть радиоприемник, который воспринимает все звуки в мире, и не производит звуки, а звуки существовали в реальности мира и до того, как у нас появилось радио, но мы не слышали этих звуков, несмотря на то, что они существовали в реальности.

Так же и мы можем понять, что «нет места свободного от Него», но для этого нам необходимо воспринимающее устройство. И это воспринимающее устройство называется слияние и уподобление по свойствам, желание отдавать. И когда у нас есть это устройство, тогда мы немедленно почувствуем, что «нет места свободного от Него», а «вся земля полна славы Его".

7. Рабаш. 236. «Вся земля полна славой Его»

Распространение высшего света облачается во всё мироздание и называется «оживляющим мироздание», и раскрывается в разнообразных облачениях, которые существуют в мире, т.е. во всех материальных вещах, которые мы видим глазом. Всё это – свет Творца, будь это облачения Торы, т.е. буквы Торы, или буквы молитвы, или вещи никчемные. И всё различие между ними – у получающих, т.е. ощущающих.

Есть люди, ощущающие, что свет Творца облачается только в Тору и молитву, а есть люди, которые ощущают свет Творца также и в сочетании букв вещей никчемных. А есть такие, кто не ощущает даже и в сочетаниях букв Торы и молитвы, что это свет Творца в отношении наполнения всей реальности.

8. Бааль Сулам. «Предисловие к книге Зоар», п. 13

Когда возник замысел создать души, мысль Творца могла тут же всё завершить, ведь Он не нуждается в инструменте исполнения, подобно нам. И тотчас же вышли и образовались все души и все миры, которые должны будут быть созданы, наполненные всем благом, и наслаждением, и негой, которые Он задумал для них, со всей окончательной абсолютностью совершенства, которую души должны будут получить в Окончательном Исправлении, т.е. после того как желание получать, заключенное в душах, уже полностью получило всё свое исправление и превратилось в чистую отдачу в полном подобии по форме Создателю.

И это [происходит] по той причине, что в вечности Творца прошлое, будущее и настоящее суть одно, и будущее является для Него настоящим, и неготовности по времени у Него быть не может. И по этой причине в Бесконечности не было никакого испорченного желания получать в виде разделения, а, наоборот, то подобие по форме, которое должно будет раскрыться в Окончательном Исправлении, сразу же появилось в вечности Творца.

9. Бааль Сулам. «Учение Десяти Сфирот», ч. 2, гл. 1, п. 5

В мире Бесконечности уже определены и существуют вся реальность и все творения, которые должны появиться в мирах, во всем разнообразии, великолепии и совершенстве, которым еще предстоит раскрыться для них в мирах. И действительно: мы выяснили, что еще в мире Бесконечности уже вышли и раскрылись все желания, которым предстоит раскрыться, и также заполнились полностью, в конечном наполнении. Это совершенство и наполнение, т.е. высший свет, он породил и раскрыл эти желания.

10. Рабаш. 236. «Вся земля полна славой Его»

Нет никакой реальности в мире, кроме Творца, а всё скрытие происходит только в ощущении человека.

11. Бааль Сулам. Шамати. 66. «Дарование Торы - 1»

Мы не в состоянии ничего постичь сами по себе, а все что постигаем, постигаем только из своих ощущений. А действительность, какая она сама по себе, нас совершенно не интересует. Поэтому саму Тору мы не постигаем вовсе, а постигаем только свои ощущения. И все наши впечатления зависят лишь от наших ощущений.

12. Рабаш. 124. «Чтобы служить мне»

«Весь мир создан, только чтобы служить мне».

Как объяснил мой господин, отец и учитель, имеется в виду, что все недостатки, которые человек видит у других, он верит, что это его недостатки, поэтому ему есть, что исправлять. Получается, что все люди [букв.: весь мир] служат ему тем, что раскрывают ему его недостатки (хисароны), и он не должен искать сам, поскольку они делают ему великое благо тем, что раскрывают ему его хисароны.

13. Рабаш. 217. «Беги, друг мой»

Творец уготовил целый мир, как сказали мудрецы: «Должен сказать человек: «Для меня создан мир» (трактат «Санедрин», 37 стр.2). То есть, чтобы он молился за весь мир. Поэтому когда он молится и у него есть связь с Творцом, даже если он сам не болен, он может молиться за своё поколение, то есть, вызвать милосердие, чтобы никто в поколении не испытывал недостатка в благе.

И это большое правило, что сам человек называется «творение», то есть только он один. А остальное помимо него это святая Шхина. Выходит, что когда он молится за своё поколение, считается, что молится за святую Шхину, которая в изгнании и нуждается в спасении. Это означает состояние вечности. И только так может проявиться свет милосердия.

14. Рабаш. Статья 19 (1990) «Что означает, что Тора называется средней линией, в духовной работе - 2"

Человек должен верить, что «Нет никого, кроме Него». Т.е. Творец обязывает его совершать добрые действия. Однако поскольку человек пока ещё не достоин знать, что это Творец обязывает его, Творец облачается в людей (букв.: плоть и кровь) и через них Он производит эти действия, т.е. Творец поступает, исходя из «обратной стороны» 'ахораим'.

Это значит, что человек видит лица людей, но он должен верить, что за их лицами стоит Творец и совершает эти действия. То есть за человеком стоит Творец, вынуждая его делать те действия, которые желает Творец. Выходит, что всё делает Творец, но человек придает важность тому, что он видит, а не тому, во что он должен верить.

15. Бааль Сулам. Шамати. 67. «Отдаляйся от зла»

Тот, кто думает, что обманывает друга — в действительности, обманывает Творца, потому что кроме человека, есть только Творец. Ведь изначально человек назван творением лишь в собственном восприятии, поскольку Творец пожелал, чтобы человек ощущал себя существующим отдельно от Него. Но на самом деле «вся земля полна Творцом».

И потому, обманывая товарища, он обманывает Творца, и огорчая товарища, огорчает Творца.

16. Бааль Сулам. Шамати. 3. «Суть духовного постижения»

Сами по себе все миры определяются как простое единство, в них самих нет никаких изменений, что является смыслом сказанного: «Я Своего Имени АВАЯ не менял». То есть в самом Творце не различают сфирот и ступеней. Ведь даже самые утонченные названия не выражают сути самого света, поскольку это относится к Его сущности, которая совершенно непостигаема. А когда речь идет о сфирот и всех различаемых особенностях — так это лишь с точки зрения того, что человек постигает в Нем.

17. Бааль Сулам. Шамати. 3. «Суть духовного постижения»

Все множество имен — оно лишь относительно получающих. Поэтому Первое имя, раскрывающееся в словах «корень творений», называется Бесконечностью. И раскрытие этого имени остается без каких бы то ни было изменений. Все же сокращения и множество изменений происходят лишь относительно получающих. Тогда как Он всегда светит первым именем, определяемым как «Его бесконечное желание насладить свои творения».

18. Бааль Сулам. Шамати. 3. «Суть духовного постижения»

«Нет изменения в свете». А все изменения — лишь в келим, то есть в наших ощущениях. Все измеряется и оценивается нами только относительно нашего восприятия. Поэтому, если много людей смотрят на один духовный объект, все равно каждый постигает его иначе, согласно своему индивидуальному представлению и ощущению. И потому каждый видит иную форму. А также и для самого человека этот духовный объект может изменяться вследствие изменения состояния человека — его подъемов и падений. Сам же свет является простым и не имеет никакой формы, а все изменения происходят лишь в постигающих.

19. Бааль Сулам. «Учение Десяти Сфирот», глава 1, Внутреннее созерцание, часть 10, п. 36

Нет у нас никакого постижения и восприятия ни в каком материале, т.к. все 5 наших органов чувств не готовы к этому, потому что зрение, слух, обоняние, вкус и осязание передают в мозг для обработки только сигналы, отражающие некие свойства разновидностей сущности, приобретающие форму только при взаимодействии с нашими органами чувств.

20. Бааль Сулам. Шамати. 3. «Суть духовного постижения»

Нам не о чем говорить, кроме как о своих ощущениях, насколько мы возбуждаемся от воздействия наполняющего нас света, который вызван Его желанием насладить свои творения и на деле доходит до получающих.

Это подобно тому, как нами воспринимается стол, который ощущается твердым в наших органах осязания, а в зрительном восприятии оценивается нами в определенных размерах. Но все это — только в наших ощущениях. И это вовсе не означает, что стол будет восприниматься таким же в ощущениях творения с иными органами ощущений, например, в ощущениях ангела. Он, разумеется, будет воспринимать стол в иной, по сравнению с воспринимаемой нами, форме — согласно своим органам ощущений. Поэтому мы не можем говорить о том, как стол выглядит в ощущениях ангела, ведь мы ничего не знаем о его органах ощущений.

И потому, как не можем мы постичь сути Творца, так не можем мы говорить и о том, какую форму имеют миры относительно Творца. Мы постигаем в мирах лишь постигаемое в своих ощущениях.

21. Бааль Сулам. «Наука каббала и философия»

Нечего спрашивать, как мудрецы каббалисты различают света, отличительными качествами которых полна вся наука. На самом деле эти качества говорят не о сути светов, а о впечатлении кли, что и является силой, а оно впечатляется от того, что сталкивается со светом.

22. Бааль Сулам. «Предисловие к книге Зоар», п. 17

Наше тело, со всеми его проявлениями и ничтожными обретениями, совершенно не является нашим настоящим телом, поскольку наше истинное тело, а именно, вечное и совершенное всеми возможными совершенствами, уже находится и существует в Бесконечности.

23. Раби Авраам Йегошуа из Апты, Охев Исраэль (Любящий Израиль)

Человек видит все пороки, кроме своих собственных. И действенным советом этому служит следующее - если он смотрит на тех, кто перед ним, и видит, что кто-то действует нечестиво, то человек должен подумать, по какой причине Творец вызвал в нем эту картину, если не для того, чтобы порок этот коснулся «стен его дома», его самого. А из-за злого начала затуманилось видение глаз его.

И он должен вернуться к Творцу, чтобы помиловал его, вызвав этим самым пробуждение других сердец к возвращению. Ведь его возвращение главным образом осуществилось благодаря Тому, Кто перед ним. И пойми это.

24. Зоар для всех. Глава Лех леха. Статья «Кто всемогущ, кроме Творца, и кто твердыня, кроме Всесильного нашего», п. 330

Как велики деяния Творца. Ведь искусство изображения человека подобно искусству изображения мира. Иными словами, человек содержит в себе всё деяние мира и называется малым миром.

25. Рав Цадок а-Коэн из Люблина. «Махшевот Харуц»

«Когда возвратил Творец пленников Циона, мы были как во сне». Т.е. согласно истине, которая тогда раскроется, всё, что считается в этом мире истиной, будет только иллюзией, ведь весь этот мир называется миром лжи, и даже истина в нем – не настоящая, и невозможно постичь в нем настоящую истину, кроме того, кто достиг ступени, где ему дадут попробовать плоды трудов его, находящиеся в будущем мире, в мире этом. Т.е. мир свой увидит он при жизни своей, имеется в виду мир истины постигнет он в течение телесной жизни этого мира.

Исправление сердца

1. Бааль Сулам. Шамати. 68. «Связь человека со сфирот»

Человек не может исправить свои мысли. Он может исправить лишь сердце, чтобы оно было направлено прямо к Творцу, и тогда все его мысли будут только о том, как доставить наслаждение Творцу. Когда же он исправляет свое сердце, чтобы оно и его желания стремились только к духовному, тогда сердце становится сосудом (кли), в котором воцаряется высший свет. А когда высший свет наполняет сердце, сердце укрепляется. И так человек все время прибавляет свои усилия и продвигается дальше.

Поэтому сказано, что «велико то учение, которое приводит к практическим действиям». Свет, получаемый при занятиях каббалой, приводит к практическим действиям – то есть этот свет возвращает человека к Источнику, что и является действием. Это означает, что свет создает в его сердце новое строение.

2. Рабаш. Статья 12 (1988) «Что такое Тора и ремесло в духовной работе»

Человек не способен ничего сделать ради Творца. И только с помощью света Торы будет исправлено сердце. А сердцем называется желание. И со стороны природы это только желание получать. А как человек может пойти против природы? Поэтому сказал Творец: «Я создал злое начало, Я создал Тору – приправу». Получается, что он учит Тору не для того, чтобы понять разумом. А он учит, чтобы понять – это для того, чтобы прийти к слиянию с Творцом, облаченным в Тору, что относится к сердцу. И с помощью света, который он получит, он вернется к Источнику. То есть, желание получать ради своей выгоды может получить силу сверху, чтобы смог выполнять действия во имя Творца.

3. Рабаш. Статья 12 (1988) «Что такое Тора и ремесло в духовной работе»

Те люди, которые учат Тору, чтобы исправить сердце, – они называются мудрыми сердцем. Ведь всё получает название по действию. Поэтому, если они учат Тору с таким намерением, то называются мудрыми сердцем, а не разумом, поскольку Тора им необходима для исправления сердца.

4. Рабаш. Статья 12 (1988) «Что значит Тора и ремесло в духовной работе»

Сказал рабби Авраам ибн Эзра: «Знай, что все заповеди, написанные в Торе, или принятые и установленные праотцами, несмотря на то, что бо́льшая их часть – в действии или в [произнесении] устами, все они [направлены] на исправление сердца, ибо «все сердца испытывает Творец» и всякое стремление мыслей понимает. И сказано: «И прямым сердцем» , и обратное этому: «Сердце, кующее [злые] замыслы» […] . И знай, что Тора была дана лишь людям сердца».

5. Рабаш. Статья 37 (1985) «Кто свидетельствует о человеке»

Все принципы отдачи следует выполнять для того, чтобы они привели человека к альтруистическому намерению. А затем, с полным пониманием того, как необходимо действовать на отдачу, когда человек испытывает боль и страдания от того, что лишен этой силы, ему уже есть о чем просить – о работе в сердце. Ведь сердце чувствует то, чего ему недостает.

И на такую молитву приходит ответ: свыше человеку дают эту силу, с которой он уже может выстраивать намерение на отдачу. Ведь теперь у него есть свет и сосуд.

Но что человек может сделать, если после всех приложенных усилий он все-таки еще не испытывает потребности – вплоть до боли и страданий – оттого что не может отдавать? В таком случае надо просить Творца, чтобы Он дал ему сосуд – ощущение недостатка, вызванное бесчувствием и «беспамятством», в результате чего ему ничуть не больно от того, что он неспособен к отдаче.

6. Рабаш. 794. «Место постижения»

Следует объяснить, что Гар означает «разум» 'моха', и там следует быть только в вере. И следует верить, что таково было желание Творца. А Ваком называется свойство «сердца» 'либа', т.е. впечатление в сердце, которое воспринимается тут как его любовь и трепет. И это должно быть в ясном постижении, т.е. впечатление должно быть у него явным, а не в вере.

Однако точно в такой же мере, в которой это впечатление ощущается в сердце, считается, что он находится в постижении. И тут он должен расширить свои ощущения. Иначе в свойстве «моха»: его величина зависит от того, насколько он может работать в свойстве веры выше знания.

Выходит, что это две противоположные вещи. Т.е. если его свойство «моха» находится выше знания, а его впечатление в ощущении сердца находится в разуме, это называется гадлутом.

Т.е. с одной стороны, он выше постижения, тем не менее, в сердце он находится внутри ощущения. От этого зависит уровень гадлута, т.е. от уровня противоположности между «моха» и «либа», и тогда он должен преодолевать выше знания. А «либа» находится как раз внутри знания, т.е. внутри этого ощущения.

7. Рабаш. Статья 2 (1991) «Что означает: «Вернись, Исраэль, до Творца твоего Всесильного» в духовной работе»

Что значит, что Творец исцеляет сокрушенных сердцем? Ведь известно, что главное у человека – это сердце, как сказано мудрецами «Творец требует сердце». А сердце – это кли, получающее святость свыше. И как мы изучаем из разбиения келим, если сосуд разбит, то всё, что в него попадает, выходит наружу.

И также с разбитым сердцем, то есть когда желание получать властвует над сердцем, получается, что в него не может войти благо, поскольку всё, что получает желание получать, уходит в клипот. И это называется «разбиение сердца». Поэтому когда человек молится Творцу, говоря: «Ты обязан помочь мне, ведь я хуже всех, так как чувствую, что желание получать управляет моим сердцем, и поэтому ничего из святости не может проникнуть в мое сердце. И мне не нужны никакие излишества, а только бы я смог сделать хоть что-то ради Творца, но у меня нет никакой возможности. Поэтому только Ты можешь меня спасти".

И этим нужно пояснить сказанное (Теилим, 34) «Близок Творец к сокрушённым сердцем». Значит, к тем людям, которые просят Творца о помощи, чтобы сердце их не было разбитым, а было бы цельным.

8. Мишне Тора – Рамбаму. Книга Знаний, «Законы молитвы»

Каково намерение? Чтобы освободил свое сердце от всех мыслей, и увидел себя, будто он стоит перед Шхиной. И в соответствии с этим должен немного настроиться перед молитвой, чтобы настроить свое сердце, а затем молиться. Первые хасиды обычно были в намерении час перед молитвой, час после молитвы и продолжали молитву в течение часа.

9. Рабаш. Статья 37 (1985) «Три времени в работе»

Молитва – это работа в сердце. Иными словами, поскольку сердце человека в корне своем – это получающее желание, которое надо обратить в противоположность, так чтобы только отдавать, а не получать, постольку от человека требуется большая работа для этого преображения.

А так как это против природы, человек должен молить Творца, чтобы Он помог ему выйти из собственного естества и вступить в свойство, лежащее над природой.

10. Рабаш. Статья 18 (1990) «Что означает, что субботняя речь не должна быть подобной будничной речи, в духовной работе»

Молитва, которую мудрецы обычно называют молитвой, - работа. Ведь молитвой называется работа в сердце, а это намерение, то есть намерение сердца. Это значит, что человек должен выстроить намерение, когда исполняет Тору и заповеди – ради чего он исполняет Тору и заповеди. Делает ли он это ради себя или его намерение ради Творца.

11. Рабаш. Статья 24 (1990) «Что значит, что каждый, кто приносится в жертву всесожжения, мужского пола, в духовной работе»

Если мысль находится в свойстве веры выше знания, в подобии по форме, как сказано выше, мысль, т.е. «захар», воздействует на сердце, т.е. свойство «некевы», как сказано: «И сердце понимает». И это, как сказано в книге Зоар: «Бина – это сердце», и это свойство «некева».

12. Рабаш. 942. «Мозг управляет сердцем»

Разум служит человеку для сердца, которое является свойством желания получать, подобно тому, как руки, ноги и остальные помощники, которые есть у человека. Поэтому нет другого совета, и мы нуждаемся в чистоте сердца, и об этом мы молимся: «И очисти сердце наше, чтобы служить Тебе по-настоящему». Разум не может разрешить [проблему] человека, чтобы он пошел добрым путем или наоборот, страшно сказать. А, как сказано при даровании Торы: «Сделаем и услышим».

Работа в намерении

1. Рабаш. Статья 3 (1990) «Что означает, что мир создан для Торы»

В духовном подобие называется слиянием, хотя в действительности он получает. И это называется получением ради отдачи.

Но как такое возможно, чтобы можно было прийти к подобию по форме? Ведь это желание получать, которое создано Творцом, а как можно отменить природу, созданную Творцом? И на это сделано исправление, ведь на самом деле природу желания получать невозможно отменить. Но к нему прибавляется намерение на отдачу. Получается, что желание получать, то есть то, что человек видит предмет, от которого может получить наслаждение, остается. То есть, и потом человек наслаждается, но с иным намерением. И это называется получением ради отдачи.

2. Рабаш. Статья 22 (1987) «Какой подарок человек просит у Творца»

Нижний может только дополнить кли Творца. Как сказано, «То, что создал Всесильный для действия». Что означает, Творец создал кли, называемое «желание получить наслаждение». И человек должен дополнить его исправлением, называемым «намерение ради отдачи», как говорилось, что Малхут мира бесконечности украсила себя в точке желания, что означает украсила себя тем, что придала желанию получать намерение ради отдачи.

3. Рабаш. Статья 31 (1988) «Какое действие человека в духовной работе относится к Творцу»

Если намерение человека – только доставить радость Творцу, а не для собственной пользы, то он не обращает внимание на величину наслаждения, а только на величину страстного желания того, что он хочет дать наслаждение Творцу. Стремление доставить наслаждение Творцу, приводит к подобию формы в корне его души. И это вызывает привлечение света в большей степени. Так как Высший хочет дать больше, чем нижний хочет получить, лишь только отсутствуют келим отдачи. И от того, что он усиливается в свойстве отдачи, так или иначе, продолжается большой свет. Поэтому не нужно просить, чтобы пришли к нему большие света, только нужно стараться, чтобы были большие келим, келим отдачи.

4. Рабаш. Статья 12 (1985) «И поселился Яаков»

В духовной работе, как мы сказали, человек должен работать «только ради Творца» – иными словами, «без всякой оплаты». Смысл в том, что он готов на самопожертвование без всякой награды, без какого бы то ни было вознаграждения, которое это самопожертвование могло бы породить. Напротив, всё дело в том, что такова цель человека – он хочет отменить свою сущность перед Творцом, т.е. отменить свое желание получать, являющееся реальностью творения, – вот что он хочет отменить перед Творцом, и в этом его цель.

5. Рабаш. Статья 5 (1988) «Что значит в духовной работе: «Исраэль в изгнании - Шхина вместе с ними"»

В том месте, где он желает идти путем истины, логика подсказывает, что злое начало должно подчиниться и ослабеть. А сейчас это совершенно наоборот – ведь во всем, что относится к святости, когда он хочет сделать что-то ради отдачи, злое начало одолевает его, и ему тяжело преодолевать [его]. И он спрашивает, где же справедливость. И из-за обилия работы, в которой он должен всякий раз усиливаться, он приходит к падению.

И тогда он приходит к «претензии разведчиков» и говорит, что ему надоела эта работа. И он убегает с поля боя, так как утверждает, что там, где он должен был продвигаться, он идет назад. Поэтому он «сомневается в первоосновах», как сказано выше, и пренебрегает этим путем, на котором надо работать над намерениями и недостаточно действий, а главное – в намерении, как сказано: «Лучше мало с намерением, чем много без намерения». И он говорит, что эта работа не для него.

6. Бааль Сулам. Шамати. 5. «Лишма – это пробуждение свыше, и почему нужно пробуждение снизу"

Сказано: «Вот тогда наслаждение, [направлено] на Творца», где «вот тогда» означает, что в начале работы не может человек ощущать никаких наслаждений, а наоборот, вся его работа совершается в усилии вопреки желанию тела. Когда человек уже приучил себя работать ради отдачи и не смотреть на себя, [проверяя,] ощущает ли он вкус в духовной работе, а он верит, что работает, чтобы своей работой доставлять наслаждение Творцу. И человек должен верить, что Творец принимает работу нижних, не важно, велика ли она и какова ее форма. И из всего Творец смотрит лишь на намерение, и от этого есть наслаждение Творцу. Тогда человек удостаивается наслаждения, [направленного] «на Творца». Т.е. чтобы уже в момент работы Творца он также ощущал благо и наслаждение, ведь сейчас человек действительно работает для Творца, ибо усилие, произведенное им во время работы по принуждению, готовит человека к тому, чтобы он мог работать действительно ради Творца. Получается, что и тогда тоже наслаждение, которое он получает [направлено] «на Творца», т.е. именно к Творцу.

7. Рабаш. Статья 12 (1988) «Что такое Тора и ремесло в духовной работе»

"Обязуется изучающий перед учебой укрепиться в вере в Творца и Его управление вознаграждением и наказанием, и т.д. И таким путем удостоится насладиться светом, кроющимся в ней, и вера его также укрепится и возрастет чудесным действием этого света, и т.д. Даже у того, кто знает сам, что еще не удостоился веры, есть надежда достичь этого при помощи занятий Торой. Ведь если обратит сердце и разум к тому, чтобы посредством Торы удостоиться веры в Творца, то уже нет заповеди большей, чем эта, и т.д.

Получается, согласно этому, что человек должен постараться приложить большие усилия до того, как приступит к занятиям, дабы его учеба принесла плоды и хорошие результаты. То есть, что учеба принесет ему свет Торы, с помощью которого он сможет вернуться к источнику".

8. Рабаш. Статья 29 (1986) «Лишма и ло-лишма»

Человек должен стараться не забывать о цели во время изучения Торы, чтобы она была всегда у него перед глазами: что он хочет получить от учебы, чтобы учеба дала ему ощущение величия и важности Творца. И во время выполнения заповедей тоже нужно не забывать о намерении. Не забывать, что благодаря их выполнению Творец снимет с него сокрытие, царящее над духовным, и он получит ощущение величия Творца.

9. Рабаш. Статья 22 (1985) «Вся Тора - это одно чистое имя»

Во время занятий человек всегда должен иметь в виду, какую цель он преследует, изучая науку каббала – иными словами, чего требовать от этого. Здесь ему говорят, что сначала он должен просить о «сосудах» – чтобы у него были сосуды отдачи, означающие подобие свойств. Тем самым уходит сокращение и скрытие, наложенное на творения, и в той же мере человек начинает ощущать духовное, начинает чувствовать вкус в служении Творцу. И тогда он может радоваться, потому что духовное рождает радость – ведь там светит свет желания доставить благо Его творениям.

10. Бааль Сулам. Письмо 45

«За намерением сердца идут и слова», и «Милосердный требует сердце». А поскольку точка его сердца слита со мной, он не нуждается более в поиске дел, которые необходимы и достойны лишь для малых разумом, не имеющих другого пути.

11. Рабаш. Статья 22 (1985) «Вся Тора - это одно чистое имя»

Когда мы изучаем Тору, следует различать в ней две вышеуказанные категории:

1. Привлечение света, чтобы он создавал нам сосуды отдачи. Без света Торы невозможно обрести эти сосуды. Соответственно, чего человек ожидает в оплату за изучение Торы? Он стремится лишь обрести этот сосуд под названием «сосуд отдачи». И происходит это после того, как он приступил к работе на отдачу и приложил большие старания, чтобы действовать только с намерением на отдачу. Лишь тогда человек может осознать, что получающее желание, заложенное в нем природой, отменить невозможно. И тогда он начинает понимать, что нуждается в «милосердии свыше» и что только Творец

способен помочь ему в обретении сосуда отдачи. И помощь эта приходит от «света Торы».

12. Рабаш. Статья 18 (1990) «Что означает, что субботняя речь не должна быть подобной будничной речи, в духовной работе»

Когда желают следовать духовной работе, то есть намерению сердца и нацеливать все свои усилия ради Творца, тогда работа начинает выполняться в определенном порядке. Грешники, которые в сердце, зовущиеся «желанием получать ради себя», противятся работать на благо Творца. Впрочем, «одно против другого создал Творец», то есть в той степени, в которой человек желает идти по пути истины, в той же степени в нём раскрывается истинное зло.

13. Рабаш. Статья 23 (1987) «Мир после ссоры лучше, чем, когда вообще нет ссоры»

Настоящая работа начинается, когда человек хочет выяснить намерение «лишма», т.е. хочет работать не для получения вознаграждения.

А в работе в намерении, которое является настоящей причиной исполнения Торы и заповедей, начинается настоящая борьба между добром и злом. Ведь человек хочет работать ради Творца, ибо Творец называется «добрый, творящий добро», т.е. дающий. И тут приходит тело, называемое «злом», и мешает ему. Ибо желание получать для себя называется «злом». Ведь на нем пребывает свойство суда, поскольку произошел суд и сокращение, чтобы оно оставалось во тьме. И оно не достойно получать какой-либо свет.

Ведь человек от природы рождается с желанием получать, и он должен работать против природы. В этом и есть настоящий конфликт, доходящий до того, что человек не в силах сам победить и смирить свое желание получать, чтобы у него была возможность работать ради небес, а не ради собственной выгоды.

14. Рабаш. Статья 1 (1989) «Какова мера возвращения»

Следует знать, что если человек хочет перестать заниматься только лишь физической работой, без намерения, и хочет приступить к работе над действием с намерением по отдаче, – то это большая работа. Поскольку как только тело слышит о намерении ради отдачи, сразу же оно начинает сопротивляться, и не даёт продолжать эту работу, и показывает эту работу в чёрном цвете.

В таком состоянии человек должен верить, что только Творец может помочь. И именно здесь возникает место для истинной молитвы человека.

15. Рабаш. Статья 46 (1991) «Что такое «сын любимой и сын ненавистной» в духовной работе»

Тот, кто идет по одной линии, т.е. у него есть удовлетворение в отношении действия, когда он работает ради небес и не смотрит на намерение, т.е. чтобы и намерение было ради отдачи, не может прийти к достижению желания отдавать, которое называется «слиянием». И это из-за того что у него нет хисарона. Поэтому те люди, которые уже перешли от одной линии к правой линии, видят тогда низость – что у человека нет ни одного органа, который хотел бы сделать что-то ради Творца. И он жаждет, чтобы Творец спас его от смерти, т.е. от власти эгоистической любви. Тогда совет для него, [если он хочет] удостоиться, чтобы Творец раскрылся ему, т.е. чтобы он удостоился желания отдавать, когда человек слит с Творцом, – это человек может получить только благодаря действию. И он желает, чтобы вознаграждением за исполнение Торы и заповедей было бы слияние с Творцом. И потому сказано: «Но в виде вознаграждения за заповедь, которую вы совершаете, я жалею вас», что означает, что Он жалеет нас и спасет нас от смерти, т.е. от власти желания получать.

16. Рабаш. Письмо 18

Когда мы слышим голос Творца, который обращен к сердцу, как сказано: «Пришедшему очиститься помогают» – и объясняется в книге Зоар, что ему помогают святой душой, т.е. когда сердце слышит голос Творца, тогда получает власть над всеми желаниями именно голос святости, т.е. желание отдавать. И, автоматически, они больше не вернутся к своей глупости, т.е. он не будет больше грешить, так как все желания получать подчинились желанию отдавать.

И тогда раскрывается сердцу вся нега и благо, ибо тогда в сердце уже есть место для пребывания Шхины, и наслаждение, и удовольствие, и дружба распространяются, наполняя все органы человека. И это происходит именно, когда слышат голос Творца,

- тогда всё тело подчиняется и порабощает себя святости.

Оправдывать Творца

1. Бааль Сулам. Письмо 55

«Праведник» – что имеется в виду человек, пребывающий в мире Творца и вместе с тем все время получающий хорошие и приятные ощущения, и он постоянно пребывает в наслаждении. И потому всегда благословляет он Творца, который создал его, чтобы явить ему такой добрый и радостный мир. И он тоже, конечно, не должен произносить эти слова обязательно с помощью языка, ибо сами ощущения и есть благословления, которыми он все время благословляет Творца. ... И потому называется он «праведник», что оправдывает творение и ощущает его, как оно есть на самом деле.

2. Бааль Сулам. Письмо 55

Если человек наслаждается от пребывания в мире Творца, он в то же время благословляет своего Создателя, который создал его, чтобы насладить, и практически не должен ничего произносить, как сказано выше. И наоборот, страшно подумать, если человек ощущает какое-либо страдание во время пребывания в мире Творца, в то же самое время, он делает обратное, страшно сказать.

И несмотря на то что не произносит он ничего предосудительного, в любом случае ощущение является определяющим, и отсюда название «грешник». Поскольку когда ощущает какое-либо страдание, обязательно обвиняет он, страшно сказать и т.д. Ибо обида выражается в самом ощущении, и не обязана раскрываться публично.

И даже если произносит он устами какое-нибудь благословение, это похоже на лицемерие, страшно подумать, подобно хозяину, который бьет своего слугу, а слуга говорит ему: «Я получаю большое наслаждение от побоев, я радуюсь и веселюсь всем сердцем». Об этом сказано: «изрекающий ложь не утвердится».

3. Зоар для всех. Предисловие книги Зоар. Статья «Ночь невесты», п. 138

Закон таков, что творение не может принять от Творца зло в явном виде. Ведь если творение будет воспринимать Его как творящего зло, это нанесет ущерб величию Творца, так как не подобает такое совершенному Действующему. Поэтому, когда человек ощущает зло, в той же мере довлеет над ним отрицание управления Творца, и скрывается от него Действующий свыше. И это самое большое из всех наказаний в мире.

Таким образом, ощущение добра и зла в управлении Творца определяет ощущение вознаграждения и наказания. Ведь прилагающий усилия, чтобы не потерять веру в Творца, хотя и ощущает управление, как недоброе, обретает вознаграждение. А если не желает прилагать усилий, то получает наказание, так как он расстался с верой в Творца.

4. Бааль Сулам. Шамати. 135 «Чистого и праведного не убивай»

«Чистого и праведного не убивай» (Шмот 23).

«Праведный» — это тот, кто оправдывает Творца, и все, что чувствует, плохое оно или хорошее — принимает верой выше знания. И это — правая линия.

«Чистый» — означает чистый, честный взгляд на свое состояние, ведь «у судьи есть лишь то, что видят его глаза». И если он не понимает какого-то состояния или не может постичь, то не должен затушевывать качества, которые открываются сейчас его взгляду. Это называется левой линией, и он обязан обеспечивать существование их обеих.

5. Рабаш. Статья 3 (1985) «Истина и вера»

Нам дан путь веры выше знания. Это значит: не считаться со своими ощущениями и знаниями, а принять то, что сказано: «Глаза у них – а не видят, уши у них – а не слышат». И верить, что Творец, конечно же, наблюдает и знает, что́ хорошо для меня и что плохо. Поэтому Он желает, чтобы я ощущал свое состояние так, как я его ощущаю. А мне лично неважно, как я себя ощущаю, потому что я хочу работать на отдачу.

В этом главное – я должен работать ради отдачи. И хотя я чувствую, что в моей работе нет никакого совершенства, все равно в сосудах Высшего, т.е. с его точки зрения, я полностью совершенен.

6. Рабаш. Статья 28 (1987) «Что значит «не прибавляйте и не убавляйте» в духовной работе»

Нужно верить выше знания и представлять себе, как будто уже удостоился веры в Творца, ощущения Его в своих органах, и видит и чувствует, что Творец управляет всем миром, как Добрый и Творящий добро. А также, когда человек смотрит внутри знания и видит обратное, он все-таки должен работать выше знания. И чтобы в его глазах это было подобно тому, как будто уже ощущается в его органах, что это действительно так. И здесь он обретает важность цели, и отсюда получает жизнь, т.е. радость того, что есть сближение с Творцом. И есть у человека место, чтобы сказать, что Творец Добр и Творит добро. И человек чувствует, что есть у него силы сказать Творцу: «Ты избрал нас из всех народов, возлюбил нас и возжелал нас», потому что есть у него за что возблагодарить Творца. И в соответствии с тем, насколько он чувствует важность духовного, он восхваляет Творца.

7. Рабаш. Статья 12 (1989) «Что такое «трапеза жениха"»

Если человек принимает свойство веры выше знания, даже если у него отсутствует всякое ощущение, всякое воодушевление от того, что он принимает на себя бремя небесной малхут, и все таки он соглашается с таким состоянием, говоря, что, вероятно, таково желание Творца, чтобы он работал и служил Ему в таком низком состоянии, то ему не важно, какое воодушевление он ощущает от этой веры, так как он не беспокоится о себе и о собственной выгоде, а только лишь о пользе Творца. И если Творец желает, чтобы он оставался в таком состоянии, он, безусловно, принимает его. И это называется «безусловным смирением».

8. Рабаш. 289. «Творец придирчив к праведникам»

Сказали мудрецы: «Тем, что Творец ударил, Он лечит» (Мехильта Бешалах). То есть, именно это и есть лекарство, иными словами, то, что дает человеку возможность работать в свойстве вера без всякой опоры. Также необходимо понять высказывание мудрецов: «Творец выносит приговор, а праведник отменяет его» (Вавилонский Талмуд, трактат Моэд катан, 16), имеется в виду, что Творец выносит приговор, и именно, что отбирает у человека наслаждение от работы, и нет приговора более сурового, чем этот, так как Он отбирает у него жизненную силу работы. А праведник отменяет его, иными словами, если человек говорит, что он хочет работать без всякого возмещения жизненной энергии и наслаждения, тогда сам по себе отменяется приговор. Но, более того, он поднимается сейчас на ступень более высокую, так что он теперь в свойстве «чистая вера» без обращения к себе.

9. Рабаш. Статья 10 (1985) «И вышел Яаков»

Сказано: «уход праведника из какого-либо места оставляет след». То есть лишь тогда, с уходом праведника, когда человеку запала мысль: «Сейчас, я чувствую вкус в работе, и мне уже не надо работать выше знания», – это вызывает в нем уход праведника. И это оставляет в нем след, чтобы умел отныне и далее остерегаться и не выходить из работы выше знания. Как я слышал от Бааль Сулама, когда человек решает, что «сейчас, располагая поддержкой, он уже не стоит между небом и землей», – он обязательно должен упасть с этой ступени, поскольку тем самым нарушает работу выше знания.

Таким образом, именно уход ступени, которая была у человека, оставляет в нем след, дабы в следующий раз он знал, как остерегаться, чтобы не нарушать веру выше знания, но всегда оправдывать Высшее управление.

10. Бааль Сулам. Шамати. 8. «Разница между святой тенью и тенью клипот»

Если есть у него сила сказать, что все это Творец подстраивает ему для его же пользы, ведь только так он сможет начать работать ради отдачи, а не ради себя — тогда приходит к человеку понимание и он верит, что Творец наслаждается именно от такой работы, полностью построенной на вере выше знания. И уже больше не просит человек Творца, чтобы ушли тени из этого мира, а говорит: «Я вижу, что Творец желает, чтобы я работал для Него именно так — верой выше знания».

11. Бааль Сулам. Шамати. 8. «Разница между святой тенью и тенью клипот»

Справляться с темнотой и скрытиями, которые он ощущает, и оправдывать Творца, и молиться Творцу, чтобы Он осветил его глаза, чтобы он увидел, что все скрытия, которые он ощущает, исходят от Творца. Т.е. что Творец устраивает ему всё это, чтобы он раскрыл свою молитву и захотел слиться с Ним.

12. Бааль Сулам. Шамати. 8. «Разница между святой тенью и тенью клипот»

Когда он приходит в состояние, где он уже не может преодолевать, говоря, что все страдания и боли, которые он ощущает, – это из-за того, что Творец послал их ему, чтобы благодаря им у него была бы причина подняться на другой уровень. Тогда он приходит в состояние потери веры, страшно сказать. Ведь он не может верить в управление Творца. И, разумеется, тогда он не может молиться.

13. Бааль Сулам. Шамати. 33. «Рок Йом Кипур и Амана»

Необходимо понять, зачем вообще предстают перед человеком мысли и действия, находящиеся в противоречии с абсолютно добрым управлением свыше? – Только для того, чтобы он был обязан притянуть на эти противоречия высший свет, если желает взойти над ними, а иначе не сможет победить эти противоречия. И это называется «Величие Творца», которое притягивает к себе человек во время ощущения противоречий, называемых судом и ограничениями (диним). Ведь противоречия эти могут исчезнуть, только если он пожелает победить их и противопоставить им величие Творца. Получается, что противоречия являются причиной, вызывающей проявление Величия Творца человеку.

14. Зоар для всех. Предисловие книги Зоар. Статья «Две точки», п. 121

Хотя всё множество несовместимых с Его единством противоречий, испытываемых нами в этом мире, в начале своем и отделяют нас от Творца, но когда мы прилагаем усилия в выполнении Торы и заповедей с любовью, всей душой и сутью своей, как и заповедано нам, чтобы доставить отраду Создавшему нас, то все эти силы разделения не способны даже в малейшей степени уменьшить хоть в чем-то нашу любовь к Творцу всей своей душой и сутью, и тогда каждое преодолеваемое нами противоречие становится вратами постижения Его мудрости.

Ибо в каждом противоречии заложена удивительная возможность раскрыть особую ступень постижения Его. И те, кто заслужил удостоиться этого, обращают тьму в свет, а горькое в сладкое, так как все силы разделения, вызывавшие затмение разума и горечь тела, стали для них вратами постижения возвышенных ступеней, и преобразилась тогда тьма в огромный свет, а горечь стала сладостью.

Так что именно в той мере, в какой до этого проявились у них на всех путях высшего управления силы разделения, преобразовались теперь все они в силу единства. И они стали теперь склоняющими весь мир целиком на чашу заслуг.

15. Бааль Сулам. Предисловие к книге «Плоды Мудрости о Торе»

Невозможно отнести зло к Творцу, который беспредельно добр, поэтому все то время, пока человек ощущает плохие состояния, он должен сказать, что они исходят из иного источника – от окружения. Но на самом деле, когда человек удостаивается видеть только добро, и что в мире вообще нет зла, и все превращается в добро, тогда ему показывают истину, что Творец делает все, поскольку Он может всё, и Он Один делал, делает и будет делать всё.

16. Зоар для всех. Глава Итро. Статья «И услышал Итро», пп. 29, 31

Всё, что Творец делает наверху и внизу, всё это – истина, и действие Его – истина. И нет ничего в мире, что человек должен отвергнуть и отнестись к этому с пренебрежением, ведь всё это – истинные действия, и всё необходимо в мире. […]

И всё зависит от Творца, и всё это – дела рук Его. И мир нуждается в них. А если бы мир не нуждался в них, не делал бы их Творец. И поэтому не должен человек относиться пренебрежительно к вещам мира, а к вещам и делам Творца – тем более.

Творец завершит за меня

1. Рабаш. Статья 13 (1990) «Что означает, что благодаря единению Творца и Его Шхины искупятся все грехи, в духовной работе»

"Я - первый, и Я - последний». То есть: «Я начал контакт с тобой». И от этого человек должен пробудиться. Однако не человек заканчивает работу. А как сказано: «Творец завершит за меня".

2. Рабаш. Статья 1 (1986) «И пошел Моше»

Сказали об этом мудрецы: «Не тебе закончить работу». В таком случае возникает вопрос: «Для чего же мне работать? Ведь не в моих силах завершить работу. Какой же от нее прок?» Об этом говорит продолжение цитаты: «...и не волен ты уклониться от нее».

Здесь мы видим две вещи, как будто противоречащие друг другу. С одной стороны, человеку говорят, что он должен работать, «как бык под ярмом и как осел под поклажей». Следовательно, духовная работа зависит от самого человека, и он в силах завершить ее. А с другой стороны, сказано: «Творец завершит за меня».

Дело в том, что нам нужно и то, и другое. С одной стороны, человек должен сделать выбор – иными словами, у него должно быть желание работать ради отдачи. Если бы он мог завершить свою работу, то так и остался бы в текущем состоянии. Ведь он уже чувствует себя совершенным, поскольку видит, что все его дела призваны ради отдачи. Чего же еще ему недостает? Как следствие, он не испытывает никакой нужды в привлечении света Торы. […]

Поэтому когда человек приступает к работе и видит, что не может ее завершить, – тогда он испытывает нужду и потребность в свете Торы.

3. Бааль Сулам. Письмо 27

«Не ты должен закончить эту работу, но и не волен ты избавиться от нее». Иными словами, из-за совершенства цели труда и конца работы, есть [тут] сторона раскрытая для Ситры Ахры, чтобы человек приблизился и понял, что не способен на это, и пришел к отчаянию, ибо вследствие этого должен человек познать, что конец работы совершенно не дело человека, а дело Творца, а в таком случае, как можешь ты знать Творца и оценивать Его, может ли Он закончить Свою работу или не может, страшно сказать, что, конечно, является наглостью и бунтом.

«Но и не волен ты избавиться от нее», даже если в таком виде Творец хочет, чтобы ты работал, не заканчивая работу. И это что сказано: «чего Творец твой требует» и т. д. Объяснение: творение обязано знать лишь одно, что Творец требует работу, и потому исполнит желание его в совершенстве, как сказано:

«Откройте мне одно отверстие возврата с острие иглы», и так избавится он от Ситры Ахры, чтобы не приближалась она к нему никогда, и если человек приходит в этом к совершенству, может он быть уверен, что Творец со своей стороны закончит Свою работу. «И я открою вам входы, в которые пройдут телеги и повозки».

4. Рабаш. Статья 6 (1991) «Что такое «пастухи стада Аврама и пастухи стада Лота» в духовной работе»

Человек должен работать, потому что он, безусловно, достигнет желаемого, т.е. он сможет совершать поступки, чтобы доставлять наслаждение Творцу.

А с другой стороны сказано: «Не ты завершаешь работу», т.е. это не в силах человека, а, как сказано: «Творец завершит за меня», т.е. не в силах человека обрести желание отдавать. Однако здесь есть два момента:

1. Что человек должен сказать: «Если не я себе, кто мне?» Поэтому пусть человек не удивляется, что еще не удостоился обрести желание отдавать, хотя, по его мнению, он вложил много работы, в любом случае, он должен верить, что Творец ждет его до тех пор, пока человек не раскроет, что он должен сделать.

2. А затем «Творец завершит за него». Другими словами, тогда он в один момент получит желаемое, как сказано: «Спасение Творца [приходит] в мгновение ока».

5. Рабаш. 845. «Нет святого, как Творец»

Вся святость, которая, как чувствует человек, есть у него, появляется у него от Творца. И это означает, что нет никакой святости, т.е. никакой святости в мире, которой бы человек мог достичь самостоятельно, а всё исходит от Творца. Как сказано: «Нет святого, как Творец, и нет твердыни, ... подобной Всесильному нашему».

Как известно, келим называются именем «Всесильный» 'Элоким', а света называются именем Авая. Как сказано: «Нет твердыни» – это, когда человек видит, что у него есть отдающие келим, т.е. у него возникло нечто новое, называемое «твердыней». Т.е. там, где у него были получающие келим, у него образовались отдающие келим. И не дай Бог человеку придет в голову, что он чем-то помог Творцу и этим достиг отдающих келим. Ибо всё исходит свыше.

И известно высказывание моего господина, отца и учителя, что до работы человек должен сказать: «Если не я себе, то кто мне?», а после работы он должен верить в личное управление, т.е. что всё делает Творец.

6. Рабаш. 245. «Помощь от Творца»

Если Творец не поможет ему, он, автоматически, навсегда останется в своей низости. И не исполнится с ним: «Если Творец не поможет ему, он не выдержит», что называется: «Творец завершит за меня». А весь мир будет обеспечивать его питание, и он всегда будет нуждаться в людях. В то же время, тот, кто идет путем Творца, а не путем всего мира, удостаивается найти милость в глазах Творца.

И это именно тот, кто нуждается в помощи Творца, как сказано: «Пришедшему очиститься помогают». И объясняет книга Зоар: «Чем? Душой!» т.е. Творец дает ему святую душу. И с помощью этой силы он может очистить себя.

7. Рабаш. Статья 35 (1988) «Что такое помощь в духовной работе, которую человек должен просить у Творца»

Сказали наши мудрецы: «Пришедшему очиститься помогают». И согласно выражению мудрецов «пришедшему очиститься», получается, как будто вся слабость в работе связана именно с чистотой, и только это не подвластно человеку, и он нуждается в помощи. А мудрецы обещают, что тот, кто пришел очиститься и видит, что не в состоянии справиться, об этом они сказали, что человек не должен пугаться и сбегать с поля боя, и обращать внимание на то, что не в его власти прийти к чистоте, а человек должен верить, что Творец окажет ему помощь.

Однако и это следует понять – почему Творец сделал так, ведь тут есть [одна] непонятная вещь, поскольку одно противоречит другому. Ведь, с одной стороны, мы говорим «пришедшему очиститься», откуда следует, что человек обязан начать работу по очищению. А потом они говорят: «Если Творец не помогал бы ему, он бы не выдержал». Отсюда получается, что у человека нет способа победить свое зло. Как сказали наши мудрецы, что без помощи Творца человек не способен одолеть его.

8. Рабаш. Статья 6 (1989) «Что такое «выше знания» в духовной работе»

Название падений и подъемов – воинства 'цваот'. И во время работы, когда человек должен сказать: «Если не я себе, то кто мне?» – в состоянии работы они думают, что сами создают падения и подъемы. То есть, что они – воины, называемые войском, образцом мужества. В то же время впоследствии, когда они получают избавление, они понимают, что Творец – воитель 'цваот'. То есть, все падения и подъемы, которые у них были, сделал Творец.

То есть, даже падения также приходят от Творца. Что просто так человек не получит так много падений и подъемов. А это Творец устроил все эти выходы. И можно сказать, что «выходы» – это «выходы из святости». А «входы» – «их входы в святость». Всё делает Творец. Поэтому после избавления Творец называется Творцом воинств 'цваот'.

9. Бааль Сулам. Письмо 57

Есть закон природы, что нет мудрее опытного, и до того как человек пытался на практике сделать всё, что в его силах, не способен он никоим образом дойти до истинной низости в истинной мере, как сказано.

И поэтому мы обязаны прилагать усилия в святости и очищении, как сказано: «Все, что сможет рука твоя делать, в меру сил своих делай» . И пойми это, ибо глубоко это и истинно.

Я раскрыл тебе эту истину, для того чтобы ты не опускал рук и не отчаивался, ни в коем случае, в милосердии [Творца]. Несмотря на то, что ты не видишь ничего, ибо даже когда заканчивается мера усилия, это время молитвы. А до того верь мудрецам: «Не приложил усилия и нашел, не верь». А когда закончится мера, будет твоя молитва совершенной, и Творец ответит щедрой рукой, и этому учили нас мудрецы: «Приложил усилие и нашел, верь». Ибо [человек] не способен на молитву раньше этого, а Творец слышит молитву.

10. Рабаш. Статья 19 (1985) «Пойдем к Фараону - 1»

Под «занесенным над шеей мечом» имеется в виду следующее. Хотя зло человека, т.е. себялюбие, занесено над его шеей и хочет отделить его от духовного, показывая ему картину, согласно которой нет никакой возможности избавиться от этой власти, – он должен сказать, что предстающая перед ним картина верна, но он «не разуверится в милосердии». Тогда он должен верить, что Творец может дать ему милосердие – «свойство отдачи». Верно, своими силами человек не способен выйти из-под власти эгоизма, однако если Творец поможет ему, то, конечно же, сможет вызволить его. Сказано об этом: «Я Творец ваш, который вывел вас из земли египетской, чтобы быть вам Всесильным».

11. Бааль Сулам. Письмо 52

Сказано: «ищите Творца в явлении Его», т.е. когда Творец являет вам себя для поиска, обязательно ищите Его тоже, ведь человек должен быть первым, т.е., Творец первый в том, чтобы дать вам сердце, чтобы искать Его.

И когда узнаешь ты это, наверняка укрепишься со своей стороны, насколько сможешь, чтобы искать с бо́льшей силой и с бо́льшей энергией. Ибо Царь зовет тебя.

И потому говорит он: «зовите Его, ибо близок Он», т.е. когда призовете вы Творца, чтобы приблизил Он вас к Себе, знайте, что уже близок Он к вам, ибо, если бы это было не так, наверняка, не призывали бы вы Его, и это также мера сказанного: «прежде, чем воззовут они, Я отвечу», т.е. как сказано выше, что если вы призываете Его, значит, Он уже обратился к вам, чтобы дать вам пробуждение призвать Его.

12. Бааль Сулам. «Предисловие к книге Плоды Мудрости - о Торе»

Невозможно отнести зло к Творцу, который беспредельно добр, поэтому все то время, пока человек ощущает плохие состояния, он должен сказать, что они исходят из иного источника – от окружения. Но на самом деле, когда человек удостаивается видеть только добро, и что в мире вообще нет зла, и все превращается в добро, тогда ему показывают истину, что Творец делает все, поскольку Он может всё, и Он Один делал, делает и будет делать всё.

И Фараон приблизил к Творцу

1. Зоар для всех. Глава Бешалах. Статья «И Фараон приблизил », пп. 65, 67

"И Фараон приблизил" – т.е. приблизил всё свое войско и колесницы, чтобы вести войну». И еще: «Мы ведь учили, что Фараон приблизил Исраэль к возвращению», и поэтому сказано: «И Фараон приблизил», а не «Фараон приблизился». […]

Исраэль, приближаясь к морю, увидели перед собой бушующее море, волны которого всё выше взметались вверх, и устрашились. Подняли свои глаза, и вот: Фараон с войском его, баллистовые камни и стрелы. Тогда: «И устрашились они очень». «И возопили сыны Исраэля». Кто стал причиной того, что приблизился Исраэль к их высшему Отцу? Фараон. Это означает сказанное: «И Фараон приблизил".

2. Бааль Сулам. Шамати. 86. «И построили нищие города»

И в этом смысл того, что Фараон «приблизил». И объяснили [мудрецы], что он приблизил Исраэль к возвращению. И это было сделано преднамеренно, чтобы потом он забрал у них всё в свое распоряжение. И потому Ари писал, что Фараон питался всем благом, которое спускалось к нижним, забирая его с задней стороны шеи и из горла, которое является началом тела, а он всё забирал в свои получающие келим.

3. Рабаш. Статья 13 (1986) «Пойдем к фараону - 2»

Сказано: «Пойдем к Фараону, ибо Я ожесточил его сердце и сердца его слуг ради того, чтобы свершить эти Мои знамения в среде его». Возникает вопрос: почему Творец ожесточил его сердце? Тора объясняет: «ради этих Моих знамений в его среде». Почему же Творец ожесточил сердце человека, так что он не может сам победить в войне с эгоизмом?

Ответ: для того чтобы человек воззвал к Творцу. И благодаря этому у него появится сосуд. Тогда Творец сможет внести в этот сосуд, в его среду буквы Торы. Это и есть душа, которую Творец дает человеку в помощь.

4. Рабаш. Статья 14 (1987) «Связь между песахом, мацой и марором»

Ожесточение сердца, случившееся с фараоном, произошло для того, чтобы была возможность получить потребность в высших светах, тогда как если у них не будет тяжелой работы, у них не будет потребности в больших светах. […]

Ведь против того, кто собирается воевать с другим рукой или палкой, у его противника нет необходимости брать танк или пушку. И поэтому, чтобы у нижних была потребность получить большие света, им должны противостоять сильные клипот, и чтобы разбить их, человек обязан притянуть большие света, иначе он удовлетворился бы малым. Получается, что власть фараона из-за ожесточения его сердца приводит к тому, что они будут притягивать большие света.

5. Рабаш. Статья 41 (1990) «Что означает «легкие заповеди, которые человек попирает своими ногами,» в духовной работе»

Власть народов мира – имеется в виду зло, которое есть в сердце человека. И человек не способен победить его, и должен кричать к Творцу, чтобы помог ему, вывел его на свободу из-под власти фараона, царя египетского. И чем (Творец) помогает ему? Как сказано в книге Зоар, святой душой. Т.е. всякий раз, когда он просит помощи, он получает святую душу.

6. Рабаш. Статья 16 (1990) «Что означает «из-за нетерпения и тяжелой работы» в духовной работе»

Именно когда все зло раскрывается, тогда есть совершенное кли, в которое может войти весь свет. И из вышесказанного мы видим причину того, почему Творец ожесточил его сердце, то есть сердце, называемое желанием, каждый раз все больше сопротивлялось работе на отдачу. И по причине того, что мы должны тяжело работать, только благодаря страданиям в тяжелой работе, эти страдания приводят к крику к Творцу при совершенном желании, чтобы Творец помог ему выйти из-под власти Фараона, египетского царя. То есть, именно из низменного состояния, когда человек чувствует, что хуже всех людей, это дает ему толчок, чтобы закричать к Творцу от всего сердца, чтобы помог ему.

7. Рабаш. Статья 15 (1991) «Что означает благословение: «сотворивший для меня чудо в этом месте» в духовной работе»

Нужно знать, что изгнание, – то, что ощущает человек, что он находится в изгнании, – измеряется не самим изгнанием, а ощущением зла и страданий, которое он испытывает от того, что находится в изгнании. И тогда, когда он страдает от того, что пребывает под властью поработителей, когда вынужден делать все, что они требуют от него, и у него нет никакой возможности сделать то, что он хочет, а он вынужден служить и реализовывать все, что народы мира, находящиеся в теле человека, требуют, и у него нет никаких сил изменить им – в соответствии с мерой страданий, которые он ощущает и хочет сбежать от них, в этой мере он может насладиться освобождением.

8. Рабаш. Статья 18 (1990) «Что означает, что субботняя речь не должна быть подобной будничной речи, в духовной работе»

Когда народ Израиля приходят к состоянию, что им некуда бежать ото зла, т.е. видели они, что сила зла окружает их со всех сторон, и не видят они никакой возможности спастись естественным путем – это называется, что кли зла исчерпало себя. И тогда наступает момент, [...] когда Творец дает им свет, и этот свет возвращает их к источнику. Т.е. благодаря этому они выходят из-под власти зла, которое называется келим получения ради себя и удостаиваются отдающих келим. И об этом сказано: «Стойте и увидите спасение Творца, которое Он совершит для вас сегодня». Т.е. после того, как полностью формируется кли зла, появляется уже место для раскрытия света со стороны высшего. И это называется, что Творец дарит им келим отдачи.

9. Рабаш. Письмо 66

Сообщает нам автор Аггады: мы должны знать, что изначально идолопоклонниками были наши праотцы, то есть, что были в изгнании под властью идолопоклонников – и только тогда приблизил Творец праотцов. Но если не почувствовали бы себя под властью идолопоклонников, то нельзя было бы сказать, что Творец приблизил их. Только когда человек удален от Творца, можно сказать, что Творец приблизил его. И всегда должно отсутствие чего-либо предварять обладание этим, ведь отсутствие – это кли, а обладание – это свет, наполняющий недостаток и тьму.

10. Рабаш. Статья 15 (1990) «Что означает, что пока не пал правитель египетский, не было ответа на их стенания, в духовной работе»

В той мере, в которой сыны Израиля думали, что египтяне поработят их и мешают им работать на Творца, – в этой мере действительно находились в египетском изгнании. А всё усилие Освободителя заключалось только в том, чтобы раскрыть им, что нет здесь иной силы: «Я это, а не посланец», потому что нет иной силы кроме Него, и это был действительно свет освобождения.

Доставлять наслаждение Творцу

1. Бааль Сулам. Шамати. 12. «Основа работы человека»

Главное в работе человека – обрести и ощутить вкус к отдаче Творцу. Ведь все, что человек делает ради себя самого – отдаляет его от Творца, ведя к различию их свойств. Когда же он совершает какое-то действие ради Творца, даже если оно самое небольшое – все равно называется «заповедью». Поэтому главное, человеку нужно стараться обрести силу, позволяющую ощутить вкус к отдаче. А для этого он должен потерять желание к получению ради себя. И тогда постепенно постигнет вкус отдачи.

2. Зоар для всех. Глава Берешит – 2. Статья «Четвертый чертог», п. 103

Мир создан лишь ради отдачи, т.е. для занятий Торой и благих деяний, чтобы доставлять радость Создателю его, а не наслаждать себя. Как сказано: «Всё создал Творец во имя Него» – для того, чтобы творения доставляли Ему радость. Однако вначале, как сказано: «Диким осленком рождается человек»

– т.е. вся его забота лишь насладить себя, и нет в нём вообще желания отдавать, и утверждает он: «Всё, созданное Творцом – во имя меня и ради моего наслаждения» – т.е. он хочет поглотить весь мир и наполняющее его ради своего наслаждения и блага.

Поэтому утвердил Творец страдания тяжкие и горькие, испытываемые в желании получить для себя, заложенном в человеке с момента его рождения, – как телесные боли, так и душевные. И таким образом, если он будет заниматься Торой и заповедями даже ради собственного наслаждения, всё же благодаря свету в ней он почувствует ужасную низменность и порочность, присущие природе получения для себя. И тогда направит он сердце свое на то, чтобы отделить себя от этой природы получения и полностью посвятить себя только работе доставления радости своему Создателю, как сказано: «Всё создал Творец во имя Него». И тогда раскроет Творец глаза его и увидит он перед собой мир, наполненный абсолютным совершенством.

3. Бааль Сулам. Шамати. 175. «И удалится от тебя»

Хотя и не в руках человека власть над его желаниями, и если нет желания, то он ничего не может сделать, но все же он должен раскрыть в себе желание к страданиям любви, то есть желание обрести это стремление. Должен человек раскрыть в себе такое требование, то есть желание и стремление к Творцу — желание умножить славу Небес, доставить наслаждение своему Создателю и найти милость в Его глазах.

4. Рабаш. Статья 6 (1986) «Уверенность»

Те люди, которые хотят встать на путь истины и достичь слияния, должны приучить себя к тому, чтобы каждая их мысль, каждое слово и действие сопровождались намерением: пускай из их работы над реализацией принципов Торы произрастет удовольствие Творцу. Им нельзя производить расчет на то, что́ они могут получить от Творца за свое желание доставить Ему удовольствие. Иными словами, пускай не думают о том, что́ Творец им даст, так чтобы они могли выводить что-либо из Его владения в свое владение. Вследствие этого они создадут два владения, относящиеся к Творцу и к творениям, – а это противоположно слиянию.

5. Рабаш. Статья 13 (1989) «Что такое «хлеб недоброжелателя» в духовной работе»

Во время исполнения Торы и заповедей мы должны строить намерение, чтобы наше вознаграждение было, чтобы благодаря этому мы удостоились выйти из изгнания и порабощения желания получать ради себя и смогли бы целиком работать, чтобы из этого произрастала радость для Творца. А другого вознаграждения за работу в Торе и заповедях мы не требуем.

Т.е. мы хотим удостоиться того, чтобы во время исполнения Торы и заповедей мы ощущали, что служим великому и важному Царю, и чтобы при этом у нас была любовь к Творцу от того, что мы ощущаем Его величие. Однако всё наше наслаждение будет связано с тем, что мы служим Творцу – в этом будет наше вознаграждение, а не в том, что Он даст какую-то компенсацию за нашу работу, и чтобы мы почувствовали, что сама работа и есть вознаграждение, и не может быть большего вознаграждения в мире, чем, когда удостаиваются служить Творцу.

6. Бааль Сулам. Шамати.19. «Творец ненавидит эгоизм»

Человек должен всегда проверять себя: какова цель его работы? Приносят ли все его действия удовольствие Творцу, ведь человек желает стать подобным Ему, чтобы «все его действия были только ради Творца». И работает он лишь с целью доставить наслаждение Творцу, своему Создателю.

А своему эгоистическому желанию он должен сказать: «Я уже решил не получать никакого наслаждения для твоего удовольствия, ведь твое желание разделяет меня с Творцом из-за различия свойств, создающего разрыв и удаление от Творца.

И не должен человек терять надежду, хотя и не в силах освободиться от власти своего эгоизма, а потому постоянно находится то на подъеме, то в падении. Но все же верит, что придет день и удостоится того, что свет Творца откроет ему глаза и даст силу преодоления, чтобы смог работать только ради Творца. О чем написано: «Одного прошу я у Творца, лишь одного ищу» (Псалом 27). «Одного» - то есть святую Шхину, «чтобы пребывать мне в доме Творца все дни жизни моей».

7. Бааль Сулам. Шамати. 38. «Его богатство – трепет перед Творцом»

Должен человек всегда помнить, с какой целью занимается Торой и заповедями. О чем сказали мудрецы: «Да будет святость ваша – ради Меня». Только Творец должен быть их целью, чтобы работали лишь ради удовольствия Творца, то есть все их действия должны быть ради отдачи. Как сказано мудрецами: «Каждому соблюдающему есть место в воспоминаниях». То есть все соблюдающие Тору и заповеди с намерением достичь «воспоминаний», о которых сказано: «Воспоминания о Нем не дают мне уснуть». Выходит, что главная цель соблюдения Торы – это достижение воспоминаний. То есть желание помнить о Творце заставляет его соблюдать Тору и заповеди. Именно в Творце причина, по которой человек занимается Торой и заповедями, ведь без этого невозможно достичь слияния с Ним, потому что «не может Творец быть вместе с гордецом» из-за различия свойств.

8. Рабаш. Статья 18 (1989) «Что означает, что благословение не пребывает над тем, что исчислено, в духовной работе»

На человека возложено каждый день молиться, чтобы Творец раскрыл ему глаза и дал познать величие и важность Творца, чтобы у него была энергия прилагать усилия с намерением на отдачу.

И тут следует различать два момента:

1. Что у него будет желание доставить наслаждение Творцу, и это будет всем его стремлением.

2. Что он будет совершать действия с намерением, чтобы эти действия принесли ему желание захотеть делать действия, несущие наслаждение Творцу.

Другими словами, он должен делать действия и прилагать большие усилия, чтобы достичь света и кли. Светом называется, что он получил от Творца желание весь день стремиться доставить наслаждение Творцу. Сосудом (кли) называется желание, т.е. чтобы у него было желание хотеть отдавать Творцу. И обе эти вещи он должен получить от Творца.

9. Бааль Сулам. Шамати. 81. «Подъем МАН"

Известно, что вследствие разбиения упали искры святости в миры БЕА. Но там упавшие искры не в состоянии пройти исправление. Исправление возможно только при условии, если они поднимутся в мир Ацилут.

А когда человек производит добрые деяния с намерением ради Творца (отдача с помощью экрана), а не ради себя, тогда поднимаются эти искры в мир Ацилут. Там они включаются в экран высшего, находящийся в голове ступени, пребывающий в постоянном слиянии (зивуге) со светом. Как только искры включаются в экран, он производит зивуг (слияние с высшим светом) на эти искры. И, родившийся от этого зивуга, свет распространяется вниз во все миры в мере, вызванной поднявшимися искрами.

10. Рабаш. Статья 15 (1989) «Что означает, что праведники видны благодаря грешникам, в духовной работе»

Если намерение их – доставлять наслаждение Творцу, это приводит к тому, что если они хотят прибавить в работе, они вынуждены добавить величие Творца, ибо какова мера величия Творца, такова и мера, в которой они могут отмениться перед Ним и совершать все свои действия лишь ради небес. И это как сказано в книге Зоар о стихе: «Известен во вратах 'шеарим' муж ее»: каждый поступает «по тому, как он оценивает 'мешаер' в сердце своем».

Поэтому те люди, которые хотят работать ради небес, для того чтобы у них была энергия для работы, они каждый день должны стараться достичь состояния веры в величие Творца, поскольку именно величие Творца обязывает их работать ради Него. И в этом всё наслаждение, которое есть у них в их работе.

11. Бааль Сулам. Шамати. 1. «Нет никого кроме Него»

Желание получать наслаждение является необходимостью, поскольку в этом — весь человек. Ведь все, что есть в человеке, кроме этого желания, не принадлежит творению, а относится к Творцу. Но это желание насладиться должно быть исправленным, альтруистическим, ради отдачи. То есть оно должно получать наслаждение и радость только потому, что есть наслаждение на небесах, оттого что наслаждается творение, ведь в том и заключалась цель творения, чтобы насладить создания. И это называется радостью

Шхины в Высшем мире. И поэтому возложена на человека обязанность прислушиваться к советам — как он может доставить наслаждение Творцу, и, конечно же, если у него будет наслаждение, будет оно и у Творца. Потому он всегда должен стремиться находиться в чертогах Творца, и тогда будет у него возможность развлекаться в Его сокровищницах, чем, конечно же, доставит наслаждение и Творцу. Таким образом, все его устремления должны быть только во имя небес.

12. Бааль Сулам. Шамати 42. «ЭЛУЛЬ (я – Любимому, а Любимый – мне)»

Тот, кто желает идти путем отдачи, должен быть всегда в радости, независимо от того, какие обстоятельства посылаются ему, потому что нет у него никаких намерений «ради себя».

Поэтому он говорит, что если он действительно работает ради отдачи, то конечно должен постоянно быть в радости от того, что удостоился доставить наслаждение Творцу. А если чувствует, что пока еще его работа не ради отдачи, все равно должен оставаться в радости, ведь ничего не желает для себя и радуется, что его эгоизм не может получить никакого наполнения от его работы. И это приносит ему радость.

13. Бааль Сулам. Шамати 42. ЭЛУЛЬ (я – Любимому, а Любимый – мне)

Невозможно удостоиться раскрытия лика Творца, прежде чем человек получает обратную сторону: скрытие лика Творца, и говорит, что оно ему так же важно, как раскрытие, находясь в такой же радости в состоянии скрытия, будто уже получил раскрытие Творца. Но удержаться в таком состоянии, принимая скрытие словно раскрытие, возможно только, если человек достиг намерения «ради Творца». Лишь тогда человек рад пребывать в состоянии скрытия, ведь ему важно наслаждать Творца, и если для Творца большее наслаждение в состоянии скрытия, человек готов на это.

14. Бааль Сулам. Шамати. 19. «Творец ненавидит эгоизм»

Нечего человеку сетовать, что вынужден работать со своим желанием получать, когда оно мешает человеку в работе, и конечно бы ему хотелось, чтобы желание получать исчезло из тела и не донимало его своими вопросами, не мешая ему исполнять Тору и заповеди. Но нужно человеку верить, что это свыше указывают его желанию получать создавать ему помехи в работе, ведь таким образом Творец дает ему силу раскрыть свое желание насладиться. И именно когда пробуждается его желание получать, возникает у него возможность работать над укреплением связи с Творцом, чтобы помог человеку обратить желание наслаждаться в намерение ради отдачи. И должен человек верить, что этим доставляет удовольствие Творцу, когда просит приблизить его к слиянию с Творцом, означающему подобие свойств и отмену желания получать, чтобы работать на отдачу. И об этом сказал Творец: «Победили Меня сыны Мои». То есть Я дал вам желание получать, а вы просите Меня дать вместо него желание отдавать.

15. Рабаш. Статья 24 (1986) «Отличие милости от подарка»

То, что он видит, что сейчас, после нескольких лет работы, что он удаляется от духовного, было задумано Творцом изначально, чтобы почувствовал боль от отсутствия слияния с Творцом. Получается согласно этому, что человек каждый раз должен видеть, насколько он продвигается вперед по созданию у себя кли, которое называется «истинный хисарон». И величина этого хисарона определяется мерой страданий, которые испытывает человек от того, что нет у него наполнения, которое называется здесь «слиянием с Творцом», чтобы все его желания и устремления были бы только лишь бы доставить наслаждение Творцу.

16. Рабаш. Статья 16 (1984) «Об отдаче»

Сначала человек должен проверить, есть ли у него силы, чтобы обрести возможность действовать с намерением доставить удовольствие Творцу. Когда же человек осознаёт, что своими силами ему не достичь этого, тогда он фокусирует свои усилия в отдаче на одной точке – на «свете, возвращающем к Источнику», чтобы это было его единственной наградой за выполнение принципов отдачи. Иными словами, чтобы в награду за его старания Творец дал ему ту силу, которая называется «силой отдачи».

17. Бааль Сулам. Шамати. 5. «Лишма – это пробуждение свыше, и почему нужно пробуждение снизу"

Сказано: «Вот тогда наслаждение, [направлено] на Творца», где «вот тогда» означает, что в начале работы не может человек ощущать никаких наслаждений, а наоборот, вся его работа совершается в усилии вопреки желанию тела. Когда человек уже приучил себя работать ради отдачи и не смотреть на себя, [проверяя,] ощущает ли он вкус в духовной работе, а он верит, что работает, чтобы своей работой доставлять наслаждение Творцу. И человек должен верить, что Творец принимает работу нижних, не важно, велика ли она и какова ее форма. И из всего Творец смотрит лишь на намерение, и от этого есть наслаждение Творцу. Тогда человек удостаивается наслаждения, [направленного] «на Творца». Т.е. чтобы уже в момент работы на Творца он также ощущал благо и наслаждение, ведь сейчас человек действительно работает для Творца, ибо усилие, произведенное им во время работы по принуждению, готовит человека к тому, чтобы он мог работать действительно ради Творца. Получается, что и тогда тоже наслаждение, которое он получает [направлено] «на Творца», т.е. именно к Творцу.

18. Рабаш. 223. «Вхождение в работу»

После того, как достиг этой ступени, называемой «не ради Торы», он удостаивается других явлений, которые придут с помощью более высокого состояния.

Это означает, что нет у него тогда никакого расчета для себя, но все расчеты и мысли его – истина.

Словом, всё его намерение, действительно, только самоотмена с помощью истинной реальности, когда чувствует, что для него имеет значение только лишь обслуживать Царя, потому что он чувствует возвышенность и величие, и важность Царя.

Тогда он забывает о потребности заботиться о себе, так как его собственная сущность аннулируется, как свеча перед факелом, перед действительностью Творца, которую он чувствует. Тогда он оказывается на ступени «ради Торы», то есть ради радости Творца, и все его заботы и стремления, как доставить наслаждение Творцу. А его собственной реальности, то есть, желания получать, там нет вообще. И вот он в свойстве отдача ради отдачи.

19. Рабаш. 295. «Каждый, освящающий седьмой день – 1»

Когда человек доходит до такой ступени, когда он хочет отдавать Творцу, то есть доставлять Ему наслаждение, тогда он начинает думать, чего недостаёт Творцу, что можно было бы найти, потому что все его заботы лишь о том, чтобы было наслаждение Творцу; и тогда он видит, что Творец создал мир для того, чтобы получали наслаждение от Него, а лишь этого недостаёт Творцу. Поэтому он наполняет желание Творца тем, что получает наслаждения.

И тогда уже нет хлеба стыда, так как он получает наслаждения не потому, что хочет наслаждаться, а потому, что хочет отдавать Творцу. Потому что когда человек входит на такую ступень, когда хочет лишь отдавать Творцу, тогда уходит скрытие, и он видит, что в мире «вся земля полна славы Его".

И он видит тогда, что всё это раскрывается перед его глазами, чтобы он насладился этим. Поэтому после того, как постиг ступень отдачи, то есть постиг ступень, на которой всё его желание лишь отдавать Творцу, человек наполняет себя всеми наслаждениями, какие видят его глаза.

20. Бааль Сулам. «Одна заповедь»

Каждый обязан думать, что он делает это всё, только чтобы доставить наслаждение своему Создателю и уподобиться Его пути: как Он милосерден, также и ты будь милосерден, как Он всё время дает благо, также и я поступаю так же и т.д. И это уподобление в сочетании с добрыми делами приблизит его к Творцу так, что он уподобит себя по форме духовному и святости, и станет как оттиск от печати и будет способен получить истинное высшее благо.

"Я – Любимому, а Любимый – мне»

1. Бааль Сулам. Шамати. 42. «ЭЛУЛЬ (я – Любимому, а Любимый – мне)»

Сказано: «Преклони свое желание пред Его желанием...» — аннулируй свое желание насладиться перед желанием отдавать, желанием Творца. То есть замени любовь к себе на любовь к Творцу, что означает аннулирование себя относительно Творца и приводит к слиянию с Творцом. А затем Творец может наполнить светом твое желание насладиться, потому что оно уже исправлено намерением «ради отдачи».

И об этом говорится: «...чтобы Он преклонил Свое желание перед твоим» — Творец аннулирует свое желание, то есть скрытие (Цимцум), которое было следствием различия свойств Творца и творения. А поскольку сейчас творение становится подобно Творцу, свет распространяется к творению, получившему исправление своего намерения на отдачу. Ведь замыслом творения было насладить сотворенных, и этот замысел теперь может осуществиться.

2. Бааль Сулам. Шамати. 42. «ЭЛУЛЬ (я – Любимому, а Любимый – мне)»

Сказано: «Я к любимому своему...» — то есть я аннулирую свое намерение насладиться ради себя и исправляю его всецело на отдачу. И тогда я удостаиваюсь «...и Мой любимый ко мне» — когда Любимый, то есть Творец, наполняет меня высшим наслаждением, заключенным в Его замысле насладить творения. Итак, все, что ранее было скрыто и ограничено, становится сейчас раскрыто, и таким образом открывается, что замысел творения состоит в наслаждении созданий.

Но необходимо знать, что отдающие желания соответствуют буквам юд-хэй имени АВАЯ (юд-хей-вав-хей) и представляют собой светлые (слабые) желания. И именно они наполняются светом. Таким образом удостаивается творение «...и Мой любимый ко мне» — наполнения всем наслаждением, то есть достигает раскрытия Творца.

Однако есть условие, что невозможно удостоиться раскрытия лика Творца, прежде чем человек получает обратную сторону: скрытие лика Творца, и говорит, что оно ему так же важно, как раскрытие, находясь в такой же радости в состоянии скрытия, будто уже получил раскрытие Творца.

3. Бааль Сулам. Шамати. 57. «Приблизь его к желанию Творца»

Мы сами должны пробудить желание свыше отдавать нам. Значит, недостаточно, что есть в нас желание получить, но еще и свыше должно быть доброе желание Дающего дать.

И хотя у Творца изначально есть желание насладить все свои создания, Он ожидает нашего желания, которое пробудило бы Его желание. Ведь если мы не можем Его пробудить, это признак того, что еще не готовы к получению, и наше желание не истинное и не совершенное.

4. Рабаш. Статья 44 (1990) «Что такое «война за власть» в духовной работе - 2"

Сказано о стихе: «Подобен возлюбленный мой оленю» – как олень, когда он убегает, поворачивает голову назад, так и Творец, когда Он, страшно сказать, уходит от Исраэля, поворачивает Он лик свой назад. И тогда паним вновь являются в ахораим. Другими словами, Он стремится и тоскует по тому, чтобы снова слиться с Исраэлем. И от этого в Исраэле тоже рождаются тоска и стремление слиться с Творцом, причем мера этого стремления и тоски на самом деле и есть сам лик.

5. Дегель махане Эфраим (Знамя стана Эфраима). Глава Веэтханан

Приятно Одному слиться с одним. И когда это произойдет? Когда Исраэль едины и слиты вместе в полном единстве, тогда будут считаться одним, и будет присутствовать среди них Творец, и Он – Один. Но когда разделено их сердце, и отделены друг от друга, невозможно им быть в слиянии с Одним, и нет там присутствия Творца. Тогда есть место чуждым богам. И об этом говорит выражение «и вы слиты», то есть когда будете слиты и объединены друг с другом, тогда «все живы будете». И когда они в одном единстве, тогда приятно Одному слиться с одним, и пребывает среди них Творец – Один.

6. Рабаш. 128. «Возвышайте Творца Всесильного»

"Возвышайте Творца Всесильного, поклоняйтесь горе святости Его, ибо свят Творец Всесильный наш». «Возвышайте». Означает, что если человек хочет знать высоту и величие Творца Всесильного, это можно постичь только через слияние и подобие по форме. Если так, то что означает подобие по форме и как мы можем достичь подобия по форме?

"Поклоняйтесь горе святости Его». Поклонение означает смирение, когда человек принижает своё знание и говорит, что я отменяю то, что знание понимает и не понимает, и смиряю его. Перед чем я смиряю его? – перед «горой Его святости".

Гора означает сомнения, т.е. мысли. Его святости – значит святой и отделенный от всего. То есть он отделяет себя от желания получать. Поклоняйтесь – означает смирить тело, даже если оно не согласно, и (тогда) приобретет только мысли святости. И тогда «Поклоняйтесь горе святости Его".

7. Зоар для всех. Глава Лех леха. Статья «После этих событий», пп. 268, 269

Сказано: «Я – возлюбленному моему, и ко мне – стремление его». Вначале «я – возлюбленному моему», а затем «ко мне – стремление его». «Я – возлюбленному моему» – чтобы сначала исправить место для него посредством пробуждения снизу, а затем: «Ко мне – стремление его».

Шхина не находится с грешниками. Если же человек приходит очиститься и приблизить себя к Творцу, Шхина пребывает над ним. Поэтому сказано: «Я – возлюбленному моему» – вначале, а затем уже: «Ко мне – стремление его». Ибо после того, как человек приходит очиститься, его очищают.

8. Бааль Сулам. Письмо 19

Знающему Скрытое известна мера стремления в сердце человека к сближению с Творцом, которая все еще может прерваться, страшно сказать. И потому Творец умножает возбуждения, то есть начала совокупления, так что если человек прислушивается к голосу Творца, как сказано: «Творец – тень твоя», то не падает и не опускается вследствие усиления страданий от возбуждений, потому что видит и слышит, что также и Шхина страдает, в той же мере, как он, от умножающейся тоски, и в любом случае постоянно укрепляется раз за разом во все большей тоске, пока не завершает точку своего сердца в полном и совершенном стремлении, в сильной и нерушимой связи.

Как сказал Рашби в «Идра Зута» (в Зоаре): «Я – к любимому моему, и ко мне – Его страсть. Все те дни, пока был привязан я к этому миру, единственными узами связал я себя – с Творцом, и потому теперь – ко мне Его страсть», «пока не засвидетельствует о нем Знающий Тайны, что не вернется он более к глупости своей», а потому удостаивается «вернуть хэй к вав навечно». То есть это конец совокупления и введение «атара» в «йошна», называемый «великим трублением рога».

9. Бааль Сулам. Шамати. 42. «ЭЛУЛЬ (Я – Любимому, а Любимый – мне)»

Когда человек приходит к тому, что теряет всякую опору, он входит в состояние черной тьмы, в самое низшее из состояний в высшем мире. И из этого образуется Кетэр более низшего, то есть кли отдачи. Поскольку самая нижняя часть высшего – это Малхут, которая сама ничего не имеет и именно поэтому называется малхут (царство). Ведь если принимает на себя власть (царствование) Творца, ничего за это не получая и оставаясь в радости, то становится впоследствии Кетэр – желанием отдавать, самым светлым кли. Именно благодаря тому, что принимает на себя в полной тьме состояние Малхут – из Малхут образуется Кетэр, то есть кли отдачи.

10. Бааль Сулам. Шамати 42. ЭЛУЛЬ (я – Любимому, а Любимый – мне)

Невозможно удостоиться раскрытия лика Творца, прежде чем человек получает обратную сторону: скрытие лика Творца, и говорит, что оно ему так же важно, как раскрытие, находясь в такой же радости в состоянии скрытия, будто уже получил раскрытие Творца. Но удержаться в таком состоянии, принимая скрытие словно раскрытие, возможно только, если человек достиг намерения «ради Творца». Лишь тогда человек рад пребывать в состоянии скрытия, ведь ему важно наслаждать Творца, и если для

Творца большее наслаждение в состоянии скрытия, человек готов на это.

11. Бааль Сулам. Письмо 18

Сейчас же утром, вставая ото сна, посвятит [человек] первое же мгновение слиянию с Творцом, и изольет сердце свое Творцу, дабы хранил Он его все 24 часа в сутках, чтобы не проскочила в голове его праздная мысль, и чтобы не представилось ему это невозможным, или выше природы, в образе природы, установившей железный занавес и т.д. И желательно человеку убирать завесы природы, такие реальные для него. Сначала поверит он, что завесы природы не отделяют Творца, страшно подумать, а потом будет молиться всем сердцем – даже о том, что выше желания его естества.

И понимай это всегда, также и в любой час, когда будут проходить по нему туда и обратно формы, не являющиеся святостью, пусть прервется сейчас же, как только опомнится, обеспокоится он излить сердце свое изо всех сил, чтобы с этого момента и далее спас его Творец от прекращения слияния с Ним. И постепенно смирится сердце его с Творцом, и возжелает он слиться с Ним по-настоящему. И воля Творца в руке Его исполнится.

12. Бааль Сулам. Шамати. 1. «Нет никого кроме Него»

Возложена на человека обязанность прислушиваться к советам — как он может доставить наслаждение Творцу, и, конечно же, если у него будет наслаждение, будет оно и у Творца. Потому он всегда должен стремиться находиться в чертогах Творца, и тогда будет у него возможность развлекаться в Его сокровищницах, чем, конечно же, доставит наслаждение и Творцу. Таким образом, все его устремления должны быть только во имя небес.

Требуем без перерыва

1. Бааль Сулам. Письмо 34

Мы отправляем просьбы наши наверх, «удар за ударом», без устали и без перерыва, и не слабеем мы совершенно от того, что не отвечает Он нам в вере нашей, что слышит Он молитву, но ждет нас, того момента, когда будут у нас келим получить верную благодать. И тогда получим мы ответ на каждую молитву за один раз, ибо «рука Творца не оскудеет».

2. Бааль Сулам. Письмо 34

«Не молчите сами», несмотря на то что кажется, что Творец молчит и не отвечает, чтобы не решили вы из-за этого, тоже молчать, страшно сказать, «не молчите сами», не на это направлял Творец своим молчанием, а чтобы придать вам силу впоследствии стоять в царском чертоге, когда не будет у вас никакого изъяна, и потому «не давайте молчания Ему».

3. Бааль Сулам. Письмо 52

Сказано: «ищите Творца в явлении Его», т.е. когда Творец являет вам себя для поиска, обязательно ищите Его тоже, ведь человек должен быть первым, т.е., Творец первый в том, чтобы дать вам сердце, чтобы искать Его.

И когда узнаешь ты это, наверняка укрепишься со своей стороны, насколько сможешь, чтобы искать с бо́льшей силой и с бо́льшей энергией. Ибо Царь зовет тебя.

И потому говорит он: «зовите Его, ибо близок Он», т.е. когда призовете вы Творца, чтобы приблизил Он вас к Себе, знайте, что уже близок Он к вам, ибо, если бы это было не так, наверняка, не призывали бы вы Его, и это также мера сказанного: «прежде, чем воззовут они, Я отвечу», т.е., что если вы призываете Его, значит, Он уже обратился к вам, чтобы дать вам пробуждение призвать Его.

4. Бааль Сулам. Письмо 18

Сейчас же утром, вставая ото сна, посвятит [человек] первое же мгновение слиянию с Творцом, и изольет сердце свое Творцу, дабы хранил Он его все 24 часа в сутках, чтобы не проскочила в голове его праздная мысль, и чтобы не представилось ему это невозможным, или выше природы, в образе природы, установившей железный занавес и т.д. И желательно человеку убирать завесы природы, такие реальные для него. Сначала поверит он, что завесы природы не отделяют Творца, страшно подумать, а потом будет молиться всем сердцем – даже о том, что выше желания его естества.

И понимай это всегда, также и в любой час, когда будут проходить по нему туда и обратно формы, не являющиеся святостью, пусть прервется сейчас же, как только опомнится, обеспокоится он излить сердце свое изо всех сил, чтобы с этого момента и далее спас его Творец от прекращения слияния с Ним. И постепенно смирится сердце его с Творцом, и возжелает он слиться с Ним по-настоящему. И воля Творца в руке Его исполнится.

5. Бааль Сулам. Письмо 18

Принимающий на себя полное бремя высшего управления (Ма́лхут Шама́им), не видит тяжести в работе Творца, и потому может быть в слиянии с Творцом днем и ночью, в свете и во тьме. И не остановит его материя (~ дождь), созданная преходящей и изменчивой, ибо Кэтер, представляющий собой Бесконечность, светит всем совершенно одинаково, так что глупец, идущий под ливнем помех, который льется на него спереди и сзади, и говорящий всем, что не ощущает недостатка в прекращении слияния, – какая порча и грех из-за него!

Ведь если бы ощущал он это, наверняка приложил бы силы, чтобы найти какое-нибудь средство, дабы так или иначе спастись от прекращения слияния.

6. Бааль Сулам. Шамати. 19. «Творец ненавидит эгоизм»

Главное для человека, стараться обрести сильное желание достичь отдачи и превозмочь свой эгоизм. А сила желания измеряется количеством задержек и остановок – то есть по тому, сколько времени проходит между одним преодолением и другим, когда человек вдруг прерывается посередине и испытывает падение. И это падение может задержать его на мгновение, или на час, или на день, или на месяц. А потом он снова начинает работать над преодолением своего эгоизма и старается достичь отдачи. А сильным желанием называется такое, когда прерывание не отнимает у него много времени, и он тут же снова пробуждается к работе.

7. Бааль Сулам. Письмо 19

Необходимо познать в своей душе, что Творец устремляется за человеком точно в той мере, в которой человек стремится за Творцом. И нельзя ему забывать, страшно подумать, об этом даже во время самой большой тоски. И вспоминая, что Творец тоскует и стремится слиться с ним с силой такой же огромной, как Он Сам, человек всегда будет идти в томлении и тоске от успеха к успеху, в непрерывном зивуге, представляющем собой окончательное совершенство силы души, пока не удостаивается возвращения любовью. Т.е. «возвратится вав к хей», что означает единение Творца и его Шхины [т.е. всех душ].

8. Бааль Сулам. Письмо 19

Когда человек готовится вернуться к корню его. Тогда не за один раз вызовет Он совершенный зивуг, а производит возбуждения, и это тайна уровня нэфеш, принадлежащей офаним (колесам), которые гонятся изо всех сил в трепете и страхе за святой Шхиной, пока не начинают вращаться вокруг этого полюса – весь день и всю ночь, всегда не умолкнут.

9. Рабаш. Письмо 24

Ты должен всегда стоять на страже – днём и ночью, то есть и в то время, которое ощущаешь как «день», и в то, которое ощущаешь как «ночь», поскольку мы говорим Творцу: «Тебе [принадлежит] день и Тебе – ночь», что означает – и «ночь», то есть, и тьма ночи тоже приходит со стороны Творца на благо человеку, как написано: «День дню приносит речение, ночь ночи открывает знание". […]

Из этого следует, что на тебя возложено пробуждать сердца товарищей так, чтобы пламя поднялось само, как сказали мудрецы о фразе: «Когда будешь зажигать светильники». И за счет этого удостоишься пробудить любовь Творца на нас.

10. Р. Менахем Мендель из Витебска. «Плоды земли»

Правило, предохраняющее от малости разума и прекращения слияния – это взаимосвязь, любовь и истинная цельность в привязанности к товарищам, поэтому если не это, то человек в скрытии лика Творца, страшно сказать. А если сердце поспешит отделить его от людей по причине ненависти и зависти, тотчас поспешит к своим братьям-товарищам, действительно прислушивающимся к голосу Творца, говоря: «Брата моего и душу мою спаси и услышь, пожалуйста, слова Творца, исцеляющие мое разбитое сердце». И приучит себя всегда вносить в свое сердце любовь к товарищам, пока ощутит томление, и продолжать, пока не сольется его душа, и человек соединится со своими братьями, и когда будут все как один человек, пребудет внутри них Шохен и получат от Него множество избавлений и утешений, и поднимутся к высотам тела и души.

11. Бааль Сулам. Письмо 13

Тем не менее, почувствую я вас всех вместе, и что сменился у вас день сегодняшний на завтрашний, и вместо: «Сейчас», скажете вы: «Потом». И нет этому лекарства. Кроме как постараться понять эту ошибку и это искажение, ведь спасаемый Творцом спасаем, только если он нуждается в спасении сегодня, а тот, кто может ждать до завтра, поумнеет через годы, страшно сказать.

И это произошло с вами из-за небрежения к моей просьбе усилиться в любви к товарищам, которую объяснял я вам всеми 70-ю языками, ибо достаточно этого средства для восполнения всех ваших недостатков.

12. Бааль Сулам. Шамати. 113. «Молитва «Шмоне-Эсре» (Восемнадцать благословений)

Противоречия вызывают трудности в духовной работе и перерывы в ней, когда человек не может продолжать работу, чувствуя плохое настроение. И кажется ему, что он не способен принять на себя бремя работы Творца и нести ее, как «бык под ярмом и осел под поклажей». И в такое время он называется «не желанным». Но после, когда все свои намерения он направляет на поддержание уровня веры, которая называется свойством Малхут, желая поднять Шхину из праха так, чтобы возвеличилось Имя Его в мире, выросло величие Творца, и святая

Шхина не пребывала в нищете и бедности, тогда Творец слышит каждого и даже того, кто не очень желанен, то есть ощущающего себя еще далеким от духовной работы.

13. Рабаш. Статья 13 (1988) «Что означает, что предводитель народа – это и есть народ, в духовной работе»

В том месте, где надо сделать что-то ради небес, а не ради собственной выгоды, тотчас же является тело и задает вопрос: «Что это за работа у вас?» и не желает дать ему силы для работы, что называется «Шхина во прахе», т.е. в том, что он хочет сделать ради Шхины, он ощущает вкус праха, и у него нет сил преодолеть свои мысли и желания.

И тогда человек приходит к осознанию, что нет у него недостатка ни в чем, чтобы у него была сила для работы, если только Творец даст ему силу веры, как сказано выше (в молитве рабби Элимелеха), что нужно молиться: «И установи веру Свою в сердце нашем навечно без перерыва», так как в этом состоянии он приходит к осознанию, что «если Творец не поможет ему, он не выдержит».

14. Бааль Сулам. Шамати. 19. «Творец ненавидит эгоизм»

Не должен человек терять надежду, хотя и не в силах освободиться от власти своего эгоизма, а потому постоянно находится то на подъеме, то в падении. Но все же верит, что придет день и удостоится того, что свет Творца откроет ему глаза и даст силу преодоления, чтобы смог работать только ради Творца. О чем написано: «Одного прошу я у Творца, лишь одного ищу» (Псалом 27). «Одного» – то есть святую Шхину, «чтобы пребывать мне в доме Творца все дни жизни моей».

Каждый день будут в глазах твоих как новые

1. Рабаш. 469. «Каждый день должны быть в глазах твоих новыми»

«Каждый день должны быть они в твоих глазах новыми, как будто в этот день заповедовали тебе их», ибо каждый день он должен получать указание с более высокой ступени, что означает, что там больше осознается величие Творца.

2. Рабаш. Статья 6 (1991) «Что такое «пастухи стада Аврама и пастухи стада Лота» в духовной работе»

В каждом начале человек обязан начинать заново получение высшей малхут, и недостаточно того, что вчера у него была вера в Творца. Поэтому всякое получение высшей малхут считается новым свойством, т.е. сейчас он получает часть пустого пространства, которое было свободно от высшей малхут, и помещает это пустое место и наполняет его высшей малхут.

Получается, что он выяснил сейчас что-то новое – то, чего не было, прежде чем он взял это пустое место и наполнил его высшей малхут. И это называется, что он поднял новую искру в святость, и во множестве подъемов он всегда поднимает искры из пустого пространства к святости. Получается, что от каждого падения он приходит к новому началу и поднимает новые искры.

3. Рабаш. Статья 40 (1989) «Что означает: «Каждый день должны быть они в твоих глазах новыми» в духовной работе»

Согласно тому, что написано в книге «Шаар а-каванот» (Врата намерений), «каждый день будут в глазах твоих как новые» означает: ибо такова истина, т.е. каждый день человек исправляет новые свойства из тех, что упали при разбиении келим, как выясняется там в книге. Получается, что человек не повторяет то, что он получил Тору на горе Синай, он не повторяет то же самое. А с помощью той Торы, которая была дана на горе Синай, он должен каждый день исправлять новые свойства. Получается, что он как будто [в состоянии] «сегодня было заповедано тебе». Т.е. каждый день следует исправлять с помощью Торы другие свойства.

И отсюда следует, что человек должен есть каждый день, и не достаточно того, что он поел раз в год, чтобы хватило, по крайней мере, на год. А согласно словам великого Ари, во время каждой трапезы выясняются новые свойства от разбиения, хоть и не каждый чувствует это.

4. Рабаш. 799. «Новолуние»

Высшая малхут означает, что каждый день нужно принимать на себя новое ярмо. И недостаточно того, что было принято вчера, поскольку всякий раз, как говорит великий Ари, нужно поднимать искры, которые упали в БЕА, и возносить их в святость. Получается, что то, что человек должен всякий раз принимать на себя новое ярмо, это называется, что всякий раз он берет часть разделения и помещает ее в единение, находящееся в святости.

И это называется, что каждый день малхут вновь становится точкой, и эта точка называется в книге Зоар «черной точкой, в которой нет никакой белизны», т.е. она не светит, ибо белым называется то, что светит. И это означает, что всякий раз ее нужно возобновлять. Однако следует знать, что это не то же свойство, которое было до этого, а, как сказано, всякое обновление света исходит из Бесконечности.

5. Рабаш. 468. «Сегодня Творец, Всесильный твой, повелевает тебе»

Когда Исраэль каждый день постигает величие Творца, а это происходит в мере его веры в Творца, в этой же мере у него растет и Тора. И тогда он становится другим Исраэлем, ведь в духовном всё, что принимает новую форму, считается новым объектом. Поэтому, если человек каждый день обретает большую веру, Тора считается [у него] новой.

И в этом смысл стиха: «Как будто в этот день заповедовали тебе их», ведь каждый день у него есть новая заповедь. Получается, что «как будто в этот день заповедовали тебе их», т.е. в тот день, в который человек сильнее принимает на себя высшую малхут, у него есть новая заповедь и новая Тора, и новый Исраэль.

6. Рабаш. Статья 29 (1986) «Лишма и ло-лишма"

Полученное падение идет человеку на пользу. Это особое средство: его опустили из прежнего состояния, в котором он думал, что уже обрел немного совершенства. Это заметно по тому, что он был согласен оставаться в текущем состоянии всю жизнь.

С другой стороны, теперь, видя, что он далек от духовного, человек задумывается: «Чего на самом деле от меня хотят? Что на меня возложено? Какой цели я должен достичь?» Он видит, что у него совсем нет сил для работы, и обнаруживает себя «подвешенным меж небом и землей». И укрепиться он способен лишь тем, что только Творец может ему помочь, тогда как сам он потерян.

Сказано об этом: «надеющиеся на Творца обновят силы». «Надеющиеся на Творца» – это люди, которые видят, что нет никого иного в мире, кто способен помогать им с каждым разом набираться новых сил. Следовательно, это падение – как раз подъем. Иными словами, когда они испытывают его, это позволяет им подняться ступенью выше. Ведь нет света без сосуда.

7. Рабаш. Статья 27 (1989) «Что такое страдания в духовной работе»

"Мудрый – тот, кто видит нарождающееся». Ведь он может прийти к падению, чтобы обрести пустые келим, дабы у Творца была возможность наполнить их. Иначе он останется в низком состоянии, поскольку не ощущает, что обладает недостатком. И тогда, когда у него исчезло состояние подъёма, он начинает искать способы, как снова подняться в духовное.

Поэтому тот, кто стар, то есть «мудрец, который видит нарождающееся», начинает искать, как возвыситься в духовном, еще до того, как у него исчезло состояние подъёма. И тогда он начинает следовать советам, утверждающим, что есть какой-то способ, позволяющий подняться по духовным ступеням. И это посредством того, что он начинает искать недостатки в том состоянии, в котором он пребывает. И тогда уже нет необходимости в том, чтобы его отбрасывали вниз по важности, ибо он сам найдет и увидит недостатки, поскольку он сам уже ищет недостатки, чтобы у него были пустые келим, дабы Творец наполнил его недостатки.

8. Рабаш. Статья 40 (1989) «Что означает: «Каждый день должны быть они в твоих глазах новыми» в духовной работе»

Сказали наши мудрецы: «Каждый день пусть будут они в глазах твоих как новые, как будто сегодня получил ты их с горы Синай, как в тот день, когда были они заповеданы тебе». Тут есть два понимания:
1. Как тогда, была у них подготовка к получению Торы, так же каждый день человеку нужна подготовка

к получению Торы и заповедей, ибо благодаря этой подготовке можно прийти к их постижению. В то же время, когда человек делает без подготовки, а из привычки, посредством этого он не удостаивается цели творения. Хотя и это тоже великая вещь – но она вместо того, что он мог бы войти с помощью этого на ступень «Знай Творца отца своего», что, несомненно, ведет прямо к цели, и потому сказано: «Пусть будут в глазах твоих как новые», а благодаря этому он удостоится слияния с Творцом.

2. Что если не «будут в глазах его как новые», а это будет у него «как заповедь, которой обучили его люди», т.е. как привычка, он уже не может исполнять Тору и заповеди в свойстве выше знания, так как благодаря тому, что он работает выше знания, он становится потом способным удостоиться знания 'даат' святости.

9. Рабаш. Статья 45 (1990) «Что значит: «Скрытое – Творцу нашему Всесильному» в духовной работе»

И объясняли наши мудрецы: «Каждый день пусть будут в глазах твоих как новые, как будто в этот день заповедовали тебе их». Получается, что каждый день – это новое начало. Поэтому, когда он начинает [работать] в одной линии, он должен быть в радости от того, что он удостоился исполнять Тору Творца.

А затем он переходит к свойству намерения. То есть он [должен] проанализировать, насколько у него есть необходимость делать все ради небес. И тогда начинается настоящая работа. Потому что тогда он видит, что у него нет ни одного органа, который бы хотел сделать что-то ради небес. Это уже называется левой линией. Как сказали наши мудрецы: «Левая отталкивает», то есть, он видит, насколько он далек от Творца. И он должен верить, что Творец оттолкнул его, потому что благодаря этому он будет стараться вложить бо́льшие силы.

10. Рабаш. Статья 15 (1989) «Что означает, что праведники видны благодаря грешникам, в духовной работе»

Если их намерение - доставлять наслаждение Творцу, это приводит к тому, что если они хотят прибавить в работе, то они должны прибавить в величии Творца, потому что по мере величия Творца они могут отменить себя перед Ним и совершать все действия ради небес. Об этом сказано в книге Зоар: «Известен муж её во вратах городских», каждый «по разумению сердца".

Отсюда следует, что те люди, которые хотят работать ради небес, для того, чтобы у них было горючее для работы, должны каждый день стараться постигать веру в величие Творца, потому что величие Творца обязывает их работать на Него, и в этом всё их наслаждение от работы.

11. Рабаш. 468. «Сегодня Творец, Всесильный твой, повелевает тебе»

Объясняет Раши: «Каждый день должны быть они в твоих глазах новыми, как будто в этот день заповедовали тебе их».

И следует понять, как может человек сделать так, чтобы они были «новыми, как будто в этот день заповедовали тебе их», ведь он «дал клятву и держит ее со времени горы Синай». И для того чтобы понять это, нужно вначале знать правило, что любая вещь меряется значением заповедующего. Т.е. какова будет мера величия и важности Дающего Тору, такова будет и мера величия Торы.

Поэтому каждый день, когда человек принимает на себя высшую малхут, в мере величины веры в Творца растет и величие Торы. Поэтому насколько человек постигает величие Творца, настолько обновляется у него и Тора. Отсюда выходит, что всякий раз у него есть новая Тора, т.е. всякий раз у него есть другой Дающий и автоматически Тора, исходящая от Творца, считается новой Торой.

12. «Возвращение души». Глава 40

Человек обязан укрепляться каждый раз заново, не отступая назад от этой войны и ни в коем случае не отчаиваясь, ведь в этой войне пока еще, разумеется, не видно невооруженным глазом, кто побеждает, ибо война еще очень долгая и изгнание усиливается, и с каждым происходит то, что происходит. И, несмотря на это, до тех пор пока мы еще держим в руках оружие, – а главное наше оружие – молитва, – до тех пор пока мы не отчаялись в этой войне, страшно сказать, и всё еще держим оружие, мы, без сомнения, побеждаем. Ведь до тех пор, пока человек укрепляется в молитве и крике к Творцу, он считается побеждающим в войне, ибо в этом и есть главная победа.

13. Бааль Сулам. Письмо 57

Не удостоившийся любви Творца, всё что он делал в своей работе по очищению души вчера, как будто сгорело дотла назавтра. И каждый день, и каждую секунду, нужно начинать заново, как будто он ничего не делал никогда. И тогда: «И возопили сыны Исраэля от работы». Ибо увидели ясно, что они действительно не способны на то, чтобы вышло что-то из их самостоятельной работы. И поэтому были вопль их и молитва совершенными, как полагается, и поэтому: «и вознесся вопль их». Ибо Творец слышит молитву, но только совершенной молитвы ждет Он.

14. Рабаш. 234. «Существование и поддержка существования»

Если Творец создал мир, больше уже нет никакого обновления, а Он лишь поддерживает его? Или же создавались новые миры, как сказали наши мудрецы: «Праведники строят миры каждый день»? В таком случае, Творец не создает новых вещей.

И ответ на это, что и сейчас Он производит зивуги, т.е. и сейчас Он создает новые миры и новые души. Однако и это зависит только от нас, ведь нам дан выбор, производить ли зивуги.

Вы сделали Меня

1. Рабаш. Письмо 76

«Если по законам Моим поступать будете и заповеди Мои соблюдать будете, и делайте их». И книга Зоар спрашивает: «После того, как уже сказал - будете поступать, и будете соблюдать, зачем еще «и делайте их»?». И отвечает: дело в том, что тот, кто исполняет заповеди Торы и идет путями Его, как будто создает Его наверху. Сказал Творец: «Как будто создал Меня». И в этом смысл слов «и делайте их» – «как будто вы создали Меня».

2. Рабаш. Письмо 76

Что означает, что тот, кто идет путем Творца, он делает Творца. Как может человеку такое прийти в голову?

Известно, что «полна земля славой Его». И так должен каждый человек верить, как сказано: «Небо и землю Я наполняю». Но Творец делает скрытие, чтобы не могли это видеть, по причине того, чтобы был выбор, и тогда есть место вере – верить, что Творец «наполняет все миры и управляет всеми мирами». И после того, как человек занимается Торой и заповедями и выполняет заповедь выбора, тогда раскрывает Творец Себя человеку и тогда он видит, что Творец властвует над миром. Получается, что тогда человек делает Царя, чтобы властвовал над ним. Это значит, что человек ощущает Творца, что Он правит всем миром. И это называется, что человек ставит Творца Царем над собой.

3. Рабаш. Статья 30 (1990) «Что означает, что закон и правосудие есть имя Творца, в духовной работе»

Сказано: «Но тот, кто исполняет заповеди Торы и идет путями Его, как будто создал Его наверху». Сказал Творец: «Как будто создал Меня». И установили они Его. И потому «и сделаете их» законом и установлением, и это Зеир Анпин и малхут. Т.е., как сказано выше, благодаря тому, что исполняет заповеди Торы и идет путями Его, человек приводит в корне своей души, т.е. малхут, наверху, чтобы она стала ради отдачи подобно Зеир Анпину, и это называется «единением». Получается, что смысл «и сделаете их» – имеется в виду произвести это единение Зеир Анпина и малхут, которые называются «закон и установление». И еще это называется «единением Творца и Его Шхины». И это то действие, которое творения обязаны совершить.

Выходит, что смысл этого – поскольку это два имени, творения должны совершить это единение, чтобы они стали одним. А когда все творения придут к своему совершенству, т.е. все исправят – каждый корень своей души, тогда исполнится «в тот день будут Творец и имя Его едины». И это то действие, о котором сказано: «И сделаете их».

4. Рабаш. 940. «Точка в сердце»

Когда был разрушен Храм, сказано: «И возведут Мне Храм, и Я буду пребывать среди них». Речь идет о точке в сердце, которая должна стать местом святости, чтобы свет Творца смог пребывать в ней, как сказано: «И Я буду пребывать среди них». Поэтому человек должен стараться построить своё здание святости. И это место должно быть готовым для того, чтобы в него вошло высшее благо, называемое светом, исходящим от Дающего к получающим. Но, согласно правилу, необходимо совпадение по свойствам между Дающим и получающим, как известно. Поэтому и получающий также должен быть в намерении ради отдачи, по примеру Дающего. И это означает действие, как сказано: «И возведут Мне Храм», ведь действие распространяется на кли, а не на свет, поскольку свет относится к Творцу, и только действие относится к творениям.

5. Рабаш. Статья 13 (1991) «Что означает: «Ты отдал сильных в руки слабых» в духовной работе»

Сердце человека должно быть храмом для Творца, как сказано: «Пусть возведут Мне Храм, и Я буду пребывать среди них». Человек должен удостоится присутствия Шхины, как сказали мудрецы: «Милосердному нужно сердце», имея в виду, что только сердце человека нужно Творцу, чтобы дать ему то, что Он хочет дать ему.

6. Зоар для всех. Глава Насо. Статья «Почему, когда пришел Я, не было никого?», пп. 105-106

«Пусть возведут Мне Храм, и Я буду пребывать среди них». «Пусть возведут Мне Храм» – просто Храм, потому что любой дом собраний в мире называется Храмом. «И Я буду пребывать среди них» – потому что Шхина уже находится в доме собраний.

Счастлив человек, оказавшийся среди десяти первых в доме собрания, потому что благодаря им становится полным собрание, включающее не менее десяти человек. И они благословляются вначале Шхиной. И требуется пребывание десяти человек в доме собраний одновременно, а не части из них, с тем, чтобы сразу же было полное наличие всех членов. Ибо все десять вместе – они словно члены одного тела, в которых пребывает Шхина.

7. Рабаш. Статья 26 (1986) «Близкий путь и далекий путь»

Сказал Бааль Сулам, что место, где раскрыт Творец, называется обителью, а Творец тогда – Обитающий. Но зовется Он так в месте, где есть тот, кто Его постигает. В таком случае, сказал Бааль Сулам, Обитающий и обитель – суть не две вещи, а одна. Иными словами, Обитающий – это свет без сосуда, а обитель – место, где раскрывается Творец. Таким образом, что есть в месте, где раскрывается Творец? Только Он, и ничто иное. Однако же, как сказано, есть понятия свет и сосуд – иными словами, есть сосуд, постигающий свет.

Следовательно, что это за место, которое Творец избрал, чтобы утвердить там Свое имя? Согласно науке каббала, мы должны исправить свои сосуды получения, чтобы доставить удовольствие Творцу. Суть здесь – в подобии по свойствам, благодаря которому в этом месте раскрывается имя Творца.

8. Рабаш. Статья 47 (1991) «Что означает, что правая и левая противоречат друг другу, в духовной работе»

Сказано: «И сделаете их», потому что начинают с действия и заканчивают действием. Но есть разница между ними. То есть, до того, как он удостоился отдающих келим, или после того, как он удостоился отдающих келим. Это означает, что благодаря действиям он удостаивается келим, а затем, благодаря действиям он удостаивается света. И это называется: «Чтобы постигли вы всё, что будете делать». Т.е. потом он удостаивается свойства «постигнет и познает Меня».

9. Рабаш. 557. «По поводу отраженного света»

Высшие света для человека уже готовы, и это называется «больше, чем теленок хочет сосать [молоко], корова хочет накормить его», и мы нуждаемся только лишь в кли. А кли это после сокращения называется «экран и отраженный свет». И он является связующим [звеном] между высшим и нижним, т.е. с его помощью нижний связывается с высшим.

В то же время, когда нет этого связующего [звена], нижний не может видеть высшего, и считается, что высшего по отношению к нижнему, как будто вообще не существует в реальности. Поэтому в той мере, в которой человек начинает работать ради небес, он и получает связь с высшим светом, и величина этой связи определяет величину его постижения.

10. Бааль Сулам. Шамати. 57. «Приблизь его к желанию Творца»

Мы сами должны пробудить желание свыше отдавать нам. Значит, недостаточно, что есть в нас желание получить, но еще и свыше должно быть доброе желание Дающего дать.

И хотя у Творца изначально есть желание насладить все свои создания, Он ожидает нашего желания, которое пробудило бы Его желание. Ведь если мы не можем Его пробудить, это признак того, что еще не готовы к получению, и наше желание не истинное и не совершенное.

11. Бааль Сулам. Шамати. 4. «Причина трудности аннулировать себя ради Творца»

Главное, чего необходимо достичь человеку – ощущения Творца, чтобы ощутить, что Его величием полон мир. И в достижении этого ощущения должно проявиться всё усилие человека в его духовной работе, то есть, в осознании того, что единственное, что отсутствует у человека – вера в Творца. И пусть не думает он ни о чём другом, кроме главного вознаграждения, которое хотел бы получить за свою работу – удостоиться веры в Творца.

12. Бааль Сулам. Письмо 14

Всё порождение в духовном опирается на буквы, взятые из материальных свойств этого мира, что называется: «и творит тьму». И нет здесь никакой добавки и обновления, а лишь сотворение тьмы, которая представляет собой систему, пригодную для раскрытия света, что хорош он. Получается, что именно сам Творец ожесточил сердце его. А зачем это? Ибо в буквах нуждаюсь Я.

13. Бааль Сулам. Письмо 38

И главное – это усилие, т.е. стремиться прилагать усилие в служении Творцу, ибо совершенно не имеется в виду обычное служение, а лишь добавка, более обычного, которая называется усилием, подобно человеку, который должен съесть фунт хлеба, чтобы насытиться, и тогда вся его еда не называется сытной трапезой, за исключением последнего кусочка хлеба из этого фунта, и как бы ни был мал этот кусочек, это та добавка, которая сделала трапезу сытной, и пойми. И также из каждой духовной работы [человека] Творец черпает лишь добавку, превышающую его обыкновение, и это будут буквы и келим для получения света лика Творца. И пойми это как следует.

14. Рабаш. 217. «Беги, друг мой»

И это большое правило, что сам человек называется «творение», то есть только он один. А остальное помимо него это святая Шхина. Выходит, что когда он молится за своё поколение, считается, что молится за святую Шхину, которая в изгнании и нуждается в спасении. Это означает состояние вечности. И только так может проявиться свет милосердия.

15. Рабаш. 386. «Это день, созданный Творцом»

«Это день, созданный Творцом, будем веселиться и радоваться ему».

«Это день» означает «это называется днем, а не что-то другое». И что будет, когда Творец создаст его? Каждый придет к постижению, так что «будем веселиться и радоваться ему».

«Ему» означает «Творцу», т.е. слиянию с Творцом, что называется уподоблением по форме, что означает, что каждый поймет, что нет большей радости, чем доставление наслаждения Творцу. И на это мы рассчитываем, когда всё общество придет к этому уровню, называемому «Гмар Тикун».

Продвигаться в преодолении

1. Рабаш. Статья 19 (1985) «Пойдем к фараону - 1»

Нужно чтобы мы отдавали этому сердце, верили в это во всех состояниях, самых плохих, какие только могут быть, и не сбегали от работы, но всегда полагались на Творца, который может помочь человеку и дать ему необходимое, нуждается ли он в малой помощи или в большой. А по правде говоря, кто понимает, что ему нужна большая помощь от Творца, поскольку он хуже остальных людей, тот более заслуживает, чтобы молитва его была принята. Сказано об этом: «близок Творец к сокрушенным сердцем и угнетенных духом спасает».

Поэтому у человека нет основания признать себя негодным к тому, чтобы Творец приблизил его. А причина в том, что он ленится в своей работе. Человек всегда должен идти на преодолении, не позволяя проникать в свой разум мыслям отчаяния.

2. Рабаш. Статья 22 (1985) «Вся Тора - это одно чистое имя"

Мы всегда должны смотреть на цель – «доставить благо Его созданиям». А если злое начало приходит к человеку и задает ему все трудные вопросы Фараона, то вместо отговорок надо сказать: «Теперь с твоими вопросами я могу приступить к работе на отдачу».

Иными словами, не следует воспринимать вопросы злого начала так, словно оно пришло, чтобы опустить человека с его ступени. Наоборот, оно предоставляет ему возможность для работы, благодаря чему теперь он поднимется по ступеням совершенства.

3. Рабаш. Статья 22 (1985) «Вся Тора – это одно чистое имя"

Всякое преодоление в работе – это продвижение в служении Творцу, и «каждый грошик добавляется к большому счету» – все преодоления собираются до определенной меры, необходимой, чтобы стать сосудом для получения изобилия.

Преодоление означает, что мы берем часть сосуда получения и вносим ее в сосуды отдачи. Это подобно «экрану» (масах), который надо поставить над «толщей желания» (авиют). Соответственно, если у человека нет желания получать, то ему не на что ставить экран.

4. Бааль Сулам. Письмо 18

Кэтер, представляющий собой Бесконечность, светит всем совершенно одинаково, так что глупец, идущий под ливнем помех, который льется на него спереди и сзади, и говорящий всем, что не ощущает недостатка в прекращении слияния, – какая порча и грех из-за него!

Ведь если бы ощущал он это, наверняка приложил бы силы, чтобы найти какое-нибудь средство, дабы так или иначе спастись от прекращения слияния, – большое или малое, и такое средство не отнималось еще ни у кого, кто ищет его, – или через «идею веры», или через «уверенность», или через «молитвенные просьбы», которые подходят для человека именно в узких и тесных местах. Ведь даже «вор в укрытии призывает Творца», а потому нет здесь необходимости в мохин дэ-гадлу́т, чтобы уберечь ветвь, дабы не оторвалась она от своего корня сейчас же.

5. Рабаш. Статья 22 (1985) «Вся Тора - это одно чистое имя"

Когда злое начало приносит ему чуждые мысли – время взять эти мысли и поднять их «выше знания».

Человек может сделать это со всем, что душе угодно. Пускай не думает, что его сейчас отрывают от работы – напротив, пускай думает, что свыше ему дали эти желания и мысли, чтобы предоставить возможность присоединить их к духовному. Говоря иначе, его, наоборот, приближают свыше – и потому послали ему работу.

Сказано об этом: «Прямы пути Творца, праведники пройдут по ним, а преступники оступятся на них».

6. Рабаш. Статья 23 (1989) «Что означает в духовной работе: «Если проглотил марор, не исполнил долг"»

Вначале, когда человек входит в работу, он начинает с веры, но тело сопротивляется этой работе, и он должен прилагать усилия. То есть, он должен побеждать своё тело, выполняя разные советы, - как сказали мудрецы: «Обдуманно будешь вести войну свою» (Мишлей 24:6). Поскольку тело не желает отказаться от личной выгоды, то, насколько прилагает (человек) усилия, настолько начинает ощущать, что не в его силах сделать ничего, потому что со своей стороны он уже сделал всё, как ему кажется, что мог сделать. И он пришёл, благодаря усилиям к выводу, что только Творец может помочь ему, а не он сам себе. И тогда он приходит к состоянию молитвы. И тогда его молитва - из глубины сердца, так как ему совершенно понятно, что помочь ему может только Творец.

7. Рабаш. Статья 23 (1989) «Что означает в духовной работе: «Если проглотил марор, не исполнил долг"»

Хотя он отдаёт себе отчёт в том, что лишь Творец может ему помочь, и понимает, что истинный совет заключается только в молитве, тело даёт ему понять, что сколько бы ты не молился, так и не получаешь никакого ответа свыше. Так зачем тебе молиться, чтобы Творец помог? Ты же видишь, что не приходит никакого ответа свыше. И потому он не способен больше молиться. И снова нужно это преодолеть, как и преодолевал в состоянии веры, и надо верить, что Творец слышит молитву каждого. Не важно, способный ли человек и обладает ли он хорошими качествами, или наоборот. Главное, он должен преодолеть и верить выше знания, несмотря на то, что знание его обязывает думать, что после стольких безответных молитв он уже не способен снова молиться. И это тоже надо преодолеть, прилагая усилия выше знаний, и молить Творца, чтобы помог ему превозмочь свое знание и молиться.

8. Бааль Сулам. Шамати. 172. «Препятствия и помехи»

Все препятствия и помехи, которые видятся и открываются нашим глазам – не что иное, как знаки приближения к Творцу, говорящие о том, что Творец желает приблизить нас к Себе. И все эти препятствия ведут нас лишь к сближению, а иначе не существовало бы никакого способа к Нему приблизиться. Ведь со стороны природы ничто не может больше отдалить нас от величайшей высоты Творца, чем тот материал, который заложен в нас при создании. И только начав приближаться к Творцу, человек может оценить ту пропасть, которая их разделяет. А каждое преодолеваемое им препятствие – сокращает ему этот путь, т.е. он привыкает идти по линии отдаления.

9. Бааль Сулам. Шамати. 19. «Творец ненавидит эгоизм»

Необходимо знать, что когда во время работы эгоизм подступает к человеку с возражениями, бессмысленно вступать с ним в любые споры и не помогут никакие разумные доводы, ведь человеку кажется, что его претензии справедливы, и никогда не сможет победить свое зло. А просто, как написано: «Дай ему в зубы» – то есть действуй, а не спорь. И значит, нужно собрать как можно больше сил и действовать принуждением, в чем тайный смысл сказанного: «Принуждают его, пока не скажет – желаю я!» Ведь в мере больших стараний привычка становится второй натурой.

10. Рабаш. 5. «Намеренные прегрешения становятся заслугами»

Когда он получает постороннюю мысль и говорит, что не хочет оправдывать никакие уловки, что то, что говорит его знание, верно, только он идет путем веры, которая выше знания.

Получается, что пламя веры связано с фитилем чуждой мысли. Получается, что только сейчас он может выполнить заповедь веры, как подобает. Получается, что трудности становятся его заслугами, ведь иначе (он) не мог бы получить никаких заслуг с точки зрения веры.

И это называется «радуются в страданиях». Несмотря на то, что он страдает от того, что чуждая мысль огорчает его и вызывает злословие, сплетни и клевету о духовной работе, в любом случае он доволен, что только сейчас он может сделать хоть что-то в вере выше знания. И это называется «радость заповеди".

11. Рабаш. Статья 1 (1991) «Что означает: «Нет у нас царя, кроме Тебя,» в духовной работе"

Человек должен сказать, что находится в низком состоянии не потому, что сейчас он стал хуже. А так как сейчас, желая исправиться и действовать только ради небес, сверху ему раскрывают его истинное состояние, которое заложено в его теле. До сих пор это было скрыто и не выявлено наружу. А теперь Творец раскрыл ему это. […] И об этом человек говорит как о милости, что Творец ему раскрыл зло, которое в нём, чтобы тот узнал истину и смог обратиться к

Творцу в истинной молитве. Выходит, что с одной стороны, человек видит сейчас, как он отдален от Творца. С другой стороны, он должен сказать, что Творец близок к нему и заботится о нём, показывая ему недостатки. Поэтому он должен говорить, что это хасадим (милость).

И об этом сказано «Милосердие Творца буду вечно воспевать». Иначе говоря, есть у него с одной стороны радость, и он воспевает за это. С другой стороны, он видит, что ему нужно совершить возвращение. То есть должен попросить Творца приблизить его и дать ему желание отдавать, которое является второй природой.

12. Бааль Сулам. Шамати. 13. «Суть граната»

Пустота может быть только в том месте, где нет присутствия (то, что называется «подвесил Землю ни на чем"). Получается, какова мера наполнения пустого места? Ответ: согласно тому, насколько он поднимает себя выше знания. Другими словами, пустоту нужно наполнять величием, т.е. свойством «выше знания». И пусть попросит у Творца, чтобы Он дал ему эту силу. И это следует понимать так, что пустота не была создана, т.е. не приходит к человеку, чтобы он ощущал себя таким пустым, а [это сделано] только лишь для того, чтобы он наполнил это величием Творца, т.е. чтобы он принимал всё выше знания. И это, как сказано: «Творец сделал так, чтобы боялись Его». Т.е. то, что к человеку приходят эти мысли о пустоте, – это чтобы у человека была потребность принять на себя веру выше знания. А для этого нужна помощь Творца. Т.е. человек обязан тогда просить у Творца, чтобы Он дал ему такую силу, чтобы он мог верить выше знания. Получается, что именно тогда человек нуждается в Творце, чтобы Он помог ему.

13. Рабаш. Письмо 14

И всего удостаиваются лишь благодаря преодолению, которое означает обретение сил; и каждая извлекаемая человеком сила присоединяется к общему счету. Иными словами, даже когда человек совершает в какой-то момент преодоление, к нему приходит посторонняя мысль, и он заявляет: «Разве я уже не достаточно испытан и опытен, чтобы в одночасье лишиться желания к работе? И что я выиграю, если совершу сейчас небольшое преодоление?» И тогда он должен ответить на это, сказав, что монета за монетой присоединяются к большому счету, т.е. к общему счету между корнем его души и всей общностью.

14. Рабаш. 289. «Творец придирчив к праведникам»

Удар, который человек получает от Творца, т.е. когда отбирают у него вкус в работе. Тем самым Он лечит человека, потому что до этого нет у него никакой возможности работать ради Творца, кроме состояния «вера выше знания». Получается, что от удара, который он получил от Творца, от этого, именно, он сможет излечиться, тогда как в противном случае он останется отделенным.

И становится понятным сказанное мудрецами: «Тем, что Творец ударил, Он лечит». То есть, именно это и есть лекарство, иными словами, то, что дает человеку возможность работать в свойстве веры без всякой опоры.

15. Рабаш. 337. «Счастлив человек»

«Счастлив человек, которого мучаешь Ты, Творец». И можно спросить: но ведь цель творения – «насладить Свои создания», а в таком случае, это противоположно цели? И можно объяснить, что, как известно, всякая ветвь желает уподобиться своему корню, как сказано в «Предисловии к книге Зоар», все люди любят покой. Однако это подобно человеку, который держит в руках палку и бьет всех, чтобы они работали. Поэтому всякий человек обязан отказаться от отдыха, чтобы [таким образом] избавиться от страданий, вызванных тем, что его бьют палкой.

А палка – это страдания, когда человек чувствует, что ему чего-то не хватает. Поэтому, когда у человека есть нехватка, состоящая в том, что ему нечего есть, он обязан прилагать усилия, чтобы успокоить муки голода и т.п. И если чего-то недостает больше, он должен приложить большие усилия, пока обязательно не достигнет того, к чему стремится.

Поэтому когда Творец дает ему страдания, состоящие в том, что у него нет никакой духовности, эти страдания заставляют человека прилагать больши́е усилия, пока он обязательно не постигнет духовное, которого, как он чувствует, ему не хватает.

16. Рабаш. 164. «О чём просить у Творца для служения Ему»

Когда человек видит помехи в духовной работе, и он хочет молиться Творцу, чтобы дал ему силы работать над собой, о чём он должен просить Творца?

Есть две возможности:

1) просить Создателя убрать от него эти помехи, тогда не потребуется человеку прилагать слишком больших усилий, чтобы идти дорогой Творца.

2) просить Создателя ощутить больший вкус в Торе, в молитве и в добрых делах, благодаря чему никакие препятствия не смогут задержать его. Ведь когда жизненно важны человеку Тора и заповеди, нет места помехам и не властны они над человеком.

17. Рабаш. 60. «Просьба о помощи»

Когда человек молит Творца, чтобы забрал у него наказание, получается, что будто бы человек просит Творца забрать его исправление. И спрашивается: «Как человек может просить Творца, чтобы забрал исправление, ведь исправление на пользу человеку?».

И объясняет, что с помощью молитвы, когда человек просит Творца, чтобы помог ему, у него появляется связь с Творцом, и это бо́льшее исправление нежели исправление, которое человек получает путем наказания.

18. Рабаш. Письмо 14

Даже когда человек находится на самом дне своего состояния, т.е. исполнен низменных желаний – в любом случае, по ходу дела возникает сила преодоления, которая из точки его сердца томится желанием к Творцу. Сила эта очень важна. То есть даже когда человек находится в изгнании, и точка его сердца подлежит чуждой власти, что называется «Шхина в изгнании», как его индивидуальное состояние, на краткое мгновение человек совершает преодоление и освящает Творца. И хотя вследствие множества попыток он уже уверен, что затем снова станет, каким был – в любом случае, это очень важно, так как человек может во всеуслышание сказать правду.

19. Бааль Сулам. Шамати. 19. «Творец ненавидит эгоизм»

Когда человек приучает себя работать через силу - работать в отдаче, то и разум начинает действовать в направлении отдачи, и тогда совершенно нереально, чтобы разум спросил: «Кто?», когда все чувства уже привыкли работать на отдачу. То есть ощущения человека уже не спрашивают: «Что дает вам эта работа?», ведь уже работают ради отдачи, и само собой, разум не спрашивает: «Кто?»

20. Антология рабби Нахмана. Последнее издание, статья 48

Когда человек вступает в духовную работу, обычно ему дают почувствовать отдаление, и кажется ему, будто его отталкивают сверху и не позволяют ему приступить к работе Творца. Но на самом деле всё отдаление – это только приближение. И необходимо очень большое укрепление, чтобы не упасть духом, видя, что проходят многие дни и годы, когда он прикладывает огромные усилия для духовной работы, но до сих пор очень далек от нее, и даже еще не начал входить во врата святости... И кажется ему, будто Творец вообще не замечает его и совсем не хочет его работы. Ведь он видит, что каждый раз кричит, просит и умоляет Творца помочь ему в работе, и несмотря ни на что, он пока очень далек от нее. А потому ему кажется, что Творец вообще не смотрит на него и не обращает внимания, так как Творец его не хочет. Выходит, что необходима большая стойкость, чтобы как следует укрепить себя и не придавать всему этому значения, ведь на самом деле, все отдаление – это только приближение. И все праведники тоже прошли через все это.

21. Рабаш. Письмо 26

Когда человек идёт путями Творца, ему много раз дают пробуждение свыше, то есть в середине молитвы или в середине изучения Торы, или во время выполнения заповеди. Это пробуждение входит в сердце человека, и он начинает ощущать вкус и очарование святости.

Но человек должен знать, что этот свет ему дали только для того, чтобы обрёл новые силы, чтобы смог укрепиться в работе, чтобы снова вступить в битву со злым началом, и тогда каждый раз ему дают остановку, то есть высшее благо, потому что когда к человеку приходит пробуждение свыше, ему кажется, что уже нет у него никакой войны, поскольку в это время он начинает ощущать красоту и великолепие святости и низменность материальных вещей, пока не решит, что уже готов и призван к работе только ради небес.

22. Бааль Сулам. Шамати. 15. «Что означают «другие боги» в работе»

Если человек верит, что «нет никого, кроме Него», как написано, а все посторонние мысли посылает ему Творец, то есть лишь Он действует, то, конечно же, уже знает, что делать и как ответить на эти трудные вопросы. И это выглядит так, будто она (Шхина) посылает ему посланцев увидеть, как он злословит о ней, о своем Царстве Небес. [...]

И человек может понять, что все исходит от Творца, ведь известно, что эти посторонние мысли, которыми тело давит на человека, не приходят к человеку в то время, когда он не занимается работой. Эти давящие мысли, которые приходят к человеку в настолько явственном ощущении, что просто роятся в его мозгу, появляются как раз после необычайно большого продвижения в Торе и работе.

23. Бааль Сулам. Шамати. 15. «Что означают «другие боги» в работе»

Противодействие тела выражается в человеке появлением посторонних мыслей, и он начинает задавать известный вопрос: «Кто и что?» (Кто такой Творец ваш? Что дает вам эта работа?) И по поводу этих вопросов человек говорит, что конечно же все эти вопросы посылает ему ситра ахра (нечистые силы), чтобы помешать в работе.

Если же человек говорит, что они приходят от нечистых сил, то нарушает написанное: «Не создавайте других богов пред ликом Моим».

А смысл в том, что человек должен верить, что вопросы эти приходят от святой Шхины, потому что «нет никого, кроме Него». И святая Шхина раскрывает человеку его истинное положение, показывая, идет ли он по пути Творца с помощью того, что посылает ему эти вопросы, называемые посторонними мыслями. То есть с помощью этих посторонних мыслей она видит, как он отвечает на эти вопросы, которые считаются посторонними мыслями. И все это человек должен знать, понимая свое истинное состояние в работе, чтобы знал, что делать.

24. Рабаш. Статья 19 (1985) «Пойдем к Фараону - 1»

Хотя зло человека, т.е. себялюбие, занесено над его шеей и хочет отделить его от духовного, показывая ему картину, согласно которой нет никакой возможности избавиться от этой власти, – он должен сказать, что предстающая перед ним картина верна, но он «не разуверится в милосердии». Тогда он должен верить, что Творец может дать ему милосердие – «свойство отдачи». Верно, своими силами человек не способен выйти из-под власти эгоизма, однако если Творец поможет ему, то, конечно же, сможет вызволить его. Сказано об этом: «Я Творец ваш, который вывел вас из земли египетской, чтобы быть вам Всесильным».

25. Рабаш. 195. «Соединение меры суда с милосердием»

Если человек преодолевает себя и говорит, что горький вкус возникает у него потому, что у него нет подходящих келим, которые могут получить свет, то есть, его келим работают на получение, а не на отдачу. И сожалеет о том, что высший вынужден скрывать себя, что даёт низшему повод злословить, и это Ман, который нижний поднимает.

И благодаря этому высший поднимает свой Ахап, это значит, что при подъёме высший может показать нижнему преимущество и наслаждение в келим Ахапа, которые высший может раскрыть. А в отношении нижнего он (высший) поднимает Гальгальта ве-Эйнаим нижнего, для того, чтобы нижний увидел преимущество высшего. Выходит, что нижний поднимается вместе с Ахапом высшего.

26. Бааль Сулам. «Предисловие к книге Плоды Мудрости - о Торе»

Невозможно отнести зло к Творцу, который беспредельно добр, поэтому все то время, пока человек ощущает плохие состояния, он должен сказать, что они исходят из иного источника – от окружения. Но на самом деле, когда человек удостаивается видеть только добро, и что в мире вообще нет зла, и все превращается в добро, тогда ему показывают истину, что Творец делает все, поскольку Он может всё, и Он Один делал, делает и будет делать всё.

27. Бааль Сулам. Шамати. 138. «Боязнь и страх, овладевающие иногда человеком»

Когда к человеку приходит страх, он должен знать, что единственной причиной тому является сам Творец, даже если дело касается колдовства. Но если страх овладевает им всё в большей степени, то и тут он не должен принимать это как случайность, а рассматривать как возможность, данную ему Небом, и изучить, с какой целью она предоставлена ему свыше – вероятнее всего для того, чтобы сказать, что нет никого, кроме Творца. И если после всего этого боязнь и страх не оставляют его, то должны они служить для него примером подобного ощущения в работе Творца, чтобы трепет перед Творцом, которого он хочет удостоиться, был в нём так же велик, как и тот внешний страх тела, который овладел им сейчас.

28. Бааль Сулам. Шамати. 70. «Сильной рукою и изливающимся гневом»

Если человек преодолевает препятствия и помехи, то нелегко свернуть его с пути и можно оттолкнуть его только сильной рукой. И если человек преодолевает препятствия и сильную руку Творца и ни в коем случае не желает сойти с пути к Творцу, а именно желает слияния с Творцом, и ощущает, что отталкивают его, то человек говорит, что Творец «изливает Свой гнев на него», иначе позволил бы ему войти. И кажется человеку, что Творец гневается на него и потому не дает ему войти в Свои чертоги и слиться с Творцом.

Поэтому, прежде чем человек желает сдвинуться с места и прорваться к Творцу, нет такого состояния, чтобы он сказал, что Творец гневается на него. Только после всех отталкиваний, если он не отступает и настойчиво пытается сблизиться с Творцом, когда раскрываются ему «сильная рука и гнев» Творца — тогда осуществляется сказанное: «Буду править Я вами». Поскольку только ценой больших усилий раскрывается ему власть Творца и удостаивается он войти в Его чертоги.

29. Антология рабби Нахмана. Последнее издание, статья 48

Знай, что все движения и сдвиги, которыми ты каждый раз понемногу отделяешь и отрываешь тебя от материального ради духовной работы - все собираются, соединяются и накапливаются, и приходят тебе на помощь в трудный час, то есть когда есть какая-то проблема или беда. И знай, что человек должен пройти по очень узкому мосту, и главное ничего не бояться!

30. Бааль Сулам. Предисловие к ТЭС, п. 133

И лишь герои среди них, чья мера терпения выстояла, победили тех стражников, и, растворив вход, удостоились тотчас узреть лик Царя, который назначил каждого на подходящую ему должность. И, разумеется, с тех пор и далее не было у них более дел с теми стражниками, которые отвлекали и сбивали их, делая горькой их жизнь несколько дней или лет, когда приходили ко входу и уходили вновь. Потому что удостоились работать и служить пред великолепием света лика Царя внутри его дворца.

Быть в радости

1. Зоар для всех. Глава Ваехи. Статья «И жил Яаков», п. 116

Шхина пребывает лишь в совершенном месте – не в месте недостатка, не в месте изъяна, не в месте печали, а в правильном месте, в месте радости.

2. Бааль Сулам. Шамати. 58. «Радость – показатель хороших действий»

Радость есть «отражение» добрых дел: если действия относятся к святости, тогда, благодаря этому, раскрывается радость. Однако следует знать, что есть также и свойство клипы. И чтобы знать, является ли это святостью, выяснение производится относительно «знания» 'даат'. Ведь в святости есть знание, тогда как в Ситре Ахре знания нет, ибо «чужой бог оскоплен и не приносит плодов». Поэтому, когда к нему приходит радость, он должен изучать слова Торы, чтобы ему раскрылась знание Торы.

3. Бааль Сулам. Шамати. 58. «Радость – показатель хороших действий»

Радость – есть высшее свечение, которое раскрывается посредством Мана, т.е. добрых дел. И Творец судит человека, «там, где он находится».

Т.е., если человек принимает на себя ярмо высшей малхут навечно, на этом сразу же пребывает высшее свечение, которое тоже является свойством вечности. И даже если открыто и известно пред Ним, что человек сразу же упадет со своей ступени, Он всё же судит его «там, где он находится». Другими словами, если человек сейчас решил про себя, что он принимает на себя ярмо высшей малхут навечно, это считается совершенством.

4. Рабаш. Статья 17 (1991) «Что означает: «Ибо ожесточил Я сердце его» в духовной работе»

Человек должен радоваться тому, что у него есть хисарон (недостаток) к духовному, тогда как у других людей вообще нет никакого интереса к духовному. И когда человек дорожит этим, несмотря на то, что это для него не так уж и важно, и человек ценит это, и старается благодарить Творца за это, то это приводит его к тому, что он обретает важность духовного. И от этого человек может радоваться, и благодаря этому человек может удостоиться слияния, по причине того что, как сказал мой отец и учитель, «ибо благословенный сливается с Благословенным». То есть то, что человек радуется и благодарит Творца, и тогда он чувствует, что Творец благословил его тем, что дал почувствовать немного от святости, и тогда «благословенный сливается с Благословенным». И благодаря этому совершенству человек может достичь истинного слияния.

5. Бааль Сулам. Шамати. 42. «ЭЛУЛЬ (я – Любимому, а Любимый – мне)»

Желающий прийти к отдаче должен понимать, что если постоянно будет находиться в состоянии раскрытия Творца (что называется, «в белом свете»), то это даст ему силы продолжать работу. Потому что, когда светит человеку, он может работать также и ради себя. В таком случае человек никогда не узнает, чиста ли и бескорыстна его работа (то есть ради Творца ли она)? А потому не сможет прийти к слиянию с Творцом.

Поэтому дают человеку свыше состояние тьмы, и тогда он может увидеть, насколько бескорыстна его работа. И если также и в состоянии тьмы он может оставаться в радости, то это признак того, что его работа ради Творца. Ведь человек должен радоваться и верить в то, что свыше ему дают возможность работать именно на отдачу.

6. Бааль Сулам. Письмо 5

Я доволен и рад этим неисправностям – раскрытым и раскрывающимся.

Однако я досадую и сожалею о неисправностях, которые еще не раскрылись и должны будут раскрыться в будущем, ведь скрытая неисправность лишена надежды, и ее раскрытие – это великое спасение свыше. Ибо есть правило, что нельзя дать того, чего у тебя нет, и если это раскрылось сейчас, нет никакого сомнения, что оно было изначально, только было скрыто. Поэтому я радуюсь, когда они выходят из своих нор, ведь, если ты обратишь на них свой взор, они превратятся в груду костей.

7. Рабаш. 42. «Служите Творцу в радости»

Служащий Создателю, то есть тот, чье намерение ради Творца, должен быть счастлив тем, что служит Царю. А если не чувствует радости во время этой работы, это признак того, что недостает ему ощущения величия Царя.

Поэтому, если видит человек, что не находится в радости, он должен это исправить, то есть должен начать думать о величии Царя. Но если и это не помогает, то должен молиться Создателю, чтобы Он открыл ему глаза и сердце, и смог бы он ощутить величие Творца.

Здесь мы видим развитие двух качеств:

1) Должен сожалеть о том, что нет у него ощущения величия Царя.

2) Должен радоваться тому, что все его страдания – от отсутствия духовного, а не как у остальных людей, все заботы которых только о материальном.

И должен осознать, Кто же Он, давший ему это знание о необходимости сожалеть об [отсутствии] духовного. По этой причине обязан находиться в радости, потому что именно Создатель послал ему эти мысли о стремлении к духовному, ведь это само по себе называется спасением Творца. И поэтому он должен радоваться.

8. Рабаш. 622. «Преодоление»

Когда возникает какое-либо сопротивление духовной работе, следует пребывать в радости, ведь лишь сейчас возникнет возможность заработать большое вознаграждение, как человек, пребывающий в радости, когда видит, что он может много заработать, не смотрит на усилия, видя только вознаграждение. Как сказано, мы должны преодолевать [помехи] в Торе и заповедях.

А когда у нас будут помехи, у нас будет радость от того, что нам дана возможность заработать большое вознаграждение.

9. Бааль Сулам. Шамати. 5. «Лишма – это пробуждение свыше, и почему нужно пробуждение снизу»

Работающий на Творца не должен прилагать никаких усилий, а наоборот, ощущает наслаждение и воодушевление. Тогда как работающий на другие цели не может обратиться к Творцу с требованиями, почему Творец не дает ему воодушевления в его работе. Ведь он работает не ради Творца, так почему же Творец должен платить ему за его работу?

10. Бааль Сулам. Шамати. 42. «ЭЛУЛЬ (я – Любимому, а Любимый – мне)»

Сказали мудрецы: «Обжора всегда сердится». То есть тот, кто находится в получении «ради себя», сердится, потому что всегда ощущает недостаток, не в состоянии наполнить свои эгоистические желания. Тогда как тот, кто желает идти путем отдачи, должен быть всегда в радости, независимо от того, какие обстоятельства посылаются ему, потому что нет у него никаких намерений «ради себя».

Поэтому он говорит, что если он действительно работает ради отдачи, то конечно должен постоянно быть в радости от того, что удостоился доставить наслаждение Творцу. А если чувствует, что пока еще его работа не ради отдачи, все равно должен оставаться в радости, ведь ничего не желает для себя и радуется, что его эгоизм не может получить никакого наполнения от его работы. И это приносит ему радость.

11. Рабаш. Статья 24 (1991) «Что означает, что человек должен родить сына и дочь, в духовной работе"

Когда ощущается вкус праха, т.е. тело насмехается над этой работой, он говорит телу, что, по его мнению, называется эта работа «подъем Шхины из праха». Т.е. хотя тело ощущает в этой работе вкус праха, человек говорит, что это святость, и не измеряет, каков вкус, что он ощущает в работе, но он верит, что Творец наслаждается этой работой, т.к. нет здесь никакой примеси желания получать, ведь ему нечего получать, ведь нет никакого вкуса и смысла в этой работе, потому что лишь вкус праха есть здесь. А поэтому он верит, что такова духовная работа, и так или иначе, он рад и весел.

12. Бааль Сулам. Шамати. 1. «Нет никого кроме Него»

Когда человек чувствует, что он немного приближен к святости, и есть у него радость от того, что удостоился благоволения Творца, — тогда возложена на него обязанность сказать, что главное в его радости то, что есть сейчас радость наверху, у святой Шхины, оттого что была у нее возможность приблизить его к себе, ее отдельный орган, и она не должна отторгать его наружу.

И от того что человек удостоился доставить радость Шхине, есть радость и у него самого. И все это идет на тот же счет, ведь если есть радость у частного - это только часть той радости, которая есть у общего. И с помощью этих расчетов он теряет свою обособленность и не попадает во власть нечистых сил, желающих получать для своей пользы.

13. Рабаш. 507. «Что такое радость»

Тот, кто видит, что у него нет радости, как у других людей, – причина этого в том, что он стоит на более высокой ступени. Поэтому он должен знать, что Творец предоставляет ему возможность начать заниматься Торой и духовной работой. И это принесет ему истинную радость, называемую радостью заповеди.

14. Рабаш. 805. «Радость»

Радость – это свидетельство. То есть, если человек укрепляется в вере, что Творец добр и творит добро, что нет выше Него, - несмотря на то, что в том состоянии, в котором он сейчас находится, ему нечему радоваться, то есть быть счастливым. Но все равно он подбадривает себя и говорит, что Творец управляет им как добрый и творящий добро.

И если его вера истинная, все равно он думает, что он должен быть счастливым и радоваться, и размер радости свидетельствует о мере истинности его веры.

И здесь надо объяснить то, что рассказывается о раби Элимелехе, который говорил, что когда он придет в истинный мир и ему скажут войти в ад, он скажет, что если таково желание Творца, то он прыгнет. То есть, как выше сказано, это категория управления Добрый и Творящий добро, и получается, что он всегда в радости.

15. Бааль Сулам. Шамати. 96. «Отходы гумна и винодельни в духовной работе»

Цель работы – в нахождении на уровне «простого смысла» и природы. Ведь при такой работе у человека нет возможности упасть ниже, если он уже опирается на землю. Это потому, что он не нуждается в большом состоянии, ведь все время начинает будто заново. И работает он всегда так, будто только что начал работать, принимая на себя власть Небес верой выше знания. Основа, на которой строится порядок работы, должна быть самой простой, чтобы быть абсолютно выше знания. И только самый наивный человек может настолько принизить себя, чтобы продвигаться без всякого основания, опираясь лишь на свою веру и не нуждаясь в другой поддержке. А вдобавок, он должен принимать эту работу с большой радостью, будто обладает знанием и явным видением, на которое опирается для подтверждения своей веры, чтобы полагаться на веру выше знания совершенно в той же мере, будто есть у него знание. И если человек держится такого пути, то никогда не упадет, а всегда сможет быть в радости от того, что верит, что он служит великому Царю.

16. Бааль Сулам. Шамати. 40. «Какова вера в Учителя»

Во время нахождения в правой линии, человек может получать высшее наслаждение, ведь «благословенный прилепляется к Благословенному», и в состоянии совершенства человек называется благословенным и находится в единстве свойств с Творцом. А признаком совершенства служит радостное настроение, иначе далек он от совершенства. И об этом сказано: «Лишь только в радости исполнения заповеди воцаряется Божественное присутствие (Шхина)».

Причиной появления радости является заповедь, то есть то, что Учитель заповедал человеку какое-то время идти по правой линии, а какое-то – по левой, и человек выполняет эту заповедь Учителя. И левая линия всегда находится в противоречии с правой. В левой линии делается расчет пройденного и приобретенного в работе Творца. И тут открывается, что у человека ничего нет, как же он может быть в совершенстве? Но несмотря на это, согласно заповеданному Учителем, он идет выше знаний. Получается, что всё его совершенство строится на [продвижении] выше знания. И это называется верой.

17. Бааль Сулам. Письмо 57

Нет более счастливого момента в существовании человека, чем когда он чувствует себя отчаявшимся в собственных силах, иными словами, что он уже старался и сделал всё, что представляется в его силах возможным сделать, а исцеления нет. Ибо тогда он готов к совершенной молитве о помощи к Творцу. Ведь он твердо уверен, что его собственная работа не принесет ему пользы, а до тех пор пока он чувствует некоторую силу в своей собственной работе, молитва его не совершенна. Ибо злое начало спешит сказать ему, что сначала он обязан сделать то, что в его силах, а потом будет он желанен Творцу.

И об этом сказано: «Возвышен Творец, и низкий увидит». Ибо после того как человек прилагает усилие в разного рода работах и отчаивается, он достигает по-настоящему низкого состояния. Т.е. он знает, что он самый низкий из всех людей, ибо нет у него ничего полезного в строении его тела. И тогда молитва его совершенна, и он получает ответ из щедрой руки Его.

18. Бааль Сулам. Шамати. 26. «Будущее человека зависит от его благодарности за прошлое»

В мере важности, которую (человек) придаёт духовной работе, в той же мере он должен благодарить и восхвалять Творца. Ведь это истина, что мы не в состоянии оценить важность того, что иногда можем выполнить заповедь Творца даже без какого-либо намерения. И в таком случае он достигает ощущения величия и радости в сердце. А вследствие восхваления и благодарности, которые возносит Творцу, расширяются его ощущения, и проникается он каждой деталью духовной работы, постигая, Кому он является рабом, вследствие чего поднимается к новым вершинам. И в этом смысл сказанного: «Благодарю я Тебя за всю милость Твою ко мне!» — то есть за прошлое. И немедленно с уверенностью продолжает: «И за то, что в будущем Ты сделаешь со мной!».

19. Рабаш. Письмо 22

Тора называется подарком. Тогда, если дают человеку возможность учиться, молиться и выполнять заповеди даже мгновение в день, это уже является подарком Творца.

Ведь есть миллиарды в мире, которым Творец не дает возможности подумать о Себе даже одно мгновение в год. Поэтому, занимаясь Торой, надо быть в радости, т.к. только через радость удостаиваются притянуть свет Торы. И довольно понимающему.

20. Рабаш. 386. «Это день, созданный Творцом»

«Это день, созданный Творцом, будем веселиться и радоваться ему».

«Это день» означает «это называется днем, а не что-то другое». И что будет, когда Творец создаст его? Каждый придет к постижению, так что «будем веселиться и радоваться ему».

«Ему» означает «Творцу», т.е. слиянию с Творцом, что называется уподоблением по форме, что означает, что каждый поймет, что нет большей радости, чем доставление наслаждения Творцу. И на это мы рассчитываем, когда всё общество придет к этому уровню, называемому «Гмар Тикун».

Поднять себя вверх

1. Рабаш. Статья 16 (1985) «Чем более изнуряли его»

Человек неспособен принудить себя к тому, чтобы чувствовать не то, что он чувствует. Следовательно, если он проверяет степень своего ощущения – в какой мере он испытывает боль и страдание из-за отдаленности от Творца, – то иногда бывает так, что ему все равно. В таком случае человек не знает, как быть, поскольку не может изменить ощущение, которое испытывает. И тогда он в смятении.

Отсюда проистекает длительность изгнания – нам трудно выдать требуемое количество и, тем более, качество. Когда человек приступает к самоотчету, измеряя качество своей потребности, и видит, что ему не больно и что, напротив, он находится в бессознательном состоянии, без чувств, и хотя в отдалении от Творца у него нет жизни, но ему от этого не больно, тогда есть лишь одно средство – молитва к Творцу: пускай даст ему немного жизни, чтобы почувствовать себя опасно больным, нуждающимся в исцелении души.

2. Рабаш. Статья 16 (1985) «Чем более изнуряли его»

Порой человек падает столь глубоко, что у него нет сил даже взмолиться об этом. Напротив, ему всё безразлично. Это означает, что он оказался в неживом состоянии, – иными словами, в нем нет никакого движения. В таком состоянии помочь ему может только окружение. Иными словами, человек вступает в группу товарищей, не подвергая их никакой критике.

3. Бааль Сулам. Шамати. 99. «Грешник или праведник – не сказано»

Если сам человек не обладает силой желания и устремления к духовному, но находится среди людей, стремящихся к духовному, и эти люди приятны ему, то он получает от них силу преодоления и проникается их желаниями, стремлениями и идеалами. Несмотря на то, что согласно собственным свойствам, он не обладает такими желаниями, стремлениями и силой духа. Но именно благодаря расположению и уважению к этим людям, он получает новые силы.

4. Рабаш. Статья 17 (1987) «Суть важности запрета обучать Торе идолопоклонников»

Иногда бывает, что человек входит в такое состояние, что может видеть свою низость, и его не беспокоит то, что он погружён в любовь к себе, и не чувствует, что он настолько низок. Пока не станет нуждаться в Творце, который выведет его из низости.

Тогда человек должен сказать себе: «То, что меня не волнует то, что я подобен животному, что поступаю только, как животное, и все мои заботы в этом состоянии только о том, что я прошу Творца, чтобы дал мне ощутить больше вкуса к материальным наслаждениям, - кроме этого я не чувствую никакого хисарона». И в таком состоянии человек должен сказать себе, что он сейчас в бессознательном состоянии. И если нет у него возможности молиться Творцу, чтобы помог ему, то у него есть только один совет, - присоединиться к людям, о которых он думает, что у них есть ощущение хисарона; как они, находясь в своей низости, просят у Творца, чтобы вывел их из беды к благу, их тьмы к свету, - те, кто ещё не познали спасения Творца, приблизившего их.

Тогда он должен сказать: «Конечно, что пока ещё кли их хисарона, называемое «необходимость выйти из этого изгнания» ещё не сформировалось в совершенстве на сто процентов. Но наверняка они прошли большую часть пути к ощущению истинной потребности». И с их помощью он тоже может перенять их ощущение, чтобы также и он ощутил боль оттого, что находится в низости.

5. Рабаш. Статья 17 (1987) «Суть важности запрета обучать Торе идолопоклонников»

Невозможно получить от общества влияние, если он не прилепился к обществу. То есть, ценит их. И в этой мере он может получить от них влияние без работы, лишь прилепившись к обществу.

6. Рабаш. Статья 4 (1984) «Человек да поможет ближнему»

Есть одна вещь, которая присуща всем, – расположение духа. Сказано: «тревога в сердце человека – пусть поведает о ней другим». Ибо пребывать в приподнятом расположении духа не помогут ни богатство, ни мудрость, ни т.п.

Человек способен помочь другому, именно когда видит, что тот пребывает в унынии. Сказано: «не может человек сам вызволить себя из тюрьмы» – однако товарищ как раз способен вызвать у него приподнятое расположение духа.

Иначе говоря, товарищ поднимает его из состояния, в котором он находится, в состояние духа жизни, и человек снова начинает обретать уверенность в жизни и достояние. И начинает путь, как будто его цель сейчас близка к нему.

Отсюда следует, что каждый должен думать и заботиться о том, чем он может помочь товарищу, чтобы придать ему приподнятое расположение духа. Ведь в том, что касается настроения, каждый может найти у товарища место недостатка, которое он способен наполнить.

7. Рабаш. Статья 6 (1989) «Что такое «выше знания» в духовной работе»

Иногда он приходит к падениям в работе до такой степени, что вообще забывает, что есть работа Творца. Это означает, что он выпал из своего состояния, когда работал с воодушевлением, и думал, что с этого дня и далее он останется в духовной работе навсегда.

И вдруг он видит через некоторое время, что он вообще вышел из святости. То есть, он не помнит точки отсчета. То есть, что он не способен вспомнить мгновение, когда вышел из святости и упал на уровень материального мира. И это потому, что во время падения человек теряет сознание и не помнит ничего. Как и в материальном мире, когда человек падает с высоты и не помнит, что упал. И только после того, как приходит в себя, он видит, что находится в больнице, то же самое происходит и в порядке духовной работы.

8. Рабаш. Статья 26 (1989) «Что означает «того, кто оскверняет себя, оскверняют свыше» в духовной работе»

Человек, который хочет выйти из эгоистической любви, иногда получает питание, т.е. жизненную силу, от того, что хочет работать ради отдачи. Но когда он не ценит питание, которое он получил для отдающих келим, ему дают какую-нибудь страсть, чтобы ему захотелось, и он начинает думать о наслаждении от этой страсти и забывает обо всей духовной работе, и тут же получает падение, до того, что он уже не чувствует, в каком состоянии он находится. А на самом деле, он находится без сознания, т.е. сейчас ему неизвестно, что есть такая вещь как духовность, которой он до этого занимался всем сердцем, и вдруг у него всё забылось, пока он не приходит в себя и не начинает чувствовать, что находится в состоянии падения.

И это подобно тому, как если бы у него, страшно сказать, случилась дорожная авария, и он остался без сознания, а после того, как он пришел в себя, он видит, что находится в больнице. Так же и человек, который шел по пути достижения «ради отдачи». Вдруг его поразила некая страсть, которая вошла в его сердце, и он находится без сознания, т.е. упал в материальный мир. И только спустя какое-то время он приходит в себя, т.е. он услышал известие свыше, что он не в порядке.

9. Рабаш. Статья 6 (1991) «Что такое «пастухи стада Аврама и пастухи стада Лота» в духовной работе»

Иногда искра гаснет и не светит. И это может произойти посередине работы. Это называется, что с человеком случилась авария в пути, то есть посреди работы произошел несчастный случай, и он упал со своей ступени и остался в бессознательном состоянии. То есть, он уже не знает, что существует духовное в реальности, а забыл обо всём и вошел в материальный мир всеми своими чувствами.

И только через какое-то время человек приходит в себя и видит, что он находится в материальном мире. И тогда он снова начинает подниматься наверх, т.е. ощущать духовную потребность, и опять получает толчок к тому, как сблизиться с Творцом.

А затем он вновь опускается со своей ступени. Но человек должен верить, что каждый раз он поднимает свою искру к святости. И хотя он видит, что он опустился со своего состояния и упал на ту же ступень, на которой был в начале работы, но он каждый раз поднимает новые искры, т.е. каждый раз он поднимает новую искру.

10. Рабаш. Статья 26 (1985) «Покажи мне славу Свою»

Иногда к нему приходит картина обратной стороны, и он видит свое падение. И хотя до этого падения в текущее состояние он находился в лицевой стороне, но теперь видит, что у него нет никакого устремления ни к принципам отдачи, ни к молитве и т.п. Он чувствует себя сейчас пустым сосудом без капли духовной работы. А кроме того, он видит себя так, словно никогда не вел духовную работу и вообще не знает сейчас, что это такое.

И порой человек оказывается во тьме: когда он заводит с собой разговор о том, что пора заняться работой и что бессмысленно оставаться без всякой цели в жизни, тогда ему кажется, что он говорит себе нечто новое, как будто он никогда не слышал о духовных вопросах. И тогда человек удивляется себе: как можно испытывать такое ощущение, словно он новичок, никогда не занимавшийся духовной работой? Хотя в памяти у него еще остался слабый след от того периода, когда он постоянно видел себя в первых рядах, – но вдруг всё исчезло из сердца, и он вспоминает об этом лишь как во сне.

Таким образом, человек видит свое истинное состояние только в период обратной стороны.

11. Бааль Сулам. Шамати. 33. «Рок Йом Кипур и Амана»

Изъяны в духовной работе (слово гарон, горло созвучно гирайон, недостаток) заставляют человека поднимать себя все выше. А без подталкивания он бы ленился произвести малейшее движение и желал бы оставаться в своем состоянии вечно. Но если человек падает ниже уровня, на котором, как он считает, ему подобает находиться, это дает ему силы бороться с падением. Ведь он не может оставаться в таком ужасном состоянии, он не согласен в нем находиться! Поэтому он обязан каждый раз прилагать усилия, чтобы выйти из состояния падения – что заставляет его умножать Величие Творца. Таким образом, человек нуждается в получении свыше сил, выше тех, которыми обладает, иначе останется в падении.

12. Бааль Сулам. Шамати. 225. «Поднять себя»

Невозможно человеку поднять самого себя и вырваться из своего круга. Поэтому, желая приподняться, он обязан питаться от своего окружения и прилагать большие усилия на пути Торы. И если человек выбирает себе хорошее окружение, то выигрывает во времени и в усилиях, потому что устремляется за своим окружением.

13. Рабаш. Статья 23 (1989) «Что означает в духовной работе: «Если проглотил марор, не исполнил долг"»

Хотя он отдаёт себе отчёт в том, что лишь Творец может ему помочь, и понимает, что истинный совет заключается только в молитве, тело даёт ему понять, что сколько бы ты не молился, так и не получаешь никакого ответа свыше. Так зачем тебе молиться, чтобы Творец помог? Ты же видишь, что не приходит никакого ответа свыше. И потому он не способен больше молиться. И снова нужно это преодолеть, как и преодолевал в состоянии веры, и надо верить, что Творец слышит молитву каждого. Не важно, способный ли человек и обладает ли он хорошими качествами, или наоборот. Главное, он должен преодолеть и верить выше знания, несмотря на то, что знание его обязывает думать, что после стольких безответных молитв он уже не способен снова молиться. И это тоже надо преодолеть, прилагая усилия выше знаний, и молить Творца, чтобы помог ему превозмочь свое знание и молиться.

14. Рабаш. Статья 19 (1985) «Пойдем к фараону - 1»

Нужно обратить внимание на это и верить во всех состояниях, самых плохих, какие только могут быть, и не сбегать от работы, но всегда полагаться на Творца, который может помочь человеку и дать ему необходимое, нуждается ли он в малой помощи или в большой. А по правде говоря, кто понимает, что ему нужна большая помощь от Творца, поскольку он хуже остальных людей, тот более заслуживает, чтобы молитва его была принята. Сказано об этом: «близок Творец к сокрушенным сердцем и угнетенных духом спасает».

Поэтому у человека нет основания признать себя негодным к тому, чтобы Творец приблизил его. А причина в том, что он ленится в своей работе. Человек всегда должен продвигаться в преодолении, не позволяя проникать в свой разум мыслям отчаяния.

15. Рабаш. Статья 30 (1989) «Что такое зажигание светильника в духовной работе"

Нужно верить сказанному мудрецами: «Пришедшему очиститься – помогают». И запрещено убегать от работы в то время, когда он видит, что не продвигается. И иногда приходят к нему мысли – лазутчики, говорящие, что эта работа не для нас – для этого нужны особые люди, способные идти путем преодоления.

И все это приходит к нему для того, чтобы человек понял, что должен каждый раз видеть, как он продвигается. Однако не приходит в голову человеку, что он должен продвигаться в достижении тьмы, что только это является кли, которого он должен достичь. Как сказано, кли, сосудом называется потребность в наполнении. Т.е. если нет у него наполнения потребности, он ощущает, что находится во тьме. Поэтому не должен человек говорить, что он не продвигается в работе.

Поэтому он желает убежать из системы, которая не истинна, потому что он видит каждый раз, как он далек от получения света, т.е. чтобы Творец дал ему кли, называемое желание отдавать, и он не способен достичь желания отдавать своими силами, и тогда он приходит к ощущению, что мир померк для него. И тогда приходит свет, т.е. помощь свыше, как сказано: «Пришедшему очиститься – помогают".

16. Рабаш. 289. «Творец придирчив к праведникам»

Если человек находится в состоянии падения, когда он не чувствует вкуса в работе, нет пользы в этом случае от щепетильной работы с ним, ибо он и так уже в состоянии падения, и есть у него сейчас работа приблизиться к Творцу. Поэтому нельзя сказать, что Творец заберет у человека вкус работы, если нет у него сейчас никакого вкуса.

И вопрос удара, который человек получает от Творца, именно, когда отбирают у него вкус в работе. Тем самым Он лечит человека, потому что тогда нет у него никакой возможности работать ради Творца, кроме состояния «вера выше знания». Получается, что от удара, который он получил от Творца, от этого, именно, он сможет излечиться, тогда как в противном случае он останется отделенным.

17. Рабаш. Статья 44 (1990) «Что такое «война за власть» в духовной работе - 2»

Когда человек находится в низком состоянии, что означает что Творец отдаляется и покидает его, и у него нет ни малейшего желания и стремления к работе, - это означает, что Творец показывает человеку духовное свойство, в котором нет никакого вкуса, а наоборот, человек хочет убежать и забыть вообще о работе. Это называется, что Творец показывает ему обратную сторону, потому что лик Творца - это Его желание насладить творения, тогда как обратная сторона - совсем наоборот. А почему Творец показывает человеку обратную сторону? Это делается преднамеренно, чтобы подтолкнуть человека к слиянию с Творцом, чтобы не смог оставаться в низком состоянии. Получается, что внутри состояния обратной стороны кроется лик (Творца).

18. Рабаш. 255. «Слова мертвого»

Мертвым называется человек во время падения, и тогда он относится к свойству: «Грешники при жизни своей называются мертвыми». И тогда, когда ему говорят слова Торы, принадлежащие другим, чтобы он пробудился и вернулся к работе, это бесполезно. И это называется «издевающийся над бедным», потому что он не приходит в волнение от того, что другие произносят Тору.

Однако если ему говорят «слова мертвого», т.е. то, что он сам говорил, будучи в состоянии подъема, что называется «когда он был жив», и ему говорят: смотри, какое у тебя было высокое состояние, и что у него были жизненная сила от святости, и смотри, какие слова Торы ты говорил тогда, – от этого он может ожить. Тогда как если ему говорят слова Торы, которые сказали другие, этим он не впечатляется. […]

И только от «слов мертвого», т.е. от того, чем он сам занимался при жизни в плане веры, возможно, что у него пробудятся решимот и подействуют так, что он снова оживет.

19. Рабаш. Статья 34 (1991) «Что означает: «Вкушает плоды их в этом мире, а фонд накапливается в мире будущем» в духовной работе»

Лишь те люди, которые говорят, что хотели бы убежать от работы, но некуда им идти, так как больше ни от чего не получают удовлетворение, такие люди не уходят от работы. И хотя есть у них подъёмы и падения, но они не отчаиваются. И об этом сказано: «И застонали сыны Исраэля от работы, и возопили, и вознесся вопль их от работы к Творцу». То есть, они стонали от работы в том, что не продвигались в работе Творца, что не могли работать ради отдачи и наслаждения Творца. И тогда удостоились выхода из Египта, который называется в духовной работе «выходом из власти желания получать и входом в работу на отдачу".

20. Рабаш. Статья 38 (1990) «Что значит, что чаша благословения должна быть полной в работе»

Человеку необходима большая милость свыше, чтобы не сбежал с поля боя. И хотя человек использует советы мудрецов, которые сказали – «Я создал злое начало, Я создал Тору в приправу», он говорит, что уже использовал этот совет много раз, и это ему не помогло.

И так же говорит, что уже использовал совет «пришедшему очиститься, помогают», но как будто бы все эти советы не для него. Если так, то он не знает, что делать. И тогда для человека наступает самое плохое состояние, когда он хочет сбежать от этих состояний. Но ему некуда бежать. И тогда он страдает от того, что он находится между состояниями отчаяния и уверенности. Но тогда человек спрашивает – куда ему направиться?

И тогда нет никакого иного совета, чем молитва. И эта молитва так же без какой-либо уверенности. Получается, что он должен воздать молитву, чтобы поверил, что Творец слышит молитву, и все, что человек ощущает в этих состояниях – ему на пользу.

21. Бааль Сулам. Шамати. 19. «Творец ненавидит эгоизм»

Главное для человека, стараться обрести сильное желание достичь отдачи и превозмочь свой эгоизм. А сила желания измеряется количеством задержек и остановок – то есть по тому, сколько времени проходит между одним преодолением и другим, когда человек вдруг прерывается посередине и испытывает падение. И это падение может задержать его на мгновение, или на час, или на день, или на месяц. А потом он снова начинает работать над преодолением своего эгоизма и старается достичь отдачи. А сильным желанием называется такое, когда прерывание не отнимает у него много времени, и он тут же снова пробуждается к работе.

22. Рабаш. Статья 12 (1989) «Что такое «трапеза жениха"»

Хотя ему и известно, что [верный] совет, как выйти из состояния падения – это молитва, однако тогда у него нет сил, чтобы молиться. И хотя есть правило, что обо всем, чего недостает человеку, он должен молиться Творцу, таким образом, и о том, что он не может молиться, он должен молиться, но иногда и об этом нет сил молиться. Поэтому в этом состоянии человек находится в абсолютном падении.

Однако, когда иногда человек скатывается всё больше и больше, пока не приходит в состояние, в котором он уже забывает и не чувствует, что он находится в падении. И, как мы говорили об этом много раз, когда человек падает так низко, что остается в бессознательном состоянии. Иными словами, у него тогда нет осознания, что он находится «на самом дне». – Только после этого, когда он приходит в себя, он видит, насколько он находится в самом низу, и у него нет сил даже молиться.

Однако тогда человек должен преодолеть себя и укрепиться, и сказать: «Сейчас я могу с полной уверенностью сказать: «Песнь ступеней. Из глубин воззвал я к Тебе, Творец»».

23. Рабаш. Статья 22 (1989) «Что означает, что именно в канун Песаха задают четыре вопроса»

Во время падения он не видит, как начинает опускаться, ведь во время падения он остается без сознания, и только после того как упал, ему снова приходит помощь свыше, и ему сообщают: «Знай, что сейчас ты находишься в падении». А до того, как ему сообщают, когда он находится в бессознательном состоянии, он ничего не знает. Однако и этому человек тоже должен верить, что это так, т.е. что и знание это не приходит само по себе.

Тем не менее, человек должен знать, что эти падения даны ему, чтобы из них научиться ценить состояния подъема. Однако в состоянии падения человек не способен научиться из этого ничему. И только в состоянии подъема у него есть возможность сделать истинный расчет и сказать: «То, что я сейчас нахожусь в состоянии веры, это пришло ко мне от Творца, иначе я сразу же упаду в состояние эгоистической любви», – а если он не делает этого расчета, его сейчас же выбрасывает; и воздать благодарение Творцу за то, что Он приблизил его. Получается, что невозможно достичь истинного наслаждения от приближения к Творцу, если не уметь ценить это, как сказано выше, «как преимущество света [постигаемое] из тьмы».

24. «Ноам Элимелех». Сборник Розы

Человек всегда должен молиться за товарища, ведь ради себя он не может особо ничего сделать, так как не может узник вызволить себя из тюрьмы. Но для товарища он быстро получает ответ. И каждый должен молиться за товарища. И получается, что каждый работает для другого, пока все они не получат ответ. И об этом сказано, что Исраэль поручители друг за друга, что означает – смягчение (досл. – подслащение), […] потому что смягчают друг ради друга в своих молитвах, когда молятся – каждый за товарища, и поэтому получают ответ. А главная молитва – в мысли, поскольку в мысли может быть с легкостью принята его молитва.

25. Рабаш. Статья 30 (1988) «Чего требовать от собрания товарищей"

Каждый должен стараться дать группе дух жизни, полный надежды и энергии, чтобы каждый мог сказать себе, что сейчас он начинает работать с чистого листа. То есть, до того, как он пришел в группу, он был разочарован своим продвижением в духовной работе, однако сейчас товарищи дали ему дух жизни и надежды, что благодаря группе он пришел к уверенности и силе преодоления. Ведь сейчас он чувствует, что способен достичь совершенства.

А то, что ему казалось, что перед ним стоит огромная гора и огромные помехи, сейчас он чувствует, что это просто ничто. И всё это он получил благодаря группе, благодаря тому, что каждый старался дать группе свою поддержку и свежую силу.

Работа в подъемах и падениях

1. Рабаш. Статья 34 (1988) «Что такое день и ночь в духовной работе»

Любую вещь, вкус которой человек хочет попробовать, [чтобы понять,] стоит ли ему использовать ее, он обязан изучать по контрасту, как сказано: «Как превосходство света над тьмой». Подобно тому, как человек не может наслаждаться покоем, если он не знает, что такое усталость. Поэтому человек обязан пройти процесс подъемов и падений, но не впечатляться падениями, а прилагать усилия, чтобы не убежать с поля боя. Поэтому, хотя в процессе работы он должен осознавать, что это две [разные] вещи, однако в конце работы он видит, что свет и тьма подобны двум ногам, которые ведут человека к цели.

2. Рабаш. Статья 6 (1990) «Когда человек должен пользоваться гордостью в духовной работе»

Человек должен обращать на это внимание и верить, что Творец помогает ему и направляет его, чтобы он шел по пути, ведущему в царский чертог. Получается, что он должен радоваться тому, что

Творец управляет им и дает ему также и падения. Другими словами, человек должен верить, что, как человек может понять, что Творец дает ему подъемы, ведь тут нет сомнения, что человек не может сказать, что это он сам получил подъемы, а это Творец желает приблизить его, поэтому Он дает ему подъемы – так же человек должен верить, что и падения дает ему Творец, поскольку Он желает приблизить Его.

3. Рабаш. Статья 6 (1991) «Что такое «пастухи стада Аврама и пастухи стада Лота» в духовной работе»

В каждом начале человек обязан начинать заново получение высшей малхут, и недостаточно того, что вчера у него была вера в Творца. Поэтому всякое получение высшей малхут считается новым свойством, т.е. сейчас он получает часть пустого пространства, которое было свободно от высшей малхут, и помещает это пустое место и наполняет его высшей малхут.

Получается, что он выяснил сейчас что-то новое – то, чего не было, прежде чем он взял это пустое место и наполнил его высшей малхут. И это называется, что он поднял новую искру в святость, и во множестве подъемов он всегда поднимает искры из пустого пространства к святости. Получается, что от каждого падения он приходит к новому началу и поднимает новые искры.

4. Бааль Сулам. Письмо 25

Если это падение для подъема, считается это подъемом, а не падением, а на самом деле само падение – это подъем, ибо буквы молитвы сами наполняются светом, и в короткой молитве сократится свет, ибо не будет хватать букв.

5. Рабаш. Статья 29 (1986) «Лишма и ло-лишма"

Полученное падение идет человеку на пользу. Это особое средство: его опустили из прежнего состояния, в котором он думал, что уже обрел немного совершенства. Это заметно по тому, что он был согласен оставаться в текущем состоянии всю жизнь.

С другой стороны, теперь, видя, что он далек от духовного, человек задумывается: «Чего на самом деле от меня хотят? Что на меня возложено? Какой цели я должен достичь?» Он видит, что у него совсем нет сил для работы, и обнаруживает себя «подвешенным меж небом и землей». И укрепиться он способен лишь тем, что только Творец может ему помочь, тогда как сам он потерян.

Сказано об этом: «надеющиеся на Творца обновят силы». «Надеющиеся на Творца» – это люди, которые видят, что нет никого иного в мире, кто способен помогать им с каждым разом набираться новых сил. Следовательно, это падение – как раз подъем. Иными словами, когда они испытывают его, это позволяет им подняться ступенью выше. Ведь нет света без сосуда.

6. Рабаш. Статья 43 (1990) «Что означает: «Не сажай себе Ашеру рядом с жертвенником» в духовной работе»

Человек должен верить, что получил падение потому, что его «отбросили» свыше. Поэтому он упал в такое низменное состояние. Тогда он может работать над собой, производить исправления, дабы не вернуться вновь к падению, поскольку должен верить, что падение является для него исправлением.

7. Зоар для всех. Берешит - 1. Статья «Создадим человека», п. 159

В соответствии с величиной уровня свойства «паним» ступени, такова же и величина уровня свойства ее «ахораим». А озарение «ахораим» является воззванием и призывом к озарению «паним». И поэтому они знали, в зависимости от меры скрытия «ахораим», которую они постигали, ту меру раскрытия, которую им предстоит постигнуть.

«Как только услышал рабби Шимон, что назвал Он его Шимон, а не рабби Шимон» – т.е. озарение «ахораим», являющееся воззванием, было настолько сильным, что он лишился всех ступеней и стал простым человеком, Шимоном с рынка. И узнал благодаря этому, что это воззвание и призыв к очень возвышенному постижению «паним».

8. Книга «Сихот Хаим» адмору из Могильницы

Однажды пришёл один известный господин и начал извиняться перед рабби из Люблина, говоря, что никакие отказы и самоограничения, к которым он прибегал, не помогают ему избавиться от злого начала, и не проходит почти и дня, чтобы он не согрешал! И ответил ему рабби из Люблина: «Из твоих слов я слышу, что ты ещё и вовсе не начинал работу Творца, поскольку каждый, кто относится к Исраэль, и не чувствует, что совершает 400 грехов с утра до утренней молитвы, свидетельствует о том, что и не начинал работать на Творца в святости и непорочности.

9. Введение в книгу «Эдат цадиким», стр.11

Сказал рабби Цви Софер Бааль Шем Тову: «Почему вы молчите? Сейчас не время молчать, скажите что-то»... И ответил ему Бааль Шем Тов: «Ничего я сейчас не помню, все мои силы иссякли. Может, ты помнишь что-то из того, чему я учил тебя? Напомни мне.» И сказал рабби Цви: «И я тоже ничего не помню, за исключением простого алфавита». И закричал Бааль Шем Тов: «Так что же ты молчишь, читай мне алфавит!» И начал рабби Цви Софер произносить перед ним — алеф, бет, гимель, далет... И Бааль Шем Тов продолжил за ним вслух в великом воодушевлении, как и ранее всегда пребывая в святости, пока не вернулись к нему прежние силы.

10. Антология рабби Нахмана из Бреслава. Последняя редакция, статья 48

Человек должен быть упрямым в работе Творца, даже если что-то с ним происходит. И очень хорошо запомни это, потому что это будет необходимо, когда начнешь работу Творца. Потому что требуется большая настойчивость, быть сильным и мужественным, владеть собой, стоять на своем, даже если отбрасывают его каждый раз, не позволяя себе упасть совершенно ни в коем случае. Потому что все эти спуски и падения, и путаницы и прочее – необходимо их пройти, прежде чем входят во врата святости, так же как и истинные праведники прошли все это. И знай, что человек должен пересечь очень узкий мост, и, самое главное, не бояться вообще.

11. Рабаш. Статья 6 (1991) «Что такое «пастухи стада Авраама и пастухи стада Лота» в духовной работе»

Когда человек видит, что у него начинается падение, то должен остерегаться, чтобы не убежать с поля боя, несмотря на то, что он видит, что не продвигается. Но он должен стараться начинать всегда сначала. То есть то, что он начинает подниматься, не означает, что он вернулся к прежней ступени. Получается, что он не делает ничего в его работе, ведь он думает, что поднимается сейчас на предыдущую ступень. Но он должен верить, что это новая ступень, что каждый раз он поднимает иные искры, пока не поднимет свои искры, относящиеся к его ступени.

12. Бааль Сулам. Шамати. 19. «Творец ненавидит эгоизм»

Главное для человека, стараться обрести сильное желание достичь отдачи и превозмочь свой эгоизм. А сила желания измеряется количеством задержек и остановок – то есть по тому, сколько времени проходит между одним преодолением и другим, когда человек вдруг прерывается посередине и испытывает падение. И это падение может задержать его на мгновение, или на час, или на день, или на месяц. А потом он снова начинает работать над преодолением своего эгоизма и старается достичь отдачи. А сильным желанием называется такое, когда прерывание не отнимает у него много времени, и он тут же снова пробуждается к работе.

13. Рабаш. Письмо 77

Не нужно удивляться падениям, ибо «грош к грошу – скапливаются в большой счёт». И это – как мы учили, что нет пустоты в духовном, а удалился [Он] временно, чтобы была возможность идти вперёд, потому что каждый момент, который выяснен, проанализирован [и присоединен] к святости, входит во власть святости. И человек падает только для того, чтобы выбрать дополнительные искры святости. Есть только один совет человеку: не ждать, пока его опустят с его ступени, а когда ощущает свою низость – снова подниматься. И об этом подъеме говорится, что он [человек] выбрал часть в святость, но он сам опускается и, поднимая другие искры, поднимает их во власть святости, как сказано: «Искал до того как потерял», то есть еще до того, как я теряю своё теперешнее состояние, уже начинаю искать, как царь Давид, сказавший: «Пробужу рассвет», и истолковали наши мудрецы: «Я пробуждаю рассвет, а не рассвет будит меня».

14. Рабаш. Статья 30 (1989) «Что означает зажигание лампады в работе"

Тот, кто прикладывает усилие и отдается работе, насколько возможно, и есть у него подъемы и падения

– о нем можно сказать, что ощущает власть тьмы в том, что не может преодолеть желание получать ради себя. Выходит, что эти падения, получаемые человеком в то время, когда он желает идти дорогой истины, являются келим для ощущения помощи, которую он получит. И нужно верить сказанному мудрецами: «Пришедшему очиститься – помогают». И запрещено убегать от работы в то время, когда он видит, что не продвигается. И иногда приходят к нему мысли – лазутчики, говорящие, что эта работа не для нас – для этого нужны особые люди, способные идти путем преодоления. И все это приходит к нему для того, чтобы человек понял, что должен каждый раз видеть, как он продвигается.

15. Рабаш. Статья 34 (1991) «Что означает: «Вкушает плоды их в этом мире, а фонд накапливается в мире будущем» в духовной работе»

Лишь те люди, которые говорят, что хотели бы убежать от работы, но некуда им идти, так как больше ни от чего не получают удовлетворение, такие люди не уходят от работы. И есть у них подъёмы и падения, но они не отчаиваются. И об этом сказано: «И застонали сыны Исраэля от работы, и возопили, и вознесся вопль их от работы к Творцу…» То есть, они стонали от работы в том, что не продвигались в работе Творца, что не могли работать ради отдачи и наслаждения Творца. И тогда удостоились выхода из Египта, который называется в духовной работе «выходом из власти желания получать и входом в работу на отдачу".

16. Бааль Сулам. Шамати. 83. ««Вав» правая и «вав» левая»

Сказано: «Ты накрываешь предо Мною стол на виду у врагов Моих» (Псалом 23). Где «стол» (шульхан) от слова «отошлет ее» (шильха), как написано «И отошлет ее из дома своего, выйдет она из его дома и пойдет» (Дварим, Ки-тецэ 24) – то есть выход из духовной работы. Это значит, что даже во время выхода из духовной работы, то есть в состоянии падения, все равно есть у человека возможность работать. Человек преодолевает свои падения верой выше знания и говорит, что и падения тоже даны ему свыше, и благодаря этому исчезают враги. Ведь эти враги думали, что из-за падений человек придет к ощущению своей полной ничтожности и сбежит с поля боя. А в итоге вышло наоборот, и сами враги исчезли. В этом смысл слов: «Стол, что пред Творцом». И именно благодаря этому, человек получает раскрытие лика Творца.

17. Рабаш. Статья 16 (1985) «Чем более изнуряли его»

Когда человек приступает к самоотчету, измеряя качество своей потребности, и видит, что ему не больно и что, напротив, он находится в бессознательном состоянии, без чувств, и хотя в отдалении от Творца у него нет жизни, но ему от этого не больно, тогда есть лишь одно средство – молитва к Творцу: пускай даст ему немного жизни, чтобы почувствовать себя опасно больным, нуждающимся в исцелении души.

А порой человек падает столь глубоко, что у него нет сил даже взмолиться об этом. Напротив, ему всё безразлично. Это означает, что он оказался в неживом состоянии, – иными словами, в нем нет никакого движения.

В таком состоянии помочь ему может только окружение.

18. Рабаш. Статья 31 (1987) «Что такое заключение союза в духовной работе»

Заключение союза [происходит,] когда он начал идти в работе, пусть даже в «ло лишма». И поскольку сейчас у него есть желание работать, – а иначе кто бы стал заставлять его войти в духовную работу? – человек должен заключить союз сейчас и сказать, что даже если наступит время падения, т.е. у него не будет желания работать, как бы то ни было, он принимает на себя не обращать внимания на свое желание, а работать как будто у него есть желание. И это называется заключение союза.

19. Рабаш. Статья 6 (1990) «Когда человек должен пользоваться гордостью в духовной работе»

Каждое действие, которое он способен произвести, он должен делать его, как будто он находится в состоянии подъема. Поэтому, когда он совершает некоторое преодоление во время падения, это называется пробуждением снизу. И от всякого действия, которое он производит, веря, что такова воля Творца, от самого этого он удостаивается большего приближения, т.е. человек сам начинает ощущать, что Творец приблизил его.

20. Бааль Сулам. Шамати. 33. «Рок Йом Кипур и Амана»

Без подталкивания он бы ленился произвести малейшее движение и желал бы оставаться в своем состоянии вечно. Но если человек падает ниже уровня, на котором, как он считает, ему подобает находиться, это дает ему силы бороться с падением. Ведь он не может оставаться в таком ужасном состоянии, он не согласен в нем находиться! Поэтому он обязан каждый раз прилагать усилия, чтобы выйти из состояния падения – что заставляет его умножать Величие Творца. Таким образом, человек нуждается в получении свыше сил, выше тех, которыми обладает, иначе останется в падении.

Выходит, что каждый раз ощущение противоречий (сэарот) вызывает у человека необходимость духовного продвижения и еще большего раскрытия величия Творца, пока не раскроет все Имена Творца.

21. Рабаш. Статья 9 (1991) «Что такое «запах одежд его» в духовной работе»

В то время, когда человек находится в состоянии подъёма, он должен извлекать урок из состояния, когда он находился в падении, дабы осознать преимущество света над тьмой, так и сказано «Как преимущество света - из тьмы». Так устроен мир, что человек не хочет помнить периоды тьмы, поскольку это приносит ему страдания, а человек не желает просто так испытывать страдания, он хочет наслаждаться состоянием подъёма, в котором он сейчас находится. Однако человеку необходимо знать, что если во время подъемов он будет обращать внимание и на падения, то из этого он осознает две вещи, которые будут для его же блага, и тогда он не будет зря испытывать страдания во время падений:

1. Он будет знать, как уберечь себя от падений, насколько это возможно;

2. Согласно «преимуществу света над тьмой», у него будет тогда больше энергии и радости от подъёма. И это позволит ему благодарить Творца за то, что сейчас Творец приблизил его к Себе. То есть теперь у человека появилось хорошее чувство от его нынешнего состояния, когда он понимает, что стоит быть работником Творца, поскольку он сейчас ощущает величие и важность Творца.

22. Рабаш. Статья 15 (1991) «Что означает благословение: «сотворивший для меня чудо в этом месте» в духовной работе»

В мере благодарности человека, открывается то, что ему дал Творец. Поэтому человеку надо [всегда] стараться благодарить, то есть ценить подарок Творца, чтобы смог приблизиться к Творцу. Поэтому, когда человек смотрит во время подъема, в каком состоянии он был в момент падения, то есть какое ощущение у него было во время падения, он уже может оценить «преимущество света из тьмы». И у него уже есть новые келим для получения радости, и благодарить Творца. И об этом сказано, что человек должен благодарить – «благословен сотворивший мне чудо в этом месте», то есть когда пребывает сейчас во время подъема, так как невозможен подъем прежде, чем он не пережил состояние падения.

23. Рабаш. Статья 43 (1990) «Что означает: «Не сажай себе Ашеру рядом с жертвенником» в духовной работе»

Каждое падение является испытанием. Способность выдержать испытание означает, что к нему приходит мысль и побуждает его увидеть, находится ли он под властью святости или нет. То есть во время падения человек видит, что всё то, что он создал во время подъёма, было построено на желании получать ради себя. Но и во время падения человек не способен производить никакие расчёты. Однако потом человек снова получает свыше некоторое приближение. И это к нему приходит согласно сказанному: «Я - Творец, обитающий внутри их нечистоты». То есть даже если человек ещё находится во власти любви к себе, всё же к нему приходит свечение свыше, называемое «иттарута делеила» (пробуждение свыше). И тогда на человека возложено пробуждать самому состояние падения, которое у него было, и думать, в чём была причина того, что он получил это падение. И что ему необходимо исправить, чтобы падение опять не пришло. Человек должен верить, что получил падение потому, что его «отбросили» свыше. Поэтому он упал в такое низменное состояние. Тогда он может работать над собой, производить исправления, дабы не вернуться вновь к падению, поскольку должен верить, что падение является для него исправлением.

24. Рабаш. Статья 29 (1988) «В чем разница между служащим Творцу и не служащим Ему»

Во время подъема человек должен прочесть всё, что написано во время падения, и тогда из этого чтения он будет знать, как вымолить у Творца жизнь, чтобы Он не кидал его больше в отбросы. И также будет знать, как благодарить Творца за то, что Он снова поднял его с самого низа, и это как сказано: «Царь умерщвляющий и оживляющий, и взращивающий Избавление», – т.е. благодаря падениям и подъемам из этого произрастет Избавление.

25. Рабаш. Статья 29 (1988) «В чем разница между служащим Творцу и не служащим Ему»

Когда человек учится и извлекает пользу из своего падения? Несомненно не во время самого падения, потому что в это время он – «мертвый», а позже, когда Творец оживляет его, что означает, что Он дает ему подъем. Тогда наступает время учиться тому, что было с ним во время падения. Другими словами, в какой низости был он, и на какие вещи были обращены устремления его, и чего он ждал, что если у него будет то-то и то-то, он будет ощущать себя совершенным. И тогда он видит, что вся его жизнь во время падения была не больше, чем жизнь животного... Получается, что от этого падения есть большая польза, ведь он видит собственную низость – до какого состояния он способен дойти, и только Творец вытащил его из этой низости. И это время, чтобы увидеть величие Творца в том, что Он в состоянии вытащить человека из той тины, в которой он мог бы утонуть, навсегда оставшись во власти Ситры Ахры [нечистой силы]. И только Творец вытащил его оттуда.

26. Сборник законов. Мошенничество, закон 3

Когда человек хочет приблизиться к Творцу и вернуться к Нему, он должен пройти десятки тысяч бесконечных падений, быть сильным и мужественным, каждый раз укрепляя свое сердце и не сдвигаясь с места при любом падении. И главное укрепление – в постоянном укреплении себя в совершенной вере в то, что нет в мире никакого падения, потому что в любом месте можно найти Творца. Ведь даже если падает на дно преисподней, должен всегда укреплять себя, не отчаиваться, потому что и там находится Творец. И это главное правило и основа в работе Творца, что всё зависит от Него, и не падать на обывательский уровень, что бы с ним не случилось.

27. Бааль Сулам. Шамати. 1. «Нет никого кроме Него»

Человек всегда должен стараться идти по пути слияния с Творцом, чтобы все его мысли были о Нем. И даже если находится в самом ужасном состоянии, когда не может быть падения большего, чем это, — не должен выходить из-под власти Творца, говоря, что есть иная власть, не дающая ему войти в святость, и в ее силах творить добро или зло. Это означает, что нельзя думать, будто есть власть у нечистых сил, и это они не дают человеку совершать добрые дела и идти дорогой Творца - а наоборот, помнить, что все сделано Творцом.

28. Рабаш. Статья 6 (1989) «Что такое «выше знания» в духовной работе»

Во время работы, когда человек должен сказать: «Если не я себе, то кто мне?» – в состоянии работы они думают, что сами создают падения и подъемы. То есть, что они – воины, называемые войском, образцом мужества. В то же время впоследствии, когда они получают избавление, они понимают, что Творец – воитель 'цваот'. То есть, все падения и подъемы, которые у них были, сделал Творец.

То есть, даже падения также приходят от Творца. Что просто так человек не получит так много падений и подъемов. А это Творец устроил все эти выходы. И можно сказать, что «выходы» – это «выходы из святости». А «входы» – «их входы в святость». Всё делает Творец.

29. Бааль Сулам. Шамати. 191. «Время падения»

Когда человек вновь достигает связи с Творцом, он должен постоянно вспоминать состояние своего падения, чтобы осознать, оценить и возвеличить состояние слияния с Творцом – чтобы знал, что сейчас он удостоился чуда спасения свыше.

Найти в товарище добро

1. Рабаш. Статья 17, часть 1 (1984) «О важности товарищей»

Если у человека есть любовь к товарищам – закон любви таков, что мы хотим видеть именно достоинства товарища, а не его недостатки. Поэтому, если человек видит какой-либо недостаток у товарища, значит, этот недостаток есть не у товарища, а у него самого. Иными словами, он нарушил товарищескую любовь и потому видит недостатки у товарища.

В таком случае, человек должен теперь понять: не товарищу нужно исправлять себя, а он сам нуждается в исправлении. А значит, человеку не нужно беспокоиться об исправлении недостатков, которые он видит в товарище, – но он сам нуждается в исправлении того, что нарушил в товарищеской любви. И когда он исправит себя, тогда будет видеть только достоинства товарища, а не его недостатки.

2. Ликутей Эцот (Сборник советов). «Мир», 10

Нельзя замечать в товарище плохие стороны, находить в нем именно дурные качества и искать недостатки в работе товарища. Напротив, необходимо смотреть только на хорошее, выискивать и находить в нем всегда достоинства и добрые качества. И благодаря этому наступит мир со всем.

3. Рабаш. Статья 17, часть 1 (1984) «О важности товарищей»

Как можно считать товарища выше себя, в то время как человек видит, что обладает бо́льшими достоинствами, чем товарищ: он более талантлив и, по природе, обладает лучшими качествами.

Понять это можно двумя путями:

1. Человек идет верой выше знания: выбрав себе товарища, он уже смотрит на него выше знания.

2. Более естественным путем – внутри знания. Если человек решил взять кого-либо в товарищи и работает над собой, чтобы любить его, – из любви видны лишь хорошие вещи, а плохих вещей, хотя они и присущи товарищу, он не видит, как сказано: «все преступления покроет любовь».

4. Рабаш. Статья 3 (1984) «Сделай себе учителя и приобрети себе товарища - 1»

Говорит рабби Йеошуа Бен Прахья: «Суди о каждом человеке с лучшей стороны». То есть человек должен оценивать всех в лучшую сторону. Они не виноваты, что человек не видит в них достоинств, – дело тут в нем самом. Ему недостает способности видеть достоинства других. Как следствие, он смотрит на них согласно свойствам своей души, и это правда относительно его восприятия, но не относительно истины.

5. Шла а-Кадош. «Врата букв», 2

Несмотря на то, что свойства твоего товарища не совпадают со свойствами твоей души, ты должен терпеть его и любить его ради Творца, который создал его таким.

6. Рабаш. Статья 19 (1990) «Что означает, что Тора называется средней линией, в духовной работе - 2"

Человек должен верить, что «Нет никого, кроме Него». Т.е. Творец обязывает его совершать добрые действия. Однако поскольку человек пока ещё не достоин знать, что это Творец обязывает его, Творец облачается в людей (букв.: плоть и кровь) и через них Он производит эти действия, т.е. Творец поступает, исходя из «обратной стороны» 'ахораим'.

Это значит, что человек видит лица людей, но он должен верить, что за их лицами стоит Творец и совершает эти действия. То есть за человеком стоит Творец, вынуждая его делать те действия, которые желает Творец. Выходит, что всё делает Творец, но человек придает важность тому, что он видит, а не тому, во что он должен верить.

7. Бааль Сулам. Шамати. 67. «Отдаляйся от зла»

Тот, кто думает, что обманывает своего товарища – в действительности обманывает Творца, потому что кроме человека есть только Творец. Ведь изначально человек назван творением лишь в собственном восприятии, поскольку Творец пожелал, чтобы человек ощущал себя существующим отдельно от

Него. Но на самом деле «вся земля полна Творцом». И потому, обманывая товарища, он обманывает Творца, и огорчая товарища, огорчает Творца.

8. Бааль Сулам. Шамати. 62. «Нисходит подговаривать, поднимается и обвиняет»

Тот, кто работает по очищению себя от зла, не может обвинять других, а всегда обвиняет себя. Других же он видит на более высокой ступени, чем ощущает себя самого.

9. Оhев Исраэль (Любящий Исраэль). Новые сборники, Берешит

Человек видит все пороки, кроме своих собственных. И действенным советом этому служит следующее - если он смотрит на тех, кто перед ним, и видит, что кто-то действует нечестиво, то человек должен подумать, по какой причине Творец вызвал в нем эту картину, если не для того, чтобы порок этот коснулся «стен его дома», его самого. А из-за злого начала затуманилось видение глаз его.

10. Рабаш. 124. «Чтобы служить мне»

«Весь мир создан, только чтобы служить мне».
Как объяснил мой господин, отец и учитель, имеется в виду, что все недостатки, которые человек видит у других, он верит, что это его недостатки, поэтому ему есть, что исправлять. Получается, что все люди [букв.: весь мир] служат ему тем, что раскрывают ему его недостатки (хисароны), и он не должен искать сам, поскольку они делают ему великое благо тем, что раскрывают ему его хисароны.

11. Рабаш. Статья 21 (1986) «О вере выше знания»

Благодаря объединению товарищей можно достичь новых свойств, посредством которых они будут способны прийти к слиянию с Творцом. Причем всё это верно, только если человек видит в товарищах достоинства. Тогда можно сказать, что он будет учиться на их делах. Если же человек видит, что он способнее товарищей, то уже ничего не сможет получить от них.

Поэтому сказано, что когда злое начало показывает человеку низость товарищей, он должен идти выше знания. Однако, безусловно, было бы лучше и успешнее, если бы он мог видеть в знании, что товарищи стоят на более высокой, чем он, ступени. Отсюда можно понять молитву, составленную для нас рабби Элимелехом: «Дай нам в сердце видеть достоинства товарищей, а не их недостатки».

12. «Маор ва-Шемеш». Глава Тецаве

Главное, что ведёт к любви товарищей – это когда каждый низок и презренен в своих глазах, и всегда находит недостатки во всех своих делах, и видит праведность товарища, и дела того велики в его глазах, поэтому он любит товарища и в единстве с ним. В отличие от этого, если он велик в собственных глазах и высокомерен, то видит недостатки товарища и поэтому ненавидит его, поскольку товарищ низок в его глазах.

13. Бааль Сулам. Письмо 21

Если ты хочешь снять грехи с себя, ты должен заниматься уничтожением индивидуализма вместо изнурений. Т.е. чтобы ты сам почувствовал, что ты самый низкий и плохой из всего человечества. И требуется учеба и многое познание, чтобы понять это. И всякий раз должен человек испытывать себя, не дурачит ли и не обманывает себя, и полезно также унизить себя практически перед своим товарищем.

Правда, надо остерегаться, чтобы не унижать себя, иначе как только перед подходящими людьми, и потому если захочет заниматься этим практически, сможет он отменить себя перед нашими товарищами, а не перед посторонними, страшно подумать. Но должен знать он наверное, что он самый плохой и презренный из всех людей, потому что так и есть на самом деле.

14. Рабаш. Статья 30 (1988) «Чего требовать от собрания товарищей»

Как можно оправдать другого, в то время, когда разум показывает ему истинное лицо товарища, что он ненавидит его? И если так, то что он может ответить на это своему телу, почему он должен себя принизить перед товарищем? Ответ. Поскольку он хочет достичь слияния с Творцом, называемого подобием по свойствам, то есть не думать о своей выгоде, то почему это смирение кажется ему таким трудным? Причина этого в том, что он должен аннулировать свое самолюбие, и всю свою жизнь, которую он хочет прожить, думать только о том, чтобы работать ради пользы ближнего, начиная с любви ближнего между товарищами и до любви Творца. В таком случае совсем наоборот, именно здесь он может сказать, что ни в одном действии, которое он выполняет, нет никакой личной заинтересованности. Разум заставляет его думать, что товарищи должны его любить, а он преодолевает свой разум, идет верой выше знания и говорит, что для себя самого не стоит жить.

15. Рабаш. Статья 30 (1988) «Чего требовать от собрания товарищей"

Любовь к товарищам, построенная на фундаменте любви к ближнему, – благодаря чему мы можем достичь любви к Творцу, – вещь противоположная тому, что принято между товарищами. Это означает, что вопрос любви ближнего не в том, что товарищи будут любить меня, а это я должен любить товарищей. И если так, то мне не важно, что товарищ говорит обо мне плохо, и несомненно меня ненавидит. И если человек хочет купить любовь товарищей, исходя из любви к ближнему, он должен пройти исправление, чтобы полюбить другого.

Поэтому, когда человек прилагает усилия и оправдывает его, это является чудесным средством, когда, благодаря прилагаемому усилию, что называется пробуждением снизу, ему дают сверху силы, чтобы смог полюбить каждого товарища без исключений.

16. Рабаш. Статья 9 (1984) «Да продаст человек кровлю дома своего»

Сказали мудрецы: «Пускай всегда будет продавать человек кровлю дома своего и надевать обувь на ноги». Обувь (мин'аль – מנעל) означает запирание (нэила́ – נעילה), закрытие двери. Человек шпионил (риге́ль – רגל) за товарищами – от слова но́ги (рагла́им – רגלים), и теперь должен продать кровлю (קורה) дома – т.е. все случаи (מקרים), которые были в его доме в связи с товарищами. Иными словами, у него есть лазутчики, которые клевещут на товарищей.

Тогда он «продает всё» – удаляет все случаи, приведенные его лазутчиками, и надевает вместо этого «обувь на ноги» – то есть запирает всех лазутчиков, как будто их больше нет на земле. Он закрывает все вопросы и претензии к товарищам. И тогда всё с миром становится на свои места.

17. Рабаш. Статья 21 (1986) «О вере выше знания»

Поскольку я слышал слова Бааль Сулама о том, что единственное средство, способное помочь человеку выйти из себялюбия и достичь любви к Творцу, – это любовь к товарищам, постольку у меня нет никакого иного выбора – я должен соединиться с этими товарищами. Несмотря на то что в моих глазах лучше было бы держаться от них подальше и не присоединяться к ним, однако выбора нет – я обязан верить выше знания, что в действительности все товарищи стоят на высокой ступени, но своими глазами я не заслужил увидеть их высоту».

И потому человек обязан верить выше знания. Если бы, наоборот, в знании он видел достоинства товарищей, то, конечно же, мог бы получать от них большую пользу.

18. Маор ва-Шемеш. Глава Итро

Необходимо, чтобы представлял себе, что товарищ работает ради Творца намного больше него, и «зависть к авторам увеличит мудрость», и будет укрепляться благодаря этому в работе Творца все больше и больше. И так «каждый будет завидовать хупе товарища», что означает воодушевление – благодаря тому, что увидит, что хупа товарища больше его, загорится в нем огонь, и больше воспылает его душа к работе Творца, и достигнет больших постижений Творца.

19. Рабаш. Письмо 40

Есть молитва, то есть, чтобы Творец помог ему в том, чтобы почувствовал любовь товарища, и чтобы товарищ стал близок его сердцу.

20. Бааль Сулам. Письмо 11

Еще я прошу тебя прилагать больше усилий в любви между товарищам, изобретая способы, позволяющие умножать любовь между товарищами и уничтожать в вас стремление к телесным приобретениям. Потому что именно это сеет ненависть. А между доставляющими наслаждение Творцу не может быть никакой ненависти, – наоборот, между ними царит милосердие и безмерная любовь. И вещи эти просты.

Разрушение как возможность для исправления

Разбиение келим

1. Бааль Сулам. Ор а-Баhир. «Разбиение келим»

Разбиение келим: суть исправления, приходящего посредством ускорения этого разбиения в том, что само разбиение и есть большое исправление. И есть объясняющие, что эта неисправленность ради исправления, но на самом деле выражение не верно, ведь есть затруднение в нем: зачем Ему портить, а затем исправлять – если бы Он не портил, то не понадобилось затем исправлять. Но суть в том, что главное исправление и большое благо, которые задумал Творец в начале сотворения – все это не пришло в мир иначе, как путем порчи келим таким образом, когда все их исправления… (что выяснилось изначально), что они никогда и не были испорчены.

2. Рабаш. Статья 19 (1985) «Пойдем к Фараону - 1»

«Разбиение» в духовном подобно тому, как разбивают сосуд в материальном: если в разбитый материальный сосуд налить какой-нибудь напиток, то он прольется. Так же и в духовном: если в сосуд попадает мысль, относящаяся к эгоистическому желанию, то изобилие исходит к внешним силам, которые вне духовного.

«Духовным» называется намерение «ради отдачи». А то, что вне этого намерения, называется «си́тра а́хра» – иными словами, обратная сторона духовного. Поэтому мы говорим, что духовное – это «отдача», а скверна – это «получение». И поскольку мы, родившиеся после разбиения, в любом случае, желаем только получать, постольку нам не могут дать изобилие – ведь всё, конечно же, уйдет к другой стороне.

3. Рабаш. Статья 13 (1990) «Что означает, что благодаря единению Творца и Его Шхины искупятся все грехи, в духовной работе»

Разбиение сосудов. Произошло смешение желания получать ради себя со святостью, и вследствие этого сосуды разбились. Был совершён также грех Древа познания, который привел к тому, что искры святости упали в клипот. Следовательно, этому способствовало разбиение сосудов и грех Древа познания, а творения, пришедшие после этого, в желании получать черпают жизненную силу от АБЕА де-клипа (от нечистых сил).

4. Рабаш. Статья 6 (1984) «Важность молитвы многих»

Мы должны верить в слова мудрецов о том, что все услады, кроющиеся в материальных удовольствиях, – это лишь тонкое свечение в сравнении с духовными наслаждениями, как сказано: «Это было также причиной разбиения келим, произошедшего до сотворения мира. Ведь вследствие разбиения келим и их падения в разобщенные миры БЕА вместе с ними упали в клипот и искры отдачи. Из-за них под власть клипот попали удовольствие и любовь всевозможных видов, потому что они передают эти искры человеку для получения и самонаслаждения». Таким образом, основные наслаждения находятся в духовном.

5. Рабаш. 179. «Ибур - 1»

Творения после греха Адама Ришона считаются разбитыми и неживыми келим, то есть - это келим получения ради себя, отделившиеся от источника жизни. В них есть только искра - решимо отражённого света, которое осталось и спустилось для оживления келим, чтобы они смогли ожить. А искра происходит от святости, оставшейся от отражённого света. И нужно поднять её, то есть, получить её ради отдачи, это называется «подъём», что означает подъём Ман. И за счёт этого образуется масах и авиют, отсюда происходит наполнение, когда отражённый свет наполняет келим по мере того, как облачает света (прямой свет).

6. Бааль Сулам. Шамати. 81. «Подъем МАН"

Известно, что вследствие разбиения упали искры святости в миры БЕА. Но там упавшие искры не в состоянии пройти исправление. Исправление возможно только при условии, если они поднимутся в мир Ацилут.

А когда человек производит добрые деяния с намерением ради Творца, а не ради себя, тогда поднимаются эти искры в мир Ацилут.

7. Бааль Сулам. Письмо 19

В процессе разбиения келим, перешли все буквы на земное управление и на земных людей, так, что когда человек совершенствуется и достигает своего корня, обязан он сам собрать все буквы, одну к одной, и перенести их к их корню в духовном, что называется: «перевешивает себя и весь мир на чашу заслуг».

8. Рабаш. 867. «Мир во всём мире»

Человек способен работать и прилагать усилия, если от этого не будет исправления. Однако в малой вещи, т.е. такой, которая не требует большого усилия, но если она находится на пути исправления, сил нет. Потому что неисправленности происходят от разбиения келим и от греха Древа Познания.

А поскольку это пока еще не исправлено, в неисправленностях всё еще автоматически продолжается эта власть. Эта власть дает силы. Иначе – на пути исправления, для этого требуется другая власть, называемая «мир».

9. Рабаш. Статья 26 (1989) «Что означает «того, кто оскверняет себя, оскверняют свыше» в духовной работе»

Это кли, называемое получением ради отдачи, абсолютно противоположно кли, называемому желанием получать ради себя. Ведь кли и желание получать ради себя мы относим к Творцу, который создал его, как сущее из ничего. Поэтому, если мы хотим работать только ради пользы Творца, а не ради собственной выгоды, это тяжелая работа, ведь мы должны воевать против кли, созданного Творцом. И из этой работы у нас происходят все хисароны, о которых мы учим, например, исторжение светов, разбиение келим, святость и скверна, и Ситра Ахра и клипот, и разные имена, объясняемые в книге Зоар и каббалистических книгах. Все происходит только лишь от исправления творения. И это по той причине, что келим исправления мы относим к творениям, как сказано в начале «Древа жизни» и как выясняется в ТЭС, что первое желание получать, называемое малхут Бесконечности, сказало, что оно не желает получать ради получения, а [желает получать только] ради отдачи.

10. Рабаш. Статья 2 (1991) «Что означает: «Вернись, Исраэль, до Творца твоего Всесильного» в духовной работе»

Главное у человека – это сердце. […] А сердце – это кли, получающее святость свыше. И, как мы изучаем из разбиения келим, если сосуд разбит, то всё, что в него попадает, выходит наружу.

И также с разбитым сердцем, то есть когда желание получать властвует над сердцем, получается, что в него не может войти благо, поскольку всё, что получает желание получать, уходит в клипот. И это называется «разбиение сердца». Поэтому когда человек молится Творцу, говоря: «Ты обязан помочь мне, ведь я хуже всех, так как чувствую, что желание получать управляет моим сердцем, и поэтому ничего из святости не может проникнуть в мое сердце. И мне не нужны никакие излишества, а только бы я смог сделать хоть что-то ради Творца, но у меня нет никакой возможности. Поэтому только Ты можешь меня спасти".

И этим нужно пояснить сказанное (Теилим, 34) «Близок Творец к сокрушённым сердцем». Значит, к тем людям, которые просят Творца о помощи, чтобы сердце их не было разбитым, а было бы цельным.

11. «Работа Исраэля». Глава Шлах

Сказано мудрецами: «Отдаление - полезно для грешников, и собрание - хорошо для праведников». И это согласно сказанному АРИ о мирах игулим (кругов), что нет круга, касающегося другого, и там было разбиение, пока не было исправлено в олам йошер (в мире прямоты). И объяснение сути и смысла этого в том, что разум игулим подобен тому, кто крутится и вращается и отделяется от Создателя, и кажется ему, что управляет сам собой по своему желанию, и важничает, говоря, «я буду править», и было разбиение. И каждый грешник важничает в своём сердце - «я буду править» - и поэтому они разделены в мире, и не могут соединиться, как круги, как кажется, потому что не смогут сидеть вместе, и для них полезно отдаление. А праведники, хотя и каждый по-своему работает на Творца, всё равно все имеют одно намерение – к Отцу небесному, и они сплачиваются и собираются вместе, как один человек с одним сердцем, когда каждый уменьшает себя и прославляет работу Творца, который дал ему силу и разум в его работе, и поэтому не возносится над товарищем, и они находятся в мире прямоты и соединяются друг с другом.

Исправление разбиения

12. «Шем ми-Шмуэль». Глава Аазину

Замысел творения был в том, чтобы все стали одним целым, чтобы выполнить желание Творца, как сказали мудрецы в Зоаре, что был Адам Ришон, который сказал всем творениям: «Давайте поклоняться и преклоняться, благословлять Творца, который сотворил нас», но из-за грехопадения (Адама Ришона) этого не получилось, и даже у лучших в поколении не было возможности объединиться вместе для работы Творца, а были только единицы. И исправление этого началось в поколении раздора, когда произошло разделение в роде человеческом, то есть, чтобы началось исправление, люди должны были собраться в союз для работы Творца, и это началось с Авраама и его потомства, когда организовалось сообщество людей для работы Творца. Авраам ходил и призывал именем Творца, пока не собралось вокруг него большое общество – люди дома Авраама. И это продолжалось и ширилось, пока не образовался народ Израиля… и Окончательное Исправление произойдет в будущем, когда все станут одним целым, чтобы исполнить Его желание.

13. Бааль Сулам. «Шестьсот тысяч душ»

В мире нет больше одной души, как сказано: «И вдохнул в ноздри его душу жизни». И эта душа присутствует во всех сынах Исраэля, в каждом – целиком, как у Адама Ришона. Ведь духовное не рассекается и не разделяется, что свойственно как раз материальным [объектам]. А то, что сказано, что есть шестьсот тысяч душ и искр душ, очевидно, что это разделение происходит из-за тела каждого [человека]. Другими словами, сначала тело ставит преграду и полностью отнимает у него сияние души, но благодаря Торе и заповедям тело очищается, и в той мере, в которой оно очистилось, общая душа светит ему.

14. Бааль Сулам. «Шестьсот тысяч душ»

В отношении материального тела возникает два состояния. Первое состояние – когда он ощущает свою душу отдельной частью и не понимает, что это общность Исраэля. …

Второе состояние – свет души Исраэля, действительно, не светит ему общей силой своего свечения, [светя] только своей частью, что означает:

согласно мере и объему, в котором он очистил себя в отношении возвращения к общему.

А признаком того, что тело совершенно исправилось, является [состояние], когда он ощущает, что душа его пребывает во всей общности Исраэля, в каждом из них, и потому он и себя не ощущает отдельной частью, ведь одно зависит от другого, и тогда он «совершенен, без изъяна», и на него, действительно, во всей своей силе изливается душа, как это проявлялось в Адаме Ришоне.

15. «Сборник законов». Благословения свидетеля и частные благословения, закон 4

Главная жизненная сила, и существование, и исправление всего мироздания - благодаря тому, что люди разных взглядов взаимовключаются вместе в любви, единстве и мире.

16. Бааль Сулам. ТЭС, ч. 8, Внутренний свет, п.88

Все наши занятия молитвами и практическими заповедями служат для того, чтобы вернуться, отобрать и поднять все те души, которые выпали из Адама Ришона и упали в клипот, пока мы не приведем их к их изначальному корню, как они были в нем до того как, он совершил грех Древа Познания.

17. Бааль Сулам. Письмо 4

И нет у тебя недостатка ни в чем, а [осталось лишь] выйти в «поле, которое благословил Творец», собрать все те отпавшие части, которые отпали от твоей души, и соединить их в одно тело. И в это совершенное тело Творец поместит свою Шхину навечно без всякого перерыва. И родник великой мудрости (твуны) и высшие реки света будут как неиссякаемый источник. И куда бы ты ни посмотрел, место это будет благословенно. И все будут благословенны благодаря тебе, так как будут они благословлять тебя постоянно.

18. Бааль Сулам. «Мир в мире»

Всё, что есть в мироздании, – как хорошее, так и плохое, и даже самое плохое и вредное в мире – имеет право на существование, и нельзя уничтожать его и совершенно истреблять с лица земли, ведь на нас возложена лишь задача по его исправлению и возвращению к добру.

Ведь любого взгляда на работу по сотворению [мира] достаточно, чтобы мы поняли величину совершенства Вершащего и Создающего его. И потому мы должны научиться остерегаться очернения любого элемента творения, говоря, что он является лишним и в нем нет никакой необходимости. Ведь этим мы клевещем, страшно сказать, на Создающего его.

19. Бааль Сулам. «Мир в мире»

Есть две власти, действующие на путях развития: первая – «власть небес», которая гарантирует возврат всего плохого и вредного к хорошему и полезному. Однако она действует в свой срок, соответственно своей природе – тяжело и долго. ...

А когда «развивающийся объект» является живым и ощущающим, выходит, что он переживает ужасные боли и страдания, находясь под действием «катка развития» – катка, прокладывающего свой путь с великой жестокостью.

Этому противостоит «власть земли», т.е. люди, которые взяли законы упомянутого развития под свое собственное управление и у которых есть право полностью освободиться от оков времени. И они очень ускоряют конец [развития], иными словами созревание и исправление объекта, что и является концом его развития.

20. Бааль Сулам. «Предисловие к книге Зоар», п. 19

Заключенное в теле желание получать для себя было создано, только чтобы его уничтожили и искоренили из мира, изменив на желание отдавать. А страдания, которые мы испытываем, – это лишь раскрытия, которые показывают [всю] ничтожность и вред, довлеющие над ним.

Приди и увидь: в тот момент, когда все живущие в мире, единогласно согласились бы отменить и уничтожить свое желание получать для себя, и у них не было бы никакого желания, кроме отдачи ближним, все заботы и все вредители исчезли бы с лица земли, и каждый был бы уверен в здоровой и счастливой жизни, ведь у каждого из нас был бы огромный мир, который заботился бы о нем и наполнял его нужды.

Однако когда у каждого есть не более чем желание получать для себя, из этого вытекают все заботы, страдания, и войны, и резня, от которых у нас нет спасения и которые ослабляют наше тело разными болезнями и страданиями.

И вот ты видишь, что все страдания, существующие в нашем мире, – это лишь явления, предлагаемые нашему взору, чтобы подтолкнуть нас к отмене дурной клипы тела и принятию совершенной формы желания отдавать. И это то, что мы сказали, что сам путь страданий способен привести нас к желаемой форме.

21. Бааль Сулам. Предисловие к книге «Паним меирот у-масбирот», п. 22

Человек живет не ради себя самого, а ради всей цепочки целиком, таким образом, что каждое звено в цепочке не получает свет жизни в себя, а лишь передает свет жизни во всю цепочку в целом.

22. «Дегель махане Эфраим» (Знамя стана Эфраима). Глава Шлах

Человек, который хочет действительно работать на Творца, должен включиться во все творения, и должен присоединить себя ко всем душам и включить себя в них, а они – в него. То есть, оставить себе только то, что необходимо для соединения со Шхиной, поскольку для этого необходимо сближение множества людей, потому что чем больше количество людей, больше работающих на Творца, тем более раскрывается им свет Шхины. И для этого необходимо соединить себя со всеми людьми, со всеми творениями, и всё поднять к их корню для исправления Шхины.

23. Рабаш. Статья 15 (1986) «Молитва многих»

Сказано: «Среди народа своего я живу», а Зоар говорит: «Поэтому человек никогда не должен отрываться от народа – ведь милосердие Творца всегда пребывает над всем народом вместе». Это значит, что если человек просит, чтобы Творец дал ему сосуды отдачи, о чем сказано: «Как Он милосерден, так и ты милосерден», тогда человек должен молиться за всю общность, поскольку в таком случае очевидно его намерение – чтобы Творец дал ему сосуды чистой отдачи. Ведь сказано, что «милосердие Творца всегда пребывает над всем народом вместе». И, как известно, «свыше не дают половину» – иными словами, когда свыше дают изобилие вниз, оно предназначено для всей общности.

24. Зоар для всех. Глава Ваехи. Статья «Пусть соберутся, и я поведаю вам», пп. 515-516

Человек должен обращаться со своей молитвой, находясь в обществе, поскольку «не презрел Он молитвы их», несмотря на то, что они не находятся все в правильном намерении и желании сердца». И сказанное: «Обратился Он к молитве одинокого» означает, что лишь к молитве одинокого Он обращается, всматриваясь в нее. Но в отношении молитвы многих – «не презрел Он молитвы их», хотя они и не желаемы.

"Обратился Он к молитве одинокого» – т.е. Он принимает его молитву, но «это тот одинокий, который включен во многих» – поэтому молитва его, как молитва многих.

25. Зоар для всех. Предисловие книги Зоар. Статья «Тора и молитва», п. 183

Молитва, которую мы возносим, является исправлением святой Шхины, чтобы притянуть к ней наполнение благом, избавляющим ее от всех недостатков. Именно поэтому все просьбы – во множественном числе, такие как: «И одари нас знанием Твоим», «и верни нас, Отец наш, к Торе Твоей».

Ведь молитва возносится за общность Исраэля, и всё, что есть в святой Шхине, есть у всего Исраэля, и всё, что ей недостает, недостает всему Исраэлю. Таким образом, когда мы молимся за весь Исраэль, мы молимся за святую Шхину, потому что это – то же самое.

26. Рабаш. 217. «Беги, друг мой»

Мы не способны получить ничего без подобия, и всегда нужно находиться в состоянии подобия. Поэтому, когда он пробуждает на себя милосердие, считается, что получает ради себя, и чем больше молится, тем самым не только не готовит келим отдачи, а наоборот, появляются в нём искры получения. Выходит, что он идет по обратному пути, то есть, должен был бы подготовить кли отдачи, а он подготовил кли получения. И «слиться с Его свойствами», и стать «как Он милосерден, так и ты милосерден». Поэтому, когда он молится за общество, считается, что посредством молитвы работает со свойством отдачи. И по мере того, как молится, в нем появляется кли отдачи, в котором может раскрыться свет отдачи.

27. Марху. «Врата кругооборотов». Предисловие, п.38

Предупреждал мой учитель (Ари) меня и всех моих товарищей, с которыми мы были в одной группе, чтобы мы приняли на себя выполнение заповеди «возлюбить ближнего как самого себя», и каждый вознамерился (в своем сердце) любить каждого из Исраэля, как свою душу. И благодаря этому поднимется его молитва вместе со всем обществом Исраэля, и сможет подняться и выполнить исправление наверху. А относительно любви наших товарищей, каждый из них должен включиться, как будто он является одним органом этих товарищей. И очень предостерегал меня мой учитель в этом отношении.

28. Зоар для всех. Глава Толдот. Статья «Вот родословная Ицхака», п. 3

Нет органа в человеке, которому не соответствовало бы какое-либо создание в мире. И так же, как человеческое тело делится на органы, созданные в постепенном возвышении друг над другом и расположенные один над другим и составляющие вместе одно тело, так же и мир: все создания в мире – это органы, находящиеся друг над другом. И когда все они исправятся, то на самом деле станут единым организмом. И всё подобно Торе, как человек, так и мир, потому что вся Тора – это элементы и части, установленные один на другом. И когда все они исправятся, то образуют единый организм.

29. «Сборник законов». Благословение на еду и омовение рук после трапезы, закон 3

Все прегрешения покроет любовь – это любовь, относящаяся к святости, которая находится в точке, покрывающей все прегрешения, и все разбиения сердца отменяются.

Страдания Шхины

30. Бааль Сулам. Шамати. 2. «Шхина в изгнании»

Все эти стадии, начиная с Малхут, являющейся корнем создания миров, и заканчивая творениями — называются именем Шхина. А все исправление состоит в том, что Высший свет засветит в них во всем совершенстве, и этот свет, освещающий келим, называется Шохен, а все келим в общем называются Шхина. Свет Шохен — заполняет Шхину, и называется свет Шохен, потому что обитает (ивр. шохен) внутри келим, а совокупность всех келим называется Шхина.

Пока не засияет в них свет в окончательном совершенстве — до тех пор называется это «временем исправления», в которое мы производим исправления, позволяя свету полностью наполнить все творение. А до того будет считаться Шхина «в изгнании», ведь нет еще совершенства в Высших мирах.

31. Бааль Сулам. Шамати. 2. «Шхина в изгнании»

В нашем, самом низшем из миров, Высший свет должен наполнить желание насладиться, чье исправление называется «получением во имя отдачи». Но пока эгоистическое желание полно низменными и бессмысленными страстями, и нет в нем места для раскрытия величия Творца. А сердце, вместо того чтобы быть вместилищем Высшего света, стало местом отбросов и нечистот, то есть полностью погрязло в низменных желаниях.

И это называется «Шхина во прахе», то есть унижена она так, что втоптана в прах. Ведь все и каждый пренебрегают святостью, и нет у них никакого стремления и желания поднять Ее из праха — а выбирают низменные ценности. И этим доставляют страдания Шхине, ведь не дают ей места в своем сердце, которое бы стало обителью света Творца.

32. Рабаш. Статья 14 (1991) «Что означает, что благословение человека - это благословение сыновей, в духовной работе»

То время, когда Творец не может давать нижним по причине разницы свойств между ними называется «страдание Шхины». Т.е., со стороны получающего, она [Шхина] не может получить высшее наслаждение, поскольку, если получит высшее наслаждение ради нижних, все уйдет к клипот, называемым «получающим ради получения». И также называется «страданием» со стороны Дающего, поскольку Замысел Творения - дать добро сотворенным, а сейчас Он не может дать им добро и наслаждение, поскольку все, что попадет в руки творениям, уйдет к клипот.

Поэтому есть страдания у Дающего, который не может давать. Подобно матери, которая хочет дать еду младенцу, а младенец болен и не может есть. Тогда есть страдания со стороны Дающего.

33. Рабаш. Статья 19 (1988) «Что такое серебро и золото, Исраэль и другие народы в духовной работе»

Страдание Шхины в том, что она должна скрывать благо и наслаждение, которое она хочет дать душам, но не может, потому что это будет им во зло. Потому что из-за света, который она даст им, когда они находятся в келим получения для себя, они будут более удалены от святости, потому что святость уйдёт в клипот. Выходит - что называется страданием высшего? - то, что не может отдавать нижним, и это называется страдание Шхины...

Поэтому мы просим у Творца, чтобы дал нам силу преодолеть келим получения ради себя, и чтобы мы могли работать только ради отдачи. И тогда Шхина сможет показать драгоценность и великолепие, заключенные в ней, - в том, что будет возможность получить то, что она желает дать. И есть правило: «больше, чем теленок хочет есть, корова хочет его накормить». Но все зависит от получающих.

34. Рабаш. Статья 5 (1988) «Что значит в духовной работе: «Исраэль в изгнании - Шхина вместе с ними"»

Человек должен сожалеть о страданиях Шхины, что есть, якобы, страдания у Творца от того, что он не может дать добро и наслаждение творениям, как говорится в примере из трактата, что это подобно царю, у которого есть башня полная всякого добра, но нет у него гостей.

И чтобы понять пример трактата, можно привести еще пример, что это похоже на человека, который сделал свадьбу для сына и заказал в какой-то зал пятьсот порций, и никто не пришел, каждый по какой-то причине. И с трудом он собрал миньян для хупы. Какое огорчение чувствует человек от того, что есть у него пятьсот порций для гостей, а гости не пришли. И по этой причине должен человек работать, чтобы удостоиться доставить наслаждение Творцу тем, что он получает от Него добро и наслаждение. И человек, достигший этой ступени, - самый счастливый человек на свете.

35. Рабаш. Статья 29 (1986) «Лишма и ло-лишма»

Когда человек приступает к работе, чтобы стать праведником, т.е. не получать никакой оплаты для себя и всё делать только для того, чтобы доставлять удовольствие Творцу, тогда тело не согласно и строит ему помехи. Оно делает всё, что в его силах, чтобы помешать человеку в его работе. В таком случае человек этот постоянно испытывает страдания, и нет ему покоя от состояния, в котором он пребывает.

Ведь он видит, что еще не достиг отдачи Творцу и не в силах совершать все свои дела с намерением на отдачу.

И потому человек постоянно страдает – из-за страданий Шхины, которая пребывает в изгнании. Ему больно: почему он в силах работать эгоистически, а если не видит никакой выгоды для своего эгоистического желания, то небрежен в своей работе?

36. Рабаш. Статья 27 (1989) «Что такое страдания в духовной работе»

Когда человек сожалеет о том, что он далек от Творца, т.е. он пребывает в желании получать только для себя, подобно животным, что не подобает уровню «человек», – он должен направить свои мучения, чтобы они были не из-за того, что он хочет быть человеком, в чем и состоят его мучения, – а из-за страданий Шхины.

И он приводит по этому поводу пример о человеке, испытывающем боль в определенном частном органе, и боль эта ощущается, главным образом, в сердце и разуме, являющимися общностью человека. Аналогично, отдельный человек является частью Шхины, которая называется «Собранием Исраэля». И главная боль находится у нее. И об этом следует сожалеть. И это называется «страданиями в работе».

37. Бааль Сулам. Шамати. 1. «Нет никого кроме Него»

Сожалея о том, что Творец не приближает его к Себе, должен также остерегаться, чтобы не переживать о самом себе, о своем отдалении от Творца. Ведь тогда будет заботиться о получении собственной выгоды — а получающий отделен от Творца. Тогда как должен сожалеть об изгнании Шхины, то есть о том, что он причиняет страдания Шхине.

И для примера нужно представить себе картину, что в каком бы маленьком органе ни была у человека боль, она всегда в основном ощущается в разуме и в сердце, ведь сердце и разум - это суть человека. И, конечно, нельзя сравнивать силу ощущения отдельного органа с силой ощущения организма человека в целом, в котором, в основном, и ощущается боль. Так и боль, которую ощущает человек из-за того, что он далек от Творца.

38. Рабаш. Статья 5 (1988) «Что значит в духовной работе: «Исраэль в изгнании - Шхина вместе с ними"»

Поскольку человек рождается в кли получения для себя, то как можно изменить природу, и сказать, что он не беспокоится ни о чем для себя? Но вот что болит у человека, о чем он сожалеет - это только огорчение Шхины. Что это значит? А смысл такой, как уже говорилось выше, что есть, якобы, огорчение вверху из-за того, что нельзя наполнить Его желание.

Иными словами, поскольку желание Творца дать наслаждение, и невозможно на деле выполнить это, ибо нет у творений подготовленных келим, которые смогли бы получить это наслаждение, если бы благодаря выполнению Торы и Заповедей, смогли бы сделать келим пригодными, как сказали мудрецы: «Я создал злое начало, Я создал Тору - приправу». Это причина, по которой человек работает изо всех сил, выполняя Тору и заповеди, и благодаря этому выполнению он выйдет из любви к себе и удостоится келим отдачи. И тогда сможет доставить радость Творцу, от которого он получает добро и наслаждение.

39. Рабаш. 890. «Страдание Шхины - 2»

«За грех, который мы совершили пред Тобой во злом начале».

И следует спросить: но ведь все прегрешения приходят из-за злого начала? И следует объяснить, что грех состоит в том, что он говорит, что есть злое начало. Ведь «нет никого кроме Него». Ибо если человек недостоин, его сбрасывают сверху. И это происходит посредством облачения в желание получать, называемое злым началом.

Как сказано: «Ведь желание сердца человеческого зло с юности его», другими словами, Творец создал его таким, ибо желание получать есть главное кли, однако нужно исправить его. И отсюда следует объяснить слова: «И опечалился Он в сердце Своем». Ибо человек чувствует, что от того, что он идет за желанием, он обретает печаль. И это называется страданием Шхины.

40. Рабаш. 71. «Суть изгнания»

«Когда Израиль в изгнании, Шхина – с ними». Это значит, что если человек приходит к падению, то для него духовное находится в падении. Но ведь есть правило – «заповедь влечет за собой заповедь». Почему же он пришел к падению? Ответ: сверху дают ему падение, чтобы он почувствовал, что находится в изгнании, и чтобы просил милосердия, и тогда его вытащили бы из изгнания, что и означает спасение. Но невозможно спасение, если прежде не было изгнания.

Что такое изгнание? Это когда человек находится под властью эгоистической любви и не может работать ради Творца. А когда любовь к себе называется изгнанием? Только когда он хочет выйти из-под этой власти и страдает от того, что не может ничего сделать ради Творца.

41. Рабаш. Статья 5 (1988) «Что значит в духовной работе: «Исраэль в изгнании - Шхина вместе с ними»

Человек в то время, когда он чувствует, что находится в изгнании, т.е. чувствует в работе вкус изгнания и хочет убежать из изгнания, это значит, что человек должен верить, что в любом месте изгнания «Шхина с ними». Значит, Шхина дала ему попробовать вкус изгнания. «С ними» означает, что Шхина слита с ними, и они, ни в коем случае, не находятся в состоянии отделения от Шхины так, что должны сказать, что это свойство «падение». А наоборот, Шхина дает ему сейчас толчок, чтобы поднялся по ступеням святости, и Она облачается сама в одеяние падения.

И если человек осозна́ет это и поверит, что это так, это даст ему стимул, чтобы не убегать с «поля боя», и не скажет он, что работа по отдаче не для него, потому что видит всегда, что он всегда находится в состоянии подъемов и падений, и не видит конца этим состояниям, и падает в состояние отчаяния.

Однако, если он пойдет путями веры и будет верить словам мудрецов, то он должен сказать наоборот.

42. Рабаш. 777. «Молитва об изгнании Шхины»

В чем суть молитвы, которой необходимо молиться о Шхине в изгнании.

Значение ситры ахры, являющейся свойством знания и получения, в том, что она властвует над святой Шхиной, которая является верой и отдачей. А Творец создал мир, чтобы наслаждать творения, и не могут низшие получить наслаждение, кроме как в сосудах (келим) отдачи, которые считаются вечными сосудами, и не может высший свет, будучи вечным, облачиться во временные келим.

А низшие, находящиеся во власти ситры ахры, желающие именно получения и знаний, способствуют отделению от единения с высшим, и это означает, что есть орла (крайняя плоть) на Малхут, и эта орла прерывает связь между Зеир Анпином и Малхут, что является свойством единения Творца и Его Шхины.

И получается, что есть страдания Шхины от того, что не может она соединиться со свойством Творца по причине этой орлы, которую держат низшие и не отпускают её, чтобы она отделилась от Малхут.

Поэтому необходимо молиться, дабы Творец послал свечение свыше, чтобы низшие захотели отменить орлу и исключить её из Малхут. И это действует как в общем, так и в частном.

43. Рабаш. Статья 5 (1988) «Что значит в духовной работе: «Исраэль в изгнании - Шхина вместе с ними"»

«Страдание Шхины» означает, что Творец страдает от того, что Он не может раскрыть благо и наслаждение, из-за того что творения не предоставляют [Ему] места, способного получать. Ведь если Он даст им благо и наслаждение, всё уйдет к Ситре Ахре. Поэтому получается, что Он не может давать благо, как Он того желает.

И отсюда поймем, что человек должен сожалеть о страданиях Шхины. И мы спросили, почему Творец не поднимает ее из праха, а Он нуждается в том, чтобы нижние построили намерение на свои действия, т.е. всё, что они делают, обязано быть с намерением «Поднять Шхину из праха».

А ответ состоит в том, что всё, что Творец дает, всё это благо и наслаждение, и в этом заключается Его цель – насладить Свои страдания. В то же время «поднять Шхину из праха», т.е. чтобы у Творца была возможность давать высшее благо, и высшее благо не ушло бы к Ситре Ахре, – это может быть только когда нижние не желают получать ради собственной выгоды, получая только для отдачи.

44. Рабаш. Статья 24 (1991) «Что означает, что человек должен родить сына и дочь в духовной работе"

Если человек решает, что он хочет работать в состоянии «прах», т.е. даже если ощущает вкус праха в работе, он говорит, что это очень важно для него, если он может сделать что-то ради Творца, а для себя - не важно ему, какой вкус он ощущает, и он говорит, что эта работа в то время, когда ощущается вкус праха, т.е. тело насмехается над этой работой, он говорит телу, что, по его мнению, называется эта работа «подъем Шхины из праха». Т.е. хотя тело ощущает в этой работе вкус праха, человек говорит, что это святость, и не измеряет, каков вкус, что он ощущает в работе, но он верит, что Творец наслаждается этой работой, т.к. нет здесь никакой примеси желания получать, ведь ему нечего получать, ведь нет никакого вкуса и смысла в этой работе, потому что лишь вкус праха есть здесь. А поэтому он верит, что такова духовная работа, и, так или иначе, он рад и весел.

45. Рабаш. Статья 40 (1990) «Что означает: «Ибо вы малочисленнее всех народов" в духовной работе»

Как человек может получить силу преодолеть свое тело, когда ощущает Шхину во прахе? Какую радость он может получить от этой работы? И еще сложнее, как человеку можно обрести желание и потребность работать, когда он не ощущает в этом вкуса. Это еще можно понять, когда у него нет выбора. Можно понять, что человек работает вынужденно, но желать такой работы, в которой нет вкуса, невозможно. А поскольку у него нет сил преодоления, и чтобы у него была радость от этой работы, то, как можно служить царю в таком низком состоянии, то есть, когда он ощущает вкус праха, служа царю?

Поэтому он не просит Творца раскрыть свое величие, чтобы ощутить в этом вкус. А он просит Творца дать силу, чтобы смог превозмочь тело и работать в радости от того, что сейчас он может работать только ради Творца, ведь желание получать не наслаждается от этого, и у него есть только вкус праха.

46. Рабаш. 34. «Таамим, некудот, тагин, отиёт»

«Таамим» (вкусы, интонации) – это тот, кто хочет ощутить вкус жизни, тогда он должен обратить внимание на свою точку в сердце.

Ведь у каждого человека есть точка в сердце, но она не светит, т.е. она подобна черной точке. Поскольку точка в сердце является свойством святой души-нефеш, а ее природа есть отдающее кли.

Но она пребывает в свойстве Шхины во прахе, ибо человек ни во что не ставит ее, и для него по важности она подобна праху. И это называется «некудот» (точки, огласовки).

Совет [для него] – поднять ее важность, и сравнять ее важность с «тагин» (коронками), т.е. как «венец на голове его». Т.е. вместо того, чтобы раньше она была, как прах, он должен поднять ее важность, как у короны на голове его.

И тогда святая душа-нефеш распространяется в «отийот» (буквы), т.е. в тело, ибо тело называется буквами, как известно. Т.е. святость из потенциальной распространяется в практическое проявление, которое называется буквами и телом.

47. Рабаш. Статья 13 (1988) «Что означает, что предводитель народа – это и есть народ, в духовной работе»

В том месте, где надо сделать что-то ради небес, а не ради собственной выгоды, тотчас же является тело и задает вопрос: «Что это за работа у вас?» и не желает дать ему силы для работы, что называется «Шхина во прахе», т.е. в том, что он хочет сделать ради Шхины, он ощущает вкус праха, и у него нет сил преодолеть свои мысли и желания.

И тогда человек приходит к осознанию, что нет у него недостатка ни в чем, чтобы у него была сила для работы, если только Творец даст ему силу веры, как сказано выше (в молитве рабби Элимелеха), что нужно молиться: «И установи веру Свою в сердце нашем навечно без перерыва», так как в этом состоянии он приходит к осознанию, что «если Творец не поможет ему, он не выдержит».

48. Бааль Сулам. Шамати. 113. «Молитва «Шмоне-Эсре» (Восемнадцать благословений)»

Молитва называется путем Торы, и потому она более эффективно очищает тело, чем страдания. Поэтому заповедано человеку молиться о страданиях, ведь это приносит добро и самому человеку лично, и всем в общем.

Противоречия вызывают трудности в духовной работе и перерывы в ней, когда человек не может продолжать работу, чувствуя плохое настроение. И кажется ему, что он не способен принять на себя бремя работы Творца и нести ее, как «бык под ярмом и осел под поклажей». И в такое время он называется «не желанным». Но после, когда все свои намерения он направляет на поддержание уровня веры, которая называется свойством Малхут, желая поднять Шхину из праха так, чтобы возвеличилось Имя Его в мире, выросло величие Творца, и святая Шхина не пребывала в нищете и бедности, тогда Творец слышит каждого и даже того, кто не очень желанен, то есть ощущающего себя еще далеким от духовной работы.

49. Рабаш. 557. «По поводу отраженного света»

Нижний прежде всего должен верить, что высший существует в реальности, но он не ощущает его из-за того, что не видит величия (гадлута) высшего. И это называется «Шхина в изгнании», т.е. святая Шхина находится у него во прахе, и он не чувствует, что в высшем есть вкус, больший вкуса праха.

Поэтому, когда человек начинает наблюдать величие высшего, что называется, что Ахап высшего поднялся, нижний тоже поднимается и начинает постигать величие духовного.

А это зависит от меры его боли от того, что он видит недостатки в высшем. Так же, в той же мере, высший поднимается для него. Получается, что это исправление, произведённое ради нижнего.

50. Рабаш. Письмо 77

Вся основа – в том, что человек должен просить, чтобы все его мысли и желания были только на пользу Творцу. И тогда сразу представляется ему картина его низменности, называемая «Шхина во прахе», и поэтому не нужно удивляться падениям, ибо «грош к грошу – скапливаются в большой счёт".

И это – как мы учили, что нет пустоты в духовном, а удалился [Он] временно, чтобы была возможность идти вперёд, потому что каждый момент, который выяснен, проанализирован [и присоединён] к святости, входит во владение святости. И человек падает только для того, чтобы выбрать дополнительные искры святости.

51. Рабаш. 106. «Разрушение святости»

Человек должен молиться о разрушении Храма – о том, что святость [находится] в состоянии разрушения и пребывает в самом низу, и никто не обращает внимания на эту низость, на то, что святость лежит на земле, и нужно поднять ее из ее низости. Другими словами, каждый осознает собственную выгоду и знает, что это очень важная вещь, и для этого стоит работать, тогда как отдавать – не выгодно. И это называется, что святость лежит на земле, «как камень, который некому перевернуть».

Но человек не должен просить у Творца, чтобы Он приблизил его к Себе, ибо это наглость со стороны человека – ведь чем он важнее других? Тогда как, когда он молится за всё общество, представляющее собой малхут, называемую Кнесет Исраэль, общность всех душ, о том, что Шхина во прахе, и он молится о том, чтобы она восстала, т.е. чтобы Творец осветил ей ее тьму, весь Исраэль автоматически поднимется по своему уровню, и также и просящий [поднимется,] ибо он тоже внутри общества.

52. Рабаш. Статья 39 (1990) «Что означает «каждый, кто скорбит о Иерусалиме, удостоится увидеть его в радости» в духовной работе»

Когда человек молится об изгнании Шхины, пусть не молится о том, что только для него Она во прахе. А человек должен молиться, почему Она в таком низменном положении у всего мира, до такой степени, что весь мир не думает о духовном. И он молится обо всем мире, как мы молимся «и построит Иерусалим скоро в наши дни». И это будет для всего мира [...] А поскольку массы не ощущают недостатка, как они могут молиться?

Но этот человек, который все-таки удостоился достичь недостатка, то есть, что он достиг изгнания, поэтому он может просить об освобождении. А те люди, которые не ощущают изгнания, как они могут просить, чтобы их вытащили из изгнания? Получается, то, что человек ощущает, что находится в изгнании, это уже называется «подъем на ступень». И на него возложено просить наполнение за все общество.

53. Бааль Сулам. Письмо 25

Удостоившемуся ответа раскрывается святая Шхина, как мягкосердечная мать, которая не видела сына своего долгие дни, и производили они большие и многие действия, чтобы увидеть друг друга, и оба подвергались из-за этого великим опасностям и т.д. и в итоге пришла к ним эта свобода, которую ждали они с нетерпением, и удостоились они увидеть друг друга, и тогда мать падает в его объятия и целует его и утешает и увещевает весь день и всю ночь, и рассказывает ему о тоске и опасностях в пути, которые испытывала она до сего дня, и как была она с ним всегда, и не двигалась Шхина, а страдала она с ним повсюду, только он не мог видеть этого.

И так говорит Зоар, что говорит она ему: здесь ночевали мы, здесь напали на нас разбойники. И спаслись мы от них, здесь прятались мы в яме глубокой и т.д. И какой глупец не поймет великую любовь и приятность, и наслаждение, которая вырывается и исходит из этих утешительных рассказов.

54. Рабаш. 36. «Слышит молитву»

«Слышит молитву». Весь мир задает вопрос, почему написано «молитва» в единственном числе, ведь Творец слышит молитвы, как сказано «Ты слышишь молитву каждого из народа Израиля в милосердии». И нужно объяснить, что нет у нас других молитв, кроме одной: поднять Шхину из праха, посредством чего придет избавление.

Меж теснин

55. При Цадик. Глава Пинхас, п. 9

В эти три недели, 17-го Тамуза были разбиты скрижали, и 9-го Ава был сперва разрушен Храм, а затем изгнаны Исраэль. Но в действительности все это было подготовкой, чтобы впоследствии таким путем были удостоены большого света. О разбиении скрижалей сказано: (Шабат, п. 87) «Браво Тебе, что Ты разбил», ведь путем этого разбиения скрижалей удостоились света Торы, и 9-го Ава тотчас родился Машиах, как сказано: (В Мидраш Эйха): «И будет разрушение Храма подготовкой к строительству Третьего Храма, чтобы был он, и тогда наступит полное избавление, после которого не будет изгнания.

56. Рабаш. Статья 5 (1988) «Что значит в духовной работе: "Исраэль в изгнании - Шхина вместе с ними"»

Народ Исраэля вышел из страны Исраэль и был разрушен Храм. И с точки зрения духовной работы нужно объяснить, что народ Исраэля вышел наружу и не чувствуют вкус в Торе и заповедях, и их сердце, которое было местом ощущения святости, называемым Храмом, это место разрушилось.

57. Предисловие Хаима Виталя к Вратам предисловий

Сказал самый молодой человек в городе, и самый малый из всех них, Хаим Виталь. Будучи тридцатилетним, я был ослаблен, сидел опустошенным, и мои мысли путались. Ведь прошла жатва, конец лета, а избавление не пришло к нам. Не пришло излечение наших болезней. Нет лекарства для нашей плоти. Нет лекарства для нашей раны от разрушения нашего Храма. Разрушению этому сегодня 1504 года. Горе нам, ведь закончился день, один день Творца, равный 1000 лет, и склонились вечерние тени, что это на 504 года более половины второго дня. И иссякла надежда, сын Давида до сих пор не пришел. И известно, что сказали наши учителя, благословенна их память: каждое поколение, которое не строит Храм в его дни, как будто он разрушен в их дни. И решил я изучить и узнать, что это, и почему затянулось наше наказание и наше изгнание, и почему не пришел сын Ишая.

58. Бааль Сулам. Письмо 60

Было определенное условие в начале получения Торы. Однако потом, после создания тельца, разрушилось единство, потому что начались войны, и сыны Леви убили за слово Творца три тысячи людей, и потом – жалобы на Моше, Аарона и разведчиков, и конечно же все это не добавило любви и единства – а потом, по приходу в страну, также не утихло это, и поэтому не было даже возможности требовать от кого-либо исполнить эту главную заповедь. Однако, чтобы не забылась Тора Израиля, начали заниматься другими заповедями, хотя и оставили главную, потому что не было у них иного выбора. И возможно поэтому были озадачены мудрецы разрушением Второго Храма, ведь не было там идолопоклонства и были усердными в Торе, и почему же он был разрушен? И сказали – из-за беспричинной ненависти. Возможно смысл в том, что не могли заниматься главным в Торе – возлюбить ближнего, как себя.

59. Рабаш. Статья 24 (1987) «Что такое беспричинная ненависть в духовной работе»

Поскольку во Втором Храме была ненависть без причины, т.е. они ненавидели свойство «без причины», что означает работать просто так без какой-либо оплаты, а не для получения вознаграждения, поэтому, даже несмотря на то что они занимались Торой и заповедями, и благотворительностью, всё же, поскольку у них не было намерения ради отдачи, это не является местом для святости, в котором она могла бы пребывать, как сказано выше, из-за противоположности формы между ними. И потому Храм должен был быть разрушен.

А дело в том, что порядок работы таков, что нам нужны Тора и заповеди, и благотворительность, чтобы это дало нам силы работать бескорыстно, что является лишь средством для достижения цели. А цель – прийти к слиянию с Творцом, т.е. подобию по форме, как сказано: «И слиться с Ним», как объясняют мудрецы: «Как Он милосерден, так и ты милосерден».

60. Рав Хаим Виталь. Шаарей Кдуша (Врата Святости), часть 2, Шаар 4

Сказали мудрецы: «Ненависть к творениям удаляет человека из этого мира». И вот он как будто ненавидит Творца за то, что создал его. Сказано (Йома стр. 9, 72): «Во Втором Храме были праведники и большие мудрецы, и был он разрушен из-за греха беспричинной ненависти, и не приходит конец, и не исчезает, а лишь по причине беспричинной ненависти, и хотя остальные прегрешения проходят над ними лишь в час их, но беспричинная ненависть в сердце всегда. И каждое мгновение преступает заповедь: не ненавидь, и отменяет заповедь делай: «Возлюби ближнего, как самого себя». И еще об этой заповеди сказано, что это главное правило Торы, которая целиком зависит от него.

61. Сборник законов. Законы крови, закон 1

Главный порок учеников рабби Акивы был в том, что между ними не было милосердной любви, ведь благодаря этому происходит главное привлечение

Торы, которую они должны были привлечь от рабби Акивы, учителя своего, являющегося свойством раскрытия Торы. И потому сказал рабби Шимон бар Йохай: «У нас всё зависит от любви», т.е. нам нужно, чтобы между нами царила великая любовь, ибо это главное. И как рассказано об учениках Ари, что Ари предупреждал их много раз, что между ними должна царить великая любовь. А однажды он сказал, что был готов пойти в Иерусалим, и что благодаря им наступило бы Избавление, но это расстроилось из-за небольшой ссоры, возникшей между товарищами из-за их жен (как объясняется в «Шивхей Ари»). Ведь главное привлечение Торы происходит посредством любви и милосердия, благодаря которым удостаиваются получения Торы и всего блага.

62. Вавилонский талмуд. Трактат Макот, стр. 24а

Как-то раббан Гамлиэль, рабби Элазар бен Азария, рабби Иегошуа и рабби Акива отправились в Иерусалим и, дойдя до горы Скопус, в знак траура разорвали одежды, а когда дошли до Храмовой горы и увидели лисицу, выбегавшую из Святая Святых, то начали плакать – все, кроме рабби Акивы, который засмеялся. Его спросили: «Почему ты смеёшься?» «А вы почему плачете?» – спросил он. «Написано, – ответили ему, – «посторонний, который приблизится (к Святая Святых), да будет предан смерти» (Бемидбар, 1:51), – а теперь лисы туда входят! Как же нам не плакать?» Сказал им рабби Акива: «Именно поэтому я смеялся. Ибо написано: «И Я взял Себе верных свидетелей – Урию-священника и Захарию сына Йеверехайагу» (Ишайягу, 8:2). […] Пока не исполнилось пророчество Урии, я боялся, что не исполнится пророчество Захарии. Теперь же, когда первое сбылось, я уверен, что сбудется и второе». И сказали ему: «Акива утешил нас, Акива утешил нас».

63. Шла а-Кадош. Шней лухот а-брит (Две скрижали завета), Бемидбар, Дварим, глава Балак

Скудость – это беды, и они являются причинами возвышения и вызывают преимущество света от того, что было. И преимущество света исходит из тьмы, поскольку «Он поместил меня во тьму» (Эйха 3:6), чтобы появился великий свет из тьмы. Точно так же Творец превратит проклятие в благословение, так как проклятие само по себе станет благословением. И разрушение Храма - это построение его.

64. Тиферет Шломо аль Моадим. Римзей Пурим

Благодаря посту и скорби появляется радость, и из самой беды появляется благоденствие. Ведь из свойства трепета появляется любовь, как сказано (Йирмияу 30:7): «Это час бедствия для Яакова, и в нем же его избавление". Имеется в виду, что в тот день, когда наступит очень трудный час, только тогда быстро и легко из него произрастет избавление, приводящее к единению. И потому сказано: «Ибо в день 9-го ава родился Машиах», ибо лишь в день, когда был разрушен Храм, когда сыны Исраэля были на самом дне, именно тогда наступает время, позволяющее взрастить рог избавления нашего праведного Машиаха, который придет скоро в наши дни.

65. Рабаш. Статья 19 (1986) «По поводу радости»

В месяце ав нужно скорбеть о разрушении Храма, т.е. работать в левой линии, то есть подвергнуть анализу действия, которые должны выполняться в духовном с целью отдачи и понять, насколько человек отдален от сути отдачи.

И во время, когда человек думает об этом, он находится в состоянии отдаления от духовного и погружен в любовь к самому себе таким образом, что вся основа его занятий Торой и заповедями - все ради того, чтобы наполнить свое желание получить любым способом, которым только можно наполнить его.

Из этого вытекает, что во время, когда занят анализом своего падения, тогда есть у него возможность пробудить боль от разрушения Храма, которое есть внутри каждого. И тогда свершится: «каждый скорбящий о Иерусалиме, удостоится увидеть Иерусалим в утешении".

66. Рабаш. Статья 39 (1990) «Что означает «каждый, кто скорбит о Иерусалиме, удостоится увидеть его в радости» в духовной работе»

Известно, что малхут называется Иерусалимом. Поэтому, когда мы говорим о разрушении Иерусалима, речь идет о Храме, который был разрушен. То есть, это называется «Шхина во прахе» или «Шхина в изгнании». Иными словами, человек должен принять на себя ярмо небесной малхут, и верить, что Творец управляет миром, как добрый и творящий добро. Но это скрыто от человека. […]

Потому каждый человек укрепляется и принимает на себя ярмо малхут, несмотря на то, что не видит никакой ее важности, и скорбит о том, почему это так, то есть, почему настолько от нас скрыта важность Иерусалима. И молится о том, почему у нас нет ощущения важности малхут, и просит Творца поднять Иерусалим из праха, в котором он пребывает. И в той мере, в которой человек сожалеет о разрушении, он удостаивается того, чтобы Творец услышал его молитву.

И человек удостаивается увидеть ее в радости, то есть, что она дает ему благо и наслаждение.

67. Бааль Сулам. Из рукописей

И это то, на что указывает поэт (Псалмы, 122:3): «Отстроенный Иерусалим подобен городу, соединенному воедино», ведь Окончательное Исправление называется «отстроенный Иерусалим», т.е. прошедшие Избавление не отстраивают его, а удивляются в своем постижении, что он уже отстроен, и никогда не было в нем никакого изъяна, ибо всякое изменение места и изменение действия, и изменение имени, которые сами являются моментами времени в изгнании, все эти противоположности соединились вместе, и это абсолютная простота, подобно закону, раскрывающемуся, когда в нем собираются все его части и элементы.

68. Бааль Сулам. «А это для Йеуды»

Все буквы слова «избавление» 'геула' присутствуют в слове «изгнание» 'гола', кроме буквы «алеф», которая указывает на Властелина мира, как сказали мудрецы. И это показывает нам, что форма отсутствия есть не что иное, как отрицание существования.

И вот форма существования, т.е. Избавление, передана нам словами: «И не будет больше каждый учить ближнего своего … ибо все познают Меня, от мала до велика», а в таком случае, предшествующая ему форма отсутствия, т.е. форма изгнания, будет лишь отрицанием знания Творца, что является отсутствием буквы «алеф», недостающей нам в слове «изгнание» 'гола' и ожидаемой нами в Избавлении, представляющем собой слияние с Властелином мира, как сказано выше.

И в этом как раз и состоит всё освобождение души нашей, не более и не менее. И потому мы сказали, что все буквы слова «избавление» 'геула' присутствуют в слове «изгнание» 'гола', кроме «алефа», символизирующего Властелина мира. И пойми это как следует.

69. Бааль Сулам. «Предисловие к книге Зоар», п. 71

И в таком поколении все разрушители среди народов мира поднимают голову и хотят, главным образом, уничтожить и убить сынов Исраэля, иными словами, как сказали мудрецы: «Все бедствия приходят в мир только для Исраэля». Т.е. как сказано выше в цитате из Тикуним, они приводят к нищете и разрухе, и грабежу и убийствам, и уничтожениям во всем мире.

А после того как, в грехах наших великих, мы стали свидетелями всего сказанного в Тикуним, и мало того, свойство суда поразило именно лучших из нас, как сказали мудрецы: «И они [т.е. бедствия] начинаются с праведников», и из всего великолепия, которое было у народа Исраэля в землях Литвы и Польши и т.д., у нас остались лишь осколки, [уцелевшие] в нашей святой земле.

И с этого момента лишь на нас, тех, кто выжил, лежит задача исправить это ужасное искривление. И каждый из нас, тех, кто уцелел, должен всей душой своей и существом своим принять на себя [задачу,] начиная с этого момента, усиливать внутреннюю часть Торы, предоставив ей место, достойное ее по ее важности, превосходящей значение внешней части Торы.

И тогда каждый из нас удостоится усилить значение своей собственной внутренней части, т.е. свойства «Исраэль» в себе, или потребностей души, над своей собственной внешней частью, т.е. свойством «народов мира» в себе, или потребностями тела.

И сила эта придет также и ко всему народу Исраэля в целом, до такой степени, что «народы всех земель» в нас признают и узнают превосходство и значение великих [мудрецов] Исраэля над ними, и станут слушать их и подчинятся им.

И также внутренняя часть народов мира, т.е. праведники народов мира, одолеют и принизят свою внешнюю часть, т.е. разрушителей.

И также внутренняя часть народов мира, т.е. Исраэль, усилится во всем своем превосходстве и значении над внешней частью мира, т.е. над народами [мира].

И тогда все народы мира признают и узнают превосходство Исраэля над собой, и исполнят слова Писания: «И возьмут их народы, и приведут их в место их; и дом Исраэля примет их в наследие на земле Творца...» , а также: «И они принесут сыновей твоих в поле́, и дочери твои несомы будут на плечах». Как сказано в книге Зоар: «[сказал верный пастырь р. Шимону:] Благодаря этому твоему сочинению, т.е. книге Зоар, выйдут они из изгнания в милосердии».

70. Бааль Сулам. «Статья на окончание книги Зоар»

Наше нынешнее поколение – это поколение времен Машиаха. И потому мы удостоились избавления нашей святой земли из рук чужаков. И кроме этого, мы удостоились раскрытия книги Зоар, что является началом исполнения слов: «И будет земля полна знанием Творца», «И не будет больше каждый учить [ближнего своего и каждый – брата своего, говоря: «познайте Творца»,] ибо все познают Меня, от мала до велика».

Однако двух этих вещей мы удостоились только в виде дара от Творца. Но мы в свои руки еще не приняли ничего, и этим нам дана возможность начать работу Творца, чтобы заниматься Торой и заповедями лишма и тогда удостоиться великого успеха, насколько это обещано поколению Машиаха, чего не знали все поколения до нас. И тогда мы удостоимся времени получения двух этих вещей: «совершенства постижения» и «полного избавления».

71. Рав Кук. Орот кодеш - 3

Глубина зла и высота её корня – это глубина добра, получается, что глубина ненависти равна глубине любви. И если мы разрушимся, то с нами будет разрушен весь мир из-за беспричинной ненависти, а начнём строить себя, то с нами будет отстроен и мир – благодаря любви беспричинной.

Лицом к избавлению

1. Бааль Сулам. «Статья в завершение книги Зоар»

Предоставил нам Творец возможность избавления, т.е., очиститься и начать исправление своей природы, чтобы приобрести свойства Творца. И тогда будет отстроен Храм, и мы получим эту землю в свое распоряжение. Тогда ощутим и почувствуем мы радость избавления.

2. Рабаш. 940. «Точка в сердце»

«И сделают Мне Храм, и буду Я пребывать в них». Имеется в виду точка в сердце, т.е. должно быть место Храма, чтобы свет Творца пребывал в нем, как сказано: «И буду Я пребывать в них». Поэтому человек должен стараться построить свое здание святости.

И здание это должно быть пригодным к тому, чтобы в него вошло высшее благо, которое называется благом, передаваемым от Дающего к получающим. Однако, как известно, согласно правилу должно быть подобие по форме между Дающим и получающим, т.е. и получающий тоже должен быть в намерении ради отдачи, подобно Дающему.

И это называется состоянием действия, как сказано: «И сделают Мне Храм», где действие возлагается на кли, а не на свет. Ибо свет относится к Творцу, и только действие относится к творениям.

3. Рабаш. Статья 15 (1991) «Что означает благословение: «сотворивший для меня чудо в этом месте» в духовной работе»

Изгнание – согласно страданиям и боли, которые ощущаются в изгнании. В этой мере можем получить радость от освобождения. И это как свет и кли, то есть переносимые страдания от чего-либо – это келим, в которые можем получить свет, если освободимся от страданий.

4. Бааль Сулам. «А это для Йеуды»

Все буквы слова «избавление» 'геула' присутствуют в слове «изгнание» 'гола', кроме буквы «алеф», которая указывает на Властелина мира, как сказали мудрецы. И это показывает нам, что форма отсутствия есть не что иное, как отрицание существования.

И вот форма существования, т.е. Избавление, передана нам словами: «И не будет больше каждый учить ближнего своего ... ибо все познают Меня, от мала до велика», а в таком случае, предшествующая ему форма отсутствия, т.е. форма изгнания, будет лишь отрицанием знания Творца, что является отсутствием буквы «алеф», недостающей нам в слове «изгнание» 'гола' и ожидаемой нами в Избавлении, представляющем собой слияние с Властелином мира.

5. Рабаш. Статья 6 (1989) «Что такое «выше знания» в духовной работе»

Когда они получают избавление, они понимают, что Творец – воитель 'цваот'. То есть, все падения и подъемы, которые у них были, сделал Творец.

То есть, даже падения также приходят от Творца. Что просто так человек не получит так много падений и подъемов. А это Творец устроил все эти выходы. И можно сказать, что «выходы» – это «выходы из святости». А «входы» – «их входы в святость». Всё делает Творец. Поэтому после избавления Творец называется Творцом воинств 'цваот'. И кто Он? Царь Исраэля и его Избавитель.

6. «Маор ва-Шемеш». Глава Дварим

Известно, что главное — это объединение. Это ведет к спасению и ослаблению судов. И когда соединитесь вместе в любви, радости и братстве, благодаря этому аннулируются все суды и ослабляются милосердием, и в мире раскрывается совершенное милосердие и открытая милость (хасадим мегулим), благодаря объединению.

7. Рабаш. 936. «Время избавления»

Вот приближается день освобождения, и на нас возложено лучше подготовиться для света освобождения, и это выход из рабства на свободу. И известно, что невозможно выйти из изгнания, если не были в изгнании. И известно, что святая Тора вечная и действует в каждом поколении.

Отдаление ради приближения

1. Бааль Сулам. Шамати. 172. «Препятствия и помехи»

Все препятствия и помехи, которые видятся и открываются нашим глазам – не что иное, как знаки приближения к Творцу, говорящие о том, что Творец желает приблизить нас к Себе. И все эти препятствия ведут нас лишь к сближению, а иначе не существовало бы никакого способа к Нему приблизиться. Ведь со стороны природы ничто не может больше отдалить нас от величайшей высоты Творца, чем тот материал, который заложен в нас при создании. И только начав приближаться к Творцу, человек может оценить ту пропасть, которая их разделяет. А каждое преодолеваемое им препятствие - сокращает ему этот путь. Ведь если человек привыкает идти в отдалении, то даже когда вновь и вновь чувствует, как он далек от Творца, это никак не может помешать его движению, поскольку ему заранее известно, что он идет по линии отдаления.

2. Рабаш. Статья 44 (1990) «Что такое «война за власть» в духовной работе – 2»

Когда человек находится в низком состоянии, что означает что Творец отдаляется и покидает его, и у него нет ни малейшего желания и стремления к работе, - это означает, что Творец дает человеку такую форму духовности, в которой нет никакого вкуса, а наоборот, человек хочет убежать и забыть о работе вообще. Это называется, что Творец показывает ему обратную сторону, потому что лик Творца - это Его желание насладить творения, тогда как обратная сторона - совсем наоборот. А почему Творец показывает человеку обратную сторону? Это делается преднамеренно, чтобы подтолкнуть человека к слиянию с Творцом, чтобы не смог оставаться в низком состоянии. Получается, что внутри состояния обратной стороны кроется лик (Творца).

3. Зоар для всех. Берешит – 1. Статья «Создадим человека», п. 159

В соответствии с величиной уровня свойства «паним» ступени, такова же и величина уровня свойства ее «ахораим». А озарение «ахораим» является воззванием и призывом к озарению «паним». И поэтому они знали, в зависимости от меры скрытия «ахораим», которую они постигали, ту меру раскрытия, которую им предстоит постигнуть.

«Как только услышал рабби Шимон, что назвал Он его Шимон, а не рабби Шимон» – т.е. озарение «ахораим», являющееся воззванием, было настолько сильным, что он лишился всех ступеней и стал простым человеком, Шимоном с рынка. И узнал благодаря этому, что это воззвание и призыв к очень возвышенному постижению «паним».

4. Рабаш. Статья 5 (1988) «Что значит в духовной работе: «Исраэль в изгнании - Шхина вместе с ними»

Когда он чувствует, что находится в изгнании, т.е. чувствует в работе вкус изгнания и хочет убежать из изгнания, это значит, что человек должен верить, что в любом месте изгнания «Шхина с ними». Значит, Шхина дала ему попробовать вкус изгнания. «С ними» означает, что Шхина слита с ними, и они, ни в коем случае, не находятся в состоянии отделения от Шхины так, что должны сказать, что это свойство «падение». А наоборот, Шхина дает ему сейчас толчок, чтобы поднялся по ступеням святости, и Она облачается сама в одеяние падения.

И если человек осознаёт это и поверит, что это так, это даст ему стимул, чтобы не убегать с «поля боя», и не скажет он, что работа по отдаче не для него, потому что видит всегда, что он всегда находится в состоянии подъемов и падений, и не видит конца этим состояниям, и падает в состояние отчаяния.

Однако, если он пойдет путями веры и будет верить словам мудрецов, то он должен сказать наоборот.

5. Рабаш. Статья 30 (1989) «Что такое зажигание светильника в духовной работе"

Человек понимает, что должен каждый раз видеть, как он продвигается. Однако не приходит в голову человеку, что он должен продвигаться в достижении тьмы, что только это является кли, которого он должен достичь. Как сказано, кли, сосудом называется потребность в наполнении. Т.е. если нет у него наполнения потребности, он ощущает, что находится во тьме. Поэтому не должен человек говорить, что он не продвигается в работе.

Поэтому он желает убежать из системы, которая не истинна, потому что он видит каждый раз, как он далек от получения света, т.е. чтобы Творец дал ему кли, называемое желание отдавать, и он не способен достичь желания отдавать своими силами, и тогда он приходит к ощущению, что мир померк для него. И тогда приходит свет, т.е. помощь свыше, как сказано: «Пришедшему очиститься – помогают".

6. Рабаш. Статья 29 (1986) «Лишма и ло-лишма"

Полученное падение идет человеку на пользу. Это особое средство: его опустили из прежнего состояния, в котором он думал, что уже обрел немного совершенства. Это заметно по тому, что он был согласен оставаться в текущем состоянии всю жизнь.

С другой стороны, теперь, видя, что он далек от духовного, человек задумывается: «Чего на самом деле от меня хотят? Что на меня возложено? Какой цели я должен достичь?» Он видит, что у него совсем нет сил для работы, и обнаруживает себя «подвешенным меж небом и землей». И укрепиться он способен лишь тем, что только Творец может ему помочь, тогда как сам он потерян.

Сказано об этом: «надеющиеся на Творца обновят силы». «Надеющиеся на Творца» – это люди, которые видят, что нет никого иного в мире, кто способен помогать им с каждым разом набираться новых сил. Следовательно, это падение – как раз подъем.

7. Рабаш. Статья 1 (1991) «Что означает: «Нет у нас царя, кроме Тебя,» в духовной работе"

Человек должен сказать, что находится в низком состоянии не потому, что сейчас он стал хуже. А так как сейчас, желая исправиться и действовать только ради небес, сверху ему раскрывают его истинное состояние, которое заложено в его теле. До сих пор это было скрыто и не выявлено наружу. А теперь Творец раскрыл ему это. […] И об этом человек говорит как о милости, что Творец ему раскрыл зло, которое в нём, чтобы тот узнал истину и смог обратиться к Творцу в истинной молитве. Выходит, что с одной стороны, человек видит сейчас, как он отдален от Творца. С другой стороны, он должен сказать, что Творец близок к нему и заботится о нём, показывая ему недостатки. Поэтому он должен говорить, что это хасадим (милость).

8. Бааль Сулам. Шамати. 19. «Творец ненавидит эгоизм»

Нужно человеку верить, что это свыше указывают его желанию получать создавать ему помехи в работе, ведь таким образом Творец дает ему силу раскрыть свое желание насладиться. И именно когда пробуждается его желание получать, возникает у него возможность работать над укреплением связи с Творцом, чтобы помог человеку обратить желание наслаждаться в намерение ради отдачи. И должен человек верить, что этим доставляет удовольствие

Творцу, когда просит приблизить его к слиянию с Творцом, означающему подобие свойств и отмену желания получать, чтобы работать на отдачу. И об этом сказал Творец: «Победили Меня сыны Мои». То есть Я дал вам желание получать, а вы просите Меня дать вместо него желание отдавать.

9. Зоар для всех. Предисловие книги Зоар. Статья «Две точки», п. 121

Всё множество несовместимых с Его единством противоречий, испытываемых нами в этом мире, хотя в начале своем и отделяют нас от Творца, но когда мы прилагаем усилия в выполнении Торы и заповедей с любовью, всей душой и сутью своей, как и заповедано нам, чтобы доставить отраду Создавшему нас, то все эти силы разделения не способны даже в малейшей степени уменьшить хоть в чем-то нашу любовь к Творцу всей своей душой и сутью, и тогда каждое преодолеваемое нами противоречие становится вратами постижения Его мудрости.

Ибо в каждом противоречии заложена удивительная возможность раскрыть особую ступень постижения Его. И те, кто заслужил удостоиться этого, обращают тьму в свет, а горькое в сладкое, так как все силы разделения, вызывавшие затмение разума и горечь тела, стали для них вратами постижения возвышенных ступеней, и преобразилась тогда тьма в огромный свет, а горечь стала сладостью.

Так что именно в той мере, в какой до этого проявились у них на всех путях высшего управления силы разделения, преобразовались теперь все они в силу единства. И они стали теперь склоняющими весь мир целиком на чашу заслуг.

10. Бааль Сулам. Шамати. 1. «Нет никого кроме Него»

Сказано: «Нет никого кроме Него», что означает, что нет никакой другой силы в мире, у которой была бы возможность что-то сделать против Творца. А то, что человек видит, что есть в мире вещи и силы, отрицающие существование Высших сил, так причина в том, что таково желание Творца. И это метод исправления, называемый «левая рука отталкивает, а правая приближает» — и то, что левая отталкивает, входит в рамки исправления. Это значит, что в мире существуют вещи, которые с самого начала приходят с намерением сбить человека с прямого пути и отбросить его от святости. А польза этих отталкиваний в том, что с их помощью человек получает потребность и полное желание, чтобы Творец помог ему.

11. Антология рабби Нахмана. Последнее издание, статья 48

Когда человек вступает в духовную работу, обычно ему дают почувствовать отдаление, и кажется ему, будто его отталкивают сверху и не позволяют ему приступить к работе Творца. Но на самом деле всё отдаление – это только приближение. И необходимо очень большое укрепление, чтобы не упасть духом, видя, что проходят многие дни и годы, когда он прикладывает огромные усилия для духовной работы, но до сих пор очень далек от нее, и даже еще не начал входить во врата святости. […] И кажется ему, будто Творец вообще не замечает его и совсем не хочет его работы. Выходит, что необходима большая стойкость, чтобы как следует укрепить себя и не придавать всему этому значения, ведь на самом деле, все отдаление – это только приближение.

12. Бааль Сулам. Шамати. 1. «Нет никого кроме Него»

И как бы он ни старался себя превозмочь, всегда видит, что находится в состоянии далеком от святости, по сравнению с другими работающими, которые ощущают себя в полной связи с Творцом. У него же всегда есть жалобы и претензии, и не может оправдать поведения Творца по отношению к нему. И это причиняет ему боль — почему он не находится в согласии с Творцом? Пока не приходит к ощущению, что нет в нем действительно никакой святости. И даже если получает иногда некое пробуждение свыше, оживляющее его на какое-то время, тотчас же падает обратно в состояние низости. Однако именно это вынуждает его наконец осознать, что только Творец может помочь и приблизить его по-настоящему.

13. Бааль Сулам. Шамати. 42. «ЭЛУЛЬ (я – Любимому, а Любимый – мне)»

В чертоги Творца удостаивается войти только тот, кто желает работать ради отдачи. А когда человек работает ради отдачи, ему неважно, что он ощущает во время работы. И даже если он ощущает тьму, это его не смущает, и он желает лишь, чтобы Творец дал ему силы преодолеть все препятствия. То есть он не просит у Творца дать ему раскрытие «в белом свете», а просит дать ему силы для преодоления всех сокрытий.

Поэтому, желающий прийти к отдаче должен понимать, что если постоянно будет находиться в состоянии раскрытия Творца (что называется, «в белом свете»), то это даст ему силы продолжать работу. Потому что, когда светит человеку, он может работать также и ради себя. В таком случае человек никогда не узнает, чиста ли и бескорыстна его работа (то есть ради Творца ли она)? А потому не сможет прийти к слиянию с Творцом. Поэтому дают человеку свыше состояние тьмы, и тогда он может увидеть, насколько бескорыстна его работа. И если также и в состоянии тьмы он может оставаться в радости, то это признак того, что его работа ради Творца.

14. Бааль Сулам. Письмо 52

В каждом движении в служении Творцу есть две противоположности в одном, и это по причине того, что получающий, поскольку он состоит из тела и души, которые противны друг другу, производит в каждом постижении, малом или большом, два вида форм, обратные друг другу.

Две системы правил есть в служении Творца: первая – это «молитва и просьба», вторая – это «хвала и благодарение». И понятно и так, что две эти [вещи] должны находиться на вершине своей высоты. И вот для восполнения «молитвы» должен человек чувствовать близость Творца к нему, как обязательную вещь. Как орган, который как будто отпал от своего уровня. Ибо тогда может он возмущаться и излить Ему все свое сердце.

Но в противоположность этому, что касается «хвалы и благодарения» в совершенстве, должен человек ощущать близость Творца к себе как добавку и излишек, как нечто, не относящееся к нему совершенно, ибо «что есть человек, что Ты знаешь его, сын человеческий – что Ты размышляешь о нем?», ибо тогда, наверняка, сможет он воздать хвалу и благодарение имени Его великому в полноте – избравшему его среди всех окружающих его для служения Творцу.

И это большая работа для сложного человека – совершенствоваться в двух этих противоположностях, чтобы установились они одновременно в сердце его навечно.

15. Бааль Сулам. Шамати. 121. «Подобна суднам торговым»

Сказано: «Ведь не хлебом единым жив человек, а всем, что исходит из уст Творца». Это означает, что жизненная сила святости приходит к человеку не только от приближения к Творцу и вхождения в духовное, то есть вступления в святость, но также вследствие выходов оттуда, то есть благодаря отдалению от Творца. Когда нечистая сила проникает в тело человека и справедливо требует: «Всё моё!», то преодолевая такие состояния, человек достигает прочной веры.

Он должен все происходящее отнести к Творцу и понять, что даже выходы из духовного исходят от Него. А когда удостаивается прочной веры, тогда видит, что абсолютно все, начиная от выхода из духовного и до входа в него – приходит только от Творца. А потому обязан он быть скромным, ведь видит, что все делается только Творцом, как падения из духовного, так и вхождения в него.

16. Рабаш. Статья 15 (1991) «Что означает благословение: «сотворивший для меня чудо в этом месте» в духовной работе»

Во время подъема он должен вспомнить и сказать: в том месте, где у меня сейчас происходит подъем, у меня было падение; и Творец спас меня и поднял с самого дна, и я вышел из состояния смерти, называемой «отдалением от Творца»; и я в определенной мере удостоился приближения к Творцу, что называется «прилепиться в определенной мере к источнику жизни».

И за это человек должен воздать Творцу благодарственное благословение, ведь из-за того, что он попал (сейчас) в состояние, в котором у него были страдания, а теперь у него, к счастью, состояние духа блага и наслаждения от того, что Творец приблизил его, и тогда он обрел новые келим хисарона, которые он может наполнить состоянием подъема, в котором он сейчас пребывает. Выходит, что он притягивает свет радости в новые келим, которые обрел сейчас, благодаря тому, что увидел чудо, которое с ним произошло – что Творец спас его. Поэтому, когда он смотрит на страдания, то это как будто он сейчас страдает, и сейчас он наполняет их наслаждением.

17. Бааль Сулам. Шамати. 34. «Преимущество земли – во всем»

В мере страдания он старается и делает все возможное, чтобы отдалиться от того, что вызывает страдания. То есть страдания вызывают ненависть к их источнику, и в этой мере человек отдаляется от него. […]

Но что же должен делать человек, чтобы достичь любви к Творцу? Для этого дано нам «чудесное средство» (сгула) - занятие Торой и заповедями (каббалой), потому что свет, заключенный в ней, возвращает человека к Творцу. Поскольку есть в Торе свет, который дает человеку возможность ощутить опасность удаления от Творца. И постепенно, если человек намеревается постичь свет Торы, возникает в нем ненависть к отдалению от Творца. То есть он начинает ощущать причину, по которой он и его душа пребывает в разлуке и отдалении от Творца. То есть человек должен верить в то, что управление Творца доброе, с доброй целью.

18. Рабаш. Статья 19 (1985) «Пойдем к фараону - 1»

Сказали мудрецы: «Даже если острый меч занесен над шеей человека, пускай не разуверяется в милосердии», «Пускай Он сразит меня – на Него надеюсь».

Под «занесенным над шеей мечом» имеется в виду следующее. Хотя зло человека, т.е. себялюбие, занесено над его шеей и хочет отделить его от духовного, показывая ему картину, согласно которой нет никакой возможности избавиться от этой власти, – он должен сказать, что предстающая перед ним картина верна, но он «не разуверится в милосердии». Тогда он должен верить, что Творец может дать ему милосердие – «свойство отдачи». Верно, своими силами человек не способен выйти из-под власти эгоизма, однако если Творец поможет ему, то, конечно же, сможет вызволить его. Сказано об этом: «Я Творец ваш, который вывел вас из земли египетской, чтобы быть вам Всесильным».

19. Рабаш. Статья 1 (1991) «Что означает: «Нет у нас царя, кроме Тебя,» в духовной работе"

Человек должен сказать, что Творец близок к нему и заботится о нём, показывая ему недостатки. Поэтому он должен говорить, что это хасадим (милость). И об этом сказано «Милосердие Творца буду вечно воспевать». Иначе говоря, есть у него с одной стороны радость, и он воспевает за это. С другой стороны, он видит, что ему нужно совершить возвращение. То есть должен попросить Творца приблизить его и дать ему желание отдавать, которое является второй природой.

20. Рабаш. Письмо 28

Даже если мы предельно удалены, спасение приходит от Творца в мгновение ока, и удостоимся прийти к истине, то есть доставить удовольствие своему Создателю.

Вход на духовную ступень

1. Бааль Сулам. «Одна заповедь»

Главный центр тяжести в работе Творца есть первая связь.

2. Бааль Сулам. Шамати. 53. «Ограничение»

Ограничение заключается в ограничении себя, своего состояния, чтобы не желать лишнего (больших состояний – гадлут), а именно в том состоянии, в котором человек находится, он готов оставаться навечно. И это называется вечным слиянием. И не важно, как велико достигнутое им состояние. Ведь может находиться даже в самом низшем состоянии, но если это светит вечно, считается, что удостоился вечного слияния.

3. Бааль Сулам. Шамати. 19. «Творец ненавидит эгоизм»

Работа важна именно в то время, когда человек приходит к абсолютному нулю, то есть когда видит, что отменяет всю свою реальность и свою личность, и потому эгоизм теряет всякую власть – и только тогда может человек войти в святость.

4. Рабаш. Статья 31 (1986) «По поводу вскармливания и зарождения»

Начало вхождения в духовное подобно зарождению, т.е. отменяя свою сущность, зарождается в «утробе матери», как написано: «Слушай сын мой наставление отца твоего и не забывай учения матери твоей». От слов «матерью называется бина». Т.е. он отменяет любовь к себе, называемую «малхут», которая в своем подлинном свойстве называется желанием получать ради получения, и входит в келим отдачи, называемые свойством «бина".

И человек должен верить, что до рождения, т.е. прежде, чем душа спустилась в тело, она была соединена с Творцом. И сейчас он стремится снова вернуться и слиться с Ним воедино, это называется ибур, т.е. что полностью отменяет себя.

5. Рабаш. Статья 38 (1990) «Что значит: «Чаша благословения должна быть полной» в духовной работе»

Перед вскармливанием есть ступень зарождения, когда высший его исправляет. Можно представить, что человек подобен плоду, который находится в чреве матери. Плод отменяет себя перед матерью, у него нет никого собственного мнения, а как сказали мудрецы плод – это часть материнского тела, и он питается тем, чем и мать, и нет у него никакой самостоятельной возможности, он не может задавать вопросы. У него нет имени, и это то, что называется немой - у него нет рта, чтобы задавать вопросы. В то время, когда человек способен идти с закрытыми глазами верой выше знания, верить в мудрецов, идти до конца, он называется зародышем, когда у него нет рта.

6. Рабаш. Статья 26 (1990) «Что означает: «Нет святого, как Творец, ибо нет другого, кроме Тебя» в духовной работе»

Главное, что нам трудно в духовной работе – это войти в состояние «убар», что означает, что желание получать примет в себя другое желание, называемое «желание отдавать». А когда человек удостаивается состояния «убар», т.е. когда в желание получать входит желание отдавать, это называется, что «Творец создает форму внутри формы».

И следует понять, что это за чудо, что Он «создает форму внутри формы». И как мы объяснили, это большое обновление, буквально чудеса. Ведь это против природы, и только Творец может изменить природу, и это не в возможностях человека. И в этом состоит обновление – что Творец создает форму отдачи внутри формы матери, т.е. формы получения. И это называется «святость, даваемая Творцом».

И это «нет святого, подобно Творцу», поскольку «нет иного, кроме Тебя». Ибо нет никого в мире, кто мог бы изменить природу, и сделать внутри кли, которое есть у человека от природы, т.е. желания получать, чтобы у него потом стала другая природа, называемая «желание отдавать».

7. Рабаш. Статья 6 (1991) «Что такое «пастухи стада Аврама и пастухи стада Лота» в духовной работе»

В каждом начале человек обязан начинать заново получение высшей малхут, и недостаточно того, что вчера у него была вера в Творца. Поэтому всякое получение высшей малхут считается новым свойством, т.е. сейчас он получает часть пустого пространства, которое было свободно от высшей малхут, и помещает это пустое место и наполняет его высшей малхут.

Получается, что он выяснил сейчас что-то новое - то, чего не было, прежде чем он взял это пустое место и наполнил его высшей малхут. И это называется, что он поднял новую искру в святость, и во множестве подъемов он всегда поднимает искры из пустого пространства к святости. Получается, что от каждого падения он приходит к новому началу и поднимает новые искры.

8. Бааль Сулам. Шамати. 70. «Сильной рукой и изливающимся гневом»

Кто истинно желает прийти к работе ради Творца, чтобы слиться с Ним подобием свойств, войти в чертог Творца, тот не сразу получает возможность этого. Проверяют его, быть может, есть в нем и иные желания, кроме желания слиться с Творцом. И если действительно нет у него иного желания, позволяют войти.

А как проверяют человека, что есть в нем только одно желание? Создают ему помехи тем, что дают посторонние мысли и подсылают к нему посторонних людей, чтобы помешать, чтобы оставил он свой путь и пошел в жизни как все.

И если человек преодолевает все возникающие перед ним препятствия и прорывается через них, и невозможно остановить его и свести с пути обычными помехами, то Творец посылает ему армады нечистых сил, отталкивающих человека именно от слияния с Творцом и ни от чего другого. И это называется – сильной рукой Творец отталкивает его.

9. Рабаш. 236. «Вся земля полна славой Его»

Прежде, чем человек готов постичь истину, он должен верить, что истина не соответствует мере его знания и его ощущения, а она находится в категории: «Глаза у них, но не видят; уши у них, но не слышат». И это только ради исправления, чтобы человек пришел к совершенству, потому что он ощущает только себя и не чувствует другую реальность.

Поэтому, если человек обратит свое сердце к тому, чтобы стараться идти верой выше разума, таким образом подготавливая и исправляя себя, то придет к раскрытию лика (Творца).

10. Бааль Сулам. Шамати. 42. «ЭЛУЛЬ (я – Любимому, а Любимый – мне)»

Люди, желающие работать ради отдачи, должны понимать, что если постоянно будет находиться в состоянии раскрытия Творца (что называется, «в белом свете»), то это даст ему силы продолжать работу. Потому что, когда светит человеку, он может работать также и ради себя. В таком случае человек никогда не узнает, чиста ли и бескорыстна его работа (то есть ради Творца ли она)? А потому не сможет прийти к слиянию с Творцом.

Поэтому дают человеку свыше состояние тьмы, и тогда он может увидеть, насколько бескорыстна его работа. И если также и в состоянии тьмы он может оставаться в радости, то это признак того, что его работа ради Творца. Ведь человек должен радоваться и верить в то, что свыше ему дают возможность работать именно на отдачу.

11. Рабаш. Статья 4 (1989) «Что такое «потоп вод» в духовной работе»

Необходимо знать, что удостоиться ступени Бины – это большая работа, пока не достигают этой ступени. То есть, довольствоваться малым, тем ощущением, которое у него есть, тем разумом, который у него есть, и быть довольным своей долей, – тем, что у него есть. И этот человек всегда может пребывать в совершенстве, поскольку доволен своей долей.

Но что человек может сделать, если еще не достиг этой ступени, и он видит, что не может преодолеть свое желание получать? Тогда он должен молиться Творцу, чтобы Творец помог ему, чтобы у него появилась возможность идти в работе с закрытыми глазами, и не нуждаться ни в чем, а чтобы мог все делать ради небес, несмотря на то, что тело сопротивляется этому.

Иными словами он не дает советы Творцу, как ему помочь, а должен смирить себя и отмениться перед Творцом без каких-либо условий.

12. Рабаш. Письмо 65

Главное в работе, что сверху не дают половины. Иначе, если бы человек вернулся наполовину, он получил бы и помощь сверху только на половину работы. Но поскольку сверху не дают половины, поэтому человек должен молиться Творцу, чтобы дал всю помощь. Это означает, что во время молитвы человек наводит порядок в своем сердце, поскольку молитва – это работа в сердце. Человек должен решить сам, что он хочет, чтобы Творец дал ему желание отказаться от всего, то есть, чтобы не оставалось в его власти никакого желания, а все его желания были бы направлены только на возвеличивание Творца.

А когда решился в своем сердце на полную отмену, то просит Творца о помощи реализовать всё с уровня силы – в действие, силой. Это означает, что и на уровне силы мысли и желания он видит, что тело не согласно на это, чтобы он отказался от всех желаний ради Творца, а не ради себя. И тогда он должен молиться Творцу, чтобы помог ему, чтобы захотел отменить перед Ним все желания и не оставить себе никакого желания. И это называется совершенной молитвой, поскольку это желание, чтобы Творец дал полное желание без какого-либо остатка для себя, и он просит Творца, чтобы помог ему, чтобы быть всегда в его праведности.

13. Бааль Сулам. Шамати. 5. «Лишма – это пробуждение свыше, и почему нужно пробуждение снизу»

основное, что требуется от человека, — это чтобы вследствие своих усилий, он достиг слияния с

Творцом, то есть достиг совпадения свойств, и все его действия также были на отдачу.

О таком состоянии сказано: «Вот тогда усладишься Творцом!», где «вот тогда» означает, что в начале работы не может человек ощущать никаких наслаждений, а наоборот, вся его работа совершается в усилии вопреки желанию тела.

Когда человек уже приучил себя работать ради отдачи и не смотреть на себя, [проверяя,] ощущает ли он вкус в духовной работе, а он верит, что работает, чтобы своей работой доставлять наслаждение Творцу. И человек должен верить, что Творец принимает работу нижних, не важно, велика ли она и какова ее форма. И из всего Творец смотрит лишь на намерение, и от этого есть наслаждение Творцу. Тогда человек удостаивается наслаждения, [направленного] «на Творца». Т.е. чтобы уже в момент работы Творца он также ощущал благо и наслаждение, ведь сейчас человек действительно работает для Творца, ибо усилие, произведенное им во время работы по принуждению, готовит человека к тому, чтобы он мог работать действительно ради Творца. Получается, что и тогда тоже наслаждение, которое он получает [направлено] «на Творца», т.е. именно к Творцу.

14. Рабаш. 587. «Высший выясняет для нижнего"

Нижнему не под силу начать работу, иначе как в состоянии «ло лишма», что называется желанием получать, ведь только «ло лишма» дает нижнему первую движущую силу, так как когда человек не находит достаточного вкуса в материальных наслаждениях, он начинает искать наслаждения духовные.

Получается, что корнем работы нижнего является желание получать. А молитва, называемая Маном, поднимается наверх, и тогда высший исправляет этот Ман, и дает на него силу экрана, т.е. желание сдерживать высшее благо, до того как сам нижний знает, что его намерение – ради отдачи.

Т.е. высший передает нижнему вкус и наслаждение от желания отдавать, и благодаря тому, что нижний ощущает величие Творца, он начинает понимать, что стоит как отменить себя перед Ним, так и отменить свое собственное существование.

15. Рабаш. Статья 24 (1986) «Отличие милостыни от подарка»

Спустя долгое время, когда человек вложил силы и не видит удовлетворения своей потребности, тогда в нем проявляется боль и страдания. Ведь он приложил силы и не видит никакого продвижения в своей работе. И тогда одна за другой к человеку приходят мысли: порой в нем вспыхивает отчаяние, порой он укрепляется, а затем снова видит, что упал из своего состояния, – и так неоднократно, пока в нем не накопится настоящая потребность, достигнутая благодаря усилиям в подъемах и падениях. Эти подъемы и падения раз за разом оставляют в человеке чувство боли из-за того, что он еще не достиг слияния с Творцом. И когда чаша усилий наполняется целиком – что называется «сосудом», – тогда к человеку приходит наполнение от Творца, поскольку теперь у него есть «настоящий сосуд».

16. Рабаш. Статья 24 (1986) «Отличие милостыни от подарка»

Когда человек видит, что теперь, спустя несколько лет работы, он откатился назад, это производится намеренно, чтобы он испытал боль от того, что лишен слияния с Творцом. А значит, каждый раз человек обязан видеть, как еще и еще приближается к созданию сосуда, зовущегося «настоящей потребностью». А малая или большая величина этой потребности определяется мерой страданий, которые он испытывает от того, что лишен наполнения, называющегося здесь «слиянием с Творцом», – когда всё, чего человек хочет, это доставить удовольствие Творцу.

17. Бааль Сулам. Письмо 57

Есть закон природы, что нет мудрее опытного, и до того как человек пытался на практике сделать всё, что в его силах, не способен он никоим образом дойти до истинной низости в истинной мере, как сказано.

И поэтому мы обязаны прилагать усилия в святости и очищении, как сказано: «Все, что сможет рука твоя делать, в меру сил своих делай». И пойми это, ибо глубоко это и истинно.

Я раскрыл тебе эту истину, для того чтобы ты не опускал рук и не отчаивался, не дай Бог, в милосердии [Творца]. Несмотря на то что ты не видишь ничего, ибо даже когда заканчивается мера усилия, это время молитвы. А до того верь мудрецам: «Не приложил усилия и нашел, не верь». А когда закончится мера, будет твоя молитва совершенной, и Творец ответит щедрой рукой, и этому учили нас мудрецы: «Приложил усилие и нашел, верь». Ибо [человек] не способен на молитву раньше этого, а Творец слышит молитву.

18. Рабаш. 223. «Вхождение в работу»

После того, как достиг ступени, называемой «ло лишма», он удостаивается других явлений, которые придут с помощью более высокого состояния. Это означает, что нет у него тогда никакого расчета для себя, но все расчеты и мысли его – истина. Словом, всё его намерение, действительно, только самоотмена с помощью истинной реальности, когда чувствует, что для него имеет значение только лишь обслуживать Царя, потому что он чувствует возвышенность и величие, и важность Царя.

Тогда он забывает о потребности заботиться о себе, так как его собственная сущность аннулируется, как свеча перед факелом, перед действительностью Творца, которую он чувствует. Тогда он оказывается на ступени «лишма», то есть ради радости Творца, и все его заботы и стремления, как доставить наслаждение Творцу. А его собственной реальности, то есть, желания получать, там нет вообще. И вот он в свойстве отдача ради отдачи.

19. Бааль Сулам. «Одна заповедь»

Никогда не следует надеяться, что наступит время, когда он найдет решение, чтобы [люди] могли начинать работу Творца, исходя из «лишма», а, как тогда, так и сейчас, и так же в будущем, каждый работник Творца обязан начинать заниматься работой «исходя из ло лишма», от которой он придет к «лишма». И путь достижения этого уровня ограничен не временем, а теми, кто готовит его, и мерой его власти над своим сердцем, и потому многие погибли и [еще] погибнут на поле боя «ло лишма», и они умрут, не достигнув мудрости. И вместе с тем, вознаграждение их очень велико, ибо мысль человеческая не способна оценить значимость и важность доставления наслаждения своему Создателю. И даже работающий не на этом условии, в любом случае, из-за того что он не способен иначе, тоже доставляет наслаждение своему Создателю. И это называется неосознанным.

Ту бе-Ав или 15 ава – День любви

1. «Тиферет Шломо» на Тору, гл. Дварим

Сказано в Гмаре (Таанит, 4:8): «Сказал рабан Шимон бен Гамлиэль: Не было дней лучших для Исраэля, чем 15 ава и Йом Кипур». Когда приходит 15-й день, на нас пробуждается великое милосердие, и начинаются дни благоволения. Поэтому таких хороших дней не было раньше. И всё действительно обратится на благо, и во спасение, и на утешение.

2. Сборник законов, законы о разводе, закон 3.

15-е ава – это состояние исправления и подслащения 9-го ава, как сказали наши мудрецы, что 9-го ава был вынесен приговор умершим в пустыне, и тогда они умирали каждый год в пустыне, а 15-го ава прекратили умирать в пустыне. Получается, что 15-е ава – это состояние исправления и подслащения 9-го ава.

3. «Тиферет Шломо» на Тору, гл. Дварим

В день 15-го ава, когда начинают светиться дни благоволения, чтобы подготовиться к воле Творца, которая приходит нам во благо, желание каждого человека тоже должно быть включено в его товарища – чтобы он стоял и ожидал увидеть его благо. И на это есть указание в Гмаре – день, когда коленам было разрешено приходить друг к другу. Другими словами, каждый из сынов Израиля передаст часть своего благословения и своего блага также и своему товарищу.

4. Бааль Сулам. Письмо 2

Самой важной из всех важных вещей, называемой «любовь», которая представляет собой духовную связь Исраэля с Отцом их небесным, как сказано: «И приблизил Ты нас, Царь наш, к имени Своему великому навечно воистину в любви», – и как сказано: «Избравший народ Свой, Исраэль, в любви». И это начало избавления и Конца Исправления, когда Творец являет Своим творениям, Им созданным, всю любовь, скрытую до того в Его сердце.

5. Рабаш. 410. «Любовь к себе и любовь к Творцу»

Есть любовь к себе, и есть любовь к Творцу. А есть среднее между ними, и это любовь к ближнему, и благодаря любви к ближнему можно прийти к любви к Творцу. И это как сказал рабби Акива: ««Возлюби ближнего как самого себя» есть великое правило Торы».

И, как сказал Гиллель геру, который попросил: «Обучи меня всей Торе [, пока я стою] на одной ноге». Он сказал ему: «То, что ненавистно тебе, не делай своему товарищу, а остальное – иди и учись».

Потому что благодаря любви к ближнему можно прийти к любви к Творцу. И тогда вся Тора и вся мудрость будут у него в сердце.

6. Бааль Сулам. «Любовь к Творцу и любовь к творениям»

Р. Гиллель полагал, что именно «Возлюби ближнего как самого себя» является конечной целью практических заповедей. Ибо это стиль и форма, которые более ясны человеку. И нельзя ошибиться в практических действиях, ибо они предстают перед его взором, и он знает, что если он ставит потребности товарища перед своими потребностями, он находится в свойстве отдачи, и потому он не определяет цель: «Возлюби Творца Всесильного твоего всем сердцем своим, и всей душой, и всем существом» . Ведь, на самом деле, это одно и то же, ибо и товарища он тоже должен любить всем сердцем своим, и всей душой, и всем существом. Так, как это выражено в словах «как самого себя», ведь себя самого он, разумеется, любит всем сердцем своим, и душой, и существом. И с Творцом он может обмануться, а с товарищем это всегда открыто перед его глазами.

7. Рабаш. Статья 30 (1988) «Чего требовать от собрания товарищей»

Любовь товарищей, построенная на фундаменте любви к ближнему, - благодаря чему мы можем достичь любви Творца, - вещь противоположная тому, что принято между товарищами. Это означает, что вопрос любви ближнего не в том, что товарищи будут любить меня, а это я должен любить товарищей.

8. Рабаш. Письмо 40
Есть молитва, то есть, чтобы Творец помог ему в том, чтобы почувствовал любовь товарища, и чтобы товарищ стал близок его сердцу.

9. Рабаш. Статья 2 (1984) «По поводу любви к товарищам»
Следует помнить, что группа была основана на любви к ближним. Иными словами, каждый должен получать от нее любовь к ближним и ненависть к собственной природе. При виде того, как товарищ прилагает старания ради самоотмены и любви к ближним, каждый проникнется намерениями товарищей.

Таким образом, если группа базируется, к примеру, на десяти товарищах, то в каждом интегрируются десять сил, работающих над самоотменой, ненавистью к своей природе и любовью к ближним.

10. Рабаш. Письмо 40
Благодаря трению сердец, даже если это были бы сердца богатырей, каждый излучает тепло из стенок своего сердца, а тепло создает искры любви, пока из них не образуется облачение любви, и тогда оба они укрываются одним покрывалом, то есть одна любовь окутает и покроет их обоих, ибо известно, что слияние соединяет два объекта в один.

И когда начинает ощущать любовь товарища, в нём незамедлительно пробуждается радость и наслаждение. Поскольку то, что товарищ любит его — это нечто новое для него, потому что всегда он знал, что только он один заботился о своем здоровье и благе. Но в то мгновение, когда он обнаруживает, что товарищ заботится о нем, это пробуждает в нем неописуемую радость, и он уже не способен заботиться о себе.

11. Рабаш. Письмо 40

Каждый подарок, который он дает товарищу [...] это как пуля, которая пробивает полость в камне, и, хотя первая пуля оставляет на камне лишь невидимую царапину, но вторая, которая бьет в то же место, уже выбивает зазубрину, а третья пробивает отверстие.

И с помощью пуль, которые он посылает в цель, отверстие увеличивается и образуется полость в каменном сердце товарища, где собираются все подарки, и каждый подарок дает искры любви, пока не соберутся все искры любви в полости каменного сердца и из них не образуется пламя. А разница между искрой и пламенем в том, что в том месте, где есть любовь, она прорывается наружу, то есть раскрытие всем народам, что огонь любви пылает в нем. И огонь любви сжигает все преступления, которые встречаются на пути.

12. Бааль Сулам. Письмо 2

Я дам тебе совет пробуждать в себе страх, что любовь между нами может остыть, несмотря на то что разум и отрицает такую картину. Все же дай себе труд: если есть способ умножить любовь, а человек не умножает, это тоже считается упущением. Это подобно человеку, который дарит другу большой подарок: любовь, раскрывающаяся в его сердце в самый момент действия, отличается от любви, остающейся в его сердце после этого действия. Она постепенно охладевает изо дня в день, так что дело вообще может дойти до забвения благословения любви, и получатель подарка должен день изо дня изыскивать способы, чтобы [всё] выглядело в его глазах, как новое.

И в этом вся наша работа – буквально день изо дня раскрывать в себе любовь между нами, точно так же, как в самый момент получения, т.е. плодить и размножать разум многочисленными добавками к первооснове, пока добавки сегодняшнего благословения не коснутся наших чувств, так же как первоначальный подарок в первый раз. И для этого нужны большие ухищрения, приготовленные на случай необходимости.

13. Рабаш. Письмо 8

После того, как я уже обрел облачение любви, тотчас во мне начинают светить искры любви, и сердце тоскует и стремится к товарищам, и кажется мне, что глаза мои видят товарищей, уши слышат их голоса, уста говорят с ними, руки обнимают их, а ноги пляшут в любви и радости вместе с ними в кругу. И я выхожу из своих материальных границ, и забываю, что существует огромное расстояние между мною и товарищами, и что многие километры земной поверхности разделяют нас. И товарищи словно стоят в моём сердце и видят всё, что там происходит, и я начинаю стыдиться своих мелочных действий в отношении товарищей. И я просто выхожу из материальных желаний, и кажется мне, что нет ничего в мире, кроме меня и товарищей. А потом и «я» отменяется и растворяется в моих товарищах, и я провозглашаю, что нет ничего в мире, кроме товарищей.

14. «Маор ва-Шемеш». Глава Дварим

Известно, что главное - это объединение… Это ведёт к спасению и ослаблению судов. И когда объединитесь вместе в любви, радости и братстве, благодаря этому аннулируются все суды и ослабляются милосердием, и в мире раскрывается совершенное милосердие и хасадим мегулим (открытая милость) благодаря объединению.

15. Рабби Исраэль Меир а-Коэн «Хафец-Хаим». Зхор ле-Мирьям, глава 11

Когда Творцу нравится творение? Когда общество Исраэля объединено и нет между ними никакой зависти, ненависти и соперничества, и каждый думает об исправлении и благе товарища, и тогда Творец рад Своему творению, и об этом сказано: «Будет доволен Творец своими деяниями». И тогда сможем объяснить этим сказанное «и возлюби ближнего своего, как самого себя – Я, Творец» – то есть, если будет любить ближнего как самого себя, то Я, Творец, буду пребывать внутри вас и любить вас обоих.

Четыре степени любви

16. Бааль Сулам. «Предисловие к Учению десяти сфирот (ТЭС)», пп. 69-74

Вглядевшись в свойства любви между человеком и его ближним, мы найдем в них четыре степени любви, одна над другой. То есть две, которые суть четыре.

Первая степень – это «зависимая любовь». Она означает, что вследствие большого блага, наслаждения и пользы, которые человек получил от своего товарища, он душою слился с товарищем в чудесной любви. И здесь возможны две степени. Первая состоит в том, что прежде чем познакомились и полюбили друг друга, причиняли один другому зло, однако не желают помнить его, так как все преступления покроет любовь (Мишлэй, 10:12). А вторая в том, что всегда приносили друг другу лишь добро и пользу, и даже воспоминания о вреде и каком-либо зле не было меж ними никогда.

Вторая степень – это «независимая любовь». Она означает, что человек узнал добродетель своего товарища, великолепную и намного превышающую всё мыслимое и воображаемое, и вследствие этого душою слился с товарищем в бесконечно большой любви. Здесь также возможны две степени. Первая имеет место до того как человек узнаёт обо всех обыкновениях и делах своего товарища с другими людьми; и тогда эта любовь определяется как «неабсолютная любовь».

Ведь его товарищ ведет такие дела с другими людьми, что при поверхностном взгляде кажется, будто он по небрежности причиняет им беды и ущерб. И если бы любящий его увидел это, то пострадала бы вся добродетель, которую он приписывал товарищу, и нарушилась бы любовь меж ними. Однако человек еще не познакомился с этой частью дел своего товарища. И потому их любовь все еще совершенна и удивительно велика.

Вторая степень независимой любви – это четвертая степень любви вообще, и она также вытекает из признания добродетели товарища. Но вдобавок к этому теперь любящий знает все обыкновения и дела своего товарища с каждым человеком, без исключения. Он проверил и нашел, что не только нет в них ни малейшего порока, но доброта товарища превосходит их бесконечно и превышает всё мыслимое и воображаемое. И теперь это «вечная и абсолютная любовь».

Все эти четыре степени любви, действующие в отношениях между человеком и его ближним, действуют также в отношениях между человеком и Творцом.

Книга Зоар о любви

17. Зоар для всех. Глава Бешалах. Статья «Моя сила и ликование – Всевышний», п. 245

Насколько же человек должен любить Творца – ведь нет иной работы пред Творцом, кроме любви. И каждого, кто любит Его и выполняет работу с любовью, Творец называет любящим.

18. Зоар для всех. Глава Насо. Статья «Почему, когда пришел Я, не было никого?», п. 105

Сказано: «Почему, когда пришел Я, не было никого?». Насколько же любимы Исраэль Творцом, и в любом месте, где они находятся, Творец пребывает среди них, потому что Он никогда не оставляет их в Своей любви. Как сказано: «Пусть возведут Мне Храм, и Я буду пребывать среди них».

19. Зоар для всех. Глава Ки-Тиса. Статья «А теперь, оставь Меня», п. 54

«Все товарищи, которые не любят друг друга, преждевременно уходят из мира. Все товарищи в дни рабби Шимона – между всеми товарищами была любовь душевная (нефеш) и духовная (руах). И поэтому в поколении рабби Шимона были раскрыты» тайны Торы. «И говорил рабби Шимон, что все товарищи, которые не любят друг друга, сами приводят» себя «к тому, что не идут прямым путем. И, кроме того, они еще умаляют достоинства ее», Торы.

«Ведь Тора заключает в себе любовь и братские чувства, и истину. Авраам любил Ицхака, Ицхак – Авраама, заключая друг друга в объятия. Яакова оба они поддерживали в любви и согласии, и воодушевляли друг друга. Товарищи должны быть подобны им, и не принижать их достоинства». Ибо если им будет недоставать любви, они принижают свои достоинства наверху – (достоинства) Авраама, Ицхака, Яакова, т.е. ХАГАТ.

20. Зоар для всех. Глава Кдошим. Статья «Уговорами увещевай ближнего своего», п. 100

"Не питай ненависти к брату твоему в сердце твоем, увещая увещевай ближнего своего, и не понесёшь за него греха». Эта заповедь – увещевать того, кто грешит, показывая великую любовь к нему, которой любит он его, чтобы «увещевающему» не быть наказанным. Ведь о Творце написано: «Кого любит Творец, того увещевает». И как поступает Творец, увещевая того, кого любит, так пусть и человек научится из этого Его обращения и будет увещевать ближнего, которого он любит. Чем Творец увещевает человека? Он увещевает его с любовью, тайно. Если тот принимает увещевания Его – хорошо, а если нет – Он увещевает его среди любящих Его. Если он принимает – хорошо, а если нет – Он увещевает его открыто перед всеми. Если он принимает – хорошо, а если нет – Он оставляет его и не увещевает больше, ибо оставляет его, чтобы шёл себе и поступал по желанию своему".

21. Зоар для всех. Предисловие книги Зоар. Статья «Заповедь вторая», п. 201

Совершенная любовь – это любовь с обеих сторон, как суда, так и милосердия и удачи на путях его. И если он будет любить Творца, даже когда Он заберёт душу его, это называется совершенной любовью, присутствующей в двух сторонах, как суда, так и милосердия. Поэтому свет начала творения сначала вышел, а потом был укрыт. И когда укрылся он, проявился суровый суд. И соединились вместе обе стороны, милосердие и суд, чтобы раскрыть совершенство – т.е. было предоставлено место, где две противоположности могут соединиться как одно целое.

Ибо теперь представилась возможность раскрыть совершенство его любви даже в тот час, когда Творец забирает его душу, и дается место для совершенства любви. А если бы свет не был укрыт и не проявился суровый суд, лишились бы этой большой любви праведники, и она уже никогда не смогла бы раскрыться.

22. Зоар для всех. Глава Веэтханан. Статья «И возлюби Творца Всесильного твоего», пп. 145-146

Сколько пределов, одних над другими, есть у праведников в том мире, и самый высший из пределов принадлежит тем, кто связан с любовью Господина своего, потому что их предел связан с чертогом, превознесенным более всех. Потому что благодаря этому Творец украшается любовью.

Этот чертог, превознесенный более всех, называется «любовь». И на любви держится всё. Как сказано: «Воды великие не смогут погасить этой любви». И всё держится на любви.

Зарождение и вскармливание

1. Бааль Сулам. ТЭС, ч. 9, Ор пними, п. 82

Сказали мудрецы о зарождении души: «Свеча горит над его головой, и видит весь мир от края до края, и учат его всей Торе".

2. Рабаш. Статья 31 (1986) «По поводу вскармливания и зарождения»

Начало вхождения в духовное подобно зарождению, т.е. отменяя свою сущность, зарождается в «утробе матери», как написано: «Слушай сын мой наставление отца твоего и не забывай учения матери твоей». От слов «матерью называется бина». Т.е. он отменяет любовь к себе, называемую «малхут», которая в своем подлинном свойстве называется желанием получать ради получения, и входит в келим отдачи, называемые свойством «бина». И человек должен верить, что до рождения, т.е. прежде, чем душа спустилась в тело, она была соединена с Творцом. И сейчас он стремится снова вернуться и слиться с Ним воедино, это называется ибур, т.е. что полностью отменяет себя.

3. Рабаш. Статья 26 (1990) «Что означает: «Нет святого, как Творец, ибо нет другого, кроме Тебя» в духовной работе"

Нужно разъяснить, что «убар» (зародыш) от слова «овер» (переходит), то есть переходит от состояния использования получающих келим - к ступени святости, на которой использует только келим, способные направить его на отдачу, а иначе он не использует эти келим. Получается, что главное - это состояние зародыша. Как в материальном, если женщина беременеет, она, естественно, родит. Вся забота заключается в том, чтобы забеременеть. А затем, как правило, уже женщина будет рожать.

4. Рабаш. 179. «Зародыш, плод - 1»

Разбитые и неживые келим поднимаются с искрами к ибуру при помощи решимот, которые получили свой свет.

Например, творения после греха Адама Ришона считаются разбитыми и неживыми келим, то есть - это только келим получения ради себя, отделившиеся от источника жизни. В них есть только искра - от решимо отражённого света, которое осталось и спустилось для оживления келим, чтобы они смогли ожить.

А эта искра происходит от святости, оставшейся от отражённого света. И нужно поднять её, то есть, получить её ради отдачи, это называется «подъём», что означает подъём Ман. И за счёт этого образуется масах и авиют, отсюда происходит наполнение, когда отражённый свет наполняет келим по мере того, как облачает света (прямой свет).

5. Рабаш. Статья 22 (1986) «Если женщина зачнет»

То, что он хочет выйти из эгоистической любви и начать работу по отдаче, подобно тому, что он оставляет все состояния, в которых он жил до сих пор, а сейчас он откладывает и оставляет всё, и входит в область, в которой он никогда не находился. И поэтому он должен пройти свойства «ибур и месяцы беременности», пока у него не будет способности обрести новые свойства, которые чужды тому духу, который он получил со дня рождения и до сегодняшнего момента.

6. Рабаш. Статья 38 (1990) «Что значит: «Чаша благословения должна быть полной» в духовной работе»

Перед вскармливанием есть ступень зарождения, когда высший его исправляет. Можно представить, что человек подобен плоду, который находится в чреве матери. Плод отменяет себя перед матерью, у него нет никого собственного мнения, а как сказали мудрецы плод – это часть материнского тела, и он питается тем, чем и мать, и нет у него никакой самостоятельной возможности, он не может задавать вопросы. У него нет имени, и это то, что называется немой - у него нет рта, чтобы задавать вопросы.

В то время, когда человек способен идти с закрытыми глазами верой выше знания, верить в мудрецов, идти до конца, он называется зародышем, когда у него нет рта.

7. Рабаш. Статья 31 (1986) «По поводу вскармливания и зарождения»

Зарождение – это период, когда человек устраняет свое Я на какое-то время и решает: «Сейчас я не хочу помышлять о чем-либо для собственной пользы и не хочу использовать свой разум, хотя это для меня самое важное. Ведь я абсолютно неспособен делать то, чего не понимаю. То есть я могу делать всё, но должен понимать, насколько это выгодно. И все же, – говорит он, – сейчас я способен на какое-то время постановить для себя и на текущий момент принять решение о том, чтобы не пользоваться своим разумом, но верить выше знания, верой мудрецов, что есть Управляющий и Он наблюдает за каждым в мире посредством частного управления.

8. Рабаш. Статья 38 (1990) «Что значит: «Чаша благословения должна быть полной» в духовной работе»

Плод, зародыш (ТЭС, ч.8, п.17): «Ступень малхут - самая маленькая и ограниченная в своих возможностях, называется ибур, зародыш, и это означает гнев и суды, как сказано «разгневался Творец на меня за вас». И нужно объяснить понятия гнев 'эвра' и суды. Поскольку человек должен идти с закрытыми глазами выше знания, а его тело сопротивляется этой работе, поэтому то, что человек должен всегда быть в преодолении, это называется «гнев, ярость и страдание», и это очень тяжелая работа, идти всегда в преодолении, отменять себя перед высшим, чтобы высший сделал из него то, что он хочет. Это называется зарождением –

самым маленьким и ограниченным в возможностях состоянием.

9. Рабаш. 799. «Новолуние»

Слово «зарождение» 'ибур' происходит от слов гнев 'эвра' и ярость. Т.е. человек должен преодолевать [себя], когда высшая малхут находится в нем в виде точки, т.е. принятие высшей малхут не светит ему так, чтобы оно было в радости, как сказано: «Служите Творцу в радости», а оно происходит у него в печали.

И это называется зарождением 'ибур', т.е. это подобно материальному зарождению, когда он начал входить в состояние беременности, и впоследствии, если будут исполнены требуемые условия, из этого родится плод.

Получается, когда человек входит в работу и видит, насколько он далек от Творца, и ему больно, это называется, что он удостоился состояния катнута, т.е. он ощущает свою малость 'катнут'. И это называется хисароном кли. И в этой мере он может потом достичь света, который относительно кли называется гадлутом.

10. Рабаш. Статья 31 (1986) «По поводу вскармливания и зарождения»

Зарождение (ибур), то есть он переходит (овер) из самостоятельности во власть Творца. Но это только временно, т.к. на самом деле он хочет навсегда аннулировать свое «я», но не может поверить, что сейчас это произойдет навсегда. Ведь уже много раз так было, когда он думал, что это случится. Но затем падал со своего уровня в «место отбросов".

И все-таки он не должен беспокоиться о пропитании на завтра, т.е., конечно же, он упадет затем со своего уровня из-за недостатка веры. Но надо верить, что «спасение Творца приходит в мгновение ока». И поскольку на какое-то время отменяет свое «я» и желает остаться в этом состоянии навсегда, – значит, у него есть важность ибура (зарождения).

11. Рабаш. Статья 31 (1986) «По поводу вскармливания и зарождения»

Когда человек может отменить себя на малое время, он говорит: «Я хочу сейчас отменить себя перед духовным». Иными словами, вместо того чтобы помышлять о себялюбии, он хочет сейчас доставить удовольствие Творцу.

И человек верит выше знания, что, хотя он еще ничего не чувствует, но Творец «слышит молитву всех уст» и перед Ним большой и малый равны. Он может спасти величайшего из великих и так же может помочь ничтожнейшему из малых.

Это и называется «зарождением», когда человек переходит из своего Я во власть Творца.

12. Рабаш. Письмо 65

Человек должен решить сам, что он хочет, чтобы Творец дал ему желание отказаться от всего. То есть, чтобы не оставалось в его власти никакого желания, а все его желания были бы направлены на возвеличивание Творца. А когда решился в своем сердце на полную отмену, то просит Творца о помощи реализовать всё из потенциала – в действие, силой. Это означает, что и на уровне силы мысли и желания он видит, что тело не согласно на это, чтобы он отказался от всех желаний ради Творца, и не ради себя. И тогда он должен молиться Творцу, чтобы помог ему, чтобы захотел отменить перед Ним все желания и не оставить себе никакого желания. И это называется совершенной молитвой, поскольку он хочет, чтобы Творец дал ему полное желание без каких-либо компромиссов для себя, и он просит Творца, чтобы помог ему, чтобы быть всегда в его праведности.

13. Рабаш. Статья 31 (1986) «По поводу вскармливания и зарождения»

Важность духовной работы в том, что ценят малейшее служение в духовном. И благодаря этому потом удостаиваются повышения важности до такой степени, что человек сможет сказать: «У меня нет никакой возможности по-настоящему оценить важность служения Царю». Это и называется зарождением.

14. Рабаш. Статья 31 (1986) «По поводу вскармливания и зарождения»

Необходимы две вещи:
1) формирующая сила, т.е. малое состояние;
2) сдерживающая сила, чтобы предотвратить выкидыш, т.е. не испортить зарождение.

Формирующая сила нужна, поскольку существует правило: нет света без сосуда. Иными словами, нет наполнения без потребности. Поэтому если нет малого состояния (катну́т), никогда не будет и большого состояния (гадлу́т).

Однако нужны силы, чтобы держаться, когда человек испытывает потребность. Ведь потребность означает боль от того, что он лишен совершенства. Известно, что трудно выносить страдания, и если человек не видит им конца, то бежит с поля боя. А значит, нужно дать ему ощущение совершенства, чтобы он мог держаться и не бежал от борьбы со злым началом.

15. Рабаш. Статья 18 (1991) «Что значит, что нужно поднимать правую руку над левой, в духовной работе»

Великий Ари говорит: «В состоянии зарождения 'ибура' нужны формирующая сила и сдерживающая сила». «Зарождение» означает начало вхождения человека в святость. Формирующая сила – это сила, показывающая истину, т.е. картину работы, т.е. есть ли у него хороший образ того состояния, в котором он находится, т.е. освещающий работу. Другими словами, какая форма у него есть, когда он смотрит на свою работу, находится ли он в совершенстве или нет, т.е. работает ли он ради отдачи, или что он, по крайней мере, хочет работать ради отдачи.

16. Рабаш. Статья 31 (1986) «По поводу вскармливания и зарождения»

Во время зарождения, когда он формируется лишь силой малого состояния (катну́т) и едва может выполнять принципы Торы, хоть с каким-то намерением, – человек должен верить, что в этом кроется большая важность.

17. Рабаш. Статья 31 (1986) «По поводу вскармливания и зарождения»

Формирующая сила действует во время подготовки. Форма плода – малое состояние (катну́т). Это означает, что только в сосудах отдачи, когда человек занимается по каббалистической методике, он может устремляться к тому, чтобы всё делать с альтруистическим намерением.

Иными словами, он реализует сейчас принципы Торы потому, что верит в Творца и Его величие. И решает для себя: отныне и далее он будет наслаждаться лишь тем, что у него есть желание служить Царю. Для него это будет, словно он заработал огромное богатство. Как будто весь мир смотрит на него и завидует тому, что он заслужил подъем на высокие ступени, чего не заслужил никто другой. И, само собой, он весел и радостен и не ощущает в мире ничего дурного, а напротив, живет в мире, который весь – благо.

18. Рабаш. Статья 18 (1991) «Что значит, что нужно поднимать правую руку над левой, в духовной работе»

Сдерживающей силой называется – поскольку, когда формирующая сила показывает ему истину, ибо время зарождения 'ибура' называется началом работы, он, несомненно, видит недостатки, и возможна связь со стороны Ситры Ахры, – поэтому, обязана быть «сдерживающая сила», чтобы плод не стал выкидышем, т.е. не было выкидыша в Ситру

Ахру. А чтобы удержать [состояние], чтобы не было выкидыша, несмотря на то, что есть недостаток, как показывает формирующая сила, какая форма есть у этой работы. А сдерживающая сила называется правой, поскольку он переходит в свойство совершенства, т.е. он верит верой мудрецов, которые сказали, что человек должен радоваться своей доле. Т.е. насколько у него есть связь с Торой и заповедями, это для него великая честь, ведь он видит, что есть люди, которым Творец не дал мысли и желания даже и на это, а у меня, всё же, есть некоторая связь. Это называется силой сдерживания, не позволяющей ему выпасть из работы, и также [позволяющей] потом родиться. Т.е. от этой работы, когда он поддерживает себя в [состоянии] ибура, т.е. в начале работы, чтобы было две линии, а именно, левая и правая, он удостоится родиться и прийти к вскармливанию в святости, т.е., как сказано выше, благодаря формирующей силе и сдерживающей силе из этой работы выйдет совершенный плод, [находящийся] в святости.

19. Рабаш. Статья 3 (1985) «Истина и вера»

В духовном зарождение содержит две категории:

1. Форма зарождения – уровень малого состояния (катну́т). Это его истинная форма. Однако поскольку у него есть лишь малое состояние, это считается недостатком. А везде, где есть недостаток отдачи, имеется зацепка для эгоистических желаний (клипо́т). И тогда они могут вызвать выкидыш – когда духовный зародыш выпадет, прежде чем завершится его зарождение. Поэтому необходим задерживающий

элемент, суть которого в том, что ему дают полноту, большое состояние (гадлу́т).

2. Однако здесь следует понять, как можно дать зародышу большое состояние, в то время как он не готов получить даже малое состояние в полной мере, поскольку у него еще нет сосудов, чтобы принять эти состояния с намерением ради отдачи?

Там же дается этому объяснение согласно словам мудрецов: «плод в материнском чреве ест то же, что ест его мать».

20. Рабаш. Статья 3 (1985) «Истина и вера»

Сказано: «плод – часть матери». Это значит: поскольку плод – часть матери, постольку в период зарождения он не заслуживает собственного имени. Как следствие плод ест то, что ест его мать. Иначе говоря, он всё получает в материнские сосуды. Поэтому, хотя у плода нет сосудов, способных получить большое состояние, однако в сосуды высшего, т.е. его матери, он может его получить, поскольку полностью отменяет себя перед ней и не имеет собственного владения. Это и называется «зарождением» – когда он полностью отменяет себя перед высшим.

И тогда, получив большое состояние, он обретает совершенство. Как следствие, там нет зацепки для клипот и состояние это называется «задерживающей силой».

21. Рабаш. 873. «Зародыш, плод - 2»

Первый ибур 'алеф' производится высшим, подобно человеку, получающему некое побуждение свыше. Второй ибур 'бет' – это, когда потом нижний должен от силы пробуждения, которую он получил, работать самостоятельно, т.е. он должен добавить к пробуждению, полученному свыше, и работать с помощью своих усилий, иначе он теряет всё и снова становится черной точкой, что означает, что его духовность является тьмой и не светит.

22. Рабаш. 587. «Высший выясняет для нижнего"

Корнем работы нижнего является желание получать. А молитва, называемая Маном, поднимается наверх, и тогда высший исправляет этот Ман, и дает на него силу экрана, т.е. желание сдерживать высшее благо, до того как сам нижний знает, что его намерение – ради отдачи.

Т.е. высший передает нижнему вкус и наслаждение от желания отдавать, и благодаря тому, что нижний ощущает величие Творца, он начинает понимать, что стоит как отменить себя перед Ним, так и отменить свое собственное существование.

И тогда он чувствует, что то, что у него есть существование, имеет место только потому что желание Творца таково, т.е. у Творца есть желание, чтобы у нижнего было существование, однако сам он желает отменить свое существование. Тогда получается, что вся жизненная сила, которую он ощущает, идет за счет лишма, а не за счет него самого.

И когда он переживает такое чувство, называется, что у него уже есть исправление Мана. И тогда он также готов получить Мад, ибо между ними уже нет никакого противоречия, так как и нижний тоже желает блага высшего, а не собственной выгоды.

23. Рабаш. Статья 26 (1990) «Что означает: «Нет святого, как Творец, ибо нет другого, кроме Тебя» в духовной работе»

Главное, что нам трудно в духовной работе – это войти в состояние «убар», что означает, что желание получать примет в себя другое желание, называемое «желание отдавать». А когда человек удостаивается состояния «убар», т.е. когда в желание получать входит желание отдавать, это называется, что «Творец создает форму внутри формы».

И следует понять, что это за чудо, что Он «создает форму внутри формы». И как мы объяснили, это большое обновление, буквально чудеса. Ведь это против природы, и только Творец может изменить природу, и это не в возможностях человека. И в этом состоит обновление – что Творец создает форму отдачи внутри формы матери, т.е. формы получения. И это называется «святость, даваемая Творцом».

И это «нет святого, подобно Творцу», поскольку «нет иного, кроме Тебя». Ибо нет никого в мире, кто мог бы изменить природу, и сделать внутри кли, которое есть у человека от природы, т.е. желания получать, чтобы у него потом стала другая природа, называемая «желание отдавать».

24. Рабаш. Статья 26 (1990) «Что означает: «Нет святого, как Творец, ибо нет другого, кроме Тебя» в духовной работе»

Самое начало, когда человек входит в святость, начинается с состояния «зародыш» 'убар'. И это означает, что Творец создает форму отдачи в предыдущей форме, т.е. в матери, называемой «получающие келим». А с получающими келим человек рождается. А потом человек переходит в состояние святости, когда все действия его будут ради Творца.

Получается: кто дал ему отдающие келим? Как мы учим, авиют кетера называется авиютом корня, и называется авиютом зародыша 'убара'. Где корень означает Творца, желание которого насладить Свои творения. А человек получает первое свойство святости – это когда он получает отдающие келим. Т.е. он может строить намерение на отдачу в отдающих келим.

И это называется, что «Творец создает форму», т.е. форму отдачи. Ибо именно Он дает ему силу, чтобы он мог отдавать внутри формы матери, которая является предыдущим состоянием, до того как он стал соединяться со святостью. И прошлое состояние называется «мать», а второе состояние называется «зарождение» 'ибур'.

25. Рабаш. Статья 9 (1985) «И толкались сыновья в утробе ее»

Бааль Сулам сказал, что таков порядок духовной работы – она начинается с зарождения: человек приступает к работе на пути истины, и когда он проходит у дверей Торы, в нем пробуждается свойство Яакова, желая идти путем Торы; а когда проходит у дверей идолопоклонства, свойство Эсава пробуждается в нем, желая выйти.

Это следует объяснить. Человек, по природе, состоит из сосудов получения, представляющих себялюбие, дурное начало. А также у него есть точка в сердце – его доброе начало. Когда он приступает к работе ради отдачи, это называется зарождением (ибу́р – עִבּוּר) – от слова гнев (эвра́ – עֶבְרָה), или переход (авера́ – עֲבֵרָה). Как следствие, человек испытывает подъемы и падения, лишен устойчивости, подвержен воздействию окружения, и у него нет сил для преодоления.

Поэтому, когда человек попадает в окружение тех, кто занимается чуждой нам работой, себялюбием, в нем пробуждается эгоистическое начало, стремясь выйти из скрытия на свет и получить власть над телом. И тогда у человека нет сил ни на что, кроме своих эгоистических побуждений.

Когда же человек попадает в окружение тех, кто действует на отдачу, в нем пробуждается свойство Яакова, стремясь выйти из скрытия на свет. И тогда деяния, направленные на отдачу, властвуют над телом.

26. Рабаш. 223. «Вхождение в работу»

После того, как достиг ступени, называемой «ло лишма», он удостаивается других явлений, которые придут с помощью более высокого состояния. Это означает, что нет у него тогда никакого расчета для себя, но все расчеты и мысли его – истина. Словом, всё его намерение, действительно, только самоотмена с помощью истинной реальности, когда чувствует, что для него имеет значение только лишь служить Царю, потому что он чувствует возвышенность и величие, и важность Царя. Тогда он забывает о потребности заботиться о себе, так как его собственная сущность аннулируется, как свеча перед факелом, перед действительностью Творца, которую он чувствует. Тогда он оказывается на ступени лишма, то есть ради радости Творца, и все его заботы и стремления, как доставить наслаждение Творцу. А его собственной реальности, то есть, желания получать, там нет вообще. И вот он в свойстве отдачи ради отдачи.

27. Рабаш. Статья 31 (1986) «По поводу вскармливания и зарождения»

Зарождение (ибу́р), вскармливание (йеника́) и зрелость (мо́хин) – три ступени духовного развития. После того как человек уже вступил в духовное, он начинает постигать их. Они называются: нэфеш в зарождении, руах во вскармливании и нэшама в зрелости.

Однако и во время подготовки к работе, еще до того как человек заслужил постоянное пребывание в духовном мире, эти стадии тоже имеют место.

28. Бааль Сулам. «Суть зарождения – в рождении»

Зарождение человека тоже выглядит как развитие сверху вниз, т.е. медленное развитие от породившего его, т.е. матери, до того, что он отрывается от нее и полностью прерывает связь с ней, так как он выходит в мир, и переходит из активного состояния в пассивное [и пуповина перерезается] – т.е. из-под власти породившего его в свою собственную власть.

И тут начинается развитие снизу вверх – время вскармливания, когда он всё еще припадает к материнской груди, [продолжающееся] до тех пор, пока форма его не завершится полностью, дойдя до уровня породивших его.

29. Рабаш. Статья 38 (1990) «Что значит: «Чаша благословения должна быть полной» в духовной работе»

Состояние рождения и вскармливания, и тогда у него уже есть уста, что означает, что он находится под своей собственной властью, и он уже знает, что он делает. И у него уже есть собственная власть, чтобы совершить выбор, и это считается, что он уже находится под собственной властью. И тогда называется, что он получает свойство «руах», которое светит, когда у него уже есть собственная власть в святости.

30. Рабаш. Статья 38 (1990) «Что значит: «Чаша благословения должна быть полной» в духовной работе»

Речь – это свойство раскрытия. Т.е., когда у человека уже есть состояние вскармливания в духовном, он уже ощущает, что питается от святости, ибо вскармливание молоком указывает на хасадим, так как свойство хесед – это свойство отдачи. Ведь, когда человек удостаивается отдающих келим, то есть, все его действия –– ради небес, и он уже не заботится о своей пользе, это называется, что он удостоился свойства милости 'хесед'.

31. Рабаш. Статья 38 (1990) «Что значит: «Чаша благословения должна быть полной» в духовной работе»

В ибуре у него было только свойство «нефеш», от слова «нефиша» 'покой' – то есть свойство неживого, не имеющего собственного движения, ведь это Высший побуждает его на всякое действие.

И тогда он получает полное имя от Всесильного. То есть, то что было в состоянии ибура, немой от Всесильного, ибо ему недоставало собственной власти, чтобы быть самостоятельным работником, ведь всё происходило за счет Высшего.

А когда он рождается, и у него есть «вскармливание в святости» со своей собственной стороны, тогда он обладает полным именем от Всесильного, и это указание на то, что то, что до этого он был немым со своей стороны, сейчас стало полным, т.е. он уже удостоился свойства йуд-хэй от Всесильного 'Элоким'.

32. Рабаш. 233. «Вскармливание»

Нужно различать 2 вещи: при вскармливании младенец не может сосать без согласия кормящего. Т.е. кормящий должен согласиться привести процесс в действие. Тогда же как потребность в еде удовлетворяется уже готовыми продуктами, и нужно только достать их. В противоположность этому, при вскармливании низший должен получать свое питание, высасывая его.

А если высший должен помочь низшему сосать, это уже считается хисароном со стороны низшего. И хотя низший должен вытащить свое питание в процессе сосания, но конечно же он нуждается в согласии высшего, а иначе, если это происходит поневоле, это не имеет отношения к вскармливанию.

Тогда же как продукты питания, которые уже произведены, младенец может получить в определенной ситуации и без ведома дающего, а также даже без согласия высшего. Тогда же как при вскармливании младенец не может сосать без ведома дающего, а весь процесс вскармливания происходит совместно с дающим. А в то время, когда его продукты питания отделены от дающего, они уже не являются питанием.

33. Рабаш. 233. «Вскармливание»

Во вскармливании нужно различать:

1. Что наполнение (шефа) всегда приходит вместе с дающим его. А если дающей не присутствует во время получения наполнения, это не считается вскармливанием. Ведь невозможно, чтобы ребенок мог сосать без матери. Тогда как остальные продукты питания могут получать, даже когда хозяин этих продуктов не присутствует рядом с ними.

2. Что хотя питательные вещества и присутствуют в молоке матери, но процесс их извлечения происходит вместе с получением наполнения. То есть если молоко матери сочится из нее без того, чтобы младенец получил его, это уже не называется

вскармливанием, а именно когда молоко выходит наружу в совместном процессе вскармливания.

3. Что наполнение не вытягивается потоком, а лишь капля за каплей, т.е. с перерывами, что каждый раз, когда хочет сосать, младенец вынужден тянуть снова, ведь молоко не выходит легко из матери, а лишь капля за каплей. То есть молоко вытягивается только тогда, когда есть желание со стороны родившегося, и тотчас прекращается, и каждый раз он вынужден начинать снова.

34. Рабаш. Статья 31 (1986) «По поводу вскармливания и зарождения»

«Зарождение» означает, что человек получает пробуждение свыше. И как в материальном зарождение зависит от родителей, так и здесь зарождение кроется в призыве свыше, когда человека зовут вернуться к Источнику. Тогда к нему приходят другие мысли, а все желания, которые были у него до этого призыва свыше, сгорают и теряют свое значение.

А «вскармливание» означает, что человек сам начинает искать, какое «кормление» он получит от книг и их авторов, и хочет впитать от них свет Торы, чтобы иметь возможность слиться с Творцом и обрести полную веру.

35. Рабаш. Статья 31 (1986) «По поводу вскармливания и зарождения»

Вскармливание в период подготовки означает, что человек пробуждается сам и хочет с помощью книг и их авторов кормиться чем-то духовным, чтобы оживить дух жизни в отдаче. И потому, реализуя принципы каббалистической методики, он стремится извлечь из них свет Торы, который возвращает его к Источнику. Сказали об этом мудрецы: «Я создал злое начало и создал Тору как приправу».

Однако чтобы извлечь свет Торы, надо обладать верой, как сказано в «Предисловии к книге Зоар». Дело в том, что когда человек верит в Творца и Его Тору, он хочет слиться с Ним, но видит, что неспособен по причине зла в себе – эгоистического желания, свойство которого приводит к отдалению от Творца. А потому и вера его непостоянна. Сказано об этом, что вера не может пребывать в человеке постоянно, так как пока у него нет трепета, т.е. пока он не испытывает постоянного страха перед тем, что не сумеет выстроить намерение на отдачу, но захочет получать ради получения, отличаясь по свойствам от Творца, – свет веры не может пребывать в нем постоянно.

36. Рабаш. Статья 31 (1986) «По поводу вскармливания и зарождения»

Зарождение завершается не в один прием, но сказано, что там требуется девять месяцев, пока человек не обретет 25 парцуфим, – так и период подготовки тоже подразделяется на множество стадий, пока человек не достигнет полного зарождения. Поэтому есть много подъемов и падений, и порой зарождение срывается, что также называется «выкидышем», и тогда нужно заново начинать порядок работы.

37. Рабаш. Статья 31 (1986) «По поводу вскармливания и зарождения»

В зарождении есть 25 парцуфим – НаРаНХаЙ, – в каждом из которых тоже есть НаРаНХаЙ. Поэтому нужна сдерживающая сила, так чтобы даже младенческое состояние было совершенным. Это плод получает через мать: хотя сам он лишен сосудов, чтобы получить взрослое состояние с намерением ради отдачи, тем не менее, отменяя себя перед матерью, он может перенимать взрослое состояние от ее сосудов. Это называется: «плод – часть матери», «он ест то же, что ест мать «.

Иными словами, у него нет выбора: что ест его мать – что ей известно как пригодное в пищу – то же ест и он. Таким образом, он снял с себя выбор: что хорошо и что плохо. Вместо этого всё происходит за счет матери. Это и называется: «часть матери». Смысл в том, что сам он не принимается в расчет.

38. Рабаш. Статья 26 (1990) «Что означает: «Нет святого, как Творец, ибо нет другого, кроме Тебя» в духовной работе»

Сказано: «Создает форму внутри формы». Т.е. форму плода внутри формы матери, что означает, что форма матери – это основа, с которой рождается человек. И это называется «формой его матери». Затем, когда человек начинает работу и желает идти путем отдачи, то прежде начинает с первой ступени святости. Известно, что есть 3 ступени, называемые:
1) зарождение - ибур,
2) вскармливание – еника,
3) мохин.

39. Бааль Сулам. «Суть зарождения – в рождении»

Плод в период внутриутробного развития абсолютно подобен растению и не более того, и все движения его не называются движениями жизни, так как движения производятся его матерью, частью которой он является. Его окружение называется «животом», а мать есть граница этого окружения, в которое он помещен, и он ест то, что ест мать его и т.д. А рождение начинается с головы (рош), которую мы ожидаем.

40. Рабаш. Статья 22 (1986) «Если женщина зачнет»

Человек обязан пройти через девять месяцев беременности. Благодаря этому он обретает с каждым разом силу, зовущуюся «желанием отдачи». И если видит нечто мешающее этому желанию, то способен отвергнуть помеху – что называется, «рождает мальчика». Рождает, после того как уже завершил процесс «беременности», а не по ходу работы.

Другое дело, когда, едва приступив к работе, человек сразу же хочет видеть обретенную силу отдачи, а иначе сердится и предъявляет претензии: «Я уже начал работать над зачатием – где же плоды, которые я должен обрести?» В ответ объясняет рабби Йоси, что женщина, с того дня, как забеременела, до того дня, когда рожает, ни о чем не говорит, кроме как о своем плоде – будет ли это мальчик. Смысл в том, что хотя она еще не родила, но у нее нет терпения, чтобы ждать, и она хочет родить сразу.

41. Рабаш. Статья 26 (1990) «Что означает: «Нет святого, как Творец, ибо нет другого, кроме Тебя» в духовной работе»

Понятие «убар» (зародыш) происходит от слова «овер» (переходит) в стадию алеф, переходит от использования келим получения на ступень святости, где используют келим только с намерением ради отдачи, а иначе не пользуются келим.

42. Бааль Сулам. «Суть зарождения – в рождении»

Постижение миров идет двумя путями: сверху вниз и снизу вверх. Причем вначале постигается сверху вниз – нисхождение души, а затем – снизу вверх, что собственно и является постижением. Первый порядок называется «зарождением» 'ибур', потому что по своему значению он подобен капле, которая постепенно отрывается от мозга отца и приходит к зарождению в матери, пока не появится на свет, что считается последним уровнем развития сверху вниз – если иметь в виду причину зародыша, ведь до этого он какой-то частью был всё еще связан со свойством отца и матери, т.е. причиной. Но при появлении на свет он становится самостоятельным. И это является порядком сверху вниз.

А причина всего этого состоит в том, что замысел Творца един, и потому все ситуации равны, и общее подобно частному.

43. Рабаш. Статья 38 (1990) «Что значит: «Чаша благословения должна быть полной» в духовной работе»

Порядок исправлений, как сказали наши мудрецы, таков: «Отец, т.е. хохма, дает белое», т.е. отбеляет нижнего от его желания получать так, что человек начинает чувствовать, что желание получать – это мусор, как сказано: «Если будут грехи ваши красны, как кармин, то станут белыми как снег». И тогда считается, что «мать дает красное», что означает, что бина называется светом хасадим, т.е. светом, приходящим в отдающие келим. Т.е. после того как человек уже пришел к знанию, что желание получать для себя называется «мусором», он получает желание отдавать. И всё это называется, что высший делает, а нижний отменяет себя без всякой критики. И это, как сказано выше, считается, что у него нет «рта». И это называется «немой», что означает, что у него нет «рта».

Отмена как подготовка к ибуру (зарождению)

1. Рабаш. Статья 31 (1986) «По поводу вскармливания и зарождения»

Начало вхождения в духовное подобно зарождению, т.е. отменяя свою сущность, зарождается в «утробе матери», как написано: «Слушай сын мой наставление отца твоего и не забывай учения матери твоей». От слов «матерью называется бина». Т.е. он отменяет любовь к себе, называемую «малхут», которая в своем подлинном свойстве называется желанием получать ради получения, и входит в келим отдачи, называемые свойством «бина".

И человек должен верить, что до рождения, т.е. прежде, чем душа спустилась в тело, она была соединена с Творцом. И сейчас он стремится снова вернуться и слиться с Ним воедино, это называется ибур, т.е. что полностью отменяет себя.

2. Рабаш. Статья 31 (1986) «По поводу вскармливания и зарождения»

Зарождение (ибур), то есть он переходит (овер) из-под собственной власти во власть Творца. Но это только временно, т.к. на самом деле он хочет навсегда аннулировать свое «я», но не может поверить, что сейчас это произойдет навсегда. Ведь уже много раз так было, когда он думал, что это случится. Но затем низко падал со своего уровня в «место отбросов».

И все-таки он не должен беспокоиться о том, «что будет есть назавтра», т.е., конечно же, он упадет затем со своего уровня, и только из-за недостатка веры. Но пока верит, что «спасение Творца приходит в мгновение ока». И поскольку хотел на какое-то время отменить свое «я» и желал остаться в этом состоянии навсегда, значит, он находится в процессе зарождения.

3. Рабаш. Статья 31 (1986) «По поводу вскармливания и зарождения»

Когда человек может отменить себя на малое время, он говорит: «Я хочу сейчас отменить себя перед духовным». Иными словами, вместо того чтобы помышлять о себялюбии, он хочет сейчас доставить удовольствие Творцу.

И человек верит выше знания, что, хотя он еще ничего не чувствует, но Творец «слышит молитву всех уст» и перед Ним большой и малый равны. Он может спасти величайшего из великих и так же может помочь ничтожнейшему из малых.

Это и называется «зарождением», когда человек переходит из своего Я во власть Творца.

4. Бааль Сулам. Шамати. 42. «ЭЛУЛЬ (я – Любимому, а Любимый – мне)»

Сказано: «Преклони свое желание пред Его желанием...» — аннулируй свое желание насладиться перед желанием отдавать, желанием Творца. То есть замени любовь к себе на любовь к Творцу, что означает аннулирование себя относительно Творца и приводит к слиянию с Творцом. А затем Творец может наполнить светом твое желание насладиться, потому что оно уже исправлено намерением «ради отдачи».

И об этом говорится: «...чтобы Он преклонил Свое желание перед твоим» — Творец аннулирует свое желание, то есть скрытие (Цимцум), которое было следствием различия свойств Творца и творения. А поскольку сейчас творение становится подобно Творцу, свет распространяется к творению, получившему исправление своего намерения на отдачу. Ведь замыслом творения было насладить сотворенных, и этот замысел теперь может осуществиться.

5. Бааль Сулам. Шамати. 42. «ЭЛУЛЬ (я – Любимому, а Любимый – мне)»

Сказано: «Я к любимому своему...» — то есть я аннулирую свое намерение насладиться ради себя и исправляю его всецело на отдачу. И тогда я удостаиваюсь «...и Мой любимый ко мне» — когда Любимый, то есть Творец, наполняет меня высшим наслаждением, заключенным в Его замысле насладить творения.

6. Рабаш. Статья 12 (1985) «И поселился Яаков»

В духовной работе, как мы сказали, человек должен работать «только ради Творца» – иными словами, «без всякой оплаты». Смысл в том, что он готов на самопожертвование без всякой награды, без какого бы то ни было вознаграждения, которое это самопожертвование могло бы породить. Напротив, всё дело в том, что такова цель человека – он хочет отменить свою сущность перед Творцом, т.е. отменить свое желание получать, являющееся реальностью творения, – вот что он хочет отменить перед Творцом, и в этом его цель. Иными словами, его цель – предать душу Творцу.

7. Бааль Сулам. Шамати. 19. «Творец ненавидит эгоизм»

Работа важна именно в то время, когда человек приходит к абсолютному нулю, то есть когда видит, что отменяет всю свою реальность и свою личность, и потому эгоизм теряет всякую власть – и только тогда может человек войти в святость.

8. Бааль Сулам. Шамати. 40. «Какой должна быть вера в Учителя»

Человек должен отменить свою власть перед властью Творца и сказать, что для самого себя человек жить не желает, а всё, для чего он хочет существовать, – всё это, чтобы доставить наслаждение Творцу.

Получается, что благодаря этому он отменяет собственную власть целиком и полностью. И тогда человек находится под властью Единого, что является властью Творца. И только тогда он может видеть истину, как Творец управляет миром свойством «добрый, творящий добро». Однако до тех пор, пока человек находится под властью многих, т.е. у него всё еще есть два желания, как в свойстве «моха», так и в свойстве «либа», не в его силах видеть истину. А он должен идти выше знания, говоря: «Есть у них глаза», но не видят они истины.

9. «Маор ва-Шемеш». Глава Экев

Главное, чтобы каждый ни в коем случае не думал о себе, что он считается праведником или чем-то еще внутри святого сообщества. Он должен заботиться лишь о том, чтобы делами своими не нанести вреда сообществу, и хотя он и выглядит большим человеком, несмотря на это пусть критически рассмотрит дела свои и подумает, за что его ценят, и совершенно отменит себя. И известно, что в десяти людях пребывает Шхина, ибо это целая ступень, а у целой ступени есть голова (рош), и руки, и ноги, и пятки, как известно из слов великих каббалистов. Получается, что если каждый будет считать себя в группе «ничем», он будет считать себя по отношению к группе пяткой, тогда как они представляют собой голову и тело, и высшие органы. И когда каждый так считает себя, они действуют так, чтобы Он раскрыл им врата высшего блага и всего блага в мире. И главное привлекается тем человеком, который более всего считается ничем и «пяткой».

10. Рабаш. Письмо 42

Как можно быть «как один человек в одном сердце», ведь известно, что сказали мудрецы: «Как лица их не похожи одно на другое, так и мнения их не похожи одно на другое» – и как могут быть «как один человек в одном сердце»?

Ответ: если мы говорим, что каждый заботится о своей нужде, получается, что невозможно быть «как один человек», ведь «не похожи они». Однако, если все отменили свою собственную власть и все заботятся только о пользе Творца – тогда уже не существует их частных мнений, потому что всё частное отменилось, и все они вошли под власть Единого.

11. Рабаш. Статья 1, часть 2 (1984) «Цель группы - 2»

Человек сотворен с сосудом (желанием), под названием «себялюбие», и потому, когда человек не видит, что некое действие принесет ему какую-либо личную выгоду, у него нет горючего для усилий, чтобы сделать даже легкое движение.

А без отмены себялюбия невозможно достичь слияния с Творцом, т.е. подобия по свойствам.

И поскольку это противно нашей природе – требуется группа, в которой все будут представлять большую силу, чтобы мы могли вместе работать для отмены эгоистического желания. Желание это называется «злом», так как именно оно препятствует достижению цели, ради которой сотворен человек.

12. Рабаш. Статья 7 (1984) «О правиле «Возлюби ближнего, как самого себя"»

При написании чисел: если написать сначала 1, а потом 0, то получится 10 – в десять раз больше. Если же после единицы написать два ноля, то получится 100 – в сто раз больше. Если мой товарищ – единица, а я – ноль после нее, то я получаю от него в десять раз больше. Если же я расцениваю себя как два ноля перед товарищем, то получаю от него в сто раз больше.

И наоборот, если товарища я считаю нулем, а себя – единицей, то я в десять раз меньше товарища – 0,1. Если же я считаю себя единицей, а двух своих товарищей – двумя нулями относительно меня, то я одна сотая относительно них – 0,01. Таким образом, чем больше у меня нулей от товарищей, тем ниже моя ступень.

13. Рабаш. Статья 4 (1989) «Что такое «потоп вод» в духовной работе»

Все советы, которые человек дает Творцу, кажется, как будто бы он ставит Ему условия, как имеющий свою позицию и разум. И это наглость – ставить Творцу условия, говоря, если дашь мне, например вкус к работе, я смогу работать на Тебя, иначе я не способен. А человек должен сказать, что хочет отмениться и покориться без условий. Но дай мне силы, чтобы на самом деле я смог выйти из любви к себе и любить Творца всем сердцем.

14. Бааль Сулам. Шамати. 53. «Ограничение»

Ограничение заключается в ограничении себя, своего состояния, чтобы не желать лишнего (больших состояний – гадлут), а именно в том состоянии, в котором человек находится, он готов оставаться навечно. И это называется вечным слиянием. И не важно, как велико достигнутое им состояние. Ведь может находиться даже в самом низшем состоянии, но если это светит вечно, считается, что удостоился вечного слияния. Тогда как, стремление к большему называется стремлением к излишеству.

15. Бааль Сулам. Шамати. 53. «Ограничение»

Когда Исраэль пришли получать Тору, собрал их Моше у подножия горы. (Гора — «ар», от слова «ирурим» — сомнения). То есть Моше привел их к самым глубоким мыслям и пониманию — к самой низкой ступени. И только тогда согласились без колебаний и сомнений остаться в таком состоянии и идти в нем, будто находятся в самом большом и совершенном состоянии, и проявить при этом подлинную радость, как сказано: «Работайте в радости на Творца». Ведь в большом состоянии (гадлут) от человека не требуется работать над тем, чтобы быть в радости, потому что в это время радость проявляется сама по себе. И только в состоянии недостатка (катнут) нужно работать, чтобы быть в радости, несмотря на ощущение незначительности своего состояния. И это большая работа. Создание такого малого состояния (катнут) является основным в рождении ступени, и это состояние должно быть вечным. А большое состояние (гадлут) — приходит только как дополнение. И стремиться необходимо к основному, а не к дополнительному.

16. Рабаш. Статья 30 (1989) «Что такое зажигание светильника в духовной работе"

Те люди, которые желают идти путем истины, чтобы прийти к отмене желания получать ради себя и делать всё ради небес, испытывают подъемы и падения. В то же время, у людей, которые исполняют Тору и заповеди ради получения вознаграждения, нет особых падений, поскольку они не идут против природы, т.е. против злого начала. Однако поскольку «от ло лишма приходят к лишма», у этих людей тоже иногда случаются падения.

Однако для тех людей, которые хотят отменить злое начало и поэтому занимаются Торой и заповедями, это является каждодневной войной. Т.е. иногда бывает, что человек получает помощь свыше, как сказано: «Пришедшему очиститься помогают», а он думает, что теперь он уже на коне, т.е. сейчас он пойдет вперед и поднимется на уровень святости. Вдруг он падает вниз. И таков порядок войны со злым началом, пока он не пришел к состоянию, когда он удостоился постоянной веры, что называется, что он «удостаивается раскрытия глаз в Торе».

17. Рабаш. Статья 37 (1991) «Что такое «Тора» и что такое «закон Торы» в духовной работе»

Когда он желает делать всё ради небес, а не ради собственной выгоды. А здесь тело сопротивляется изо всех сил, ведь тело заявляет: почему ты хочешь умертвить меня и всю ту власть, которая есть у меня. И ты приходишь ко мне с тем, что нужно работать только ради Творца, а не для собственной выгоды, что означает действительную отмену желания получать во всем. И ты говоришь мне, что мудрецы сказали: «Тора исполняется только в том, кто умерщвляет себя ради нее», т.е. нужно умертвить всю власть собственной выгоды и заботиться только о выгоде Творца. А до этого человек не может удостоиться свойства Торы. И человек видит, что абсолютно нереально, чтобы у него появились силы идти против природы.

И тогда у человека нет иного совета, кроме как обратиться к Творцу, сказав: сейчас я пришел к ситуации, что я вижу, что если Ты не поможешь мне, я пропал. И нереально для меня, что когда-нибудь у меня появятся силы, и в руках моих будет сила, позволяющая преодолевать желание получать, что является моей природой, и только Творец может даровать вторую природу.

18. Рабаш. Статья 31 (1986) «По поводу вскармливания и зарождения»

Человек должен верить: если он хочет сейчас приступить к духовной работе, отменяя свое «я», то это призыв свыше. Ведь это вызвано не его собственной мудростью.

И тому есть подтверждение. До призыва свыше у него было много трудных вопросов, и каждый раз, когда он хотел что-то сделать ради отдачи, тело оказывало сопротивление, так что он не мог понять, есть ли в мире человек, действительно способный отменить свое «я» перед Творцом и не заботиться вовсе о собственной пользе. Его постоянно угнетал некий страх самоотмены перед Творцом.

Теперь же человек видит, что все мысли и сомнения сгорели дотла, и испытывает большое наслаждение, если может отменить себя перед Творцом. Ведь он видит сейчас, что все его суждения ничего не стоят. Хотя раньше он думал, что никто в мире не сможет убедить его в необходимости самоотмены перед Творцом, и считал это трудной работой, которую не каждый способен потянуть, – теперь человек видит: ничто не помешает ему слиться с Творцом и отменить себя перед Ним.

19. Бааль Сулам. Шамати. 17. «Почему Ситра Ахра называется «Царство без короны»»

Сказано мудрецами: «О каждом гордеце говорит Творец: «Не можем Я и он пребывать в одном и том же месте"». Ведь гордец считает, что существует две власти. А если бы отменил себя перед Творцом в стремлении отдавать Ему, подобно желанию корня, была бы тогда лишь одна власть Творца. А все, что получает человек в мире - только для того, чтобы отдавать Творцу. Поэтому сказано: «Весь мир создан только для меня, а я создан, чтобы отдавать Творцу». И потому обязан я пройти все духовные ступени, чтобы суметь все отдать Творцу и служить Создателю.

20. Рабаш. 128. «Возвышайте Творца Всесильного»

"Возвышайте Творца Всесильного, поклоняйтесь горе святости Его, ибо свят Творец Всесильный наш".

"Возвышайте". Означает, что если человек хочет знать высоту и величие Творца Всесильного, это можно постичь только через слияние и подобие по форме. Если так, то что означает подобие по форме и как мы можем достичь подобия по форме?

"Поклоняйтесь горе святости Его». Поклонение означает смирение, когда человек принижает своё знание и говорит, что я отменяю то, что знание понимает и не понимает, и смиряю его. Перед чем я смиряю его? – перед «горой Его святости".

Гора означает сомнения, т.е. мысли. Его святости – значит святой и отделенный от всего. То есть он отделяет себя от желания получать. Поклоняйтесь - означает смирить тело, даже если оно не согласно, и (тогда) приобретет только мысли святости. И тогда «Поклоняйтесь горе святости Его".

Почему нужно принижать себя перед мыслями святости, то есть отделять себя от получения ради получения, – «ибо свят Творец Всесильный наш», потому что Творец только отдаёт. Поэтому нужно быть как Творец по форме. И так можно постичь высоту Творца. А затем можно прийти к постижению высоты Творца.

21. Рабаш. Письмо 65

Человек должен решить сам, что он хочет, чтобы Творец дал ему желание отмениться перед Ним во всём. То есть, чтобы не оставалось в его власти никакого желания, а все его желания были бы направлены на возвеличивание Творца. А когда решился в своем сердце на полную отмену, то просит Творца о помощи реализовать всё с уровня силы – в действие, силой. Это означает, что и на уровне силы мысли и желания он видит, что тело не согласно на это, чтобы он отказался от всех желаний ради Творца, и не ради себя. И тогда он должен молиться Творцу, чтобы помог ему, чтобы захотел отменить перед Ним все желания и не оставить себе никакого желания. И это называется совершенной молитвой, поскольку он хочет, чтобы Творец дал ему полное желание без каких-либо компромиссов для себя, и он просит Творца, чтобы помог ему, чтобы быть всегда в его праведности.

22. Рабаш. Статья 30 (1988) «Чего требовать от собрания товарищей»

Человек должен приложить усилие, чтобы достичь любви ближнего. И это называется «усилием», когда он должен работать выше знания. Ведь со стороны разума, как можно оправдать другого, в то время, когда разум показывает ему истинное лицо товарища, что он ненавидит его? И если так, то что он может ответить на это своему телу, почему он должен себя принизить перед товарищем?

Ответ. Поскольку он хочет достичь слияния с Творцом, называемого подобием по свойствам, то есть не думать о своей выгоде, то почему это смирение кажется ему таким трудным? Причина этого в том, что он должен аннулировать свое самолюбие, и всю свою жизнь, которую он хочет прожить, думать только о том, чтобы работать ради пользы ближнего, начиная с любви ближнего между товарищами и до любви Творца.

В таком случае совсем наоборот, именно здесь он может сказать, что ни в одном действии, которое он выполняет, нет никакой личной заинтересованности. Разум заставляет его думать, что товарищи должны его любить, а он преодолевает свой разум, идет верой выше знания и говорит, что для себя самого не стоит жить.

23. Рабаш. 223. «Вхождение в работу»

После того, как достиг ступени, называемой «ло лишма», он удостаивается других явлений, которые придут с помощью более высокого состояния. Это означает, что нет у него тогда никакого расчета для себя, но все расчеты и мысли его – истина. Словом, всё его намерение, действительно, только самоотмена с помощью истинной реальности, когда чувствует, что для него имеет значение только лишь служить Царю, потому что он чувствует возвышенность и величие, и важность Царя. Тогда он забывает о потребности заботиться о себе, так как его собственная сущность аннулируется, как свеча перед факелом, перед действительностью Творца, которую он чувствует. Тогда он оказывается на ступени лишма, то есть ради радости Творца, и все его заботы и стремления, как доставить наслаждение Творцу. А его собственной реальности, то есть, желания получать, там нет вообще. И вот он в свойстве отдачи ради отдачи.

24. Рабаш. Статья 4 (1989) «Что такое «потоп вод» в духовной работе»

Удостоиться ступени бины – это большая работа, пока не достигают этой ступени. То есть, довольствоваться малым, тем ощущением, которое у него есть, тем разумом, который у него есть, и быть довольным своей долей, – тем, что у него есть. И этот человек всегда может пребывать в совершенстве, поскольку доволен своей долей.

Но что человек может сделать, если еще не достиг этой ступени, и он видит, что не может преодолеть свое желание получать? Тогда он должен молиться Творцу, чтобы Творец помог ему, чтобы у него появилась возможность идти в работе с закрытыми глазами, и не нуждаться ни в чем, а чтобы мог все делать ради небес, несмотря на то, что тело сопротивляется этому.

Иными словами он не дает советы Творцу, как ему помочь, а должен смирить себя и отмениться перед Творцом без каких-либо условий. А поскольку он не может превозмочь свое тело, поэтому просит Творца, чтобы помог ему победить в войне со злым началом, так как понимает его ничтожность.

25. Рабаш. Статья 38 (1990) «Что значит: «Чаша благословения должна быть полной» в духовной работе»

Когда человек способен идти с закрытыми глазами выше знания, верить в мудрецов, идти до конца, он называется зародышем, когда у него нет рта.

Плод, зародыш: «Ступень малхут – самая маленькая и ограниченная в своих возможностях, называется ибур, зародыш, и это означает гнев и суды, как сказано «разгневался Творец на меня за вас». И нужно объяснить понятия гнев 'эвра' и суды. Поскольку человек должен идти с закрытыми глазами выше знания, а его тело сопротивляется этой работе, поэтому то, что человек должен всегда быть в преодолении, это называется «гнев, ярость и страдание», и это очень тяжелая работа, идти всегда в преодолении, отменять себя перед высшим, чтобы высший сделал из него то, что он хочет. Это называется зарождением – самым маленьким и ограниченным в возможностях состоянием.

26. Рабаш. Письмо 8

После того, как я уже обрел облачение любви, тотчас во мне начинают светить искры любви, и сердце тоскует и стремится к товарищам, и кажется мне, что глаза мои видят товарищей, уши слышат их голоса, уста говорят с ними, руки обнимают их, а ноги пляшут в любви и радости вместе с ними в кругу. И я выхожу из своих материальных границ, и забываю, что существует огромное расстояние между мною и товарищами, и что многие километры земной поверхности разделяют нас. И товарищи словно стоят в моём сердце и видят всё, что там происходит, и я начинаю стыдиться своих мелочных действий в отношении товарищей. И я просто выхожу из материальных желаний, и кажется мне, что нет ничего в мире, кроме меня и товарищей. А потом и «я» отменяется и растворяется в моих товарищах, и я провозглашаю, что нет ничего в мире, кроме товарищей.

27. Рабаш. Письмо 18

Когда мы слышим голос Творца, который обращён к сердцу, как сказано: «Пришедшему очиститься помогают» – и объясняется в книге Зоар, что ему помогают святой душой, т.е. когда сердце слышит голос Творца, тогда получает власть над всеми желаниями именно голос святости, т.е. желание отдавать. И, автоматически, они больше не вернутся к своей глупости, т.е. он не будет больше грешить, так как все желания получать подчинились желанию отдавать.

И тогда раскрывается сердцу вся нега и благо, ибо тогда в сердце уже есть место для пребывания Шхины, и наслаждение, и удовольствие, и дружба распространяются, наполняя все органы человека. И это происходит именно когда слышат голос Творца, – тогда всё тело подчиняется и порабощает себя святости.

Умертвить собственную власть

1. Рабаш. Статья 37 (1991) «Что такое «Тора» и что такое «закон Торы» в духовной работе»

Когда он желает делать всё ради небес, а не ради собственной выгоды. А здесь тело сопротивляется изо всех сил, ведь тело заявляет: почему ты хочешь умертвить меня и всю ту власть, которая есть у меня. И ты приходишь ко мне с тем, что нужно работать только ради Творца, а не для собственной выгоды, что означает действительную отмену желания получать во всем. И ты говоришь мне, что мудрецы сказали: «Тора исполняется только в том, кто умерщвляет себя ради нее», т.е. нужно умертвить всю власть собственной выгоды и заботиться только о выгоде Творца. А до этого человек не может удостоиться свойства Торы. И человек видит, что абсолютно нереально, чтобы у него появились силы идти против природы.

И тогда у человека нет иного совета, кроме как обратиться к Творцу, сказав: сейчас я пришел к ситуации, что я вижу, что если Ты не поможешь мне, я пропал. И нереально для меня, что когда-нибудь у меня появятся силы, и в руках моих будет сила, позволяющая преодолевать желание получать, что является моей природой, и только Творец может даровать вторую природу.

2. Рабаш. Статья 2 (1987) «По поводу важности осознания зла»

Сказали мудрецы (трактат Брахот, 63:2): «Слова Торы осуществляются только в том, кто умерщвляет себя ради нее. Потому что сказано: «Вот Тора, человек да умрет в шатре»». И смысл этого в том, что человек отменяет собственную личность, т.е. имеется в виду эгоистическая любовь, а он желает делать всё ради небес, т.е. чтобы в мире была только одна власть, а именно власть Единого.

И тогда он может удостоиться Торы, потому что тогда он находится в подобии по форме, которое называется слиянием с Творцом. И тогда он «назовется именем Исраэль», т.е. он удостаивается того, чтобы все его мысли, речь, действие были бы «Исра-эль» (прямо к Творцу), поскольку все их устремления – только в том, чтобы прийти к свойству отдачи, называемому уподоблением по форме, так как он отменяет себя перед Творцом, что называется властью Единого, а не двумя властями, т.е. когда у них есть так же и желание эгоистической любви.

3. Рабаш. Письмо 42

Сказали мудрецы: «Если человек умрет в шатре, Тора осуществляется только в том, кто умерщвляет себя ради неё», что означает уничтожение личного, то есть собственной выгоды, и всё, что делает - только ради небес. И это называется подготовкой к получению Торы.

4. Рабаш. Статья 29 (1989) «Что такое подготовка к получению Торы - 2»

Тот, кто желает работать ради пользы Творца, нуждается в свете Торы, так как «свет в ней возвращает к Источнику». То есть невозможно победить зло, которое в нем, без Торы. И этим можно пояснить сказанное мудрецами: «Только в том пребывает Тора, кто умерщвляет себя ради неё». И необходимо понять слово «пребывает», каков его смысл. А объяснить это нужно согласно сказанному мудрецами, когда сказал Творец «Я создал злое начало и Я создал Тору приправу». То есть Тора является приправой. В ком это осуществляется? Ведь «нет света без кли, нет наполнения без хисарона».

Поэтому сказано, что те люди, которые желают умертвить себя, то есть умертвить желание получать ради собственной выгоды, и которые хотят совершать все ради небес, - они видят, что не в состоянии сделать это собственными силами, им сказал Творец: «Я создал злое начало и Я создал Тору приправу».

5. Рабаш. Статья 44 (1990) «Что такое война за власть в духовной работе – 2»

Человек должен работать, чтобы у него было желание и стремление, чтобы захотел отменить свою власть, как сказали мудрецы о написанном – «если человек умрет в шатре», потому что Тора существует только для того, кто умерщвляет себя ради нее. Это значит, что он хочет отменить себя, то есть человек должен достичь одной власти – власти Творца. То есть, человек ничего не делает ради своей выгоды, а заботится только о пользе Творца. И это означает власть Единого, что означает войну за власть. То есть он воюет с собой, чтобы достичь власти Единого, и это называется войной за власть в работе.

6. Бааль Сулам. Шамати 19. «Творец ненавидит эгоизм»

Работа важна именно в то время, когда человек приходит к абсолютному нулю, то есть когда видит, что отменяет всю свою реальность и свою личность, и потому эгоизм теряет всякую власть – и только тогда может человек войти в святость.

7. Рабаш. Статья 30 (1988) «Чего требовать от собрания товарищей»

Человек должен приложить усилие, чтобы достичь любви ближнего. И это называется «усилием», когда он должен работать выше знания. Ведь со стороны разума, как можно оправдать другого, в то время, когда разум показывает ему истинное лицо товарища, что он ненавидит его? И если так, то что он может ответить на это своему телу, почему он должен себя принизить перед товарищем?

Ответ. Поскольку он хочет достичь слияния с Творцом, называемого подобием по свойствам, то есть не думать о своей выгоде, то почему это смирение кажется ему таким трудным? Причина этого в том, что он должен аннулировать свое самолюбие, и всю свою жизнь, которую он хочет прожить, думать только о том, чтобы работать ради пользы ближнего, начиная с любви ближнего между товарищами и до любви Творца.

В таком случае совсем наоборот, именно здесь он может сказать, что ни в одном действии, которое он выполняет, нет никакой личной заинтересованности. Разум заставляет его думать, что товарищи должны его любить, а он преодолевает свой разум, идет верой выше знания и говорит, что для себя самого не стоит жить.

8. Рабаш. Статья 38 (1991) «Что такое правая линия в духовной работе»

Это люди, которые хотят идти путем Творца по дороге истины, чтобы все действия их были лишь на отдачу. И он исполняет сказанное в словах: «И возгордится сердце его на путях Творца», где «гордость» не означает, что он желает чего-то для собственной выгоды, а он хочет отмениться перед Творцом, и для себя он желает умертвить это желание, называемое «желанием получать». И он хочет исполнить слова мудрецов: «Тора осуществляется только в том, кто умерщвляет себя ради нее».

Получается, что гордость его не [подобна высокомерию] гордеца, о котором сказано: «Тот, кто проявляет высокомерие, – говорит Творец, – не можем Я и он пребывать в одном месте». А тут его гордость заключается в том, что он хочет умертвить свое желание получать и не быть как остальные люди, которые заботятся лишь о собственной выгоде.

9. Бааль Сулам. Шамати. 28. «Не умру, но буду жить»

В стихе: «Не умру, но буду жить» – человек, чтобы прийти к истине, должен пребывать в ощущении, что если он не достигнет истины, он чувствует себя мертвым, так как хочет жить. Другими словами стих: «Не умру, но буду жить» говорит о том, кто хочет достичь истины.

И это «Йона бен Амитай». «Йона» от слова «обман» 'онаа'. «Бен» от слова «понимает» 'мевин'. Т.е. он понимает, так как все время смотрит на состояние, в котором он находится, и видит, что обманывает себя и не идет путем истины. Ведь истиной называется отдавать, т.е. «лишма». А обратное этому – обман и ложь, т.е. только получение, являющееся состоянием «ло лишма». И благодаря этому впоследствии он удостаивается состояния «Амитай», т.е. истины 'эмет'.

10. Рабаш. Статья 12 (1985) «И поселился Яаков»

В духовной работе, как мы говорим, человек должен работать «только ради Творца» – иными словами, «без всякой оплаты». Смысл в том, что он готов на самопожертвование без всякой награды, без какого бы то ни было вознаграждения, которое это самопожертвование могло бы породить. Напротив, всё дело в том, что такова цель человека – он хочет отменить свою сущность перед Творцом, т.е. отменить свое желание получать, являющееся реальностью творения, – вот что он хочет отменить перед Творцом, и в этом его цель. Иными словами, его цель – предать душу Творцу.

11. Рабаш. Письмо 65

Человек должен решить сам, что он хочет, чтобы Творец дал ему желание отмениться перед Ним во всём. То есть, чтобы не оставалось в его власти никакого желания, а все его желания были бы направлены на возвеличивание Творца. А когда решился в своем сердце на полную отмену, то просит Творца о помощи реализовать всё с уровня силы – в действие, силой. Это означает, что и на уровне силы мысли и желания он видит, что тело не согласно на это, чтобы он отказался от всех желаний ради Творца, и не ради себя. И тогда он должен молиться Творцу, чтобы помог ему, чтобы захотел отменить перед Ним все желания и не оставить себе никакого желания. И это называется совершенной молитвой, поскольку он хочет, чтобы Творец дал ему полное желание без каких-либо компромиссов для себя, и он просит Творца, чтобы помог ему, чтобы быть всегда в его праведности.

12. Рабаш. Статья 24 (1991) «Что означает, что человек должен родить сына и дочь в духовной работе"

Работа выше знания должна быть смирением без всяких условий, т.е. человек должен принять на себя ярмо высшей малхут в свойстве выше знания. Человек должен сказать: «Я хочу быть работником Творца, даже если нет у меня никакого понятия в работе, и нет у меня никакого вкуса в работе, и все-таки я готов работать в полную силу, как-будто есть у меня постижение, и ощущение, и вкус в работе, и я готов работать без всяких условий». И тогда человек может идти вперед, и нет у него такого места, где может упасть из своего состояния, потому что он принимает на себя (обязанность) работать, даже когда лежит на земле, т.е. не может быть ниже, чем на земле.

Отмениться перед высшим

1. Рабаш. Статья 23 (1991) «Что такое «чистота пепла коровы» в духовной работе»

После того как человек отменяет свое мнение и желание перед желанием Творца, он удостаивается желания Творца, а желание Творца есть желание отдавать. А когда у человека есть желание отдавать, он называется «человеком чистым». Ведь он не делает ничего, что не доставляло бы наслаждения его Создателю.

2. Рабаш. Статья 27 (1988) «Что означает, что Творец не терпит гордеца, в духовной работе»

Главное препятствие, не позволяющее нам получить всё благо и наслаждение, это желание получать для себя. Что означает, что есть две власти:
1. Творца
2. Творений, которые должны переводить из-под власти Творца под свою власть.

Получается, что тут следует говорить о двух предметах, а именно, о Творце и творении. И разница между ними в том, что Творец – отдающий, а творение – получающее. И отсюда выходит, что высшее благо, передаваемое Творцом, как будто должно расстаться с Творцом, чтобы войти под власть получающего, и это называется состоянием «отделения». И главный смысл сокращения и скрытия был, чтобы высший свет не отделялся от Творца. Но, как мы учили, сокращение произошло из-за того, что малхут желала быть слитой с корнем, что называется «отменой собственной власти», и прилепиться к Творцу, что называется «властью Единого». Другими словами, чтобы власть получающего отменилась, и осталась бы только власть Творца.

3. Рабаш. Статья 27 (1988) «Что означает, что Творец не терпит гордеца, в духовной работе»

То, что препятствует нам получать благо, это только наша власть, ведь мы не готовы отменить нашу власть, называемую «желанием получать для себя». Другими словами, всё, что человек желает получить, [он хочет получить] только лишь под собственную власть, как сказано: «Всё, что есть у человека, отдаст он за душу свою». Человек готов отдать, всё, что есть у него, только чтобы душа его оставалась у него, т.е. чтобы он ощущал свое существование. Но не наоборот.

Т.е. если человеку скажут: я дам тебе всё, что ты желаешь, и всё, чего душа твоя жаждет, но сначала отдай мне свою душу, – в таком случае, человек спросит: кому же ты даешь, если не под мою власть? Т.е. его желанию получать, т.е. чтобы у него была собственная власть, и он получит всё под свою власть, иначе человек не способен работать. И это исходит из природы, ведь Творец создал в творениях желание наслаждаться, чтобы оно соответствовало цели, имевшей своим намерением насладить Его творения.

4. Рабаш. Статья 41 (1990) «Что означает «легкие заповеди, которые человек попирает своими ногами,» в духовной работе»

Когда человек начинает работать, у него есть две власти, т.е. его собственное свойство, являющееся желанием получать, но кроме того он желает работать ради Творца. И когда человек видит, что у него есть две власти, он просит Творца, чтобы Он помог ему отменить свою власть, чтобы осталась только власть Единого, т.е. власть Творца. И тогда Творец предоставляет ему помощь для отмены власти, чтобы человек остался только под властью Единого. И потому сказано в единственном числе: «И хранить будет Творец, Всесильный твой для тебя», т.е. Творец будет оберегать его, чтобы у него была только власть Единого.

5. Рабаш. Статья 5 (1987) «В чем ценность работы относительно вознаграждения»

Главное в подготовке, называемой «усилия», – что нужно подготовить себя отменить свою собственную власть, т.е. свое «я», как сказано выше. А это можно назвать приемом гостей, т.е. что человек отменяет мнение обывателей и жаждет мнения Торы, что называется отменой власти. И, как бы то ни было, он становится гостем Творца, который является хозяином всего мира.

И поскольку тут есть подъемы и падения, т.е. много раз случается, что тело дает ему понять, что оно тоже – хозяин, т.е. что оно может делать, что пожелает, и не подчиняется Хозяину, т.е. Творцу. И в любом случае оно хочет делать, что ему вздумается. Но затем человек пересиливает мысли и желания тела, и принимает на себя, что он – гость, а Творец – хозяин, и у человека нет никакой власти, а он только проезжий гость в этом мире.

6. Бааль Сулам. Шамати. 5. «Лишма – это пробуждение свыше, и почему нужно пробуждение снизу»

Человеку нужно знать, что когда он старается достичь свойства отдачи, он должен стремиться полностью работать только на отдачу, и ничего не получать для себя. Только в таком случае человек обнаруживает, что ни один его орган не согласен с этой мыслью. Отсюда он приходит к очевидному выводу, что у него нет иного выхода, как только умолить Творца помочь ему, чтобы тело согласилось подчиниться Творцу без каких-либо условий. Поскольку человек видит, что не в его силах убедить свое тело полностью аннулировать свое Я, выходит, что когда человек видит, что ему нечего надеяться на то, чтобы его тело добровольно согласилось на отдачу ради Творца, именно тогда его молитва может быть из глубины сердца – и тогда лишь она принимается Творцом.

7. Рабаш. Статья 9 (1990) «Что означает, что лестница поставлена на землю, а вершина ее достигает небес»

Человек должен знать, насколько он далек от отдачи, и все органы [его] тела сопротивляются этому. И человек просит у Творца то, для чего он не находит ни одного свойства в своем теле, которое согласилось бы с тем, что он просит у Творца. И тут человек видит нечто новое, чего он не знал до того, как начал просить у Творца, чтобы ему дали силы преодолеть [свое] тело, чтобы таким образом у него была возможность делать действия только лишь ради Творца, не ради собственной выгоды.

И это новое знание, которое постигает человек, состоит в том, что он видит, что тело не согласно вознести такую молитву об отмене желания получать ради себя. В таком случае, возникает вопрос, почему же иногда человек всё-таки хочет отменить желание получать для себя, т.е. много раз человек видит, что когда он просит у Творца, чтобы Он дал ему отдающие келим, всё тело сопротивляется, а то, что он молится, – это пустое сотрясение воздуха, т.е. одни лишь слова. Но, тем не менее, он видит, что есть времена, когда он действительно может молиться всем сердцем. Ответ в том, что это уже ответ на молитву, т.е. Творец дал ему силы молиться об этом всем сердцем. Поэтому человек должен пребывать в надежде, что Творец приблизит его.

8. Бааль Сулам. Шамати. 5. «Лишма – это пробуждение свыше, и почему нужно пробуждение снизу»

Эгоизм — это желание насладиться, и обретенное желание отдавать аннулирует желание получать, не оставляя ему возможности действовать, что означает умерщвление эгоизма, поскольку упраздняет его использование. А неиспользованный эгоизм определяется как мертвый.

9. Рабаш. 58. «Я и его отрицание ("ани» и «эйн")»

«Я» 'ани' – это наше желание получать. «Ничто» 'аин' – это отмена нашего желания. Наше желание есть [желание] получать, называемое нуквой. Желание Творца – отдавать. Получается, что когда человек отменяет [свое] «я», соединяются «я» 'ани' и «ничто» 'аин'. Это указывает на то, что наша работа – сделать из «я» «ничто», т.е. из желания нуквы оно станет желанием отдавать. Однако без желания нет ничего.

10. Рабаш. 41. «Вознесение рук»

"Поднятие рук» означает выражение покорности, подчинения: когда человек видит, что не в состоянии он достичь желаемого, тогда подымает он руки, выражая этим, что собственноручно уже ничего здесь не добьётся.

Потому-то во время мольбы к Творцу вздымают вверх руки, как сказано: «Во имя Твое подниму руки мои» (Псалмы 63, 5), что только Творец сможет ему помочь.

11. Рабаш. Статья 44 (1990) «Что такое «война за власть» в духовной работе - 2»

Слияние с Творцом – это отмена собственной власти. Поскольку со стороны природы человек рожден таким, что ощущает только свою власть, то есть себя считает хозяином, и делает то, что хочет. А для того, чтобы узнал, что существует власть Творца, что Он управляет миром, – в это человек должен верить – в то, что Творец – Властелин мира.

И человек должен верить, что скрытие, когда человек не чувствует присутствия Царя в мире, создано Творцом, и называется «исправление сокращением». Но человек должен верить и приложить такое большое усилие, что почувствует всеми своими органами, что Творец – Правитель мира. И не просто управляет, а человек должен верить, что это управление как доброго и творящего добро.

12. Рабаш. Статья 29 (1989) «Что такое подготовка к получению Торы - 2»

До тех пор, пока человек не отменяет келим желания получать для себя, он не способен получить благо и наслаждение. Согласно этому выходит, что всё, что ему мешает получить благо и наслаждение, – это желание получать для себя. И поэтому это желание получать есть злое начало.

Однако как можно его отменить? Как сказано: «Отмени своё желание перед Его желанием». И это Тора, как сказали наши мудрецы: «Творец сказал: Я создал злое начало и создал Тору в приправу к нему». Что означает, что Творец говорит: то, что Я создал желание получать наслаждение, и оно является природой творения, как сказано, что творением называется «сущее из ничего», что означает, что здесь было создано нечто новое, – это сказано об этом желании получать. И сказал Творец: «Я создал Тору в приправу к нему». Т.е. с помощью «света, заключенного в ней, Он возвращает его к источнику».

13. Рабаш. Статья 12 (1988) «Что такое Тора и ремесло в духовной работе»

Тора, которой мы занимаемся, нужна для того чтобы смирить злое начало. То есть достичь слияния с Творцом, чтобы все действия были только ради отдачи. Это значит, что в силах самого человека нет никакой возможности пойти против природы. Поэтому по вопросам разума и сердца, в которых человек должен совершенствоваться, ему необходимо получить поддержку. И эта поддержка – в Торе. Как сказано мудрецами: «Я создал злое начало, Я создал Тору приправу». И когда занимаются ею, свет в ней возвращает к источнику.

14. Рабаш. Статья 35 (1990) «Что значит «наслаждающийся трапезой жениха» в духовной работе»

Только после того как человек скажет, что он отменяет свои потребности, [наполнения] которых требует его тело, т.е. от тех его желаний, которые направлены на собственную выгоду, он отказывается, и заботится только лишь о пользе «невесты», называемой «малхут».

«Невеста» это свойство высшей малхут – только тогда, когда он отменит себя, как сказали наши мудрецы: «Тора осуществляется только в том, кто умерщвляет себя ради нее», что означает, что все мысли и желания, которые касаются собственных потребностей, он умерщвляет, и заботится только о пользе Творца.

15. Бааль Сулам. Шамати. 9. «Три причины, увеличивающие разум человека»

Не может святая Шхина раскрыть свою подлинную красоту и привлекательность, пока не обретет человек красивые келим — желания, исходящие из сердца. То есть должен он прежде очистить свое сердце, чтобы стало оно красивым домом. А красивым оно называется, когда освобождается от намерения «ради себя» и действует только ради отдачи, от чего человек обретает красивые келим. И тогда его желания, называемые келим, не только очистятся от эгоизма, но и будут светлы в своем свойстве отдачи.

16. Рабаш. Письмо 65

Отдача означает отмену реальности, когда он хочет только отдавать Творцу и ничего не получать. И это называется «полный праведник», когда у него нет никакого желания для себя, а все его действия направлены только на то, как отменить себя перед Творцом – это называется временем катнут. Потому что в отдающих келим светит только свет хасадим, называемый нефеш руах.

А время гадлут (большое состояние) – это когда человек обретает получающие келим, келим бины и ЗОН, расположенные во время катнут (малого состояния) ниже парсы, и вышедшими со ступени, потому что над ними властвует малхут, являющаяся желанием получать. Это значит, что келим бины и ЗОН находились под властью желания получать, и ими нельзя было пользоваться для получения ради отдачи, поэтому вышли со ступени. И во время гадлут они возвращаются на ступень, то есть когда улучшают свои действия, и могут получать ради отдачи, тогда используют келим бины и ЗОН, называемые получающими келим, поскольку сейчас они вернулись на ступень.

17. Рабаш. Письмо 65

Обывателем называется тот, кто хочет чувствовать себя хозяином в мире, то есть что он сам заслужит долголетие, и также его имущество увеличится и умножится, известная практика существования. И есть сыновья Торы, которые занимаются только отменой действительности. Он хочет отменить себя перед Творцом и его право на существование в мире только потому, что так хочет Творец, а он со своей стороны хочет само отмены. И все его приобретения он также хочет пожертвовать Творцу и то, что он занимается приобретением имущества, это также по причине, что таково желание Творца.

И это означает, что «мнение обывателей противоположно мнению Торы». Мнение Торы - это отмена реальности, а мнение обывателей – это существование реальности.

18. Рабаш. Статья 18 (1984) «Когда придешь в землю»

Две власти неспособны уживаться вместе: правит или желание отдавать, или желание получать. Сосуществовать они не могут, поскольку противоречат друг другу, а две противоположности не уживаются в одном устремлении.

Отсюда проистекает «война со злым началом»: человек должен бороться с собой, чтобы покорить сердце, в котором укореняются эти желания, свергнуть господство эгоистического начала и отдать всю власть желанию отдачи Творцу.

Когда человек приступает к этой высокой работе, устремляя все свои старания на отдачу, тогда начинаются войны между двумя этими желаниями. Приложив большие усилия, человек заслуживает преодоления и побеждает в войне. Тогда власть в его сердце переходит к желанию отдачи Творцу, и человек может сказать: «Сила моя и крепость руки моей принесли мне эту победу». Лишь благодаря своей работе человек унаследовал сердце […] Это значит: не ты захватываешь ее своими силами, а «Творец дает ее тебе».

19. Бааль Сулам. Шамати. 27. «Что значит «велик Творец, а низший узрит» - 1»

Как может быть подобие с Творцом, когда человек получает, а Творец дает? Об этом сказано: «Велик Творец, и только ничтожный узрит Его». Если человек аннулирует свое «Я», пропадает все его самостоятельное эгоистическое мнение и власть, которая отделяет его от Творца, и тогда он видит

Творца, то есть удостаивается света хохма, света мудрости и познания.

Но гордый и заносчивый – далек от Творца. Тот, кто остается в своем эгоизме, в своем «Я», в своей власти, тот отдаляется от Творца, из-за отсутствия подобия свойств.

Ничтожностью не называется то, что человек унижает себя перед другими. Это смирение, которое человек ощущает в работе как совершенство. А ничтожностью называется ощущение стыда и унижения, когда весь мир стыдит и унижает его. Потому-то в таком случае он не ощущает никакого совершенства.

Ведь это закон природы – все, что думают окружающие, действует на человека. И тот, кого люди уважают, ощущает себя совершенным, а кого стыдят, ощущает себя ничтожным.

20. Рабаш. 824. «Внутреннее и внешнее»

Когда человек должен отмениться перед товарищем, настоящей отменой называется только, когда присутствует два вида [отмены] – т.е. в мысли и в действии.

Т.е. не только действие, но и знание его нужно отменить и сказать, что знание товарища важнее, чем его собственное, а иначе это не называется отменой. Т.е. то, что он в действии показывает товарищу самоотмену, это всего лишь лицемерие. Т.е. внешне он показывает, что товарищ важнее, однако в глубине сердца он знает, что товарищ не стоит и его мизинца.

21. Рабаш. Статья 6 (1984) «Любовь к товарищам - 2»

Если собираются вместе несколько человек, у каждого из которых есть маленькая сила [убеждающая их], что стоит выйти из любви к себе, однако у них нет всей силы и важности отдачи, чтобы быть самостоятельными без помощи извне, и каждый из них отменяет себя перед другим. У всех есть – по крайней мере, в потенциале – любовь к Творцу, однако на деле они не могут воплощать ее в жизнь. И тогда, если каждый вступает в группу, отменяя себя перед ней, они становятся единым целым. Это целое состоит, допустим, из десяти человек, и у него в десять раз больше сил, чем у каждого по отдельности.

Однако существует условие: когда они собираются, каждый должен видеть своей целью отмену себялюбия – так чтобы не думать больше о том, как удовлетворять свое эгоистическое желание, а думать теперь по мере возможности только о любви к ближнему. Лишь так человек обретет желание и потребность в том, чтобы получить новое свойство, называющееся желанием отдавать. И от любви к товарищам он может прийти к любви к Творцу, т.е. пожелает доставить Творцу удовольствие.

22. Рабаш. Статья 1, часть 1 (1984) «Цель группы - 1»

Мы собираемся здесь, чтобы основать группу, в которой каждый из нас будет следовать этому духу отдачи Творцу. А чтобы достичь отдачи Творцу, прежде необходимо начать отдавать человеку – и это называется «любовью к ближним».

Однако любовь к ближним возможна лишь при самоотречении. С одной стороны, каждый должен принижать себя, а с другой стороны, мы должны гордиться тем, что Творец предоставил нам возможность вступить в группу, где у каждого из нас лишь одна цель – «чтобы Он пребывал меж нами».

23. Рабаш. Статья 2 (1984) «По поводу любви к товарищам»

Следует помнить, что группа была основана на любви к ближним. Иными словами, каждый должен получать от нее любовь к ближним и ненависть к собственной природе. При виде того, как товарищ прилагает старания ради самоотмены и любви к ближним, каждый проникнется намерениями товарищей.

Таким образом, если группа базируется, к примеру, на десяти товарищах, то в каждом интегрируются десять сил, работающих над самоотменой, ненавистью к своей природе и любовью к ближним.

24. Рабаш. Статья 1, часть 2 (1984) «Цель группы - 2»

Требуется группа, в которой все будут представлять большую силу, чтобы мы могли вместе работать для отмены эгоистического желания. Желание это называется «злом», так как именно оно препятствует достижению цели, ради которой сотворен человек.

Поэтому группа должна состоять из людей, единых в этом общем устремлении. Тогда из одиночек создается одна большая сила, позволяющая бороться с собой, потому что в каждого включены все. Таким образом, каждый базируется на большом желании – он хочет достичь цели.

А чтобы все включались друг в друга, каждый должен отменять себя перед другими. Осуществляется это посредством того, что каждый видит достоинства товарищей, а не их недостатки. Тот же, кто полагает, что он немного выше товарищей, уже не может объединяться с ними.

25. «Маор ва-Шемеш». Глава Ки Теце

Благодаря любви к товарищам и слиянию с ними, человек достигнет вершины смирения, так как будет видеть великую работу товарищей, насколько пылки их сердца и полны воодушевления в работе Творца. С помощью этого он научится действовать так же, как они, осознавая свои изъяны и приходя к полному возвращению.

26. Рабаш. 821. «Сделаем и услышим - 2»

Как возможно, чтобы человек обладающий разумом и способный мыслить, мог бы сказать, что разум его отменится перед каждым, в то время как он знает и чувствует сам, что он стоит на ступени, в сто раз выше, чем его товарищ.

Но дело в том, что есть «часть» и есть «целое». Ведь общее выше частного, и человек должен отменяться перед каждой частью в том, в чем она является частью целого. Другими словами, общность Исраэля, хотя в частном отношении они не обладают такой большой важностью, однако, с точки зрения всего общества, каждый в отдельности очень важен в отношении всего общества.

И человек должен отменять собственные нужды перед нуждами общества. А поскольку человек должен отменять свой разум и свою мысль перед Творцом, он должен приучать себя во внешнем, которое называется свойством действия, и называется свойством «сделаем». И чтобы все эти отмены действовали на него, чтобы он мог отменять свой разум и мысль перед Творцом.

27. Рабаш. Статья 7 (1984) «О правиле «Возлюби ближнего, как самого себя"»

Если каждый включается в группу и отменяет себя перед другими, то возникает единое целое, в котором все малые желания любви к ближнему соединяются в общую силу, состоящую из многих частей. Когда человек обретает эту большую силу, он способен воплощать в жизнь любовь к ближнему.

И тогда он может достичь любви к Творцу. Но при условии, если каждый отменяет себя перед другими. Если же человек отрывается от товарищей, то не может получить от них ту часть, которая ему нужна. И потому каждый должен считать себя нулем перед товарищами.

28. Рабаш. 587. «Высший выясняет для нижнего"

Корнем работы нижнего является желание получать. А молитва, называемая Маном, поднимается наверх, и тогда высший исправляет этот Ман, и дает на него силу экрана, т.е. желание сдерживать высшее благо, до того как сам нижний знает, что его намерение – ради отдачи.

Т.е. высший передает нижнему вкус и наслаждение от желания отдавать, и благодаря тому, что нижний ощущает величие Творца, он начинает понимать, что стоит как отменить себя перед Ним, так и отменить свое собственное существование.

И тогда он чувствует, что то, что у него есть существование, имеет место только потому что желание Творца таково, т.е. у Творца есть желание, чтобы у нижнего было существование, однако сам он желает отменить свое существование. Тогда получается, что вся жизненная сила, которую он ощущает, идет за счет лишма, а не за счет него самого.

И когда он переживает такое чувство, называется, что у него уже есть исправление Мана. И тогда он также готов получить Мад, ибо между ними уже нет никакого противоречия, так как и нижний тоже желает блага высшего, а не собственной выгоды.

29. Рабаш. Письмо 64

После того, как человек приобрел свойство веры, он удостаивается и свойства Торы, называемого хохма и бина. Но и далее, после того, как удостоился свойства Торы, необходимо продолжать придерживаться веры, поскольку человек должен служить Творцу не ради вознаграждения. Однако после того, как он удостоился свойства Торы, он уже может сказать, что ему стоит быть работником Творца, так как он уже обрёл Тору, по принципу «заповеди Творца - прямые, и радуют сердце». Получается, что этим он ослабляет веру, которая находится выше разума, и там он не видит для себя никакого существования. Только лишь работая в вере возможно прийти к отмене этой реальности, действуя «всем сердцем своим, всей душою и всем существом своим», не желая ничего для себя, а все его стремления направлены лишь на абсолютную отмену его реальности. Поэтому человек обязан, после того как удостоился свойства Торы, отныне и далее обновлять каждый раз веру, которая называется знанием (даат) и слиянием выше разума».

30. Бааль Сулам. Письмо 21

Если ты хочешь снять грехи с себя, ты должен заниматься уничтожением индивидуализма вместо изнурений. Т.е. чтобы ты сам почувствовал, что ты самый низкий и плохой из всего человечества. И требуется учеба и многое познание, чтобы понять это. И всякий раз должен человек испытывать себя, не дурачит ли и не обманывает себя, и полезно также унизить себя практически перед своим товарищем.

Правда, надо остерегаться, чтобы не унижать себя, иначе как только перед подходящими людьми, и потому если захочет заниматься этим практически, сможет он отменить себя перед нашими товарищами, а не перед посторонними, страшно подумать. Но должен знать он наверное, что он самый плохой и презренный из всех людей, потому что так и есть на самом деле.

31. Рабаш. 821. «Сделаем и услышим – 2»

Когда человек отменяет себя перед другим, это является не только внешней самоотменой, но и внутренней. А внешним называется то, что открыто наружу, т.е. явное, когда всем видно, что он не ставит себя ни во что, а оценивает своего товарища, что он находится на более высокой ступени, чем он. И видно по действиям, которые он совершает в отношении товарища.

Но есть также и внутреннее, называемое скрытым, и это мысль и знание, и это он тоже должен отменить перед товарищем. И потому сказано: «Душа моя подобна праху для всех будет».

32. Бааль Сулам. Письмо 45

Ученик должен быть по отношению к учителю в истинной самоотмене в полном смысле слова, ибо тогда он [т.е. учитель] соединяется с ним и может «творить спасение» для него.

33. «Зоар для всех». «Хаей Сара». Статья «Тот, кто умаляет себя», п. 21

Счастлив тот, кто умаляет себя в этом мире: как велик и возвышен он в мире вечном! Кто мал в этом мире, тот велик в вечном мире. А кто велик в этом мире, тот мал в вечном мире. […] Творец возвеличивает лишь того, кто умаляет себя, а умаляет лишь того, кто возвеличивает себя. Счастлив тот, кто умаляет себя в этом мире: как велики достоинства его в мире вечном!

34. Бааль Сулам. Шамати. 19. «Творец ненавидит эгоизм»

Нужно человеку верить, что это свыше указывают его желанию получать создавать ему помехи в работе, ведь таким образом Творец дает ему силу раскрыть свое желание насладиться. И именно когда пробуждается его желание получать, возникает у него возможность работать над укреплением связи с Творцом, чтобы помог человеку обратить желание наслаждаться в намерение ради отдачи. И должен человек верить, что этим доставляет удовольствие Творцу, когда просит приблизить его к слиянию с Творцом, означающему подобие свойств и отмену желания получать, чтобы работать на отдачу. И об этом сказал Творец: «Победили Меня сыны Мои». То есть Я дал вам желание получать, а вы просите Меня дать вместо него желание отдавать.

35. Рабаш. Статья 7 (1984) «Что такое «потоп вод» в духовной работе»

Пока человек не ощущает величие Творца, тело не способно отмениться перед Творцом всем сердцем и душой. Однако, на самом деле, то, что нижний выставляет условия, говоря, что способен работать ради Тебя только при условии, что увидит Твою важность и величие, получается, что он уже хочет получить от Творца Его величие, иначе не хочет работать всем сердцем. Тогда человек уже ограничен и пребывает под властью скрытия, и не свободен, сказать, что не хочет ничего, и только хочет отдавать. Это уже не верно, ведь он уже хочет что-то прежде, чем «все его действия будут ради Творца». То есть, что хочет сначала получить величие Творца, а потом говорит, что отменится перед Творцом. Разумеется, эта ступень не считается биной, хафец хесед, и он (якобы) не хочет ничего, потому что он – да, хочет.

36. Рабаш. Статья 24 (1991) «Что означает, что человек должен родить сына и дочь в духовной работе"

Если человек решает, что он хочет работать в состоянии «прах», т.е. даже если ощущает вкус праха в работе, он говорит, что это очень важно для него, если он может сделать что-то ради Творца, а для себя - не важно ему, какой вкус он ощущает, и он говорит, что эта работа в то время, когда ощущается вкус праха, т.е. тело насмехается над этой работой, он говорит телу, что, по его мнению, называется эта работа «подъем Шхины из праха». Т.е. хотя тело ощущает в этой работе вкус праха, человек говорит, что это святость, и не измеряет, каков вкус, что он ощущает в работе, но он верит, что Творец наслаждается этой работой, т.к. нет здесь никакой примеси желания получать, ведь ему нечего получать, ведь нет никакого вкуса и смысла в этой работе, потому что лишь вкус праха есть здесь. А поэтому он верит, что такова духовная работа, и, так или иначе, он рад и весел.

37. «Маор ва-Шемеш». Глава Ваехи

Главное в собрании - чтобы все были в единстве и просили вместе одного – найти Творца, потому что в любых десяти присутствует Шхина. И, конечно же, если есть больше 10, то есть большее раскрытие Шхины. И пусть каждый объединится с товарищем и придёт к нему, чтобы услышать от него что-нибудь по поводу работы Творца, и как найти Творца, и аннулирует себя перед товарищем, а товарищ себя перед ним, и все сделают так же. И, так или иначе, когда собрание проводится с этим намерением, как бы то ни было, ещё больше, чем теленок хочет есть, корова хочет его накормить. В любом случае Творец приближает Себя к ним, и пребывает с ними.

38. Рабаш. Статья 38 (1990) «Что значит: «Чаша благословения должна быть полной» в духовной работе»

Когда пробуждение уходит от него, и человек начинает стремиться достичь отмены себя перед Творцом, и хочет достичь того ощущения, которое у него было во время подъема, тогда он начинает видеть, насколько далек от этого. И все его органы сопротивляются этой идее, то есть отказаться от личной выгоды, и чтобы все его заботы были только о том, как доставить наслаждение своему Создателю.

Тогда он видит, что мир померк в его глазах, и он не находит никакой возможности получить от него жизненную силу. И тогда он видит, что находится в состоянии падения и низменности, видит, что ни у кого нет таких плохих мыслей, когда он приходит к такому падению. А также человек должен верить верой мудрецов, что эти мысли приходят сверху, то есть, сверху хотят, чтобы этот человек приблизился к Творцу, чтобы получал падения, потому что то, что он получает падения – необходимо для того, чтобы он ощутил потребность в том, чтобы Творец возвысил его.

39. Рабаш. 97. «Должны получить Тору двумя руками»

Когда его намерение во имя небес, он хочет отменить реальность, т.е. согласен работать на Творца без всяких жизненных сил и наслаждения, т.е. полностью отменить духовную реальность. Тогда, конечно, он не будет иметь никакого возмещения за свою работу. В этом случае он будет уверен в себе, что работает на Творца только ради отдачи, что называется свойством хэсэд.

И, само собой, у него не может быть падений в работе, поскольку все падения случаются из-за того, что он не получает наслаждение и жизненных сил, и поэтому не может продолжать свою работу. Но это не так когда он согласен работать в этом состоянии, и, более того, когда он стремится к нему, в любом случае не может быть у него пауз в работе. И это рассматривается как понятие «долголетия".

40. Рабаш. Статья 4 (1989) «Что такое «потоп вод» в духовной работе»

Он не дает советы Творцу, как ему помочь, а должен смирить себя и отмениться перед Творцом без каких-либо условий. А поскольку он не может превозмочь свое тело, поэтому просит Творца, чтобы помог ему победить в войне со злым началом, ведь понимает его ничтожность.

Поэтому он просит Творца, чтобы смилостивился над ним, поскольку он хуже всех других людей, которые способны быть работниками Творца. Но он хуже всех, и он видит, что у него есть желание получать с любовью к себе больше всех. Поэтому ему неудобно за себя – как он может быть так низок. И поэтому он просит Творца смилостивиться над ним и вызволить его из-под власти злого начала, и не потому, что он важнее всех других людей, поэтому он просит, чтобы помог ему.

41. Рабаш. Статья 7 (1984) «Какие силы нужны в работе»

Когда к нему приходит мысль об отмене перед Творцом, тело выступает против него и обращается к нему – как же ты хочешь отменить себя перед Творцом, чтобы у тебя не было собственного бытия, а только власть единого Творца, и ты не хочешь что бы твое имя что-то значило? Но это против природы, ведь человек, пока он жив, хочет существовать и ощущать свою личность. Как можно ему говорить, что он должен отменить себя перед Творцом и потерять свою личность?

И тогда тело говорит, что оно не согласно на это. И это называется «изгнанием». Это означает, что «народы мира» в человеке властвуют над свойством «Исраэль» в нём. Известно, что «Исраэль» (яшар-эль) означает «прямо к Творцу». То есть, человек не хочет жить сам по себе, а хочет отменить себя перед «яшар-эль".

42. Рабаш. Статья 5 (1987) «В чем ценность работы относительно вознаграждения»

Сказано в книге Зоар: «И вся Тора – это имена Творца». А человек называется совершенным, если он уже удостоился свойства «Тора, Творец и Исраэль едины». В таком случае, нет сомнения, что встреча лика Шхины – это очень важно, ведь цель и заключается в том, чтобы человек дошел до этого уровня.

Однако, чтобы прийти к встрече лика Шхины, этому должна предшествовать подготовка, чтобы человек был готов к этому. И это называется словами мудрецов «как Он милосерден, так и ты милосерден». Ведь они объяснили стих «И слейся с Ним» – «слейся с его свойствами», что означает, как объяснено в книге «Дарование Торы», что, только работая в любви к ближнему, он может прийти к слиянию с Творцом. И у этого есть много названий: присутствие Шхины, постижение Торы, встреча лика Шхины и тому подобное.

И главное в подготовке, называемой «усилия», – что нужно подготовить себя отменить свою собственную власть, т.е. свое «я», как сказано выше. А это можно назвать приемом гостей, т.е. что человек отменяет мнение обывателей и жаждет мнения Торы, что называется отменой власти. И, как бы то ни было, он становится гостем Творца, который является хозяином всего мира.

43. Рабаш. 680. «Отмена по Бааль Шем Тову»

Отмена перед Равом происходит посредством силы, а не разума, т.е. даже там, где он не поддерживает мнение своего Рава, он отменяет себя, а также Тору и работу, и приходит к Раву, чтобы он наставлял его.

И существует наставление для всего общества, называемое «окружающий свет», т.е. лишь свет, который светит снаружи. И это без разговоров, лишь посредством того, что приходят к Раву и сидят перед ним, и садятся за его стол во время трапезы или во время молитвы. А есть второй уровень, т.е. внутренняя сторона, и это происходит именно «из уст в уста».

44. Рабаш. Статья 28 (1988) «Что значит скрытое и явное управление Творца»

Вся наша работа – в том, чтобы исправить себя в отдающих келим, поскольку только в эти келим могут облачаться высшие света, потому что тогда будет подобие по форме между светом и кли, что является исправлением сокращения с тем, чтобы не было «хлеба стыда».

Получается, что исправить это во власти человека. И это называется, что мы ускоряем приход к цели, заключающейся в том, чтобы «насладить Свои творения». И это можно сделать, только отменив собственную власть, и только тогда будет возможно получать всё ради отдачи. Поэтому, когда Творец дает высшее благо, Он дает его «народу Своему и наследию Своему», другими словами, всё называется «Его», и у нижнего нет никакой собственной власти. Как сказано выше, ведь он отменил свою собственную власть, поэтому [Творец] «не покинет», а наоборот дает «народу Своему и наследию Своему».

Иное дело «не удостоились» – т.е. когда они не хотят отменить свою власть и не достойны получать высшее благо. Это называется «в свой срок» (бе-ита), и тогда Творец делает «ради имени Своего великого», а имя Творца – Добрый, Творящий добро, поэтому Он воздействует на них как Добрый, Творящий добро, и это называется «имя Его великое».

45. Бааль Сулам. Шамати. 62. «Нисходит подговаривать, поднимается и обвиняет»

Человек обязан постоянно проверять себя, не уводит ли его Тора и внутренняя работа в глубокую бездну. Ведь высота человека измеряется мерой его слияния с Творцом, то есть мерой аннулирования своего «Я» пред Творцом, когда он не считается с любовью к самому себе, а желает полностью исключить свое «Я». Если же человек работает ради эгоистического получения, то по мере работы он растет в собственных глазах и ощущает себя утвердившейся и самостоятельной личностью, и ему уже тяжело аннулировать себя перед Творцом.

Тогда как, если человек работает ради отдачи, то когда закончит работу, то есть исправит получающие желания, которые есть в корне его души, нечего ему больше делать в мире. Поэтому только на этой точке должно быть сконцентрировано все внимание и мысли человека.

46. Рабаш. Статья 21 (1987) «Что такое грязные руки в духовной работе»

Невозможно, чтобы у человека были силы идти против [своей] природы. И об этом сказали наши мудрецы: «Пришедшему очиститься помогают», – для того, чтобы он отменил желания других, – т.е. все желания, пробуждающиеся в теле и сопротивляющиеся тому, чтобы он обрел способность заниматься желанием отдавать – это делает Творец. Т.е. Творец делает так, чтобы у него была способность отменить их. Как сказано: «чтобы Он отменил желания других относительно твоего желания», –

то, что ты хочешь заниматься отдающим желанием, но не можешь, и это будет твоим вознаграждением, которое ты получишь в виде помощи Творца.

47. Рабаш. Статья 21 (1987) «Что такое грязные руки в духовной работе»

Чтобы Творец отменил желание других, – т.е. желание получать, принадлежащее другим, а не святости, – человек должен первым начать эту работу, а потом Творец дает ему требуемую для этого помощь, и причина этого известна: что «нет света без кли». Это означает, что ничего не приходит свыше, если нет желания снизу, ибо желанием называется потребность в этом. Как сказали мудрецы: «Отмени свое желание», т.е. желание получать, «относительно Его желания», т.е. относительно желания Творца, а желание Творца – отдавать. И когда ты начнешь, в мере усилий, вкладываемых для отмены желания получать, образуется потребность просить Творца, чтобы Он помог тебе, и тогда ты получаешь желание и полную потребность в помощи Творца.

48. Рабаш. Статья 27 (1988) «Что означает, что Творец не терпит гордеца, в духовной работе»

Поймем вопрос, почему мы должны знать нашу собственную низость, и почему не достаточно познать величие Творца, и что даст нам то, что мы узнаем собственную низость? Ответ таков, что смысл понятия «наша собственная низость», что мы со своей стороны не имеем никакой силы, чтобы смочь аннулировать себя перед Творцом. Поэтому, прежде, чем мы приходим к осознанию зла, нет у нас потребности просить у Творца, чтобы помог нам. Потому что мы считаем себя владеющими знанием и умом. И то, что мы понимаем, есть у нас сила сделать. И мы не боимся никакой силы, могущей остановить наш дух и цель в нашей жизни. И если мы понимаем нашим умом, что Творец важен, тут же мы делаем дела, подобающие тому, кто обладает разумом.

И наконец мы видим, что когда пришел порыв страсти, мы покоряемся ей. И в частности, в то время, когда пришла к нам работа, передать себя на пользу Творца, а тело не видит, что оно выиграет от этого, сразу же человек чувствует, насколько он труслив, и он сразу же хочет убежать с поля боя. Поэтому, в то время, когда он видит собственную низость, из этого он получает необходимость в милосердии неба, чтобы помогли ему:

1. Чтобы он не убежал с поля боя, и что будет у него, как минимум, возможность молиться Творцу.
2. Чтобы Творец помог ему действительно выйти из под власти тела.

49. Рабаш. Статья 27 (1988) «Что означает, что Творец не терпит гордеца, в духовной работе»

Если человек гордец, и нет у него желания аннулировать свою власть перед Творцом, и он говорит, что нет в нем низости, а то, что он хочет, он делает – из этого приходят к нему все плохие качества. Поскольку свет - это наслаждение, приходящее сверху, светящее в свойстве «тонкой свечи», чтобы сохранять существование мира.

Как известно, он облачается в три вида желаний, называемых зависть, страсть, тщеславие. И все эти три вида желаний включены в качество гордыня, хотя на первый взгляд, какое отношение имеет страсть к гордыне, ведь страсть это свойство животное, и при чем здесь гордыня.

Дело в том, что отношение гордыня это не именно между человеком и его товарищем, но, главное, это между человеком и Творцом. Поэтому в то время, когда человек гордится относительно Творца, и не хочет аннулировать собственную власть, это причина для всей власти желания получать для себя. Тогда как, когда человек аннулирует свою власть на власть Единственного, то он удостаивается вечной жизни.

50. Рабаш. Статья 6 (1986) «По поводу уверенности»

Есть правило: без наслаждения невозможно произвести никакого действия. В таком случае как можно работать ради отдачи, не получая при этом в свое владение никакой оплаты, а отменяя себя перед Творцом и отменяя свое владение, так чтобы осталось лишь одно владение, относящееся к Нему? Какое горючее придаст людям силы, чтобы они смогли работать ради отдачи?

Горючее, которое придаст силы для работы, должно поступать от того, что человек служит Царю – согласно степени Его важности. Ведь Творец заложил в природе силу, вызывающую большое наслаждение от служения важному человеку. В результате, сознавая важность Царя, человек испытывает удовольствие.

Иными словами, если человек чувствует, что служит великому Царю, в этой степени растет его наслаждение. И потому, чем выше важность Царя, тем больше удовольствия и наслаждения человек получает от своей работы.

Это наслаждение, получаемое от служения Царю, таково, что чем более велик Царь, тем больше человек хочет отменить себя перед Ним. Таким образом, всё получаемое человеком удовольствие и наслаждение не поступает в его владение. Напротив, в мере осознания величия и важности Царя он хочет отменить себя перед Ним.

51. Рабаш. Статья 6 (1986) «По поводу уверенности»

Для чего человеку нужно отменять свое желание? Если же у него нет желания, чтобы было что отменять, – выходит, он несовершенен? Логика, наоборот, обязывает к тому, что если человек согласен с волей Творца, это лучше, чем когда его желание отличается от воли Творца и он должен его отменить. В таком случае в нем как будто есть нечто дурное, и он должен отменить это зло. Разве не лучше было бы, если бы в нем совсем не было зла?

Дело в следующем. Как известно, чтобы духовный сосуд был готов получать изобилие блага и наслаждения, он должен отвечать двум условиям:

1) наличие «толщи» желания получать благо и наслаждение (авиют);

2) наличие экрана (масáх), чтобы получать благо и наслаждение не согласно своему желанию и устремлению, а в силу того, что это порадует Творца,

– что называется, получать, чтобы доставлять Ему удовольствие.

52. Рабаш. Статья 6 (1986) «По поводу уверенности»

Если у человека нет сосуда получения, т.е. нет стремления к удовольствию и наслаждению, тогда он не готов получать изобилие свыше, так как не бывает наполнения без потребности. Поэтому необходимо стараться создать в себе потребность – стремление к тому, чтобы Творец приблизил человека и дал ему от всех благ, какие Он может дать. Человек стремится получить это, вместе с тем отменяя свое желание и полагаясь на то, что Творец, конечно же, поможет ему и даст то, что считает нужным для его блага. Как следствие, тогда у человека нет претензий из-за того, что Творец не помогает ему согласно его пониманию.

Это и означает, что человек отменяет свое желание, говоря: «Я делаю свое дело – то, что мне во благо согласно моему пониманию. А также я понимаю и верю, что Творец, конечно же, лучше знает мое состояние. И я согласен реализовывать принципы отдачи, как будто Творец помог мне согласно моему пониманию того, как Он должен ответить мне на молитву. И хотя я вижу, что Он не дал мне никакого ответа на то, что я просил, все равно я верю, что Творец слышит мою молитву и отвечает мне согласно тому, что хорошо для меня. Поэтому я всегда должен молиться, чтобы Творец помогал мне согласно моему пониманию, а Творец помогает мне согласно Своему пониманию того, что для меня хорошо».

Униженность и смирение

1. Рабаш. 21. «Освящение месяца"

Человек должен принять на себя ярмо высшей малхут на самое низкое свойство и сказать о нем, что у него даже и это состояние, больше которого низость уже не может быть... т.е. что он целиком выше знания, когда у него нет никакой опоры со стороны разума или чувства, на котором он мог мы построить свой фундамент. И он находится тогда в состоянии как бы подвешенном между небом и землей, и у него нет никакой опоры, и тогда он целиком выше знания. И тогда человек говорит, что Творец послал ему это состояние, в котором он находится на самом дне низости, потому что этим Творец хочет, чтобы он принял на себя ярмо высшей малхут в виде такой низости. И тогда он принимает на себя, потому что верит выше знания, что состояние, в котором он находится сейчас, пришло к нему от Творца, т.е. что Творец хочет, чтобы он увидел самое низкое состояние, которое может быть в мире. И он в любом случае должен сказать, что он верит в Творца во всех видах. И это называется у него смирением без всяких условий.

2. Рабаш. Статья 44 (1990) «Что такое «война за власть» в духовной работе - 2»

Когда человек находится в низком состоянии, что означает что Творец отдаляется и покидает его, и у него нет ни малейшего желания и стремления к работе, – это означает, что Творец показывает человеку духовное свойство, в котором нет никакого вкуса, а наоборот, человек хочет убежать и забыть вообще о работе. Это называется, что Творец показывает ему обратную сторону, потому что лик Творца – это Его желание насладить творения, тогда как обратная сторона – совсем наоборот. А почему Творец показывает человеку обратную сторону? Это делается преднамеренно, чтобы подтолкнуть человека к слиянию с Творцом, чтобы не смог оставаться в низком состоянии. Получается, что внутри состояния обратной стороны кроется лик (Творца).

3. Рабаш. Статья 44 (1990) «Что такое «война за власть» в духовной работе - 2"

Все эти мысли приносит желание получать, а человек должен верить, что с небес посылают ему эти мысли, и это потому, что он хочет идти путем отдачи, но пока ленится в работе. Поэтому, поскольку человек молится, чтобы Творец приблизил его к слиянию с Ним, что означает подобие свойств, поэтому, когда видят, что человек ленится в работе, посылают ему чуждые мысли, чтобы человек не соглашался быть под их властью. Поэтому это даёт человеку толчок, когда вынужден укрепиться в своём состоянии. Получается согласно этому, что от этого зла, когда человек ощущает, что настолько в низком состоянии, что никогда не мог себе даже представить, что окажется во власти этого, пусть не волнуется и не бежит от работы. Наоборот, он должен понять, что Творец сейчас занимается им, приближая его посредством состояния обратной стороны.

4. Рабаш. Статья 24 (1991) «Что означает, что человек должен родить сына и дочь, в духовной работе"

Работа выше знания должна быть смирением без всяких условий, т.е. человек должен принять на себя ярмо высшей малхут в свойстве выше знания. Человек должен сказать: «Я хочу быть работником Творца, даже если нет у меня никакого понятия в работе, и нет у меня никакого вкуса в работе, и все-таки я готов работать в полную силу, как-будто есть у меня постижение, и ощущение, и вкус в работе, и я готов работать без всяких условий». И тогда человек может идти вперед, и нет у него такого места, где может упасть из своего состояния, потому что он принимает на себя (обязанность) работать, даже когда лежит на земле, т.е. не может быть ниже, чем на земле.

5. Рабаш. Статья 40 (1990) «Что означает: «Ибо вы малочисленнее всех народов" в духовной работе»

Как человек может получить силу преодолеть свое тело, когда ощущает Шхину во прахе? Какую радость он может получить от этой работы? И еще сложнее, как человеку можно обрести желание и потребность работать, когда он не ощущает в этом вкуса. Это возможно только от отсутствия выбора. Но понимать, что человек работает вынужденно, желая такой работы, в которой нет вкуса, невозможно. А поскольку у него нет сил преодоления, и чтобы у него была радость от этой работы, то, как можно служить царю в таком низком состоянии, то есть, когда он ощущает вкус праха, служа царю?

Поэтому он не просит Творца раскрыть свое величие, чтобы ощутить в этом вкус. А он просит Творца дать силу, чтобы смог превозмочь тело и работать в радости от того, что сейчас он может работать только ради Творца, ведь желание получать не наслаждается от этого и у него есть вкус праха.

6. Рабаш. Статья 6 (1990) «Когда человек должен пользоваться гордостью в духовной работе"

Когда человек занимается Торой и заповедями - это время находиться в совершенстве, т.е. как будто Творец приблизил его для служения Ему. Но человек не должен обманывать себя, говоря, что он уже чувствует, как служит Царю, в то время, как у него еще нет такого ощущения. Если так, то как он может по-настоящему благодарить Творца за то, что Он приблизил его, если он этого не чувствует.

А должен человек сказать, что, несмотря на то, что находится в самом низменном состоянии, поскольку он все ещё погружён в собственный эгоизм и пока не в состоянии ничего совершить выше разума, несмотря на это, Творец дал ему мысли и желания заниматься Торой и Заповедями, а также дал ему немного сил, чтобы преодолеть свойство «мераглим» (разведчиков), твердящих ему свои доводы, а он несмотря на это немного удерживает связь с духовным. Тогда человек должен принимать это во внимание и верить, что Творец заботится о нем и ведет его к царскому дворцу. Следовательно, он должен радоваться тому, что Творец управляет им, давая ему также и падения.

7. Рабаш. 128. «Возвышайте Творца Всесильного»

"Возвышайте Творца Всесильного, поклоняйтесь горе святости Его, ибо свят Творец Всесильный наш".

"Возвышайте". Означает, что если человек хочет знать высоту и величие Творца Всесильного, это можно постичь только через слияние и подобие по форме. Если так, то что означает подобие по форме и как мы можем достичь подобия по форме?

"Поклоняйтесь горе святости Его». Поклонение означает смирение, когда человек принижает свое знание и говорит, что я отменяю то, что знание понимает и не понимает, и смиряю его. Перед чем я смиряю его? – перед «горой Его святости".

Гора означает сомнения, т.е. мысли. «Его святости» – значит святой и отделенный от всего. То есть он отделяет себя от желания получать. «Поклоняйтесь» – означает смирить тело, даже если оно не согласно, и (тогда) приобретет только мысли святости. И тогда «Поклоняйтесь горе святости Его".

Почему нужно принижать себя перед мыслями святости, то есть отделять себя от получения ради получения, – «ибо свят Творец Всесильный наш», потому что Творец только отдаёт. Поэтому нужно быть как Творец по форме. И так можно постичь высоту Творца. А затем можно прийти к постижению высоты Творца.

8. Бааль Сулам. Шамати. 118. «Колени, преклонившиеся пред хозяином»

Преклонение может быть двух видов:

1. Когда человек преклоняется перед тем, кто больше него. И хотя не знает его истинной высоты, но верит в его величие, а потому склоняется перед ним.

2. Когда человек совершенно точно знает величие и высоту другого.

И различают также две веры в величие высшего:

1. Когда человек верит в величие высшего, потому что не имеет другого выбора. То есть нет у него никакой возможности узнать его истинную высоту.

2. Когда есть у человека возможность точно и определенно узнать истинную высоту высшего, но, несмотря ни на что, он выбирает путь веры, как сказано: «Величие Творца — скрыто». И хотя есть в его теле искры, желающие точно выяснить высоту высшего, чтобы не идти без разума, словно животное, он, тем не менее, выбирает путь веры.

9. Бааль Сулам. Шамати. 143. «Только на благо Исраэлю»

Принизить себя можно именно тогда, когда человек стремится возгордиться, то есть хочет быть большим, желая все понять, и душа его жаждет обрести способность все видеть и слышать, но несмотря на это, он принижает себя и соглашается идти с закрытыми глазами, исполняя Тору и заповеди с совершенной простотой и наивностью. И это «на благо Исраэль», где слово «исра-эль» (прямо к Творцу) состоит из тех же букв, что «ли рош» (Мне голова, разум).

То есть человек верит, что имеет святой разум, несмотря на то, что пребывает в состоянии «только», считая себя маленьким и низким, и говорит, что это «только» ему на благо. И тогда воплощается в нем «Творец – для чистых сердцем!», то есть удостаивается чистого сердца, о котором сказано: «И вырвал Я из вас каменное сердце и дал вам сердце из живой плоти».

10. Бааль Сулам. Шамати. 96. «Отходы гумна и винодельни в духовной работе»

Цель работы – в нахождении на уровне «простого смысла» и природы. Ведь при такой работе у человека нет возможности упасть ниже, если он уже опирается на землю. Это потому, что он не нуждается в большом состоянии, ведь все время начинает будто заново. И работает он всегда так, будто только что начал работать, принимая на себя власть Небес верой выше знания. Основа, на которой строится порядок работы, должна быть самой простой, чтобы быть абсолютно выше знания. И только самый наивный человек может настолько принизить себя, чтобы продвигаться без всякого основания, опираясь лишь на свою веру и не нуждаясь в другой поддержке. А вдобавок, он должен принимать эту работу с большой радостью, будто обладает знанием и явным видением, на которое опирается для подтверждения своей веры, чтобы полагаться на веру выше знания совершенно в той же мере, будто есть у него знание. И если человек держится такого пути, то никогда не упадет, а всегда сможет быть в радости от того, что верит, что он служит великому Царю.

11. Рабаш. Статья 4 (1991) «Что означает, что губитель находился внутри потопа и умерщвлял, в духовной работе»

Когда человек смиряет себя и работает выше знания – это называется принижением, т.е. он принижает свое знание и говорит, что знание его ничего не значит. Т.е., как сказано выше, знание человека обязывает его и, если Творец дает ему по всем потребностям, согласно тому, что, по понятиям желания получать, ему полагается – тогда человек любит Его. А если нет – не может он принизить себя и сказать, что знание его ничего не стоит. Наоборот, человек отдаляется тогда от Творца и говорит, что не стоит работать на Творца, если Творец не наполняет его желание. Выходит, что такой человек называется гордецом, так как хочет понять пути Творца, понять, в чем Он называется Добрым и Творящим добро – если тело не получает того, что требует. И о таком гордеце говорит Творец: «Не можем Я и он обитать в одном жилище». С другой стороны, если он принижает себя и говорит, что не в силах понять пути Творца, и говорит то, к чему обязывает знание его – он ничего не стоит. А когда он идет выше знания, это называется принижением, и о нем сказано: «Возвышен Творец, и низкий увидит». И он удостаивается того, что Творец приближает его к Себе.

12. Рабаш. Статья 7 (1991) «Что такое человек и что такое животное в духовной работе»

Именно те, кто хочет идти в свойстве отдачи, ощущают свою пустоту и нуждаются в величии Творца. И они могут наполнить эту пустоту именно возвышенностью, что называется «быть полными заповедей» в той мере, в которой они просят, чтобы Творец дал им силы, чтобы они могли идти выше знания, и это называется возвышенностью. То есть, они просят, чтобы Творец дал им силы в возвышенности, которая выше знания – в величии и важности Творца. И они не хотят, чтобы Творец дал им это постичь, поскольку они желают смирить себя смирением без условий и только просят помощи у Творца. В этой мере они могут наполнить место пустоты заповедями. Как сказано: «Полны заповедями, как гранат».

13. Бааль Сулам. Шамати. 33. «Рок Йом Кипур и Амана»

Изъяны в духовной работе (слово гарон, горло созвучно гирайон, недостаток) заставляют человека поднимать себя все выше. А без подталкивания он бы ленился произвести малейшее движение и желал бы оставаться в своем состоянии вечно. Но если человек падает ниже уровня, на котором, как он считает, ему подобает находиться, это дает ему силы бороться с падением. Ведь он не может оставаться в таком ужасном состоянии, он не согласен в нем находиться! Поэтому он обязан каждый раз прилагать усилия, чтобы выйти из состояния падения – что заставляет его умножать Величие Творца. Таким образом, человек нуждается в получении свыше сил, выше тех, которыми обладает, иначе останется в падении.

Выходит, что каждый раз ощущение противоречий (сэарот) вызывает у человека необходимость духовного продвижения и еще большего раскрытия величия Творца. Пока не раскроет все Имена Творца.

14. Рабаш. 626. «Все, что Творец делает, Он делает во благо»

Когда человек приходит в состояние полной потерянности и не видит для себя никакого права на существование в [этом] мире, чтобы ему было за что держаться, и все уловки и советы у него уже закончились, и он видит, что после всех трудов и усилий, всё потеряно, – тут он должен укрепиться и сказать, что «всё, что потеряно Творцом, потеряно во благо». Т.е. [это] Творец привел его во все эти состояния «потерь», и что они – во благо, т.е. что благодаря тому, что он пришел в состояние, ниже которого нет, у него возникнет возможность подняться вверх, как сказано: «Возвышен Творец, и низкий увидит».

15. Рабаш. Статья 28 (1987) «Что значит «не прибавляйте и не убавляйте» в духовной работе»

После того, как человек приходит к ощущению важности, имеющейся в духовном, называемой: «Всегда сначала человек будет восхвалять Творца», то это время, когда он должен перейти в левую линию. Т.е. сделать проверку, как он ощущает действительно внутри знания важность Царя. Готов ли он на самом деле работать только ради Творца? И когда он видит внутри знания, что наг и бессилен – это состояние, когда он ценит важность духовного, но все это не внутри, а выше знания. Этот расчет может породить в нем ощущение недостатка и боль от того, что он находится в низменных устремлениях, и у него есть возможность вознести истинную молитву из глубины сердца о том, что ему не хватает.

16. Рабаш. Статья 15 (1985) «И обратил Хизкияу лицо к стене»

Те, кто желает слиться с Творцом, они чувствуют себя униженными и не видят никакой возможности выбраться из этой трясины. И тогда просят Творца, чтобы Он поднял их.

Когда же тело согласно с работой, базирующейся на эгоистическом желании, а об отдаче у них нет никакого представления, тогда их работа ведется в гордыне: они горды тем, что служат Творцу, тогда как другие низведены на дно. Ведь в других они всегда видят недостатки.

С другой стороны, люди, идущие путем истины, т.е. желающие достичь отдачи, чувствуют себя низкими, поскольку видят: «если Творец не поможет человеку – сам не справится».

17. Рабаш. Статья 4 (1989) «Что такое «потоп вод» в духовной работе»

Он должен молиться Творцу, чтобы Творец помог ему, чтобы у него появилась возможность идти в работе с закрытыми глазами, и не нуждаться ни в чем, а чтобы мог все делать ради небес, несмотря на то, что тело сопротивляется этому.

Иными словами он не дает советы Творцу, как ему помочь, а должен смирить себя и отмениться перед Творцом без каких-либо условий. А поскольку он не может превозмочь свое тело, поэтому просит Творца, чтобы помог ему победить в войне со злым началом, ведь понимает его ничтожность.

Поэтому он просит Творца, чтобы смилостивился над ним, поскольку он хуже всех других людей, которые способны быть работниками Творца. Но он хуже всех, и он видит, что у него есть желание получать с любовью к себе больше всех. Поэтому ему стыдно за себя – как он может быть так низок. И поэтому он просит Творца смилостивиться над ним и вызволить его из-под власти злого начала.

18. Рабаш. Статья 5 (1988) «Что значит в духовной работе: «Исраэль в изгнании - Шхина вместе с ними"»

Сказали мудрецы: «Тот, кто приходит очиститься, – помогают ему». А Зоар спрашивает: «Чем помогают?». И отвечает: «Святой душой (нешама - ивр)». Раз так, сейчас Творец дал ему шанс получить возможность постичь уровень «святой души». Если так, насколько он должен быть счастливее в этом состоянии, чем то, что он чувствует в теперешнем состоянии падения и страданий. Поэтому он должен сказать, что он не находится в состоянии падения, а, наоборот, он находится в состоянии подъема.

И этим мы должны объяснить сказанное мудрецами: «Исраэль, когда приходят к ним страдания, смиряются и молятся». Смысл этого: в то время, когда они приходят к состоянию падения, они видят свое настоящее положение, в какой они находятся низости. Об этом сказано, что они смиряются от того, что видят свое положение, как они отделены от источника жизни. Потому что тот, кто слит с Творцом – тот живой. В противном случае он чувствует только страдания. Поэтому ясно ему, что сейчас время молитвы из глубины сердца. Об этом написано: «Они смиряются и молятся».

19. Бааль Сулам. Письмо 57

Нет более счастливого момента в существовании человека, чем когда он чувствует себя отчаявшимся в собственных силах, иными словами, что он уже старался и сделал всё, что представляется в его силах возможным сделать, а исцеления нет. Ибо тогда он готов к совершенной молитве о помощи к Творцу. Ведь он твердо уверен, что его собственная работа не принесет ему пользы, а до тех пор пока он чувствует некоторую силу в своей собственной работе, молитва его не совершенна. Ибо злое начало спешит сказать ему, что сначала он обязан сделать то, что в его силах, а потом будет он желанен Творцу.

И об этом сказано: «Возвышен Творец, и низкий увидит». Ибо после того как человек прилагает усилие в разного рода работах и отчаивается, он достигает по-настоящему низкого состояния. Т.е. он знает, что он самый низкий из всех людей, ибо нет у него ничего полезного в строении его тела. И тогда молитва его совершенна, и он получает ответ из щедрой руки Его.

20. Бааль Сулам. Письмо 57

Как малое, так и большое достигается только силой молитвы, а всё усилие и работа, которую мы обязаны [совершить], – это только, чтобы раскрыть ничтожность наших сил и нашу низость, что не способны мы ни на что собственными силами, потому что тогда мы готовы излить совершенную молитву перед Творцом.

И нельзя возразить на это, дескать, в таком случае, я решаю про себя заранее, что я не способен ни на что, и зачем мне нужны все эти заботы и усилия? Ведь есть закон природы, что нет мудрее опытного, и до того как человек пытался на практике сделать всё, что в его силах, не способен он никоим образом дойти до истинной низости в истинной мере, как сказано.

И поэтому мы обязаны прилагать усилия в святости и очищении, как сказано: «Все, что сможет рука твоя делать, в меру сил своих делай». И пойми это, ибо глубоко это и истинно.

Я раскрыл тебе эту истину, для того чтобы ты не опускал рук и не отчаивался, не дай Бог, в милосердии [Творца]. Несмотря на то что ты не видишь ничего, ибо даже когда заканчивается мера усилия, это время молитвы. А до того верь мудрецам: «Не приложил усилия и нашел, не верь». А когда закончится мера, будет твоя молитва совершенной, и Творец ответит щедрой рукой, и этому учили нас мудрецы: «Приложил усилие и нашел, верь». Ибо [человек] не способен на молитву раньше этого, а Творец слышит молитву.

21. Рабаш. Статья 38 (1990) «Что значит: «Чаша благословения должна быть полной» в духовной работе»

Выход из Египта. То есть, он выходит из-под власти египтян, которые заставляли страдать Исраэль тем, что не позволяли им выполнять духовную работу. И «возопили сыны Исраэля от работы, и поднялся их вопль к Творцу», и тогда Творец вызволил их из египетского изгнания.

То есть, поскольку народ Израиля ощущал рабство, и хотел сбежать из этого изгнания, когда их поработали египтяне, когда пришли к этой важной точке, то есть когда ощутили свою низость, тогда вызволил их Творец из Египта. И об этом сказал великий Ари, что народ Израиля, находясь в Египте, уже пребывал в 49 вратах нечистоты. И тогда Творец вызволил их из Египта. Это означает, что они уже достигли абсолютной низости, ниже которой нет. И тогда Творец вызволил их.

22. Рабаш. Письмо 9

Тот, кто видит свое низкое состояние, видит при этом, что он идет по пути, ведущему к работе лишма, и благодаря этому у него есть место для истинной молитвы из глубины сердца. Когда он видит, что нет никого, кто помог бы ему, кроме самого Творца, как объяснял мой отец и учитель о египетском освобождении: «Я, а не посланец» – ибо все видели, что только лишь сам Творец спас их из-под власти зла.

И когда удостаиваются работы лишма, гордиться, безусловно, нечем, потому что тогда они видят, что это лишь подарок Творца, а не «сила и мощь рук моих». И нет иной руки посередине, которая помогла бы ему. И если он, действительно, ощущает свою приниженность, как может быть, что служение Царю есть чудесное наслаждение, не знающее границ? И без помощи Творца человек не согласен на это. И нет более низкого состояния, чем это.

23. Рабаш. Статья 15 (1985) «И обратил Хизкияу лицо к стене»

Сказано: «Высок Творец, велик и грозен. Принижает гордых до земли и возносит низких до небес». Тем самым они говорят: что раньше было принижено, то сейчас высоко и возвышенно, велико и грозно. Они чувствуют теперь: что раньше было работой в себялюбии, т.е. в гордыне, когда они кичились такой работой, – теперь стало низким, потому что они стыдятся работать для себялюбия.

Но кто дал им силы ощутить это? Их дал Творец. И потому человек говорит тогда: «Принижает гордых до земли». А работа на отдачу, ранее казавшаяся низкой, – эта работа возвышается теперь в глазах человека над всем остальным. Кто же сделал это для него? Только Творец. И тогда человек говорит: «Возносит низких до небес».

24. Бааль Сулам. Шамати. 121. «Подобна суднам торговым»

Сказано: «Ведь не хлебом единым жив человек, а всем, что исходит из уст Творца». Это означает, что жизненная сила святости приходит к человеку не только от приближения к Творцу и вхождения в духовное, то есть вступления в святость, но также вследствие выходов оттуда, то есть благодаря отдалению от Творца. Когда нечистая сила проникает в тело человека и справедливо требует: «Всё моё!», то преодолевая такие состояния, человек достигает прочной веры.

Он должен все происходящее отнести к Творцу и понять, что даже выходы из духовного исходят от Него. А когда удостаивается прочной веры, тогда видит, что абсолютно все, начиная от выхода из духовного и до входа в него – приходит только от Творца.

А потому обязан он быть скромным, ведь видит, что все делается только Творцом, как падения из духовного, так и вхождения в него. И по этой причине сказано о Моше, что был он скромным и терпеливым, ведь человеку нужно принять свою низость. То есть на каждой ступени он должен укрепляться в осознании своей ничтожности, а в тот миг, когда теряет его, тут же пропадает для него вся ступень «Моше», которой уже достиг — и довольно тому, кто понимает.

25. Рабаш. Статья 19 (1984) «Сегодня вы все предстаете»

Сказано: «все вы предстаете сегодня...» Иными словами, всё, через что вы прошли, все состояния, которые у вас были, – состояния величия или и менее высокие состояния, представлявшиеся средними и т.п. – вы смотрите на все детали и не сравниваете одну ступень с другой, потому что вам не важна никакая оплата, а важно лишь то, что вы выполняете волю Творца. Он заповедал нам изучать Тору и реализовывать ее принципы – и мы делаем это, подобно любому простому человеку из Исраэля. Иными словами, текущее состояние важно человеку так же, как и тогда, когда он думал, что находится в состоянии величия. И тогда «Творец заключает с тобой сегодня» союз .

Это заключение союза означает следующее: именно в то время, когда человек принимает работу на Творца без всяких условий и готов работать на отдачу без всякой оплаты – что называется «безоговорочной капитуляцией», – тогда Творец заключает с ним союз.

Творец раскрывается в связи между нами

1. «Дегель махане Эфраим» (Знамя стана Эфраима). Глава Шлах

Человек, который хочет действительно работать на Творца, должен включиться во все творения, и должен присоединить себя ко всем душам и включить себя в них, а они – в него. То есть, оставить себе только то, что необходимо для соединения со Шхиной, поскольку для этого необходимо сближение множества людей, потому что чем больше количество людей, больше работающих на Творца, тем более раскрывается им свет Шхины. И для этого необходимо соединить себя со всеми людьми, со всеми творениями, и всё поднять к их корню для исправления Шхины.

2. Зоар для всех. Глава Насо. Статья «Почему, когда пришел Я, не было никого?», п. 105

Насколько же любимы Исраэль Творцом, и в любом месте, где они находятся, Творец пребывает среди них, потому что Он никогда не оставляет их в Своей любви. Как сказано: «Пусть возведут Мне Храм, и Я буду пребывать среди них».

3. Рабаш. 940. «Точка в сердце»

Когда был разрушен Храм, сказано: «Пусть возведут Мне Храм, и Я буду пребывать среди них». Имеется в виду точка в сердце, т.е. должно быть место Храма, чтобы свет Творца пребывал в нем, как сказано: «И буду Я пребывать в них». Поэтому человек должен стараться построить свое здание святости.

И здание это должно быть пригодным к тому, чтобы в него вошло высшее благо, которое называется благом, передаваемым от Дающего к получающему. Однако, как известно, согласно правилу должно быть подобие по форме между Дающим и получающим, т.е. и получающий тоже должен быть в намерении ради отдачи, подобно Дающему.

И это называется состоянием действия, как сказано: «Пусть возведут Мне Храм», где действие возлагается на кли, а не на свет. Ибо свет относится к Творцу, и только действие относится к творениям.

4. Рабаш. Статья 26 (1986) «Близкий путь и далекий путь»

Сказал Бааль Сулам, что место, где раскрыт Творец, называется Шхиной (обителью), а Творец тогда – Обитающий (Шохен). Но зовется Он так в месте, где есть тот, кто Его постигает. В таком случае, сказал Бааль Сулам, Шохен и Шхина – суть не две вещи, а одна. Иными словами, Шохен – это свет без кли, а Шхина – место, где раскрывается Творец. Таким образом, что есть в месте, где раскрывается Творец? Только Он, и ничто иное. Однако же, как сказано, есть понятия свет и кли – иными словами, есть кли, постигающее свет.

Следовательно, что это за место, которое Творец избрал, чтобы утвердить там Свое имя? Согласно науке каббала, мы должны исправить свои получающие келим, чтобы доставить удовольствие Творцу. Суть здесь – в подобии по форме, благодаря которому в этом месте раскрывается имя Творца.

5. Бааль Сулам. «Статья на окончание книги Зоар»

Как Творец не думает о Себе, существует ли Он или управляет ли Он Своими творениями, и тому подобные сомнения, так же и желающему уподобиться по форме нельзя думать об этих вещах, ведь ему ясно, что Творец не думает о них, так как нет большего различия по форме, чем это.

И потому всякий, кто думает об этих вещах, разумеется, отделен от Творца и не придет к подобию по форме никогда. И потому сказали наши мудрецы: «Все дела твои пусть будут ради Небес», иными словами слияние с Небесами, – не делай ничего, что не ведет к этой цели слияния. Т.е. пусть все твои действия будут, чтобы отдавать и помогать ближнему своему. И тогда ты придешь к подобию по форме с Небесами: как у Творца все действия Его, чтобы отдавать и помогать ближнему Своему, так же и у тебя все действия твои будут только отдавать и помогать ближнему своему, что является полным слиянием.

6. «Хафец-Хаим». Зхор ле-Мирьям, глава 11

Когда Творцу нравится творение? Когда общество Исраэля объединено и нет между ними никакой зависти, ненависти и соперничества, и каждый думает об исправлении и благе товарища, и тогда Творец рад Своему творению, и об этом сказано: «Будет доволен Творец своими деяниями». И тогда сможем объяснить этим сказанное «и возлюби ближнего своего, как самого себя – Я, Творец» – то есть, если будет любить ближнего как самого себя, то Я, Творец, буду пребывать внутри вас и любить вас обоих.

7. Рабаш. Статья 9 (1984) «Да продаст человек кровлю дома своего»

В каждом из них есть искра любви к ближнему. Однако искра эта не могла зажечь свет любви, так чтобы он светил в каждом. И потому они согласились объединиться друг с другом, чтобы из всех искр вместе возникло одно большое пламя.

8. Дегель махане Эфраим (Знамя стана Эфраима). Глава Веэтханан

Сказано: «Творец Один, и Исраэль – они один», и поэтому они слиты с Творцом, потому что приятно Одному слиться с одним. И когда это произойдет? Когда Исраэль едины и слиты вместе в полном единстве, тогда будут считаться одним, и будет присутствовать среди них Творец, и Он - Один. Но когда разделено их сердце, и отделены друг от друга, невозможно им быть в слиянии с Одним, и нет там присутствия Творца. Тогда есть место чуждым богам. И об этом говорит выражение «и вы слиты», то есть когда будете слиты и объединены друг с другом, тогда «все живы будете». И когда они в одном единстве, тогда приятно Одному слиться с одним, и пребывает среди них Творец – Один.

9. Маор ва-Шемеш. Глава Ваехи

Главное в собрании – чтобы все были в единстве и просили вместе только одного – найти Творца, потому что в любых десяти присутствует Шхина. И, конечно же, если есть больше десяти, то есть большее раскрытие Шхины. И пусть каждый объединится с товарищем и придёт к нему, чтобы услышать от него что-нибудь по поводу работы Творца, и как найти Творца, и аннулирует себя перед товарищем, а товарищ себя перед ним, и все сделают так же. И, так или иначе, когда собрание проводится с этим намерением, как бы то ни было, ещё больше, чем теленок хочет есть, корова хочет его накормить. В любом случае Творец приближает Себя к ним и пребывает с ними, и великое милосердие и благая милость, явная для всех, нисходит на собрание Исраэля.

10. Рабаш. Письмо 42

Сказано: «И расположился народ [против горы] как один человек в одном сердце», что означает, что у всех была одна цель – ради пользы Творца. И нужно понять, как можно быть «как один человек в одном сердце», ведь известно, что сказали мудрецы: «Как лица их не похожи одно на другое, так и мнения их не похожи одно на другое» – и как могут быть «как один человек в одном сердце»?

Ответ: если мы говорим, что каждый заботится о своей нужде, получается, что невозможно быть «как один человек», ведь «не похожи они». Однако, если все отменили свою собственную власть и все заботятся только о пользе Творца – тогда уже не существует их частных мнений, потому что всё частное отменилось, и все они вошли под власть Единого.

11. Бааль Сулам. «Любовь к Творцу и любовь к творениям»

Совершенствуясь в любви к ближнему и отдаче ближнему в конечной точке, человек вместе с этим достигнет совершенства в любви к Творцу и в доставлении Ему наслаждения. И нет разницы между тем и этим, так как всё, что находится вне тела, т.е. вне собственной выгоды, рассматривается одинаково – будь это отдача товарищу или доставление наслаждения своему Создателю.

И потому р. Гиллель полагал, что именно «Возлюби ближнего как самого себя» является конечной целью практических заповедей. Ибо это стиль и форма, которые более ясны человеку. И нельзя ошибиться в практических действиях, ибо они предстают перед его взором, и он знает, что если он ставит потребности товарища перед своими потребностями, он находится в свойстве отдачи, и потому он не определяет цель: «Возлюби Творца Всесильного твоего всем сердцем своим, и всей душой, и всем существом». Ведь, на самом деле, это одно и то же, ибо и товарища он тоже должен любить всем сердцем своим, и всей душой, и всем существом. Так, как это выражено в словах «как самого себя», ведь себя самого он, разумеется, любит всем сердцем своим, и душой, и существом. И с Творцом он может обмануться, а с товарищем это всегда открыто перед его глазами.

12. Бааль Сулам. Шамати. 36. «Три тела в человеке»

Человек должен думать только о внутреннем теле, ведь оно-то и является одеянием его святой души. То есть думать нужно только о том, что находится «вне его кожи» – вне собственных шкурных интересов, что и означает «вне тела», вне его эгоистической выгоды, думая только о пользе ближнего. И это называется «за пределами кожи». [...]

Если человеку удается постоянно пребывать своими мыслями вне интересов тела, то он удостаивается сказанного: «И выбито это за моей кожей, и из плоти своей увижу Творца». «Это» – намекает на раскрытие святой Шхины. И она находится за пределами кожи. А «выбито» – означает исправление, позволяющее ей пребывать за пределами кожи человека. И тогда он удостаивается «из плоти своей узреть Творца» — то есть Творец раскрывается, облачаясь во внутреннее тело человека. А происходит это, только если человек согласен работать вне своего тела, то есть без всякого облачения в него наслаждения.

13. Рабаш. 217. «Беги, друг мой»

И это большое правило, что сам человек называется «творение», то есть только он один. А остальное помимо него это святая Шхина. Выходит, что когда он молится за своё поколение, считается, что молится за святую Шхину, которая в изгнании и нуждается в спасении. Это означает состояние вечности. И только так может проявиться свет милосердия.

14. Сборник законов (Хошен а-мишпат). Законы поручителя. Закон 3 - 30

Главное в любви и единении – это желание, когда каждый удовлетворяет своего товарища, и между ними нет никакого различия в желании, и все включаются в одно желание, с помощью чего включаются в желание Высшего, что и является окончательным единством.

15. Сборник законов. Законы дома собрания, закон 1

Главное в возвышении души и ее совершенстве – это когда все души включаются друг в друга и становятся одним целым, потому что тогда они поднимаются в святость. Ведь святость едина, и поэтому молитва, т.е. свойство души, главным образом зависит от объединения душ. Поэтому главная молитва – в обществе, а не в одиночестве, чтобы не был каждый сам по себе, что противоположно святости. Только необходимо соединить вместе святое собрание, и станем одним целым, и это означает молитву в обществе.

16. Бааль Сулам. «Поручительство», п. 22

Чувство воодушевления, возникающее у человека во время занятий заповедями между человеком и Творцом в точности равно чувству воодушевления, возникающему у него во время занятий заповедями между человеком и товарищем. Ведь все заповеди он обязан исполнять лишма без всякой надежды со стороны эгоистической любви. Т.е. никакое свечение и надежда не возвращаются к нему из-за этих его трудов в виде компенсации или уважения и т.п. Ибо здесь, в этой высокой точке, соединяются любовь к Творцу и любовь к товарищу в по-настоящему одно целое.

17. Рабаш. 270 «Кто по душе людям - 2»

Известно, что невозможно прийти к любви Творца, до того как человек удостоился любви людей, что [происходит] через осуществление [принципа] «Возлюби ближнего как самого себя», который, как сказал рабби Акива, является великим правилом Торы. Т.е. благодаря тому, что человек приучает себя к любви к людям, т.е. к любви к ближнему, он становится способным достичь ступени любви Творца.

И отсюда следует объяснить сказанное выше: «Кто по душе людям…», – где «по душе людям» имеется в виду, что он всё время занимается любовью к ближнему, и тогда «он по душе и Творцу», – т.е. у него есть наслаждение от того, что он доставляет удовольствие Творцу, т.е. отдает Ему. В то же время, тот, кто занимается эгоистической любовью, без всякого сомнения, и Творцу не по душе.

18. Рабаш. Статья 13 (1986) «Пойдем к фараону - 2»

Мы должны знать: товарищеская любовь дана нам, чтобы благодаря ей мы учились не наносить оскорблений Царю. Говоря иначе, если у человека нет одного лишь желания доставить Царю удовольствие, то он непременно оскорбит честь Царя – иными словами, отдаст духовное в руки внешних эгоистических сил. А потому не следует пренебрегать важностью работы над товарищеской любовью – ведь благодаря ей человек научится тому, как ему выйти из себялюбия и встать на путь любви к ближним. Когда же он завершит работу над товарищеской любовью, тогда сможет обрести любовь к Творцу.

19. Рабаш. Статья 6 (1984) «Любовь к товарищам - 2»

Есть лишь один выход – собраться нескольким людям, у которых есть этот малый порыв, зовущий выйти из-под власти себялюбия. Хотя и нет у них достаточных сил и осознания важности отдачи, чтобы действовать самостоятельно без помощи извне, но все они отменяют себя друг перед другом. У всех есть – по крайней мере, в потенциале – любовь к Творцу, однако на деле они не могут воплощать ее в жизнь. И тогда, если каждый вступает в группу, отменяя себя перед ней, они становятся единым целым. Это целое состоит, допустим, из десяти человек, и у него в десять раз больше сил, чем у каждого по отдельности.

Однако существует условие: когда они собираются, каждый должен видеть своей целью отмену себялюбия – так чтобы не думать больше о том, как удовлетворять свое эгоистическое желание, а думать теперь по мере возможности только о любви к ближнему. Лишь так человек обретет желание и потребность в том, чтобы получить новое свойство, называющееся желанием отдавать. И от любви к товарищам он может прийти к любви к Творцу, т.е. пожелает доставить Творцу удовольствие.

20. Бааль Сулам. Письмо 4

И нет у тебя недостатка ни в чем, а [осталось лишь] выйти в «поле, которое благословил Творец», собрать все те отпавшие части, которые отпали от твоей души, и соединить их в одно тело. И в это совершенное тело Творец поместит свою Шхину навечно без всякого перерыва. И родник великой мудрости (твуны) и высшие реки света будут как неиссякаемый источник.

21. Бааль Сулам. «Шестьсот тысяч душ»

А признаком того, что тело совершенно исправилось, является [состояние], когда он ощущает, что душа его пребывает во всей общности Исраэля, в каждом из них, и потому он и себя не ощущает отдельной частью, ведь одно зависит от другого, и тогда он «совершенен, без изъяна», и на него, действительно, во всей своей силе изливается душа, как это проявлялось в Адаме Ришоне.

Вера выше знания

1. Рабаш. 236. «Вся земля полна славой Его»

До того, как человек становится способным постичь истину, он должен верить, что истина не соответствует его знанию и ощущению, а соответствует стиху: «Есть у них глаза, но не видят они, есть у них уши, но не слышат они», что происходит только из-за исправления, чтобы человек достиг своего совершенства, когда он ощущает только лишь себя, а не другую реальность.

Поэтому, если человек обратит свое сердце на то, чтобы стараться идти в свойстве веры выше разума, с помощью этого он готовит и исправляет себя для раскрытия лика. Как приводится в книге Зоар, что святая Шхина сказала рабби Шимону бар Йохаю: «Нет места, где можно было бы скрыться от тебя». Иными словами, во всяких скрытиях, которые он чувствовал, он верил, что здесь заключен свет Творца, и это подготавливало его, вплоть до того, что он пришел к раскрытию лика света Творца.

И это называется величиной веры, которая выводит человека из разных низких состояний и скрытий, если человек укрепляется в ней и просит Творца, чтобы Он раскрыл Себя.

2. Рабаш. Статья 6 (1989) «Что такое «выше знания» в духовной работе»

Вера выше знания в работе означает, что нужно верить, хотя разум и не видит, что это так, и есть у него доказательства тому, что все иначе, чем ему хотелось бы верить. И это и называется вера выше знания. То есть он говорит, что он верит, как будто видит это внутри знания – это и является «верой выше знания» в работе.

Это огромная работа, которую человек принимает на себя – и это против его знания. То есть тело не согласно на это, но он все равно принимает это на себя, как будто это находится в его знании. И для такой веры нужна помощь Творца. Поэтому ради такой веры человек должен молиться, чтобы Творец дал ему силы уподобиться Ему, как будто он уже постиг это в собственном знании. То есть он не должен молиться Творцу, чтобы дал ему понимание внутри знания, а необходимо молиться Творцу, чтобы дал ему силы принять веру выше знания, будто это находится в знании.

3. Рабаш. Статья 28 (1987) «Что значит «не прибавляйте и не убавляйте» в духовной работе»

Нужно верить выше знания и представлять себе, как будто уже удостоился веры в Творца, ощущения Его в своих органах, и видит и чувствует, что Творец управляет всем миром, как Добрый и Творящий добро. А также, когда человек смотрит внутри знания и видит обратное, он все-таки должен работать выше знания. И чтобы в его глазах это было подобно тому, как будто уже ощущается в его органах, что это действительно так. И здесь он обретает важность цели, и отсюда получает жизнь, т.е. радость того, что есть сближение с Творцом. И есть у человека место, чтобы сказать, что Творец Добр и Творит добро. И человек чувствует, что есть у него силы сказать Творцу: «Ты избрал нас из всех народов, возлюбил нас и возжелал нас», потому что есть у него за что возблагодарить Творца. И в соответствии с тем, насколько он чувствует важность духовного, он восхваляет Творца.

4. Рабаш. Статья 6 (1991) «Что такое «пастухи стада Аврама и пастухи стада Лота» в духовной работе»

Именно благодаря вере выше знания, т.е. даже ощущая тьму в пути, несмотря на это он понимает, что если бы малхут светила ему в раскрытии, а не в скрытии, и тело бы ощущало величие Творца, то тогда ему, разумеется, было бы легко продвигаться и удостоиться всегда пребывать в состоянии духовной работы. И тогда не было бы у него никаких падений. Но все таки он выбирает идти выше знания.

5. Рабаш. Статья 38 (1990) «Что значит: «Чаша благословения должна быть полной» в духовной работе»

Когда человек способен идти с закрытыми глазами выше знания, верить в мудрецов, идти до конца, он называется зародышем, когда у него нет рта.

А плод, зародыш, это значит «ступень малхут - самая маленькая и ограниченная в своих возможностях, называется ибур, зародыш, и это означает гнев и суды, как сказано «разгневался Творец на меня за вас».

И нужно объяснить понятия гнев 'эвра' и суды. Поскольку человек должен идти с закрытыми глазами выше знания, а его тело сопротивляется этой работе, поэтому то, что человек должен всегда быть в преодолении, это называется «гнев, ярость и страдание», и это очень тяжелая работа, идти всегда в преодолении, отменять себя перед высшим, чтобы высший сделал из него то, что он хочет. Это называется зарождением – самым маленьким и ограниченным в возможностях состоянием.

6. Рабаш. Статья 22 (1985) «Вся Тора - это одно чистое имя"

Всякое преодоление в работе – это продвижение в служении Творцу, и «каждый грошик добавляется к большому счету» – все преодоления собираются до определенной меры, необходимой, чтобы стать сосудом для получения изобилия.

Преодоление означает, что мы берем часть сосуда получения и вносим ее в сосуды отдачи. Это подобно «экрану» (маса́х), который надо поставить над «толщей желания» (авию́т). Соответственно, если у человека нет желания получать, то ему не на что ставить экран. Поэтому когда злое начало приносит ему чуждые мысли – время взять эти мысли и поднять их «выше знания».

Человек может сделать это со всем, что душе угодно. Пускай не думает, что его сейчас отрывают от работы – напротив, пускай думает, что свыше ему дали эти желания и мысли, чтобы предоставить возможность присоединить их к духовному.

7. Рабаш. 5. «Намеренные прегрешения становятся заслугами»

Когда пламя связано с фитилем, т.е. посторонние мысли называются фитилем, который желает использовать испорченные свойства для своей работы. Это означает, что чуждая мысль дает ему понять, что с точки зрения разума и знания ему нечего делать в духовной работе. И когда он получает постороннюю мысль и говорит, что не хочет оправдывать никакие уловки, что то, что говорит его знание, верно, только он идет путем веры, которая выше знания. Получается, что пламя веры связано с фитилем чуждой мысли. Получается, что только сейчас он может выполнить заповедь веры, как подобает. Получается, что трудности становятся его заслугами, ведь иначе (он) не мог бы получить никаких заслуг с точки зрения веры. И это называется «радуются в страданиях». Несмотря на то, что он страдает от того, что чуждая мысль огорчает его и вызывает злословие, сплетни и клевету о духовной работе, в любом случае он доволен, что теперь может сделать хоть что-то в вере выше знания. И это называется «радость заповеди".

8. Рабаш. Статья 36 (1989) «Что означает: «Ибо в этом ваша мудрость и разум в глазах народов» в духовной работе»

Человек так должен сказать народам мира, среди которых он находится: «Знайте, что все, о чем вы говорите - верно, согласно разуму вы правы, и мне нечего вам ответить. Однако дана нам работа выше знания, и нам нужно верить выше знания в то, что вы не правы. И поскольку работа в вере должна быть выше знания, то я вас благодарю за ваши верные утверждения, которые вы мне приводите». Можно сказать, что человек идёт выше знания только когда у него имеются разум и знания, и тогда возможно говорить о том, что он идёт выше знания. Понятие «выше знания» означает, что этот путь ему более важен, чем иной путь, который внутри знания. Однако когда у него нет иного пути, который бы ему говорил: «Иди этим путём», то невозможно сказать, что он выбрал путь веры выше знания. Поэтому именно в силу веры выше знания возможно победить мнения народов мира, которые находятся внутри человека.

9. Бааль Сулам. Шамати. 13. «Суть граната»

Пустота может быть только в том месте, где нет присутствия (то, что называется «подвесил Землю ни на чем"). Получается, какова мера наполнения пустого места? Ответ: согласно тому, насколько он поднимает себя выше знания. Другими словами, пустоту нужно наполнять величием, т.е. свойством «выше знания». И пусть попросит у Творца, чтобы Он дал ему эту силу. И это следует понимать так, что пустота не была создана, т.е. не приходит к человеку, чтобы он ощущал себя таким пустым, а [это сделано] только лишь для того, чтобы он наполнил это величием Творца, т.е. чтобы он принимал всё выше знания.

10. Бааль Сулам. Шамати. 13. «Суть граната»

«Творец сделал так, чтобы боялись Его». Т.е. то, что к человеку приходят эти мысли о пустоте, – это чтобы у человека была потребность принять на себя веру выше знания.

А для этого нужна помощь Творца. Т.е. человек обязан тогда просить у Творца, чтобы Он дал ему такую силу, чтобы он мог верить выше знания. Получается, что именно тогда человек нуждается в Творце, чтобы Он помог ему. И это из-за того, что внешний разум дает ему понять обратное.

Поэтому, у человека нет тогда другого совета, кроме как просить Творца, чтобы Он помог ему. И об этом сказано: «Злое начало человека одолевает его каждый день … И если Творец не помогал бы ему, он бы не выдержал».

11. Бааль Сулам. Шамати. 14. «Что такое величие Творца»

Возвеличить Творца – означает, что нужно просить у Него, чтобы дал силу идти верой выше знания. И есть два объяснения возвеличивания Творца:

1) Не наполняться знаниями, разумом, с помощью которого человек сможет ответить на свои вопросы, а желать, чтобы Творец ответил на его вопросы. И это называется возвеличиванием Творца, поскольку любой разум дается свыше, а не исходит от человека. А все, что человек может объяснить сам – он объясняет с помощью внешнего разума. Другими словами, эгоистическое желание понимает, что стоит соблюдать Тору и заповеди, в то время как вера

выше знания обязывает человека работать, то есть идти вопреки знаниям эгоистического желания.

2) Возвеличиванием Творца является то, что Творец становится необходим человеку, чтобы получить ответы на свои вопросы.

Поэтому:

1) Человек должен идти верой выше знаний, тогда он видит, что опустошен и тогда вознуждается в Творце.

2) Только Творец может дать человеку эту силу – идти верой выше знаний.

То есть то, что дает Творец, и называется величием Творца.

12. Бааль Сулам. Шамати. 16. «День Творца и ночь Творца»

Сказано: «Горе вам, жаждущим дня Творца! Зачем он вам? Ведь это тьма для вас, а не свет!». Если человек действительно ждет дня Творца, он ожидает возможности идти «верой выше знания», чтобы его вера была настолько сильна, будто он видит и понимает со всей ясностью и очевидностью, что Творец управляет миром добром и с целью добра. Но не желает человек явно увидеть, как Творец управляет миром добром с целью добра, потому что видеть – означает перестать верить, ведь вера может быть только там, где она не совпадает с разумом, а человек поступает против разума – это и называется верой выше знания. Таким образом, человек верит в то, что управление Творца миром – доброе и с доброй целью. И хотя явно этого не ощущает, он не просит Творца дать ему увидеть разумом это доброе управление, а хочет остаться с верой выше знания.

И просит он Творца дать ему такую большую силу веры, как будто он воочию видит своим разумом доброе управление Творца, настолько, чтобы не было различия между верой и знанием. Такое состояние называется у желающих слияния с Творцом – «день Творца».

13. Бааль Сулам. Шамати 42. ЭЛУЛЬ (я – Любимому, а Любимый – мне)

Невозможно удостоиться раскрытия лика Творца, прежде чем человек получает обратную сторону: скрытие лика Творца, и говорит, что оно ему так же важно, как раскрытие, находясь в такой же радости в состоянии скрытия, будто уже получил раскрытие Творца. Но удержаться в таком состоянии, принимая скрытие словно раскрытие, возможно только, если человек достиг намерения «ради Творца». Лишь тогда человек рад пребывать в состоянии скрытия, ведь ему важно наслаждать Творца, и если для Творца большее наслаждение в состоянии скрытия, человек готов на это.

14. Бааль Сулам. Шамати. 42. «ЭЛУЛЬ (Я – Любимому, а Любимый – мне)»

Когда человек приходит к тому, что теряет всякую опору, он входит в состояние черной тьмы, в самое низшее из состояний в высшем мире. И из этого образуется Кетэр более низшего, то есть кли отдачи. Поскольку самая нижняя часть высшего – это Малхут, которая сама ничего не имеет и именно поэтому называется малхут (царство). Ведь если принимает на себя власть (царствование) Творца, ничего за это не получая и оставаясь в радости, то становится впоследствии Кетэр – желанием отдавать, самым светлым кли. Именно благодаря тому, что принимает на себя в полной тьме состояние Малхут – из Малхут образуется Кетэр, то есть кли отдачи.

15. Рабаш. Статья 12 (1991) «Свечи эти святы»

Главное – это молитва. То есть, человек должен молиться Творцу, чтобы помог ему идти выше знания. То есть, работа должна быть в радости, как будто бы он уже удостоился духовного знания. И в какой радости тогда была бы его работа – в такой мере он должен просить Творца, чтобы дал ему эту силу, чтобы смог идти выше знания тела. Другими словами, несмотря на то, что тело несогласно на эту работу ради отдачи, только он просит Творца, чтобы мог работать в радости, как это подобает тому, кто служит великому Царю. И он не просит Творца, чтобы показал ему Свое величие, и тогда он будет работать в радости. А он хочет, чтобы Творец дал ему радость в работе выше знания, чтобы человеку это было важно, как будто бы у него уже есть знание.

16. Бааль Сулам. Шамати. 96. «Отходы гумна и винодельни в духовной работе»

Цель работы – в нахождении на уровне «простого смысла» и природы. Ведь при такой работе у человека нет возможности упасть ниже, если он уже опирается на землю. Это потому, что он не нуждается в большом состоянии, ведь все время начинает будто заново. И работает он всегда так, будто только что начал работать, принимая на себя власть Небес верой выше знания. Основа, на которой строится порядок работы, должна быть самой простой, чтобы быть абсолютно выше знания. И только самый наивный человек может настолько принизить себя, чтобы продвигаться без всякого основания, опираясь лишь на свою веру и не нуждаясь в другой поддержке. А вдобавок, он должен принимать эту работу с большой радостью, будто обладает знанием и явным видением, на которое опирается для подтверждения своей веры, чтобы полагаться на веру выше знания совершенно в той же мере, будто есть у него знание. И если человек держится такого пути, то никогда не упадет, а всегда сможет быть в радости от того, что верит, что он служит великому Царю.

17. Рабаш. 21. «Освящение месяца»

Человек должен принять на себя ярмо высшей малхут на самое низкое свойство и сказать о нем, что у него даже и это состояние, больше которого низость уже не может быть, т.е. что он целиком выше знания, когда у него нет никакой опоры со стороны разума или чувства, на котором он мог мы построить свой фундамент. И он находится тогда в состоянии как бы подвешенном между небом и землей, и у него нет никакой опоры, и тогда он целиком выше знания. И тогда человек говорит, что Творец послал ему это состояние, в котором он находится на самом дне низости, потому что этим Творец хочет, чтобы он принял на себя ярмо высшей малхут в виде такой низости. И тогда он принимает на себя, потому что верит выше знания, что состояние, в котором он находится сейчас, пришло к нему от Творца, т.е.

что Творец хочет, чтобы он увидел самое низкое состояние, которое может быть в мире. И он в любом случае должен сказать, что он верит в Творца во всех видах. И это называется у него смирением без всяких условий.

18. Рабаш. Статья 24 (1991) «Что означает, что человек должен родить сына и дочь в духовной работе"

Работа выше знания должна быть смирением без всяких условий, т.е. человек должен принять на себя ярмо высшей малхут в свойстве выше знания. Человек должен сказать: «Я хочу быть работником Творца, даже если нет у меня никакого понятия в работе, и нет у меня никакого вкуса в работе, и все-таки я готов работать в полную силу, как-будто есть у меня постижение, и ощущение, и вкус в работе, и я готов работать без всяких условий». И тогда человек может идти вперед, и нет у него такого места, где может упасть из своего состояния, потому что он принимает на себя (обязанность) работать, даже когда лежит на земле, т.е. не может быть ниже, чем на земле.

19. Бааль Сулам. Шамати. 8. «Разница между святой тенью и тенью клипот»

«Тени Его жаждал я и в ней сидел, и плод Его был мне сладок». То есть все скрытия и страдания приходят к человеку по желанию Творца для того, чтобы вышел из них верой выше знания. И если есть у него сила сказать, что всё это Творец подстраивает ему для его же пользы, ведь только так он сможет начать работать ради отдачи, а не ради себя – тогда приходит к человеку понимание, и он верит, что Творец наслаждается именно от такой работы, полностью построенной на вере выше знания. И уже больше не просит человек Творца, чтобы ушли тени из этого мира, а говорит: «вижу я, что Творец желает, чтобы я работал для Него именно так – верой выше знания». И тогда, что бы он ни делал, скажет: «Конечно же Творец наслаждается от такой работы! И значит не важно мне, что я работаю в скрытии Творца». Ведь желает он работать ради отдачи, то есть чтобы Творец наслаждался.

20. Рабаш. Статья 24 (1991) «Что означает, что человек должен родить сына и дочь в духовной работе"

Если человек решает, что он хочет работать в состоянии «прах», т.е. даже если ощущает вкус праха в работе, он говорит, что это очень важно для него, если он может сделать что-то ради Творца, а для себя - не важно ему, какой вкус он ощущает, и он говорит, что эта работа в то время, когда ощущается вкус праха, т.е. тело насмехается над этой работой, он говорит телу, что, по его мнению, называется эта работа «подъем Шхины из праха». Т.е. хотя тело ощущает в этой работе вкус праха, человек говорит, что это святость, и не измеряет, каков вкус, что он ощущает в работе, но он верит, что Творец наслаждается этой работой, т.к. нет здесь никакой примеси желания получать, ведь ему нечего получать, ведь нет никакого вкуса и смысла в этой работе, потому что лишь вкус праха есть здесь.

А поэтому он верит, что такова духовная работа, и, так или иначе, он рад и весел.

21. Бааль Сулам. Шамати. 19. «Творец ненавидит эгоизм»

Случается, что человек чувствует пренебрежение к работе для Творца, и это сумрачное ощущение, когда он видит, что некому спасти его из этого состояния – кроме Творца, чтобы смог он принять на себя Его власть верой выше знания, словно «вол под ярмом и осел под поклажей». И должен радоваться, что сейчас у него есть, что отдать Творцу, и Творец наслаждается этим подарком. Но не всегда есть у человека силы говорить, что это прекрасная работа, имеющая высочайшую ценность – а напротив, стыдится этой работы. И очень трудно человеку выполнить это условие и суметь сказать, что предпочитает такую работу больше, чем работу «в свете дня», при которой не ощущает тьмы во время работы, а находит в ней вкус, ведь не должен бороться со своим эгоизмом, заставляя его принимать на себя власть Творца верой выше знания. И если он превозмогает себя и может сказать, что ему приятна эта работа, поскольку сейчас он выполняет заповеди верой выше знания, считая эту работу прекрасной и самой ценной, то это называется радостью заповеди.

22. Рабаш. Статья 4 (1989) «Что такое «потоп вод» в духовной работе»

Необходимо знать, что удостоиться ступени бины – это большая работа, пока не достигают этой ступени. То есть, довольствоваться малым, тем ощущением, которое у него есть, тем разумом, который у него есть, и быть довольным своей долей, – тем, что у него есть. И этот человек всегда может пребывать в совершенстве, поскольку доволен своей долей.

Но что человек может сделать, если еще не достиг этой ступени, и он видит, что не может преодолеть свое желание получать? Тогда он должен молиться Творцу, чтобы Творец помог ему, чтобы у него появилась возможность идти в работе с закрытыми глазами, и не нуждаться ни в чем, а чтобы мог все делать ради небес, несмотря на то, что тело сопротивляется этому.

Иными словами он не дает советы Творцу, как ему помочь, а должен смирить себя и отмениться перед Творцом без каких-либо условий. А поскольку он не может превозмочь свое тело, поэтому просит Творца, чтобы помог ему победить в войне со злым началом.

23. Рабаш. Статья 23 (1991) «Что такое «чистота пепла коровы» в духовной работе»

В понятии «вера» нужно выявить 3 категории:

1) К примеру, человек дает своему товарищу тысячу долларов, и товарищ их принимает, веря в то, что будучи его товарищем и состоятельным человеком, конечно же тот дает ему эту сумму, и конечно же, там есть тысяча долларов, и нет надобности пересчитывать. Это называется верой ниже знания. То есть, он ему верит потому, что знание не возражает против этой веры, и нет противоречия между верой и знанием. Получается, что его вера находится ниже знания, которое важнее. Он верит потому, что разум не противится. Однако если это будет противоположно

знанию, он ,естественно, не будет верить. Но это ещё не называется верой выше знания.

2) Когда ему дали тысячу долларов, он пошел их трижды пересчитывать и убедился, что там есть эта сумма, говоря товарищу – я тебе верю, что здесь действительно есть сумма, о которой ты говоришь. И, конечно, такая вера не считается верой.

3) Когда он трижды пересчитал сумму, он увидел, что там не хватает одного доллара, и он говорит дающему – я верю тебе, что здесь есть тысяча долларов. В этом случае, ни разум, ни знание не подтверждают, что здесь недостает денег. Но человек говорит, что он верит. Это является истинной верой выше знания.

24. Рабаш. Статья 23 (1990) «Что означает, что Моше затруднялся в определении новолуния, в духовной работе»

Мы должны верить верой мудрецов, которые говорят нам, что вся наша работа – не важно в какой форме мы работаем, – если человек делает эту работу ради Творца, пусть даже самую незначительную, Творец наслаждается этим. И человек должен стараться быть в радости от того, что он может выполнять действия, пребывая в низменном состоянии.

И человек должен сказать себе, что он наслаждается от этой работы, что он весь – выше знания. Но как подсказывает разум, эта работа не называется работой, то есть чем-то важным, чем бы Творец мог наслаждаться. Но он верит верой мудрецов, которые сказали нам, что Творец – да, наслаждается. И это – выше знания.

25. Рабаш. Статья 6 (1990) «Когда человек должен пользоваться гордостью в духовной работе"

Человек должен сказать, что, несмотря на то, что находится в самом низменном состоянии, поскольку он все еще погружен в собственный эгоизм, и пока не в состоянии ничего совершить выше знания, – несмотря на это, Творец дал ему мысли и желания заниматься Торой и заповедями, а также дал ему немного сил, чтобы преодолеть свойство «мераглим» (разведчиков), твердящих ему свои доводы, а он, несмотря на это, немного удерживает связь с духовным. Тогда человек должен принимать это во внимание и верить, что Творец заботится о нем и ведет его к царскому дворцу. Следовательно, он должен радоваться тому, что Творец управляет им, давая ему также и падения.

26. Рабаш. Статья 6 (1990) «Когда человек должен пользоваться гордостью в духовной работе"

Человек должен верить, что, как человек может понять, что Творец дает ему подъемы, ведь тут нет сомнения, что человек не может сказать, что это он сам получил подъемы, а это Творец желает приблизить его, поэтому Он дает ему подъемы – так же человек должен верить, что и падения дает ему Творец, поскольку Он желает приблизить Его. Поэтому каждое действие, которое он способен произвести, он должен делать его, как будто он находится в состоянии подъема. Поэтому, когда он совершает некоторое преодоление во время падения, это называется пробуждением снизу. И от всякого действия, которое он производит, веря, что такова воля Творца, от самого этого он удостаивается большего приближения, т.е. человек сам начинает ощущать, что Творец приблизил его.

27. Рабаш. 71. «Суть изгнания»

В начале работы должно быть какое-то наслаждение и вознаграждение, чтобы ради этого тело согласилось работать. А далее дают увидеть такое понятие, как ради небес, и поскольку заповедь влечет за собой заповедь, то он должен просить, чтобы его вызволили из изгнания, и тогда он бежит из изгнания.

Каким же образом он убегает из изгнания? Он говорит, что не преуспеет в этой работе. В таком случае, что же он делает? Он «кончает жизнь самоубийством», то есть оставляет эту работу и возвращается к материальной жизни, что означает «грешники и при жизни считаются мертвыми».

Получается, что необходимо было просить о спасении из изгнания, и тогда он бежит из изгнания, и «кончает жизнь самоубийством». Сказано: «Прямы пути Творца, праведники пойдут по ним, а грешники потерпят неудачу». Надо идти выше разума. Духовное падение не означает, что сейчас у него нет веры, сейчас надо усиленно работать, а вера на предыдущей ступени проверяется падением (именно) по этой работе.

28. Рабаш. 289. «Творец придирчив к праведникам»

Удар, который человек получает от Творца, т.е. когда отбирают у него вкус в работе. Тем самым Он лечит человека, потому что до этого нет у него никакой возможности работать ради Творца, кроме состояния «вера выше знания». Получается, что от удара, который он получил от Творца, от этого, именно, он сможет излечиться, тогда как в противном случае он останется отделенным.

И становится понятным сказанное мудрецами: «Тем, что Творец ударил, Он лечит». То есть, именно это и есть лекарство, иными словами, то, что дает человеку возможность работать в свойстве вера без всякой опоры.

Также необходимо понять высказывание мудрецов: «Творец выносит приговор, а праведник отменяет его» (Вавилонский Талмуд, трактат Моэд катан, 16), имеется в виду, что Творец выносит приговор, и именно, что отбирает у человека наслаждение от работы, и нет приговора более сурового, чем этот, так как Он отбирает у него жизненную силу работы. А праведник отменяет его, иными словами, если человек говорит, что он хочет работать без всякого возмещения жизненной энергии и наслаждения, тогда сам по себе отменяется приговор. Но, более того, он поднимается сейчас на ступень более высокую, так что он теперь в свойстве «чистая вера» без обращения к себе.

29. Рабаш. Статья 7 (1990) «Когда время молитвы и когда время благодарности в духовной работе»

Человек должен верить верой выше знания, что он находится в совершенстве, также как и весь мир целиком. Выходит, что таким образом он может и должен благодарить Творца за то, что Он дал нам все благо. И это называется «правой линией», которая на самом деле противоположна левой. Т.е. в левой линии мы идем внутри знания, когда «нет у судьи иного, чем видят его глаза». Т.е. именно в разуме, а не выше знания. Но когда мы переходим к работе в правой линии, получается, что левая приводит к тому, правая будет выстроена на основе выше знания. И об этом сказали мудрецы «левая отталкивает, а правая приближает». Т.е. состояние «левая» показывает человеку, как он отстранен и отделен от работы Творца. А «правая приближает» означает, что показывают ему, как он близок к работе Творца. Т.е когда он работает в левой линии, показывают человеку, как он отвергнут и отделен от духовной работы. Когда он работает в правой линии, он должен прийти к состоянию, что увидит, что он близок к Творцу. И за правую линию он должен благодарить Творца, а в левой – вознести молитву к Творцу.

30. Рабаш. 300. «Земля, где не в скудости есть будешь хлеб»

Человек должен заниматься Торой как днем, так и ночью, а ночь и день должны быть равными у него, как приводится в святом Зоаре (глава Бешалах). То есть, состояние совершенства, которое называется «день» и состояние несовершенства, называемое «ночь», должны быть уравновешены, иными словами, если его намерение ради небес, то он согласен, что он хочет доставить наслаждение своему Создателю. И если Творец хочет, чтобы он остался в состоянии несовершенном, он также согласен. И это согласие выражается в том, что он выполняет свою работу, как будто был удостоен совершенства, это называется согласен, то есть, что день и ночь равноценны у него. Тогда как, если имеется различие, то в меру этого различия имеется разделение, и над этим разделением уже есть захват внешних. Поэтому, если человек чувствует, что есть у него различие, то он должен поднять молитву, чтобы Творец помог ему, чтобы не было у него различия, и тогда он удостоится совершенства.

31. Рабаш. Статья 16 (1989) «Что означает запрет благословлять над пустым столом в духовной работе»

Сказал мой господин, отец и учитель, что человек должен представлять себе, как будто он уже удостоился полной веры в Творца, и у него уже есть ощущение во всех органах, что Творец управляет всем миром свойством «добрый, творящий добро». И несмотря на это, когда он смотрит на себя и на весь мир, он видит, что и он, и весь мир находятся в недостатке – каждый согласно своему уровню. Об этом он обязан сказать: «Глаза у них, но не увидят они», – т.е. выше знания. И таким же образом он может сказать, что он – человек совершенный, и нет у него ни в чем недостатка. И как бы то ни было, он может воздать Творцу хвалу выше знания.

32. Рабаш. Статья 25 (1987) «Что такое серьезность в духовной работе»

Молитва должна быть в серьезности. Т.е. когда человек сам чувствует, что нет веры выше знания. Т.е., что знание не обязывает его работать на отдачу. И человек понимает, то главная цель должна быть «удостоиться слияния с Творцом». А поскольку знание сопротивляется этому, и он должен идти против знания, это очень большая работа.

Ведь он просит у Творца, чтоб Он дал ему то, чему противятся все его органы. Получается, что в каждой молитве, которую он возносит к Творцу, у него есть особенная работа. Поэтому молитвой называется работа в сердце. Т.е. что он хочет идти против знания и разума, которые говорят ему прямо противоположное. И поэтому это не называется работой разума, потому что работой разума называется, когда человек прилагает усилие, чтобы понять что-либо своим разумом и знанием. Тогда как тут он не желает понять знанием, что нужно служить Творцу в свойстве «знание», а он хочет служить Творцу именно в вере выше знания. И поэтому эта молитва называется работой в сердце.

33. Рабаш. Статья 13 (1988) «Что означает, что предводитель народа – это и есть народ, в духовной работе»

В состоянии, когда он видит мрачный мир, но желает верить в Творца – в то, что Он обращается с миром в частном управлении как «Добрый и Творящий добро» – он остаётся стоять в этой точке, и всевозможные посторонние мысли проникают в его мозг. И тогда он должен преодолеть это, [приняв] выше знания, что высшее управление «Доброе и Творящее добро». И тогда он получает потребность в том, чтобы Творец дал ему силу веры, дабы была у него сила идти выше знания и оправдать высшее управление.

И тогда он может понять, что такое «Шхина во прахе», поскольку тогда он видит, как вместо того, чтобы делать что-либо ради Творца, а не для собственной выгоды, тут же приходит тело с претензией: «Зачем вам эта работа?» – и не желает дать человеку силы для работы. И это называется «Шхина во прахе» – т.е., во всем, что он желает сделать ради Шхины, ощущает вкус праха, и нет у него сил, чтобы преодолеть эти свои мысли и желания.

И тогда человек приходит к осознанию, что для того, чтобы была у него сила для работы, нет у него недостатка ни в чем, как только в том, чтобы Творец дал ему силу веры.

34. Рабаш. Статья 38 (1990) «Что значит, что чаша благословения должна быть полной в работе»

Человеку необходима большая милость свыше, чтобы не сбежал с поля боя. И хотя человек использует советы мудрецов, которые сказали – «Я создал злое начало, Я создал Тору в приправу», он говорит, что уже использовал этот совет много раз, и это ему не помогло.

И так же говорит, что уже использовал совет «пришедшему очиститься, помогают», но как будто бы все эти советы не для него. Если так, то он не знает, что делать. И тогда для человека наступает самое плохое состояние, когда он хочет сбежать от этих состояний. Но ему некуда бежать. И тогда он страдает от того, что он находится между состояниями отчаяния и уверенности. Но тогда человек спрашивает – куда ему направиться?

И тогда нет никакого иного совета, чем молитва. И эта молитва так же без какой-либо уверенности. Получается, что он должен воздать молитву, чтобы поверил, что Творец слышит молитву, и все, что человек ощущает в этих состояниях – ему на пользу. Это может быть только выше знания. Т.е. хотя разум подсказывает ему после всех расчетов, и он видит, что ему ничего не может помочь, он должен верить выше знания, что Творец может вызволить его из желания получать для себя, и вместо этого он получит желание отдавать.

35. Рабаш. Статья 37 (1991) «Что такое «Тора» и что такое «закон Торы» в духовной работе»

Когда он желает делать всё ради небес, а не ради собственной выгоды, тело сопротивляется изо всех сил, ведь тело заявляет: почему ты хочешь умертвить меня и всю ту власть, которая есть у меня. И ты приходишь ко мне с тем, что нужно работать только ради Творца, а не для собственной выгоды, что означает действительную отмену желания получать во всем. И ты говоришь мне, что мудрецы сказали: «Тора исполняется только в том, кто умерщвляет себя ради нее», т.е. нужно умертвить всю власть собственной выгоды и заботиться только о выгоде

Творца. А до этого человек не может удостоиться свойства Торы. И человек видит, что абсолютно нереально, чтобы у него появились силы идти против природы.

И тогда у человека нет иного совета, кроме как обратиться к Творцу, сказав: сейчас я пришел к ситуации, что я вижу, что если Ты не поможешь мне, я пропал. И нереально для меня, что когда-нибудь у меня появятся силы, и в руках моих будет сила, позволяющая преодолевать желание получать, что является моей природой, и только Творец может даровать вторую природу.

36. Рабаш. Статья 23 (1989) «Что означает в духовной работе: «Если проглотил марор, не исполнил долг"»

Хотя он отдаёт себе отчёт в том, что лишь Творец может ему помочь, и понимает, что истинный совет заключается только в молитве, тело даёт ему понять, что сколько бы ты не молился, так и не получаешь никакого ответа свыше. Так зачем тебе молиться, чтобы Творец помог? Ты же видишь, что не приходит никакого ответа свыше. И потому он не способен больше молиться. И снова нужно это преодолеть, как и преодолевал в состоянии веры, и надо верить, что Творец слышит молитву каждого. Не важно, способный ли человек и обладает ли он хорошими качествами, или наоборот. Главное, он должен преодолеть и верить выше знания, несмотря на то, что знание его обязывает думать, что после стольких безответных молитв он уже не способен снова молиться. И это тоже надо преодолеть, прилагая усилия выше знаний, и молить Творца, чтобы помог ему превозмочь свое знание и молиться.

37. Рабаш. Статья 24 (1991) «Что означает, что человек должен родить сына и дочь, в духовной работе»

После того как человек приложил все усилия, он видит, что не способен самостоятельно выйти из-под власти желания получать, и тогда он видит внутри знания, что только Творец может ему помочь. Получается, что в сказанное мудрецами «злое начало человека одолевает его каждый день … И если Творец не помогал бы ему, он бы не выдержал», человек не должен верить «выше знания», как обычные работники Творца, выполняющие Тору и заповеди, которые верят выше знания, что это так, что Творец им помогает. Но у тех людей, которые хотят работать ради отдачи, это внутри знания до такой степени, что они должны верить выше знания, что Творец – да, может им помочь выйти из-под власти желания получать.

38. Рабаш. Статья 12 (1985) «И поселился Яков»

Кроющееся в его теле злое начало, силой не позволяя ему верить в Творца выше знания, тем самым лишает его всякого вкуса. Каждый раз, обращаясь к чему-либо духовному, человек чувствует, что всё сухо и не пропитано даже росинкой жизни.

Однако же когда человек приступал к работе, ему сказали – и он верит в это, – что наука каббала – суть учение жизни, как сказано: «Это жизнь ваша и продление дней ваших», а также: «Вожделенней золота они и множества чистого золота, слаще меда и медовых сот».

Вглядываясь в это, человек видит, что во всем виновно злое начало и что он ощущает как благо то зло, которое оно причиняет ему. И тогда он на себе чувствует то о чем сказано: «многочисленны беды праведника». На себе – иными словами, это сказано о нем.

А затем человек смотрит на то, что эта строфа говорит далее: «...И от всех их спасает его Творец». И тогда начинает взывать к Творцу о помощи. Ведь всё, о чем мог помыслить, он уже сделал – и ничто не помогло. Человек уже думает, что о нем сказано: «всё, что в твоих силах сделать, – делай». И тогда приходит время спасения – спасения, когда Творец спасает его от злого начала, до такой степени, что отныне и далее злое начало уже подчинено ему и не может спровоцировать его на какое-либо нарушение.

39. Рабаш. 2. «Соударение (акаа) мыслей человека»

"Из-за этого соударения высшего света, когда он бьет в ту завесу, от них вспыхнули света и прошли через тот экран». (ТЭ"С, стр. 115, п. 6)

И можно объяснить, что соударение (акаа) означает мысли, которые бьют по человеку, беспокоя и утомляя его, и у него есть аргументы и в ту и в другую сторону. И все это по той причине, что у него есть экран.

И если он поддерживает существование этого экрана и согласен идти путем Творца, это считается свойством моха, и это называется выяснением, т.е. он выясняет, что ему лучше принять свойство веры выше знания. И это считается, что он приводит к добавлению света на высшей ступени, и радость появляется именно благодаря этому выяснению. […]

Т.е. хотя он и не чувствует такой большой важности высшего, его выяснение происходит при помощи экрана, который называется опытом, т.е. свойством скрытия. Но когда он преодолевает экран и поддерживает его, т.е. не отменяет экран, это вызывает радость наверху, и тогда высший тоже дает ему радость.

Т.е. в той мере, в которой он получил важность высшего выше знания, та же мера величия высшего привлекается в его знание, не менее и не более.

40. Бааль Сулам. Шамати. 200. «Ослабление экрана»

Ослабление экрана, происходящее в духовном парцуфе, вызывает также исход, исчезновение из него света. Поскольку после Цимцума Алеф свет может находиться только в кли, которым является экран. Экран — это сила, отталкивающая самонаслаждения, и в нем — основа кли. Поэтому, когда исчезает экран, исчезает свет. Кли - это вера выше знания. Когда она существует, тогда свет проявляется и по своей природе воздействует на экран тем, что ослабляет его. То есть аннулирует кли «Вера» и приводит к кли «Знание», вследствие чего из него немедленно исчезает свет. Поэтому нужно восстановить и увеличить кли «Вера», то есть сделать экран на «Знание». Только в таком случае не исчезнет свет. Каждому кли не достает света, которым оно могло бы наполниться. Получается, что всякое место, где ощущается недостаток света, дает возможность для веры. Если же оно наполнится, то не станет кли, не останется места для веры.

41. Рабаш. Статья 2 (1987) «По поводу важности осознания зла»

Работа на этапе подготовки ко входу в настоящую духовность. Т.е. когда он принимает на себя веру в важность Творца выше знания, он должен принять на себя, что он хочет идти именно в вере выше знания, даже если ему дадут знание, как увидеть величие Творца внутри знания, он предпочитает веру выше знания по той причине, что «уважение Творца – в скрытии».

И это называется, что он хочет идти выше знания. И именно тогда он становится сосудом (кли), способным получать духовное, поскольку он не заботится ни о чем ради себя, а все его намерение – только отдавать Творцу. И поэтому уже нечего бояться, что если ему дадут какую-нибудь подсветку, она уйдет в получающее кли. Ведь он все время старается выйти из эгоистической любви.

42. Рабаш. Статья 21 (1986) «О вере выше знания»

Человек должен сказать: «Теперь я вижу, что настоящий путь пролегает именно выше знания. И как доказательство, если я заслужил сейчас некое свечение свыше, то потому лишь, что обязался идти выше знания. Благодаря этому я заслужил, чтобы

Творец немного приблизил меня к себе и дал мне какое-то пробуждение свыше».

Свечение это, которое человек получил сейчас свыше, дает ему ответ на все трудные вопросы. Таким образом, это свидетельствует о верности пути выше знания. «В таком случае, что мне делать теперь, чтобы и дальше идти тем же путем?». Человеку надо только преодолеть себя и начать искать способы, которые позволят облачить его работу в веру выше знания.

Таким образом, человек совершенно не повредил свою веру, в которой шел до того, как заслужил какое-то свечение свыше. Ведь и теперь он принимает это свечение не за основу, чтобы выстраивать на ней свою работу, а как свидетельство того, что он идет верным путем – верой выше знания. Лишь благодаря такой работе Творец приближает человека к себе и дает ему возможность сблизиться с Ним, поскольку сближение это не даст человеку упасть в сосуды получения, лежащие «внутри знания». Ведь Творец видит, что человек старается идти только выше знания.

43. Бааль Сулам. Шамати. 207. «Смысл получения с отдачей»

...от того, что была у него предварительная подготовка, которая помогла ему принять на себя «веру выше знания». То есть благодаря усилиям к слиянию с Творцом, он прилепил себя к корню, вследствие чего удостоился знания. И знание, которого достиг верой, раскрылось истинно и полно. Выходит, от того, что возвышает в основном «веру выше знания», также возвышает и знание, ведь удостоился сейчас раскрытия имен Творца в нисхождении к нему света. Поэтому должен теперь еще больше укрепиться посредством знания и принять на себя «веру выше знания» большую, чем прежде. Ведь главное — это слияние с Корнем, что возможно только благодаря вере. И только в этом — основная его цель. И это называется каббала (получение), то есть знание (даат), которое получает ради отдачи Творцу. С помощью чего сможет принять на себя «веру выше знания» еще в большей мере — и по количеству, и по качеству.

44. Бааль Сулам. Шамати. 205. «Мудрость возглашает на улице»

«Мудрость возглашает на улице, на площадях подает свой голос. Кто глуп, пускай завернет сюда. Бессердечному она сказала...» (Мишлей)

Когда человек удостаивается слияния с Творцом, само раскрытие Творца, называемое «Шхина», говорит ему, что если раньше он вынужден был поступать, как глупец, вопреки разуму (верой выше знания), то это не потому, что такова на самом деле была правда, а потому что не хватало ему «сердца». Вот почему мы говорим: «И все верят, что Он — Творец веры». Но сейчас, когда удостоился подлинного слияния с Творцом, то уже нельзя сказать, что поступает, как глупец, то есть силой «веры выше знания». Наоборот, он должен работать и верить, что его работа выше знания, несмотря на то, что видит и ощущает всеми своими чувствами, что его работа внутри знания. Совершенно обратно тому, как он видел ранее, что разум не обязывает его к рабству Творцу. Несмотря на это, должен был работать выше знания, говоря, что в этом есть истинное знание.

То есть он верит, что это рабство — и есть подлинная реальность. А затем наоборот: вся его работа обязывает его, его разум — то есть слияние с Творцом обязывает к рабству. А он верит, что все видимое им внутри знания — все это выше знания. Тогда как прежде, все, что выше знания, принимал как внутри знания.

45. Бааль Сулам. Шамати. 135. «Чистого и праведного не убивай»

«Чистого и праведного не убивай». «Праведный» – это тот, кто оправдывает Творца, и все, что чувствует, плохое оно или хорошее – принимает верой выше знания. И это – правая линия. «Чистый» – означает чистый, честный взгляд на свое состояние, ведь «у судьи есть лишь то, что видят его глаза». И если он не понимает какого-то состояния или не может постичь, то не должен затушевывать качества, которые открываются сейчас его взгляду. Это называется левой линией, и он обязан обеспечивать существование их обеих.

46. Рабаш. Статья 4 (1989) «Что такое «потоп вод» в духовной работе»

Закон таков, что средняя линия – это смешение двух линий. А поскольку правая линия святости – это свойство совершенства, выше знания, то левой линией называется то, что он видит внутри знания, что он не совершенен, а наоборот полон недостатков.

Поэтому средняя линия построена из двух линий. То есть, что невозможно идти выше знания прежде, чем у него появится знание, показывающее ему состояние, как он выглядит в своих глазах внутри знания. Тогда можно сказать, что он не обращает внимания на то, что его заставляет делать разум, а он идет выше разума, и верит верой мудрецов в то, что ему говорят мудрецы, и не использует свой разум.

Но если у него нет разума и знания, которые бы ему сказали что-то, нельзя сказать, что он идет выше знания. Поэтому средняя линия называется ступенью совершенства, поскольку он нуждается в двух линиях. То есть, у него имеется две противоположные линии, и он нуждается в обеих.

47. Бааль Сулам. Шамати. 212. «Объятие справа и объятие слева»

Есть объятие справа и объятие слева, и оба они должны быть одновременно и навечно. Когда человек находится в правом, то понимает разумом, что левого вообще не существует. И наоборот, когда находится в левом, его разуму кажется, что не существует правого. Правое состояние — личное управление. Левое состояние — управление вознаграждением и наказанием. И хотя разумом человек понимает, что невозможно соединить их вместе, чтобы оба состояния были как одно, но должен работать верой выше знания и понимания, чтобы его понимание не останавливало его. Главное — всегда идти выше знания, чтобы вся работа измерялась тем, насколько она выше знания, вопреки разуму и логике. И хотя после этого приходит к состоянию «внутри знания», то есть получает и знает все, но это ничего не значит для него, потому что изначально основа его работы была в вере выше знания, поэтому он постоянно получает силы от своего корня.

Но если достигает знания и желает получать от него, свет немедленно исчезает. И если желает продолжить свое исправление, обязан начать в вере выше знания, ведь в ней — весь корень работы. А затем он приходит к святому знанию.

48. Рабаш. 27. «Три линии-1»

Человек должен в основном идти в правой линии, т.е. совершать добрые дела, ощущая себя в совершенном состоянии, прислуживая Царю и веря, что всеми своими действиями он доставляет удовольствие Творцу.

Но вместе с тем, у него должно быть время идти также и в левой линии, т.е. самопроверке, но при этом левая линия должна быть в подчинении у правой. Это означает, что человек не должен ставить самоцелью идти в левой линии, а только для того, чтобы с помощью её улучшить правую, то есть показать тем самым, что несмотря на то, что существует у него осознание и проверка своего состояния, он всё равно идёт выше своего знания, в правой линии, называемой «вера".

И это называется средней линией, решающей между двумя линиями, отдавая предпочтение правой. И это определяется как обратная сторона духовной ступени. Но с помощью этого единства удостаиваются затем достигнуть передней, лицевой стороны духовной ступени.

49. Рабаш. Статья 23 (1985) «На ложе ночном»

В мере осознания важности, обретаемого человеком при работе в совершенстве, потом у него появится возможность ощутить недостаток в своей работе, которая не чиста по-настоящему. Иными словами, тогда человек сможет представить себе, сколько он теряет из-за небрежности в работе, и сравнить важность Творца с собственной низостью – что придаст ему силы для работы.

Однако же человек должен также исправлять себя. Иначе он останется во тьме и не увидит истинного света, который светит на подготовленные для этого сосуды, зовущиеся «сосудами отдачи». А исправление сосудов – это женское свойство, недостаток. Иными словами, человек работает, чтобы исправить свои недостатки. Это называется: «мать дает румянец». И тогда человек видит «красный свет» – барьеры, стоящие у него на пути и не позволяющие ему достичь цели.

И тогда настает время молитвы. Ведь человек видит масштабы усилий, требующихся от него в разуме и сердце, видит, что не продвинулся в работе на отдачу. А также видит, что его тело слабо и что у него нет больших сил, чтобы преодолеть свою природу. И потому он видит, что если Творец не поможет ему, он потерян. Сказано об этом: «Если Творец не созидает дом, напрасно трудятся его строители».

Как следствие двух этих состояний совершенства и недостатка, представляющих «отца и мать», Творец помогает человеку – дает ему душу, дух жизни. И тогда появляется на свет новорожденный.

50. Рабаш. 128 «Возвышайте Творца Всесильного»

"Возвышайте Творца Всесильного, поклоняйтесь горе святости Его, ибо свят Творец Всесильный наш".

"Возвышайте". Означает, что если человек хочет знать высоту и величие Творца Всесильного, это можно постичь только через слияние и подобие по форме. Если так, то что означает подобие по форме и как мы можем достичь подобия по форме?

"Поклоняйтесь горе святости Его». Поклонение означает смирение, когда человек принижает своё знание и говорит, что я отменяю то, что знание понимает и не понимает, и смиряю его. Перед чем я смиряю его? - перед «горой Его святости".

Гора означает сомнения, т.е. мысли. Его святости – значит святой и отделенный от всего. То есть он отделяет себя от желания получать. Поклоняйтесь - означает смирить тело, даже если оно не согласно, и (тогда) приобретет только мысли святости. И тогда «Поклоняйтесь горе святости Его".

Почему нужно принижать себя перед мыслями святости, то есть отделять себя от получения ради получения, - «ибо свят Творец Всесильный наш», потому что Творец только отдаёт. Поэтому нужно быть как Творец по форме. И так можно постичь высоту Творца. А затем можно прийти к постижению высоты Творца.

51. Рабаш. Статья 7 (1991)
«Что такое человек и что такое животное в духовной работе»

Когда человек хочет работать ради Творца, а не ради себя, тогда что бы он ни делал, он видит, что там нет никакой пользы для Творца, а все только для его личной выгоды. В этом состоянии он чувствует, что у него нет ничего, и он полностью опустошен. И это пустое место он может наполнить только с помощью граната (ивр. римон, созвучно ромемут - величие), то есть, если он идет выше знания, что означает – с величием Творца. То есть, чтобы просил у Творца, чтобы дал ему силы верить выше знания в величие Творца. То есть то, что он хочет (постичь) величие Творца, не означает, что он говорит: «Если Ты дашь мне постичь величие и возвышенность Творца, то я готов работать». А он хочет, чтобы Творец дал ему силы верить в величие Творца, тем самым он заполняет пустоту того места, в котором он сейчас пребывает.

Получается, что если бы не пустота, то есть если бы он не работал ради достижения слияния, ради уподобления по свойствам, что означает ради отдачи, то он работал бы на уровне масс, которым достаточно выполнения действий, и которые не ощущают себя опустошенными, а ощущают себя полными заповедей.

Но именно те, кто хотят идти путем отдачи, и ощущают свою опустошенность, и нуждаются в величии Творца, они могут наполнить эту свою пустоту именно величием, что означает быть полными заповедей в мере их просьбы к Творцу, чтобы дал им силы, чтобы смогли идти выше знания, что и называется величием. Т.е. они просят, чтобы

Творец дал им сил в величии, которое выше знания, в величии и важности Творца.

52. Бааль Сулам. Шамати. 33. «Рок Йом Кипур и Амана»

Необходимо понять, зачем вообще предстают перед человеком мысли и действия, находящиеся в противоречии с абсолютно добрым управлением свыше? – Только для того, чтобы он был обязан притянуть на эти противоречия высший свет, если желает взойти над ними, а иначе не сможет победить эти противоречия. И это называется «Величие Творца», которое притягивает к себе человек во время ощущения противоречий, называемых судом и ограничениями (диним).

Ведь противоречия эти могут исчезнуть, только если он пожелает победить их и противопоставить им величие Творца. Получается, что противоречия являются причиной, вызывающей проявление Величия Творца человеку.

53. Бааль Сулам. Шамати. 83. ««Вав» правая и «вав» левая»

В каких бы состояниях ни находился человек, он всегда может быть работником Творца, потому что он ни в чем не нуждается, а все делает выше знания. Выходит, что не нужен ему никакой разум (мохин) для того, чтобы с ним работать на Творца. И этим объясняется сказанное: «Ты накрываешь предо Мною стол на виду у врагов Моих» (Псалом 23). Где «стол» (шульхан) от слова «отошлет ее» (шильха), как написано «И отошлет ее из дома своего, выйдет она из его дома и пойдет» (Дварим, Ки-тецэ 24) – то есть выход из духовной работы.

Это значит, что даже во время выхода из духовной работы, то есть в состоянии падения, все равно есть у человека возможность работать. Человек преодолевает свои падения верой выше знания и говорит, что и падения тоже даны ему свыше, и благодаря этому исчезают враги. Ведь эти враги думали, что из-за падений человек придет к ощущению своей полной ничтожности и сбежит с поля боя. А в итоге вышло наоборот, и сами враги исчезли.

54. Рабаш. Статья 1 (1991) «Что означает: «Нет у нас царя, кроме Тебя,» в духовной работе"

Человек должен сказать, что находится в низком состоянии не потому, что сейчас он стал хуже. А так как сейчас, желая исправиться и действовать только ради небес, сверху ему раскрывают его истинное состояние, которое заложено в его теле. До сих пор это было скрыто и не выявлено наружу. А теперь Творец раскрыл ему это. И об этом человек говорит как о милости, что Творец ему раскрыл зло, которое в нём, чтобы тот узнал истину и смог обратиться к Творцу в истинной молитве. Выходит, что с одной стороны, человек видит сейчас, как он отдален от Творца. С другой стороны, он должен сказать, что Творец близок к нему и заботится о нём, показывая ему недостатки. Поэтому он должен говорить, что это хасадим (милость).

И об этом сказано «Милосердие Творца буду вечно воспевать». Иначе говоря, есть у него с одной стороны радость, и он воспевает за это. С другой стороны, он видит, что ему нужно совершить возвращение. То есть должен попросить Творца приблизить его и дать ему желание отдавать, которое является второй природой.

55. Бааль Сулам. Шамати. 34. «Шхина во прахе»

Главные страдания ощущаются в том, что выше знания. И чем больше страдания расходятся с разумом, тем они сильнее. Это называется верой выше знания, и от такой работы Творец получает наслаждение. Получается, что вознаграждение состоит в том, что работа эта доставляет удовольствие Творцу.

56. Рабаш. Статья 4 (1989) «Что такое «потоп вод» в духовной работе»

Есть понятие выше знания, то есть человек хочет идти с закрытыми глазами, несмотря на то, что разум и чувства не понимают то, что говорят наши мудрецы. Но они принимают на себя веру мудрецов, говоря, что на них возложено это сделать. Как сказано: «И поверили в Творца и Моше – раба Его». И без веры невозможно ничего достичь в духовном.

57. Рабаш. Статья 1 (1990) «Что означает: «Чтобы были мы головой, а не хвостом» в духовной работе»

Благодаря тому, что человек хочет понять путь мудрецов, которые говорят нам, что мы должны идти за ними с закрытыми глазами, иначе в них попадет свойство праха, то есть то, что является неважным, называется «прахом», то есть, большей низости, чем это, быть не может.

И поскольку человеку дано знание и разум, - понять все согласно разуму, а здесь нам говорят, что мы должны идти, принимая веру мудрецов, и человек хочет понять этот путь. И поскольку все то время, пока человек погружен еще под власть желания получать для себя, сам человек не может знать, что такое добро, а что такое зло, то необходимо принимать все, что установили для нас мудрецы. И если не попадает пыль и прах в их глаза, не могут идти вперед. А если не критикуют слова мудрецов, и не хотят принять их слова внутри знания, то именно с помощью этого удостаиваются знания святости.

И это потому, что все понятие того, что мы должны идти выше знания – это по причине того, что мы погружены в любовь к себе. Поэтому с помощью веры выше знания мы удостаиваемся отдающих келим.

58. Рабаш. Статья 3 (1985) «Истина и вера»

Нам дан путь веры выше знания. Это значит: не считаться со своими ощущениями и знаниями, а принять то, что сказано: «Глаза у них – а не видят, уши у них – а не слышат». И верить, что Творец, конечно же, наблюдает и знает, что́ хорошо для меня и что плохо. Поэтому Он желает, чтобы я ощущал свое состояние так, как я его ощущаю. А мне лично неважно, как я себя ощущаю, потому что я хочу работать на отдачу.

В этом главное – я должен работать ради отдачи. И хотя я чувствую, что в моей работе нет никакого совершенства, все равно в сосудах Высшего, т.е. с его точки зрения, я полностью совершенен, как сказано:

«не будет отторгнут от Него отверженный». Поэтому я удовлетворен своей работой – тем, что у меня есть право служить Царю. Пускай на самой малой ступени, но и это будет мне большой заслугой – то, что Творец дал мне приблизиться к Нему, хотя бы немного.

59. Бааль Сулам. Шамати. 40. «Какой должна быть вера в Учителя»

Человек должен представлять себе, как будто он уже удостоился полной веры в Творца, и уже есть у него ощущение в его органах, что Творец управляет миром добром и творит добро, которое получают творения.

Но когда человек смотрит на себя, то видит, что у него ничего нет, а весь мир страдает: кто больше, кто меньше. И на это нужно сказать: «Глаза у них – да не увидят». То есть пока человек находится во власти «многих», что называется «у них» – он не увидит правды. А «власть многих» – это власть двух желаний, когда он верит, что хотя весь мир и принадлежит Творцу, но все-таки что-то подвластно и человеку.

А на самом деле он должен аннулировать власть многих во имя полной власти Творца и сказать, что человек не должен жить ради себя, а все, что он желает совершить, должно быть для и ради Творца. И таким образом он окончательно аннулирует свое правление и будет находиться в единственной власти – власти Творца. И только тогда он сможет увидеть истину, увидеть все то добро, которым Творец управляет миром.

60. Рабаш. Статья 30 (1988) «Чего требовать от собрания товарищей»

Когда товарищи говорят о величии Творца, у них пробуждается желание отменить себя перед Творцом, поскольку они начинают ощущать стремление и сильное желание соединиться с Творцом. И следует помнить, что насколько товарищи могут оценить важность и величие Творца, они всегда должны идти верой выше знания.

То есть Творец выше, чем человек может себе представить в своем разуме и надо сказать, что мы должны верить верой выше разума, что он управляет миром с помощью доброго управления. Если человек верит, что Творец желает людям только добра, он начинает любить Творца пока не достигает состояния «возлюби Творца своего всем сердцем и душой». И это человек должен получить от своих товарищей.

61. Бааль Сулам. Шамати. 40. «Какова вера в Учителя»

Во время нахождения в правой линии, человек может получать высшее наслаждение, ведь «благословенный прилепляется к Благословенному», и в состоянии совершенства человек называется благословенным и находится в единстве свойств с Творцом. А признаком совершенства служит радостное настроение, иначе далек он от совершенства. И об этом сказано: «Лишь только в радости исполнения заповеди воцаряется Божественное присутствие (Шхина)».

Причиной появления радости является заповедь, то есть то, что Учитель заповедал человеку какое-то время идти по правой линии, а какое-то – по левой, и человек выполняет эту заповедь Учителя. И левая линия всегда находится в противоречии с правой. В левой линии делается расчет пройденного и приобретенного в работе Творца. И тут открывается, что у человека ничего нет, как же он может быть в совершенстве? Но несмотря на это, согласно заповеданному Учителем, он идет выше знания. Получается, что всё его совершенство строится на [продвижении] выше знания. И это называется верой.

62. Рабаш. 924. «И говорил Всесильный Моше»

Все споры, которые человек может вести, опираются только на доводы разума, тогда как выше разума всё возможно, нужно только укрепиться в свойстве веры, что Творец может помочь в отношении «выше природы». И, по сути, невозможно получить ничего выше природы, прежде чем человек решил, что внутри природы это невозможно.

И только после того, как он пришел к отчаянию в отношении природы, тогда он сможет просить помощи с небес, чтобы ему помогли выше природы.

63. Рабаш. 68. «Порядок работы»

Когда человек верит в добро и наслаждение, которые находятся выше знания, то он начинает ощущать в знании свое зло. Поскольку он верит в то, что Творец дает благо и наслаждение и так же, что он видит все благо выше знания, то приходит к осознанию, то есть ощущает всеми органами силу зла, которая есть в получении для себя, и это препятствует ему получить благо.

Получается, согласно этому, что вера выше знания способствует тому, чтобы он ощутил внутри разума своего ненавистника, того, кто мешает достичь блага. И таков его принцип: в той мере, в которой он верит выше знания в благо и наслаждение, в той же мере может прийти к ощущению осознания зла.

Ощущение зла приводит впоследствии к ощущению блага и наслаждения, потому что осознание зла, ощущаемое органами, приводит к тому, чтобы он исправил это зло. А это происходит в основном с помощью молитвы, когда просит Творца, чтобы дал отдающие келим, называемые слиянием, чтобы с помощью этих келим открылась цель в открытом Управлении, то есть, уже не должно быть скрытия, так как есть келим, пригодные для получения.

64. Рабаш. 572. «Два усилия»

Когда человек прилагает всю свою энергию и усилия ради небес, и в этом вся его цель, и ради этой цели был создан мир, как сказали наши мудрецы: «Весь мир был создан только ради этого», т.е. ради трепета перед небесами…

Поэтому, когда он отвечает грешнику, что он идет выше знания, т.е. против разума, разум уже не может задавать никакие каверзные вопросы, ведь все вопросы задаются внутри разума. В то же время выше разума нет места для вопросов.

И потому, когда грешник задает свои вопросы, ему говорят, что сейчас пришло время, когда я могу выполнить свою работу в свойстве веры, т.е. сам факт, что ты задаешь какой-либо каверзный вопрос, а я отвечаю тебе, что иду путем веры и не даю тебе ответа в разуме, это знак, чтобы ты знал, что моя работа выполняется в свойстве веры выше знания.

Получается, что сейчас ты заставил меня исполнить заповедь, ибо только сейчас взору всех открылось, что путь Творца является путем веры

65. Рабаш. Статья 12 (1989) «Что такое «трапеза жениха"»

Если человек принимает свойство веры выше знания, даже если у него отсутствует всякое ощущение, всякое воодушевление от того, что он принимает на себя бремя небесной малхут, и все таки он соглашается с таким состоянием, говоря, что, вероятно, таково желание Творца, чтобы он работал и служил Ему в таком низком состоянии, то ему не важно, какое воодушевление он ощущает от этой веры, так как он не беспокоится о себе и о собственной выгоде, а только лишь о пользе Творца. И если Творец желает, чтобы он оставался в таком состоянии, он, безусловно, принимает его. И это называется «смирением без всяких условий».

66. Рабаш. Статья 4 (1991) «Что означает, что губитель находился внутри потопа и умерщвлял, в духовной работе»

Когда человек смиряет себя и работает выше знания – это называется принижением, т.е. он принижает свое знание и говорит, что знание его ничего не значит. Т.е., как сказано выше, знание человека обязывает его и, если Творец дает ему по всем потребностям, согласно тому, что, по понятиям желания получать, ему полагается – тогда человек любит Его. А если нет – не может он принизить себя и сказать, что знание его ничего не стоит. Наоборот, человек отдаляется тогда от Творца и говорит, что не стоит работать на Творца, если Творец не наполняет его желание. Выходит, что такой человек называется гордецом, так как хочет понять пути Творца, понять, в чем Он называется Добрым и Творящим добро – если тело не получает того, что требует. И о таком гордеце говорит Творец: «Не можем Я и он обитать в одном жилище». С другой стороны, если он принижает себя и говорит, что не в силах понять пути Творца, и говорит то, к чему обязывает знание его – он ничего не стоит. А когда он идет выше знания, это называется принижением, и о нем сказано: «Возвышен Творец, и низкий увидит». И он удостаивается того, что Творец приближает его к Себе.

67. Бааль Сулам. Шамати. 34. «Преимущество земли – во всем»

Видно отличие между тем, к чему обязывает человека разум и к чему обязывает вера, и в чем же причина того, что основываясь на вере, человек обязан постоянно помнить форму веры, иначе упадет с достигнутой ступени в состояние грешника. Эти состояния могут меняться по много раз в день, когда человек падает со своей ступени, ведь невозможно, чтобы за целый день ни на мгновение не прервалась в нем вера выше знания.

Причина же того, что вера забывается — в том, что вера выше знания и разума противостоит всем желаниям тела. А поскольку желания тела происходят из самой его природы, называемой «желание насладиться», как в разуме, так и в сердце, поэтому тело постоянно тянет человека к своей природе. И только когда человек предан своей вере, эта вера дает ему силы выйти из власти желаний тела и идти выше знания, то есть против понимания тела.

68. Бааль Сулам. Шамати. 108. «Если оставишь Меня на день, на два дня оставлю тебя»

Как только в очередной раз ощущает некоторое отступление от духовного пути и должен начать сначала свое сближение с Творцом, что называется, был в духовном падении, выходе из духовного, и начинает духовный подъем, вход в духовное (что повторяется с ним множество раз), он должен сказать своему телу: «Знай, что я желаю войти в духовную работу и мои намерения только отдавать, а не получать ничего, и нечего тебе надеяться, что ты хоть что-нибудь получишь за свои усилия, а знай, что все уйдет только на отдачу».

А если тело спрашивает: «Что будет мне от этой работы?», то есть «А кто вообще получает плоды этой работы, на которую я должен отдать столько сил?», или спрашивает еще более просто: «Ради кого я должен так тяжело работать?», то необходимо ответить ему, что я верю мудрецам, которые постигли и передали мне, что я должен верить простой верой, верой выше знания, что Творец заповедовал нам принять на себя веру в то, что Он велел нам выполнять Тору и заповеди. И должен человек верить в то, что есть у Творца наслаждение от того, что мы выполняем Тору и заповеди верой выше знания, и радоваться, что своей работой доставляет наслаждение Творцу.

69. Рабаш. Статья 23 (1990) «Что означает, что Моше затруднялся в определении новолуния, в духовной работе»

Сказано – «потому что Ты – скрывающийся Творец». Это значит, что Творец скрыт от нас, а нам дана заповедь веры, верить в Творца, что Он управляет миром управлением добрым и несущим добро.

И когда человек начинает смотреть на творение, он полон сомнений, потому что добрый и творящий добро не раскрывается в мире, и он должен верить выше разума, что управление Творца – доброе и несущее добро. И хотя это ему не раскрыто, он должен сказать – «есть у них глаза, да не видят».

70. Рабаш. Статья 23 (1990) «Что означает, что Моше затруднялся в определении новолуния, в духовной работе»

Когда человек начинает принимать на себя ярмо высшей малхут, к нему немедленно приходят посторонние мысли, и отдаляют человека от работы Творца. И как бы человек не преодолевал эти отдаляющие его мысли, они сверлят его мозг и сердце. И человек думает: «Хотя сейчас я не в силах преодолеть эти посторонние мысли, но я жду случая, когда у меня будет бо́льшая важность Торы и заповедей, и тогда у меня будут силы их преодолеть». А пока человек оставляет поле боя.

А по поводу веры сказал мой отец и учитель, что она внизу по важности у человека. Поскольку человек хочет все понять и знать. И поэтому, когда человек принимает на себя веру, которая против разума, то есть, его разум не постигает этого, то тело не желает принимать на себя эту работу. И в особенности, когда это не просто работа, а когда человек идет на основе выше разума, он должен работать «всем сердцем и душой», как сказали мудрецы – «даже если отдает свою душу».

71. Рабаш. 224. «Причина веры»

Причина веры – в том, что нет большего наслаждения, чем удостоиться раскрытия божественного и нисхождения Шхины.

А чтобы человек получил всё это ради отдачи, есть исправление, называемое скрытием, чтобы он занимался Торой и заповедями, даже если он не чувствует никакого наслаждения. И это называется не ради получения вознаграждения. И когда у него есть это кли, у него тотчас же раскрываются глаза, и он готов встретить лик Творца. А когда у него пробуждается желание, утверждающее, что стоит служить Творцу ради наслаждения, он тут же падает в состояние скрытия.

И это считается состоянием смерти, т.е. до этого он был соединен с жизнью, чего он удостоился только благодаря вере. Поэтому, когда он теперь исправлен и снова начинает работать в свойстве веры, он получает назад душу своей жизни. И тогда он говорит: «Благодарю Тебя за то, что в милосердии Своем Ты возвратил мне душу мою».

И это именно когда он снова принял на себя работу в свойстве веры выше знания. Т.е. когда у него было скрытие, он говорит: «Велика вера Твоя!» Настолько велика вера, что благодаря ей он получает назад свою душу.

72. Рабаш. Статья 25 (1989) «Что означает в духовной работе: «Человек, у которого есть изъян, не приблизится"»

Прежде, чем человек собирается выполнять заповедь и благословлять ее, он должен сначала принять на себя веру выше знания. Иными словами, несмотря на то, что у него пока нет ощущения важности Торы и заповедей, ему нужно верить выше своего разума в то, что они очень важны. Поскольку человек ещё не удостоился почувствовать все величие Торы и заповедей по причине исправления, называемого так, дабы не было свойства «нээма де-кисуфа» (хлеба стыда), поэтому действует скрытие на Тору и заповеди. И потому необходимо начинать работу выше знания, не считаясь с нашими ощущениями. На нас возложено говорить: «Глаза у них, да не увидят». И в мере увеличения веры в важность Торы и заповедей человек может благодарить все больше. То есть, благословение, выражаемое им Творцу, зависит от степени важности Торы и заповедей.

73. Рабаш. Статья 28 (1987) «Что значит «не прибавляйте и не убавляйте» в духовной работе»

После того, как человек приходит к ощущению важности, имеющейся в духовном, которая называется: «Всегда сначала человек будет восхвалять Творца», то это время, когда он должен перейти в левую линию. Т.е. сделать проверку, как он ощущает действительно внутри знания важность

Царя. Готов ли он на самом деле работать только ради Творца?

И когда он видит внутри знания, что на... и бессилен – это состояние, когда он ценит важность духовного, но все это не внутри, а выше знания. Этот расчет может породить в нем хисарон (недостаток) и боль от того, что он находится в крайней низости, и у него есть возможность вознести истинную молитву из глубины сердца о том, что ему не хватает.

74. Рабаш. Статья 7 (1991) «Что такое человек и что такое животное в духовной работе»

Именно те, кто хочет идти в свойстве отдачи, ощущают свою пустоту и нуждаются в величии Творца. И они могут наполнить эту пустоту именно величием, что называется «быть полными заповедей» в той мере, в которой они просят, чтобы Творец дал им силы, чтобы они могли идти выше знания, и это называется величием. То есть, они просят, чтобы Творец дал им силы в величии, которое выше знания – в величии и важности Творца. И они не хотят, чтобы Творец дал им это постичь, поскольку они желают смирить себя смирением без условий и только просят помощи у Творца. В этой мере они могут наполнить место пустоты заповедями.

75. Рабаш. Статья 11 (1990) «Что означает в духовной работе, что ханукальный светильник ставится слева от входа»

Мы видим, что вся основа построена только на вере, что только при помощи веры мы можем выйти из изгнания. И не считаться с нашим знанием, хотя человека в основном оценивают по его знанию. Однако то, что знание человека позволяет ему видеть свое истинное состояние, это дает ему возможность идти выше знания, т.е. видеть, что выше знания человек не может идти без помощи Творца.

Ведь если он видит со стороны разума, что может идти вперед, то он не нуждается в помощи Творца. Главное, что требуется от человека - это достичь своего совершенства, т.е. удостоиться свойства НаРаНХа"Й своей души. Это приходит именно благодаря тому, что человек нуждается в Творце, как сказано «Приходящему очиститься помогают». […]

Поэтому это великая вещь, если человек нуждается в Творце, чтобы помог ему. Потому что спасение заключается в том, что человек получает все большие силы свыше. И благодаря тому, что получает каждый раз новую силу, т.е. новую душу, - до тех пор, пока не получает все свойства НаРаНХа"Й, соответствующие корню его души.

76. Рабаш. Статья 22 (1989) «Что означает, что именно в канун Песаха задают четыре вопроса»

Сокращение и скрытие произошли для пользы нижнего. В таком случае, нечего задавать вопросы об управлении, почему Творец ведет себя с нами таким образом, как это предстает перед нами, и мы не видим блага и страдаем от изгнания и нищеты и т.п. Т.е. у каждого есть претензии к Творцу, почему

Он управляет в неявном для нас виде, и это только благо.

Поэтому нельзя злословить об управлении Творца и о том, как Он управляет творениями, а мы должны верить верой выше знания, что именно так, как это предстает перед нами, так это и должно быть, а в том, что мы чувствуем, мы должны идти путем Торы, как указали нам мудрецы, как следует держать себя в отношении всех тех чувств, которые мы испытываем, говоря о них в вере выше знания, что «есть глаза у них, но не увидят они».

77. Рабаш. Статья 6 (1990) «Когда человек должен пользоваться гордостью в духовной работе»

Когда человек начинает входить в работу Творца на пути истины, он должен принять на себя ярмо веры выше знания. Даже если все народы мира в его теле смеются над ним, он должен освящать Творца перед другими народами, находящимися в нем, и говорить им, что он верит в Творца и желает служить Ему всем сердцем и всей душой. И даже если они не согласны с ним, он способен им сказать, что принимает на себя (обязательство) любить Творца. И пусть у него нет никакого ощущения в том, что он произносит устами, все же человек не должен удивляться тому, что органы его тела не согласны с его мнением. А он делает то, что в его силах: словами и поступками он может действовать по принуждению. И пусть даже он не испытывает в этом никакого ощущения, все таки он действует, исходя из пробуждения свыше.

78. Рабаш. Статья 6 (1990) «Когда человек должен пользоваться гордостью в духовной работе»

Когда человек занимается высшей малхут, он должен принять на себя свойство веры выше знания. То есть, когда тело не согласно с этим, приводя ему множество доводов, согласно которым сейчас не время этим заниматься, и предъявляет ему свидетельства других людей, которые не обращают внимание на эту работу в вере в Творца выше знания. На это он должен сказать: «Да возгордится сердце его на путях Творца», и он ни на кого не смотрит, а полон решительности и уверен, что таков истинный путь, и ему не на кого смотреть, и нечего слушать, что его тело говорит ему: «Иди, посмотри на других людей, что они имеют, и как много они понимают в работе Творца». И об этом сказано «да возвысится его сердце», гордясь тем, что он понимает больше всех.

79. Бааль Сулам. Шамати. 59. «Посох и Змей»

Вера в глазах здравого человека является чем-то неважным и низким. Он уважает все, базирующееся на знании и фактах, то есть в глазах человека важна «вера внутри знания».

Если же разум человека не в состоянии постичь чего-то, или постигаемое противоречит его пониманию, то он должен сказать, что вера для него важнее и выше его знания, понимания, осознания.

Получается, что этим он умаляет значение своего разума и говорит, что, если его понятия противоречат пути Творца, то вера для него важнее, выше знания.

Потому что все, что противоречит пути Творца, не стоит ничего, не имеет никакой важности в его глазах, как сказано: «Глаза у них — да не увидят, уши у них — да не услышат». То есть человек аннулирует все, что видит и слышит, все, что не согласуется с путем Творца. И это называется идти «верой выше знания».

80. Бааль Сулам. Шамати. 59. «Посох и Змей»

У Творца вера не расценивается как неважное состояние. Это только человеку, не имеющему иной возможности и обязанному идти путем веры, вера кажется неважной. Но Творец мог бы воцарить свое Божественное присутствие (свою Шхину) не на деревьях и камнях. Однако выбрал Он за основу именно путь «веры вопреки знанию», потому что это наилучшее для духовного пути. Поэтому для Творца вера не является неважной, наоборот, именно у этого пути есть многочисленные преимущества. Но у творений это считается низменным.

81. Бааль Сулам. Шамати. 59. «Посох и Змей»

Сами неудачи вновь приводят человека к принятию на себя работы на все новых ступенях «веры выше знания».

Поэтому сказал Моше: «Но они не поверят мне», — то есть не пожелают принять путь веры выше знания. Но ответил ему Творец: «Что это в руке твоей?» — «Посох» — «Брось его на землю» — и сразу посох обратился в Змея. То есть между Посохом и Змеем нет никакого среднего состояния. И это для того, чтобы человек мог точно знать в каком состоянии, в святом или нечистом, он находится.

Получается, что нет иного пути, кроме как принять на себя путь веры выше знания, называемый Посох. И посох тот должен быть в руке, и нельзя бросать его на землю. Поэтому сказано: «И расцвел посох Аарона» — ведь весь расцвет, которого удостоился в работе Творца, был именно на основе посоха Аарона.

И это для того, чтобы служило нам признаком, идет человек правильным путем или нет, возможностью узнать, какова основа его духовной работы: выше или ниже знания. Если основа его — Посох, то находится на пути исправления и святости, а если основа его внутри знания, то не сможет достичь святости.

82. Бааль Сулам. Шамати. 238. «Счастлив человек, не забывающий Тебя, и сын человеческий, вкладывающий силы в Тебя»

«Счастлив человек, не забывающий Тебя и прилагающий усилия ради Тебя» (из молитвы). В то время, когда человек идет «в белом свете» (в раскрытии), он всегда должен помнить, что удостоился всего только благодаря тому, что согласился принять на себя состояние «черноты». И должен прикладывать свои усилия именно «ради Тебя», чтобы держаться за Творца, как сказано: «Все верят в то, что Он — Бог веры». И хотя человек не видит сейчас никакой необходимости работать в вере, так как все раскрыто перед ним — но все же обязан верить выше знания, что есть еще возможность укрепиться в вере.

И в этом смысл сказанного: «И увидел Исраэль силу великую... и уверовали они в Творца» (Шмот). То есть, несмотря на то, что удостоились «увидеть», получив «зрение», но все же была у них сила опираться на веру.

А для этого необходимо приложить особые усилия, чтобы не упасть со своей ступени, подобно «Ливни и Шими» (Шмот 6:17). Ведь иначе получится, что только во время какого-то просветления смогут они слушаться Торы и заповедей, словно это необходимое условие. Тогда как должны слушаться ее без всяких условий. Поэтому во время просветления человеку нужно позаботиться о том, чтобы не повредить своей готовности идти в темноте. И достаточно тому, кто понимает.

83. Рабаш. Статья 10 (1985) «И вышел Яаков»

Сказано: «уход праведника из какого-либо места оставляет след». То есть лишь тогда, с уходом праведника, когда человеку запала мысль: «Сейчас, я чувствую вкус в работе, и мне уже не надо работать выше знания», – это вызывает в нем уход праведника. И это оставляет в нем след, чтобы умел отныне и далее остерегаться и не выходить из работы выше знания. Как я слышал от Бааль Сулама, когда человек решает, что «сейчас, располагая поддержкой, он уже не стоит между небом и землей», – он обязательно должен упасть с этой ступени, поскольку тем самым нарушает работу выше знания.

Таким образом, именно уход ступени, которая была у человека, оставляет в нем след, дабы в следующий раз он знал, как остерегаться, чтобы не нарушать веру выше знания, но всегда оправдывать Высшее управление.

84. Бааль Сулам. Шамати. 5. «Лишма – это пробуждение свыше, и почему нужно пробуждение снизу»

Когда вор, то есть желание получать, не ощущает наслаждения в нашей работе по принятию на себя свойства отдачи, то, когда человек работает в вере выше разума и заставляет себя, его эгоизм привыкает к этой работе против эгоистического желания насладиться, и возникает в человеке возможность перейти к такому виду работы, где его целью станет услаждение Творца, поскольку основное, что требуется от человека, — это чтобы вследствие своих усилий, он достиг слияния с Творцом, то есть достиг совпадения свойств, и все его действия также были на отдачу.

О таком состоянии сказано: «Вот тогда усладишься Творцом!», где «вот тогда» означает, что в начале работы не может человек ощущать никаких наслаждений, а наоборот, вся его работа совершается в усилии вопреки желанию тела.

Когда человек уже приучил себя работать ради отдачи и не смотреть на себя, [проверяя,] ощущает ли он вкус в духовной работе, а он верит, что работает, чтобы своей работой доставлять наслаждение Творцу. И человек должен верить, что Творец принимает работу нижних, не важно, велика ли она и какова ее форма. И из всего Творец смотрит лишь на намерение, и от этого есть наслаждение Творцу. Тогда человек удостаивается наслаждения, [направленного] «на Творца». Т.е. чтобы уже в момент работы Творца он также ощущал благо и наслаждение, ведь сейчас человек действительно работает для Творца, ибо усилие, произведенное им во время работы по принуждению, готовит человека к тому, чтобы он мог работать действительно ради Творца. Получается, что и тогда тоже наслаждение, которое он получает [направлено] «на Творца», т.е. именно к Творцу.

85. Рабаш. 572. «Два усилия»

Преодолеть вопросы можно только силой веры, суть которой выше знания. Т.е. следует отвечать грешнику, что в плане разума есть место тому, что он спрашивает, однако выше разума, т.е. в свойстве веры, когда он верит словам мудрецов, что путь – только ради небес, т.е. когда человек прилагает всю свою энергию и усилия ради небес, и в этом вся его цель, и ради этой цели был создан мир, как сказали наши мудрецы: «Весь мир был создан только ради этого», т.е. ради трепета перед небесами...

Поэтому, когда он отвечает грешнику, что он идет выше знания, т.е. против разума, разум уже не может задавать никакие каверзные вопросы, ведь все вопросы задаются внутри разума. В то же время выше разума нет места для вопросов.

86. Рабаш. 794. «Место постижения»

Гар означает «разум» 'моха', и там следует быть только в вере. И следует верить, что таково было желание Творца. А Ваком называется свойство «сердца» 'либа', т.е. впечатление в сердце, которое воспринимается тут как его любовь и трепет. И это должно быть в ясном постижении, т.е. впечатление должно быть у него явным, а не в вере.

Однако точно в такой же мере, в которой это впечатление ощущается в сердце, считается, что он находится в постижении. И тут он должен расширить свои ощущения. Иначе в свойстве «моха»: его величина зависит от того, насколько он может работать в свойстве веры выше знания.

Выходит, что это две противоположные вещи. Т.е. если его свойство «моха» находится выше знания, а его впечатление в ощущении сердца находится в разуме, это называется гадлутом.

Т.е. с одной стороны, он выше постижения, тем не менее, в сердце он находится внутри ощущения. От этого зависит уровень гадлута, т.е. от уровня противоположности между «моха» и «либа», и тогда он должен преодолевать выше знания. А «либа» находится как раз внутри знания, т.е. внутри этого ощущения.

87. Рабаш. Статья 28 (1990). «Что значит: «Предостеречь больших от малых» в духовной работе»

Когда человек начинает выполнять Тору и заповеди, ему говорят: хоть человек и должен следовать разуму, тем не менее, в отношении Творца нам дана вера, и мы обязаны верить мудрецам, идя именно таким путём, хоть он и противоречит разуму, как сказано, «И поверили они в Творца и в Моше, раба Его». То есть мы должны верить в то, что говорят нам мудрецы, не оглядываясь на свой разум. Однако это противоположно нашему разуму, и потому мы испытываем подъемы и падения. Иными словами, иногда мы способны верить в слова мудрецов и представлять себе истину и веру, когда вера в таком случае на самом деле вера, без примеси разума, и все в ней противоречит нашему знанию и пониманию. И потому это называется «истинной верой» или «простой верой», в которой нечего понимать, а все в ней выше знания.

88. Бааль Сулам. Шамати. 34. «Преимущество земли – во всем»

Все, что нам представляется — послано нам Творцом для того, чтобы мы ощутили это так, как ощущаем, потому что это и есть пути достижения цели творения.

Но не просто достичь слияния с Творцом и необходимо приложить большие усилия, чтобы удостоиться ощутить наслаждение и благо. А до этого обязан человек оправдывать Высшее управление и верить выше своего разума, что Творец управляет всеми творениями только добром и для их добра. Только видно и ощущаемо это лишь достигающими цели творения, а не достигшие этого ощущают обратное, как сказано: «Глаза их, да не увидят, уши их, да не услышат».

Сказано мудрецами: «Хавакук установил один принцип — праведник живет своей верой». То есть человеку нет необходимости заниматься частностями, а все свое внимание и усилия он должен сосредоточить на одном важном условии — достижении веры в Творца. И об этом он должен просить Творца — чтобы Творец помог ему идти верой выше знания.

89. Бааль Сулам. Шамати. 34. «Преимущество земли – во всем»

Страдания, ощущаемые человеком, вызывают в нем осуждение управления Творца. А потому просит Творца дать ему силу веры, постичь, что Творец — «Добр и Творящий добро», и это не ради получения блага и собственного наслаждения, а чтобы не осуждать управление Творца — что вызывает в нем страдания.

То есть со своей стороны человек желает верой выше знания верить в то, что Творец управляет миром добром и для его блага. И он хочет, чтобы вера ощущалась им настолько явно, словно это доподлинное знание.

Поэтому, когда человек занимается Торой и заповедями, он желает притянуть на себя свет Творца не ради собственного наслаждения, а потому что нестерпимо ему от того, что не может оправдать управления Творца, как доброе и несущее добро. И это причиняет человеку страдания, поскольку он проклинает имя Творца, который Добр и Творит добро, но тело человека говорит ему обратное. И от этого все его страдания: ведь если находится в отдалении от Творца, то не в состоянии оправдать Его обращение с низшими. И это означает, что отдаление от Творца ненавистно ему.

И когда появляются в человеке такие страдания, Творец слышит его молитву и приближает к Себе. И удостаивается человек слияния.

90. Рабаш. Статья 23 (1989) «Что означает в духовной работе: «Если проглотил марор, не исполнил долг"»

Нужно верить в мудрецов, которые сказали, что человек обязан сказать «Если не я себе, то кто поможет мне». То есть человек должен работать и достичь цели собственными силами. А когда он видит, что не способен одолеть и прилагать больше усилия, он должен верить, что молитва его оправдана, как сказано о Творце, «Ты слышишь молитву каждого», хотя человек и не видит никакого изменения, молясь Творцу о помощи, но в этом и заключается смысл «выше разума». Тем не менее, общий порядок начинается с букв алеф א (вера), тав ת (молитва), йуд י (усилие). «Вера», затем «усилие», и потом «молитва".

Из этого следует, что главное - это вера, так как с неё надо начинать и пользоваться ею во всех действиях, совершаемых человеком. И это означает, что все сосуды, с которыми человек работает, основываются на вере, поэтому раскрывающийся свет называется «светом веры», как и сам сосуд. Этот сосуд выстроен на основе веры мудрецов и веры в Творца, как сказано, «И поверили в Творца и в Моше, раба Его".

www.ingramcontent.com/pod-product-compliance
Lightning Source LLC
Chambersburg PA
CBHW071113080526
44587CB00013B/1322